Éanlaith Iarthuaisceart Thír Chonaill

Éanlaith Iarthuaisceart Thír Chonaill

Maitiú Ó Murchú

Leabhair COMHAR

An chéad chló © 2023 Maitiú Ó Murchú

ISBN: 978-1-7392551-3-8

Arna fhoilsiú ag *Leabhair* COMHAR
(inphrionta de COMHAR,
47 Sráid Harrington,
Baile Átha Cliath 8)
comhar.ie/leabhair

Gach ceart ar cosnamh. Ní ceadmhach aon chuid den fhoilseachán seo a atáirgeadh, a chur i gcomhad athfhála, nó a tharchur ar aon mhodh nó ar aon slí, bíodh sin leictreonach, meicniúil, bunaithe ar fhótachóipeáil, ar thaifeadadh nó eile gan cead a fháil roimh ré ón bhfoilsitheoir.

Tá *Leabhair* COMHAR faoi chomaoin ag:

An Chomhairle Ealaíon

Clár na Leabhar Gaeilge (Foras na Gaeilge)

as tacaíocht airgeadais a chur ar fáil.

Cóipeagarthóir: Pól Ó Muirí

Dearadh agus clóchur: Daire Ó Beaglaoich, Graftrónaic

Grianghraf ar an gclúdach tosaigh:
An Ghlasóg Shráide – Machaire Gathlán, Gaoth Dobhair, 29 Samhain 2020

Grianghraf ar an gclúdach cúil:
An Gheabhróg Scothdhubh – Baile an Easa, Cloich Chionnaola, 15 Bealtaine 2019

Clódóirí: Walsh Colour Print

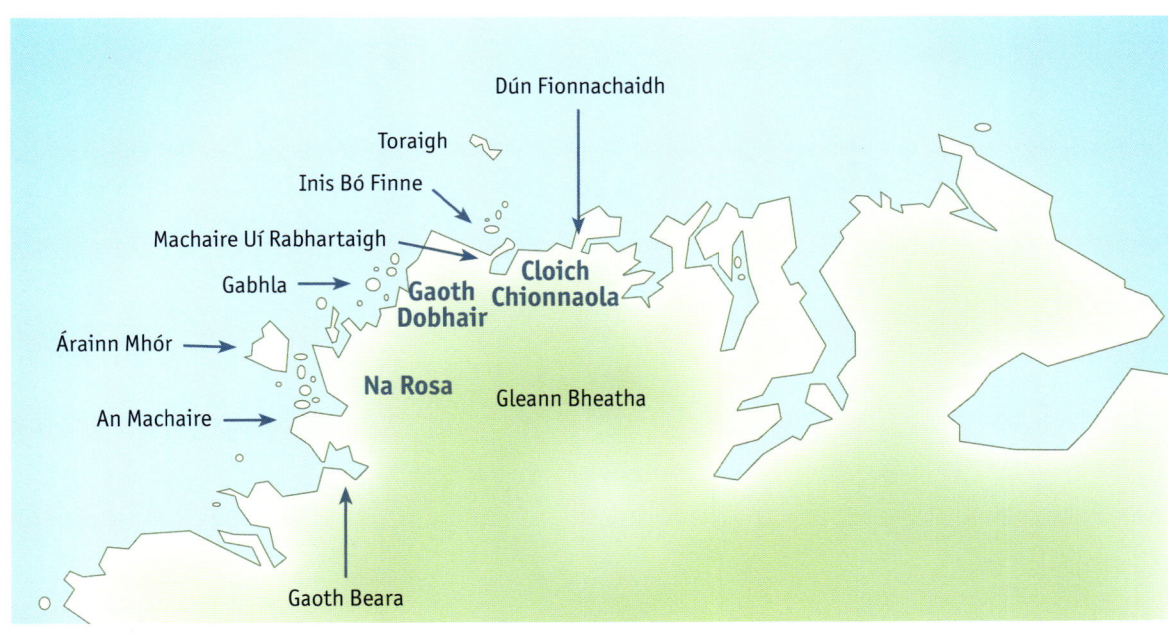

Iarthuaisceart Thír Chonaill

Clár

Réamhrá xii
An Áinleog 1
An Bhreacóg 3
An Chabhóg 5
An Cadhan 7
An Cág 8
An Chailleach Dhubh 11
An Caipín Dubh 13
An Caislín Cloch 15
An Chearc Cheannann 17
An Chearc Fhraoigh 19
An Chearc Uisce 21
An Chéirseach 23
An Ceolaire Cíbe 25
An Ceolaire Sailí 27
An Cíorbhuí 29
An Clamhán 31
An Clochrán 33
An Cóbach 36
An Colm Aille 38

ÉANLAITH IARTHUAISCEART THÍR CHONAILL

An Colm Coille	40
An Corcrán Coille	42
An Chorr Mhóna	45
An Cosdeargán	47
An Cróinín	49
An Crosán	51
An Crotach	53
An Crotach Eangaigh	55
An Chuach	58
An Cuilire Liath	60
An Deargán Sneachta	62
An Donnóg	64
An Dreolán	66
An Droimneach Beag	68
An tÉadar	70
An Eala Bhalbh	72
An Eala Ghlórach	74
An tÉan Breac	76
An Éigrit Bheag	78
An Fabhcún Gorm	80
An Fhaoileog Bhán	83
An Fhaoileog Cheanndubh	85

An Fhaoileog Ghlas	87
An Fhaoileog Íoslannach	89
An Fhaoileog Scadán	91
An Féach Dubh	93
An Fheadóg Bhuí	95
An Fheadóg Chladaigh	97
An Fheadóg Ghlas	99
An Fheannóg	101
An Fearán Baicdhubh	103
An Fiacholm	105
An Fulmaire	107
An Gabhlán Binne	109
An Gabhlán Gainimh	111
An Gainneán	113
An Ghé Cheanadach	115
An Ghé Bhánéadanach Ghraonlannach	117
An Ghé Dhubh	119
An Ghé Ghlas	121
An Gheabhróg	124
An Gheabhróg Scothdhubh	126
An Gealbhan Binne	128
An Gealbhan Crainn	130

An Ghealóg Ghiolcaí	132
An Gearr Breac	134
An Ghlasóg Liath	136
An Ghlasóg Shráide	138
An Ghleoiseach	140
An Ghleoiseach Shléibhe	142
An Guilbneach Dubhearrach	144
An Guilbneach Stríocearrach	146
An tIolar Fíréan	148
An Lacha Bhadánach	151
An Lacha Mhuinceach	154
An Lacha Rua	156
An Laidhrín Glas	158
An Lasair Choille	160
An Lon Dubh	163
An Luathrán	165
An Mallard	167
An Meantán Dubh	169
An Meantán Earrfhada	171
An Meantán Gorm	173
An Meantán Mór	175
An Meirliún	178

An Muiréan	180
An Mhurdhúchaill	182
An tÓrshúileach	184
An Piardálaí Trá	186
An Piasún	188
An Píobaire Breac	191
An Píobaire Trá	193
An Pocaire Gaoithe	195
An Póiseard	197
An Phraslacha	199
An Phraslacha Shamhraidh	201
An Réabhóg Chladaigh	203
An Réabhóg Mhóna	206
An Rí Rua	208
An Roithleach	211
An Rúcach	213
An Saidhbhéar	215
An tSaotharcóg	217
An Seaga	220
An Sealadóir	222
An tSeil-Lacha	224
An tSíolta Mhór	227

An tSíolta Rua	228
An Siscín	231
An Smaolach Ceoil	233
An Smaolach Mór	235
An Spadalach	237
An Spágaire Tonn	238
An Spideog	241
An Spióróg	244
An Tiuf-Teaf	247
An Traonach	249
An Truideog	251
An Uiseog	253
Éanacha luaite i logainmneacha	255
Seanfhocail a bhaineann le héanacha	260
Focail agus nathanna a bhaineann le héanacha	261
Leabharliosta	263

Réamhrá

Titeann an leabhar seo idir dhá thine Bhealtaine ar a laghad. Ní treoirleabhar í agus ní sainleabhar í. Tharla creathán eolais agam fá éanlaith agus roinnt taithí agam le ceamaraí, chuir mé romham taifead a dhéanamh ar oiread d'éanacha iarthuaisceart Thír Chonaill agus a thiocfadh liom. Is saothar amaitéarach ar fad atá anseo.

Le mo chuimhne bhí aird agam ar an dúlra. Sílim go raibh na héanacha ar an chéad aicme ar chuir mé sonrú iontu. Bhí siad infheicthe, iad beo agus glór acu a tharraing aird. Lena chois sin, bhí sé furast a theacht ar leabharthaí a raibh cur síos orthu agus fiú grianghraif, ach iad dubh agus bán. Nuair a tháinig an cló daite chun cinn is léaráidí a bhíodh in úsáid, agus tá go fóill i gcuid mhaith acu. Baineann míbhuntáistí le léaráidí mar nach dtugann siad léargas cruinn go minic ar éan as siocair gur chruthaíodh i stiúideo iad agus nach mbíonn fianaise sna pictiúir a bhreactar ar an tionchar a imríonn an aeráid, an aois, an timpeallacht agus nithe eile ar chruth an éin.

Tá taifead déanta ar bheagnach 430 speiceas d'éanacha in Éirinn. Astu sin tá tuairim agus céad a bhíonn sa tír i rith na bliana agus tá cúig cinn agus ceithre scór gur cuairteoirí iad; cuid acu sa tsamhradh, agus a thuilleadh nach iad sa gheimhreadh. Tá scór go leith a thugann cuairt ar a n-aistear imirce. Lena chois sin, bíonn imircigh gur annamh a gcuairt orainn. Thiocfadh le duine, síltear, dhá chéad speiceas a fheiceáil in Éirinn in achar bliana.

Mar a tharlaíonn is aistear aonair a thug mé. Shiúlainn na cabhsaí, na tránna, na coillte, cois lochanna agus ar bhruach na n-aibhneacha chomh maith le cuairt a thabhairt ar oileáin agus corrchnoc a dhreapadh ag féacháil le teacht ar éanacha. Is minic a bhí fuar agam.

Níl ealaín ag baint le grianghrafadóireacht éanacha. Caithfear breith ar an áiméar nuair a nochtann sé. Is annamh a sheasann éanacha ar feadh achair fhada ach iad ag gluaiseacht leo i mbun a saothair. Lena chois sin, níl aird ag a mbunús ar an duine. Má nochtann neach imíonn siad ar eiteog ar an toirt. Ní chuidíonn sé ach oiread go mbíonn ceamara agus lionsa fada teileafótagrafach de dhíth go minic agus tá sé furast ag éan an ceamara a fheiceáil á thógáil ina threo nuair a bhíonn an grianghraf le glacadh. Tá sé ar iarraidh i bhfaiteadh na súl. Níor bhain mé feidhm ag am ar bith as folachán éanbhreathnóireachta ná as tríchosach ceamara. Glacadh a bhfuil de ghrianghraif anseo thar thréimhse aon bhliain déag.

Míníonn na cúinsí sin an difear sa chaighdeán atá idir na grianghraif anseo. Ó am go chéile cha raibh mé in inmhe teacht deas go maith don éan, d'fhéadfadh nach raibh solas na gréine ag fóirstean, go raibh an t-éan ag eitilt go gasta, agus coinníollacha eile mar an aimsir nár chuidigh. Chomh maith leis sin, tá grianghraif anseo d'éanacha nach bhfaca mé ach an t-aon uair amháin agus bhí orm teacht lenar éirigh liom a ghlacadh ag uain a bhfeicthe. Faigheann foighid fortacht.

Ní shamhlóinn gur leabhar í seo a léifí leathanach i ndiaidh leathanaigh ach go mbeadh sé ag duine agus nuair a tchífí nó nuair a chuirfí suim in éan ar leith go mbeifí in inmhe blúire beag eolais a léamh faoi.

Níltear ag maíomh gur saothar eolaíoch seo ach is fiú a rá gur mall a bhí sé nuair a tháinig an éaneolaíocht chun cinn. Ón Ghréigis ὄρνις (éan) agus λόγος (teoiric) a tháinig an focal *Ornithologia* chun cinn sa Laidin mall sa tséú haois déag ag éirí as a raibh ar siúl sa bhitheolaíocht. I dtús cadhnaíochta cha raibh ann ach cur síos a dhéanamh ar an éan, agus de réir a chéile rinneadh staidéar ar an ainmhí ann féin.

Níl an-chuid tagairtí d'éanacha fiáine sa luathstair ach d'fhéadfadh go raibh fliú éanúil sa tír i 917 R. Ch. mar luaitear in *Annála Inis Faithlinn* nach raibh an smaolach ná an lon le cluinstean an bhliain sin, ar an láimh eile thig nach raibh i gceist ach tréimhse fhada drochaimsire.

Bhí roinnt scríofa faoin dúlra ag Giraldus Cambrensis sa *Topographia Hiberniae* i dtrátha 1188. Fuarthas locht ar an tsaothar sin. Scríobh Pilip Ó Súilleabháin Béarra (c.1590–c.1636) i *Zoilomastix* i 1625 ag séanadh na mbréag a mhaítear a chan an Breatnach. Níos moille bhí Amhlaoibh Ó Súilleabháin (1780–1883) i mbun a *Chín Lae* ag cur síos ar imeachtaí sa dúlra i measc tuairiscí eile. B'eisceacht é nó is beag bunsaothar dúlra a bhreac Gaeil ná dialann. Céad bliain ó shin glan a scríobh Pádraig Ághas *Eólas ar Nadúir* agus míreanna aige ann ar éanlaith agus eitilt.

Cuid mhaith den eolas a fuarthas faoi éanacha anuas go dtí an tráth a raibh ceamaraí ar fáil tharla sé de thairbhe go scaoiltí na héanacha. Modh aitheantais nach raibh inmholta. Ar ndóigh b'aicme áirithe í sin a raibh gunnaí acu. Nuair a cuireadh tús leis an tionscal turasóireachta abhus bhí sé dírithe ar lucht na ngunnaí agus dhrong na slaite. Nuair a bhunaigh George Hill an t-óstán i nGaoth Dobhair i 1842 mar aithris ar óstáin a bhí ar fáil i nGarbhchríocha na hAlban bhí an áis dírithe ar lucht iascaireachta agus seilge. Ba mhó an aird a bhí ar an iasc as siocair nach mbíonn oiread sin éanacha ar na haibhneacha agus na lochanna abhus a shásódh lucht fiaigh i ngeall ar aigéadacht an uisce.

Isteach san fhichú haois bhíothas ag maíomh ar fad as chomh fóirsteanach agus a bhí an Machaire sna Rosa don iascaireacht agus don scaoileadh.

Tá cuid den bhéaloideas atá ginearálta go maith sa mhéid agus nach luaitear speiceas. Bhaintí úsáid as na focail 'préachán', 'faoileog', 'gé' agus 'éan creiche' gan an speiceas a shainiú. I measc na rudaí a chreidtí bhíodh: gur tháinig na faoileogaí agus na géacha fá thír nuair a bhí stoirm ag bagairt, gur eitil na préacháin i dtreo an chladaigh nuair a bheadh stoirm ar na bacáin, agus le linn dóibh a bheith ansin d'ití oiread gainimh agus a d'fhágadh nach mbeadh an ghaoth in inmhe a scuabadh ar shiúl. Ar an Lagán dheirtí go raibh na préacháin imithe chun na trá le ballasta a thógáil.

Tá sé sa tseanchas go raibh grá ar leith ag Colm Cille do bheatha ar bith a chruthaigh Dia. Bhí cion go háirithe ar an phréachán aige. Maítear go raibh cumha as miosúr ar na préacháin nuair a sheol Colm Cille ó Dhoire ag tarraingt ar Oileán Í na hAlban go ndeachaigh siad ina chuideachta gur bhain sé béal Loch Feabhail amach. Nuair a bhí an uain ann lena bpilleadh ghlac siad fíor na Croise os a chionn. Bhí oiread lúcháire ar Cholm Cille ach sin a fheiceáil gur ghabh sé buíochas leo, agus gur éirigh sé ina sheasamh sa churach. Labhair sé leis na préacháin agus dúirt:

> *Beannacht Dé agus mo bheannachtsa agaibh,*
> *Agus nár thige laghdú ar bith oraibh go brách.*

Measadh gur an bheannacht aige orthu a d'fhág chomh líonmhar iad agus atá siad.

Chreidtí go raibh aird ag Bríd Naofa ar na héanacha agus go n-itheadh siad as lámha s'aici. Bhí caidreamh ar leith aici leis an roithleach agus tá cuntais air sin in Albain agus abhus.

Bhí sé ina chreideamh ag na daoine go raibh Proinsias Naofa ag seanmóireacht faoin aer uair agus go raibh callán bocht ag na héanacha. D'iarr sé orthu a bheith ciúin. Stad siad agus d'fhan siad ina dtost fiú agus an tseanmóir críochnaithe. Choisric sé iad agus chuir siad tús leis an cheol in athuair.

Ní raibh riamh mórán beathach i dToraigh. Bhí beathach ag teach Pheicín (ba shéiplíneach ar an oileán é Diarmuid Ó Peicín, Íosánach, sna hochtóidí den aois seo chuaigh thart) agus níor tugadh cead dá ruball fás riamh nó ghearrtaí é nó bhíodh na páistí ag déanamh gaistí le ribí an rubaill le breith ar éanacha. Tháinig deireadh leis an chleachtas sin sna seascaidí den fhichiú haois nuair a tháinig níolón ar an mhargadh. Bhí dhá chineál gaiste ann, gnáthghaiste mar a thugtaí air agus gaiste naoscán. Chuirtí seo sa díog, an áit a mbíodh an naoscán ag siúl.

Ar chuid de na héanacha a choinnítí i gcás i dToraigh bhíodh an smaolach, an lon dubh, an ghlasóg, an uiseog agus an ghealóg sneachta.

Tá dearcadh fabharach ag mórchuid daoine abhus i leith na n-éanacha san am i láthair. Tá tearmann ag an tsaotharcóg i Machaire Gathlán, Gaoth Dobhair, agus tá iarrachtaí ar bun in iarthuaisceart Thír Chonaill an traonach a chosaint agus a líon a mhéadú. Chan mar sin a bhí san am a chuaigh thart. Bhíodh sé ina nós ag páistí agus daoine nach iad uibheacha a ghoid ó neadracha. Bíonn an tsead ar an talamh ag an roithleach agus ag an tsaotharcóg. Chuideodh oíche chiúin réabghealaí leis an ghoid nó d'éiríodh na héanacha fásta suas san aer den nead agus callán as miosúr acu. Chomh maith leis sin, bhí sé ina chleachtadh ag gasúraí clocha a chaitheamh le héanacha ag féacháil lena marú. B'annamh a d'éiríodh leo.

Chomh fada siar le 1739, scríobh William Henry, reachtaire Chill Laisre, Contae Fhear Manach, cuntas ar thuras a thug sé ar Thír Chonaill. Rinne sé tagairt do Thoraigh. D'fhéadfaí sílstean, scríobh sé, gur caisleáin ollmhóra bhána a bhí sna beanna agus go raibh an chuma orthu gur páláis ag iolair agus seabhaic iad. Measadh cuid seabhac Thoraí a bheith ar an chineál ab fhearr in Éirinn ar an ábhar go raibh an t-achar ón oileán go tír mór, an áit a d'aimsigh siad cuid creiche s'acu, mar chúis leis an fhórsa neamhchoitianta ionsaithe agus an luas ag eitilt s'acu. Bhí éileamh seasta ag seabhcóirí agus uaisle na Sasana ar sheabhaic ón oileán. Léirigh Henry meas ar mhisneach na n-oileánach agus iad ag breith ar na seabhaic, chuige seo ligtí anuas na beanna i mbascaeid iad, agus lena chois sin, siocair gur thaistil siad ar an bhóchna stoirmiúil i gcineál chanú, a dtugtar *cobbles* nó curaigh orthu, déanta as lataí clúdaithe le craiceann beathaigh.

Ag Corrán Binne sna fichidí den naoú haois déag mhaígh maor géim gur mharaigh sé taobh istigh de cheithre bliana trí cinn déag d'iolair mhara. Agus mé sna déaga thiocfadh daoine ó Bhaile Átha Cliath ag scaoileadh na gcearc fraoigh ar an Chorr Mhín i nGaoth Dobhair. Is Limistéar Oidhreachta Náisiúnta é an portach sin anois.

Scaoileadh duine nó beirt de mhuintir Thoraí a raibh ceadúnas gunnaí acu na lachain fhiáine ar na lochanna. D'ití na lachain sin agus maítear go raibh blas orthu. Scaoiltí agus d'ití an chailleach dhubh fosta.

Ceann de na míbhuntáistí againn go fóill nach dtáinig aon fhorbairt gur fiú trácht air ar na coillte leathanduilleogacha abhus. Ní dóigh go dtiocfaidh feasta mar go bhfuil sé mar aidhm, de thairbhe deacrachtaí le cúrsaí aeráide agus imshaoil, na caoráin agus na portaigh a chaomhnú.

I ngeall ar an eolas a chuirtear ar chúrsaí imshaoil agus na heolaíochta ag an chéad agus an dara leibhéal sa chóras oideachais tá an t-aos óg níos eolaí ná riamh ar an nádúr, agus is mó a meas dá réir sin. Leas an dúlra na meáin chumarsáide a bhfuil raidhse acu ann feasta. Is geal an scéal sin linn.

Is liomsa go huile na meancógaí sa tsaothar seo. Chuirfinn fáilte roimh cheartúcháin. Seol iad, le do thoil, chuig mpomocart@gmail.com

Maitiú Ó Murchú
23 Bealtaine 2022

An Dreolán, Inis Bó Finne, 17 Iúil 2021

An Áinleog

Hirundo rustica

Cé na Carraige Finne, Na Rosa, 12 Lúnasa 2017

Tá an-aird ag daoine ar an éan seo agus bíonn siad ag fanacht léi pilleadh ón Afraic mar chruthú ar shéasúr an tsamhraidh a bheith romhainn. Scríobhtar chuig na nuachtáin ag inseacht faoin chéad amharc a fhaightear ar an áinleog agus í ag pilleadh ar an tír. Réasún eile a mbíonn daoine ag cur suime san éan ná go dtógtar an tsead i ndeas do chónaí an duine, go hiondúil, agus bíonn taithí acu uirthi. Bíonn dhá sraoilleáin fhada ar an éan fásta agus cuidíonn siad linn an t-éan a aithint. Chomh maith leis sin bíonn droim snasta dubh air agus an bolg geal. Bíonn paiste dearg ar an phluc ach chan fhuil sé furast sin a fheiceáil agus an t-éan ar eiteog. Meánn sé idir 16 agus 24 gram.

Tagann bunús na bhfáinleog i mí Aibreáin ach bíonn corrcheann ann i mí an Mhárta agus fanann siad go mí Mheán an Fhómhair. Tchítear iad ag cruinniú ina scaoth san fhómhar roimh imeacht dóibh. Gidh go bhfuil a líon slán in Éirinn, tá titim ag tarlú i roinnt tíortha eile. Póraíonn siad ó mhí na Bealtaine ó dheas agus níos moille de réir mar a ghluaistear ó thuaidh sa tír seo.

Déantar an nead, má thig ar chor ar bith, i scioból, i mbóitheach, faoi dhroichead, faoi scimeal an tí, nó go fiú go n-úsáidtear seanbhallóg tí. Bíonn sí greamaithe de ghnáth de dhromchla ingearach mar thaca. Úsáidtear cearchaill nó laftán chuige seo go minic ach cha bhíonn feidhm leis a bheith láidir. As tuí agus clábar a dhéantar an tsead. Den chuid is mó is le clábar a chruinniú don tsead an t-aon uair a thuirlingíonn an t-éan ar an talamh. Is minic a bhíonn an nead i ndeas d'uisce. Go hannamh a thógtar an nead taobh amuigh, ach má tharlaíonn sé bheadh sé san áit a mbeadh foscadh, i gcrann nó ar fhoirgneamh. Tógann an chearc agus an coileach an tsead. Tugann an dá thuismitheoir bia chuig na scallamáin, agus é á iompar sa sceadamán acu. I ndiaidh tuairim agus trí seachtaine a fhágann na héanacha óga an nead, ach i dtús báire pilleann siad le gabháil ar an aradh. Nuair a bhíonn na tuismitheoirí ag tabhairt bia do na scallamáin agus cumas eitilte acu, féadann siad an bia a thabhairt don aos óg agus iad ar eiteog.

Is tuairim agus 90% de na huibheacha a dtagann gearrcaigh astu. Maireann idir 70% agus 90% de na scalltáin, ach le linn na chéad bhliana faigheann suas le 80% dóibh bás. Bíonn an ráta báis chomh hard le 70% in aghaidh na bliana ag na héanacha fásta. Thángthas ar áinleoga a mhair aon bhliain déag ach is é an mheánaois bháis ag an áinleog ná ceithre bliana. Cuidíonn aimsir mhaith leis na háinleogaí nó sin an t-am is mó a bhíonn cuileogaí agus feithidí; an gnáthbhia acu, ar an eiteog. Chun breith ar an bhia bíonn méan mór ag na héanacha seo chomh maith le corp tanaí agus eiteogaí fada bioracha acu. Fágann sin go bhfuil ar a gcumas lúbadh agus casadh ar a dtoil, agus lena chois, caitheann siad tréimhsí fada ag faoileitilt, gnéithe a chuidíonn leo bia a aimsiú. Cuidíonn na heiteogaí bioracha le héanacha eitilt go gasta. Chan na héanacha is mó is gaiste mar sin.

Bhíodh daoine den tuairim go mbeadh samhradh maith ann dá dtiocfadh an áinleog luath sa bhliain. Measadh nach raibh a dhath a thiocfadh chun an tí chomh hádhúil leis an áinleog. Fadó bheireadh na seandaoine 'Lá na hÁinleoige' ar lá brothallach sa tsamhradh. Chreid siad go dtigeadh na háinleogaí i gcionn a chéile ar an lá sin, agus go mbíodh siad ag caibidil agus ag comhrá i gcuideachta. Chomh maith leis sin bhí an bharúil ann dá mbeadh na háinleogaí ag eitilt go híseal go mbeadh fearthainn ann agus dá mbeadh siad i nglinntí na spéire go mbeadh aimsir mhaith ann.

Go ginearalta is é 'an fháinleog' ainm an éin, ach is 'an áinleog' atá sa chaint i dTír Chonaill. Ciallaíonn *hirondus* 'áinleog' sa Laidin, agus úsáidtear *rusticus* nuair a bhítear ag cur síos ar an tuath. Is *Gobhlan Gaoithe* an Ghàidhlig atá ar an éan, agus *Gollan Geayee* an Mhanainnis. Tá *Gwennol* air sa Bhreatnais. Tugtar *Swallow* air i mBéarla.

Chreidtí ar feadh fada go leor go dtiocfadh codladh an gheimhridh ar an éan. Shíl an t-eolaí iomráiteach Carl Linnaeus (1707–1778) gur chaith an áinleog an geimhreadh ina shuan ar ghrinneall locha roimh nochtadh ar theacht an earraigh. Cruthaíodh go ndeachaigh an áinleog chun na hAfraice Theas nuair a thángthas ar éan ar 23 mí na Nollag 1912 sa Natal san Afraic Theas agus fáinne ar a chois a chuir James Masefield air ar 6 Bealtaine 1916 i Staffordshire na Sasana. Glactar leis go dtéann áinleogaí ón tír seo chuig an Bhotsuáin, an Namaib agus an Afraic Theas.

Creidiúint a bhíodh ann ná dá bhfaigheadh duine bearradh gruaige gan na ribí a fhágáil ina luí go bhféadfadh an áinleog iad a thabhairt leis agus go n-úsáidfeadh sé iad i dtógáil a nide. Dá bharr, bheadh an té ar leis an ghruaig a húsáideadh i gcontúirt taomanna tinneas cinn a theacht air i rith an tsamhraidh.

Féadann an áinleog scanradh a bhaint as eallach mar bíonn cuileogaí agus feithidí ar an eallach agus thart fá dtaobh díobh. In amanna thig an áinleog anuas as an spéir go grod á mbaint, agus baineann sin léim as an ainmhí.

An Bhreacóg

Calidris alpina

Machaire Gathlán, Gaoth Dobhair, 6 Eanáir 2020

Is lapaire beag an bhreacóg, rud beag níos mó ná an spideog. Ciallaíonn 'lapaire' éan a bhíonn ag lapadáil san uisce. Bíonn an t-éan le fáil go minic ar an trá ach téann sé isteach faoin tír fosta. Tagann tréan acu mar chuairteoirí chuig an tír sa gheimhreadh. Tuairiscítear go dtagann suas le 150,000 éan ó na tíortha Lochlannacha agus ón Rúis chugainn. Déanann cuid de na héanacha atá ag taisteal ón Ghraonlainn go dtí an Afraic seal a chaitheamh in Éirinn ar a mbealach. Is cuairteoir a thagann chun na tíre ó iarthuaisceart na hAfraice agus ó iardheisceart na hEorpa sa tsamhradh é fosta. De na lapairí is é an bhreacóg an t-aon cheann a chaitheann an geimhreadh abhus in Éirinn, agus ansin is san iarthuaisceart a bhíonn a mbunús. Thig le scaoth de 10,000 breacóg cruinniú i gcionn a chéile ach in iarthuaisceart Thír Chonaill cha bhíonn ach scór nó rud beag os a chionn sin i gcuideachta a chéile.

Ní fheicfidh tú an t-éan ina aonar, ach bíonn siad i gcomhluadar a chéile mar ealta. Is minic a bhíonn siad i gcuideachta le lapairí beaga eile dá macasamhail. Sa tsamhradh le linn aimsir an phóraithe a bhíonn an ball dubh ar an tarr, agus is é an bhreacóg an t-aon lapaire a mbíonn a leithéid aige.

Cruinníonn na breacógaí ar an trá, nó ar an bhlár láibe, agus an fharraige ag trá nó ag líonadh. Nuair a bhíonn barr láin ann fanann siad ina seasamh ar an talamh ina scaoth. Itheann siad sliogáin, dearnadaí trá agus ábhar eile a bhíonn ar an chladach. Ritheann siad i ndiaidh dearnadaí más gá. Chomh maith leis sin itheann siad cuiteogaí agus ainmhithe eile a bhíonn ina gcónaí sa chlábar nó sa ghaineamh. Sánn siad a ngob sa chlábar nó sa ghaineamh, agus má bhíonn an bia beag go leor thig leo é a ithe faoin dromchla. Cailleann an t-éan an dath donn sa gheimhreadh agus is liath agus

geal a bhíonn sé sa tséasúr sin.

Póraíonn níos lú ná 250 péire in Éirinn. I dtortóg fhéir nó san fhraoch a bhíonn an nead gan í i bhfad ó uisce. Tigtear ar neadracha s'acu ar an mhachaire fosta. Úsáideann lucht tíreolaíochta machaire nó *machair*, focal de chuid Ghaeilge na hAlban, le cur síos a dhéanamh ar an talamh íseal féarach ar thaobh an fhoscaidh den dumhaigh. Déanamh coirn a bhíonn ar an tsead. Úsáidtear duilleogaí nó ríbí féir don líonáil. Bíonn na huibheacha ann i mí na Bealtaine agus déanann na tuismitheoirí sealaíocht ar an nead ar feadh trí seachtaine. De ghnáth beirtear ceithre ubh, ach thig ó dhá cheann go sé cinn a bheith sa nead. Maireann tréimhse an ghoir ar feadh trí seachtaine, agus is í an chearc is mó a bhíonn ar gor. Go luath i ndiaidh go saolaítear na scallamáin fágann an chearc an láthair ghoir agus is é an coileach a thugann aire do na héanacha óga go mbíonn ar a gcumas iad féin a chothú. I mí Mheán an Fhómhair agus i mí Dheireadh an Fhómhair a fhágann na héanacha óga an ceantar póraithe. Cha bhíonn ann ach éilín amháin le linn an tséasúir seide.

Tagann an t-ainm Gaeilge ó na spotaí a bhíonn le feiceáil ar a chliabhrach. Is minic an focal 'breac' sa chaint. Is dóigh gur an t-iasc, an breac, is coitianta againn. Tá an focal le fáil i logainmneacha fosta .i. Leitir Bric, Gleann Fhinne, agus an Taobh Breac, cnoc i mbaile fearainn an tSraith Bhuí, paróiste Inis Caoil.

Tá 'an Chearc Ghainimh' agus 'an Circín Trá' luaite fosta mar ainmneacha ar an éan. Is é *Gille Feadaig* atá sa Ghàidhlig air agus is *Breckag Hraie* an Mhanainnis. Baintear úsáid as *Pollaran* agus *Grailleag* sa Ghàidhlig fosta. Is *Pibydd y Mawn*, píobaire na móna, an Bhreatnais atá air.

Tugtar *Dunlin* ar an éan i mBéarla. Is dath éadrom donn atá i gceist le *dun*. Is ionann é agus 'odhar' againn. Tagann an chéad chuid den ainm eolaíoch, *Calidris*, ó fhocal a d'úsáid Arastatal, scríbhneoir de chuid na Sean-Ghréige. D'úsáid sé an focal ag tagairt d'éanlaith liath a bhíonn in aice le huisce. Is sléibhte arda a chuirtear in iúl le h*alpina*, an dara cuid den ainm, agus is iad na hAilp atá i gceist. An míniú atá ar an ainm *Gille Feadóg*, a mbaintear feidhm as in iarthar na hAlban, ná go mbíonn an bhreacóg agus an fheadóg bhuí i gcuideachta a chéile agus thug na daoine faoi deara i bhfad sular chuir éaneolaithe sonrú ann, go ndéanann an bhreacóg aithris ar an fheadóg bhuí. Ní hamháin go ndéanann an bhreacóg aithris ar iompar na feadóige ach déanann sé an rud céanna i dtaca le guth na feadóige. San Íoslainn tugtar *Loupall*, sclábhaí na feadóige, ar an bhreacóg.

In áiteacha tugtar 'breacóg' ar ghirseach a mbíonn pluca dearga uirthi.

An Chabhóg

Pyrrhocorax pyrrhocorax

Machaire Gathlán, Gaoth Dobhair, 4 Feabhra 2018

Tá sé furast an t-éan seo agus an cág a mheascadh mar baineann siad araon le fine (Coirbhideach) an phréacháin, ach tá dhá chomhartha a dhéanas idirdhealú eatarthu. Tá dath dearg ar ghob agus ar chosa an éin seo agus chan fhuil ar an chág.

Chan fhuil an chabhóg fairsing ach meastar beagnach trí cheathrú de líon na n-éan seo in iarthuaisceart na hEorpa a bheith in Éirinn. Bhí a líon ag meath ar feadh na mblianta ach thosaigh biseach i 1925 agus meastar a líon a bheith seasta san am i láthair. I ngeimhreadh na bliana 2021 chuntais mé 49 cabhóg i scaoth i Machaire Gathlán, Gaoth Dobhair. Is í an tír seo an pointe is faide siar agus an log is faide ó thuaidh dá raon domhanda.

Is thart ar an chósta a chastar an t-éan orainn in Éirinn ach i dtíortha eile bíonn sé le fáil sna cnoic. Abhus in iarthuaisceart Thír Chonaill bíonn siad le fáil ar an mhachaire, an talamh mín féarach ar chúl na ndumhcha. Úsáideann lucht eolaíochta an téarma 'machair' don chineál seo talaimh. Is é an focal 'machaire' mar atá sa logainm Machaire Uí Rabhartaigh i gCloich Chionnaola agus Machaire Maoláin sna Rosa atá i gceist.

Ní bhíonn meas ar na préacháin go minic ach is éan fiúntach an chabhóg, mar is maith leis go mór an larbha, staid i saol feithide sula mbíonn siad fásta nó aibí, ag an ghalán. Déanann an galán dochar do bharraí, don mhiodún agus don phlásóg fhéir. Itheann an chabhóg seilidí fosta.

Cuidiú lena aithint ná go bhfuil sé tugtha don eitilt acrabaitic, ag tumadh, ag faoileoireacht agus ag casadh. Tá a ghlór furast a aithint nó tá an guth níos géire ná ag aon cheann eile de na préacháin. Cha bhíonn an t-éan le feiceáil ar shiúl ón chósta agus chan fhuil sé ar an chósta thoir ach an oiread.

Tógtar an nead, a bhíonn déanta de chipíní, fraoch nó raithneach i scoilt ar aill agus cuirtear líonáil olla ann, ach má bhíonn seanbhallógaí ann tógtar nead iontu fosta.

De ghnáth, is ealta de thuairim agus deich n-éan a bhíonn ann agus creidtear go bhfanann an chearc agus an coileach le chéile i rith a saoil.

Is cosúil go bhfuil 'préachán na drochaimsire' mar ainm ar an éan seo in áiteacha agus go gcastaí ar na daoine é sna cnoic. Mheastaí go ndéanadh sé an-scrios ar neadracha cearca fraoigh. Fada fada an lá ó shin mharaítí é agus d'ití é in iardheisceart Thír Chonaill. D'éirigh na daoine as an ghnás sin blianta ó shin. Bhíodh siad i bhfad níos fairsinge, ach tháinig laghdú mór orthu i ngeall orthu a bheith ina mbia ag daoine.

'An Cág Cosdearg' an t-ainm coitianta atá ar an éan seo. Tugtar 'an Choróg' ar an éan fosta, agus is 'an Cabha' atá ag muintir Inis Bó Finne air. Is *Caaig* an Mhanainnis atá air, agus *Cathag Dhearg Chasach* an Ghàidhlig. *Brân Goesgoch*, préachan na coise deirge atá air sa Bhreatnais. Tugtar *Chough* ar an éan i mBéarla agus fuaimnítear mar '*chuff*' é. Thig an t-ainm Béarla a leanstan siar chomh fada le 1387. Mar sin féin níl béaloideas ar fáil fúthu i Sasana agus glactar leis go bhfuil an scéal amhlaidh de thairbhe nach raibh a líon fairsing riamh sa tír chéanna. Tagann an t-ainm eolaíoch ón Ghréigis, πυρρός *(pyrrhos)*, 'dath an bhladhaire', agus κόραξ *(korax)*, 'féach dubh'. Chreidtí roimhe seo go raibh claonadh ag an éan bata ar thine a iompar isteach i dtithe agus lasóg a chur leis an díon. D'fhéadfaí gur as siocair gob agus cosa an éin a bheith dearg a d'fhás an béaloideas seo.

Tá 'Stádas faoi Chosaint' ag an chabhóg. Scríobh Patsaí Dan Mag Ruaidhrí i *Rí Thoraí, ó Chathair go Creig* gur mhúscail Derek Hill, cuairteoir Sasanach ar Thoraigh agus péintéir a bhfuil clú idirnáisiúnta ar a shaothar, suim s'aige sna cabhógaí. Shíl fear Thoraí an t-éan a bheith míofar ach bhí dúil aige ina scread. Mheas Hill gur chuir na cabhógaí fáilte roimhe gach aon bhliain a thigeadh sé go Toraigh agus iad ar dhíon na bothóige roimhe. Chomh maith leis sin tugann Mag Ruaidhrí le fios go mbíodh na céadtaí de na cabhógaí ar an oileán ag am amháin ach, ar an drochuair, mar a dúirt sé féin, nach bhfuil ach cúpla péire acu anois. Dúirt sé an ceart a bheith ag Hill go bhfáilteodh siad roimhe agus rinne sé cúpla pictiúr den fháiltiú agus fuair sé díolta iad, mar a dúirt sé féin, gan trioblóid.

Luaigh feirmeoirí sna Rosa agus i nDún Fionnachaidh, a d'aithin an chabhóg, liom go dtagann cuairteoirí chuig ceantair s'acu agus iarracht á dhéanamh acu an chabhóg a fheiceáil. Thug duine de na feirmeoirí le fios dom nár aithin sé an t-éan gur chuir na cuairteoirí ar na súile dó é agus go raibh aird aige air ó shin.

Tá tagairt ag Úna M. Uí Bheirn ina leabhar *Cnuasach Focal as Teileann* do Fhraoch Cabhóige. Mheastaí go bhfásadh an fraochán ar an phlanda seo. Is cosúil mar sin féin gur Fraoch Dabhóige atá i gceist leis an phlanda in áiteacha eile.

An Cadhan

Branta bernicla hrota

Machaire Gathlán, Gaoth Dobhair, 19 Márta 2020

Cuairteoir geimhridh a bhíonn le fáil go fairsing ar inbhir agus ar réileáin láibe é. Is fíor-annamh a fheictear isteach faoin tír é, ach le tamall anuas tá claonadh ag teacht chun cinn an cadhan a bheith á chothú féin ar thalamh feirmeoireachta. Meastar an míniú atá air sin ná gur fhás a líon deich n-oiread taobh istigh d'achar gairid go raibh 400,000 acu ann agus nach raibh fairsing ar na gaotha dóibh.

Itheann sé plandaí a fhásann in uisce na taoide, miléarach go háirithe, ach itear feamnach, glasáin agus sliogéisc fosta.

Tagann siad chugainn ó mhí Mheán an Fhómhair ar aghaidh agus imíonn siad ó thuaidh arís fá thús mhí na Bealtaine chuig an tundra i gCeanada. Díríonn a mbunús ar oileán na Banríon Éilíse agus ar oileán Barthurst i dtuaisceart na tíre. Nuair a bhíonn an cadhan ag taisteal chuig na tailte a mbíonn sé ag pórú orthu agus nuair a bhíonn sé ag pilleadh ar Éirinn de thairbhe gur ábhar luifearnach a bhia bíonn air cur faoi ar chósta thiar na hÍoslainne lena chothú le go mbeidh oiread fuinnimh ann agus a bhéarfaidh chun na hÉireann é.

An bhliain a rugtar an cadhan fanann an ghé óg i gcuideachta na dtuismitheoirí agus iad ar imirce. Dubh a bhíonn na cosa agus is gairid a ngob chomh maith le ruball gairid a bheith acu. Tá sé ar an ruball is giorra ag gé. Bíonn cuma dhubh ar an chadhan agus é ag eitilt ach go mbíonn geal le feiceáil ar uachtar agus ar íochtar an bhundúin. Eitlíonn siad go gasta agus ní bhíonn fíor an V orthu agus iad ar eiteoga. Is minic a eitlíonn siad go híseal os cionn an uisce. I mo thaithí is minic a bhíonn siad i do mhullach sula tabharfaidh tú fad radhairc orthu, go háirithe muna mbíonn siad ag glao.

Riamh againn bhíodh cineálacha géacha ag cur fúthu ar chósta na tíre le linn an gheimhridh agus sholáthraigh siad feoil. Meastar go dtugtaí 'an cauth' ar an ghé dhorcha seo. Níos moille is 'cadhan' an leagan a tháinig chun cinn ar 'cuath'. Is *Geadh Got* agus *Got Gheadh* a thugtar air sa Ghàidhlig, agus is *Gwyran* agus *Fanyw* atá air sa Bhreatnais. *Guiy breck* an t-ainm atá air sa Mhanainnis.

Is cruth Laidine, *branta*, ar fhocal Sean-Lochlainnise *brandgás*, a chiallaíonn 'gé dhóite/dhubh',

agus is ón Mheán-Laidin a thagann *bernicla* a chiallaíonn 'giúrann'.

Tugtar *Brent Goose* air i mBéarla agus is as a hainmníodh an t-olacheantar Brent amach ó chósta na hAlban.

Chreidtí i dTír Chonaill gur tuar go mbeadh aimsir fhuar agus fhliuch ann ach an cadhan a theacht chun an cheantair. Chomh maith leis sin dá bhfeictí an ghé ag síneadh a muiníl san aer agus ag bualadh a cuid eiteogaí ar a corp, mheastaí go raibh stoirm ar a bealach.

Is minic nuair a fheictear an cadhan ina scaotha ar bharr an uisce, agus nach mbíonn infheicthe ach spotaí dubha má bhíonn tú achar uathu.

Nuair a bhíothas ag scríobh sa tSean-Ghaeilge agus sa Mheán-Ghaeilge bhaintí feidhm as an fhocal *géd* nuair is an ghé cheansaithe a bhí i gceist.

In *Birds of Ireland* (P. G. Kennedy, R. F. Ruttledge & G. F. Scroope) a foilsíodh i 1953 tugadh le fios nach raibh an cadhan in iarthar Chontae Dhún na nGall nó d'fhéadfadh go raibh sé ann go hannamh. Inniu, thigtear air in áiteacha go leor sa chontae, an t-iarthar san áireamh, ach nach mbíonn sé go buan i gceantar ar bith ach ag imeacht leis ag teacht ar bhia, an mhiléarach (*Zostera marina*) go háirithe.

Meastar go mbíonn 38,000 cadhan in Éirinn sa gheimhreadh. Is minic a bhaineann siad feidhm as a nguth agus má bhíonn ealta i gcionn a chéile measann tú gur ag éisteacht le cór a bhíonn tú.

An Cág

Corvus monedula

Bíonn eolas ag daoine ar an éan seo mar bíonn sé le fáil go fairsing, cóngarach do thithe cónaithe go hiontach minic, agus in áiteacha a gcuirtear bia, mar mhin, ar fáil d'ainmhithe. Bíonn sé i gclós feirme, i gcarn an bhruscair agus fríd an

Dún Fionnachaidh, 6 Aibreán 2019

chonlach. Thig teacht air fosta ar aillte farraige agus ar an trá. An t-aon áit nach mbíonn sé ná ar na cnoic, agus tá seo amhlaidh in iarthuaisceart Thír Chonaill. Muna mbíodh teacht aige ar bhia, chuirtí ina leith go ngoidfeadh sé é, go fiú go dtógfadh sé éanacha beaga. Nuair a bhíonn an t-am cuí ann bíonn sé sna crainn ag ithe daol agus péisteanna cáil. Is maith leis áiteacha a ligeann dó suí i.e. cuaillí, cáblaí agus díonta, mar shampla. Bíonn cosa láidre faoi agus gob tréan.

Tá sé ar an phréachán is lú sa tír seo agus tá sé furast a aithint ar na préacháin eile mar bíonn dath ar liath na luatha ar a cheann agus is liath a bhíonn na súile. Siocair go gcuireann sé faoi ar an aill, áit a mbíonn an chabhóg, bíonn daoine meascaithe idir an dá éan.

Is minic a fheictear péire i gcuideachta, agus is éan aonchéileach é. Tógtar an tsead i bpoll nó i scoilt i gcrann, ar na haillte, i nead a bheadh tréigthe ag rúcach, i bhfoirgnimh nó, fiú, i bpoll sa talamh. Déanta de chipíní a bhíonn an tsead ar shuíomh atá foscailte agus ribí plandaí, olla agus ribí fionnaidh mar líonáil. Má thógtar an nead i bpoll d'fhéadfadh go mbeadh na cipíní ar iarraidh. Tógann an chearc agus an coileach an nead. Cha bhíonn ann ach an t-éillín amháin. Ach an nead a thógáil i bpoll ingearach, mar shimléir, beidh an struchtúir tógtha ar bhrosna atá greamaithe agus d'fhéadfadh carn cipíní a bheith faoin tsuíomh. Bíonn difir idir an mhéid a bhíonn sna seadanna nó tógtar nead úr gach aon bhliain i mullacha na neadacha a bhí ann roimhe.

Bíonn na huibheacha ann ó bhíonn mall san Aibreán ann. De ghnáth bíonn idir ceithre agus sé ubh sa nead. Beirtear ubh in aghaidh an lae agus an chearc amháin a níonn an gor. An coileach a thugann an bia chuig an nead. Tógann na scallamáin an bia as púitse sceadamáin an tuismitheora.

Caitheann na gearrcaigh suas le mí sa nead, agus le linn na tréimhse sin, tugann na tuismitheoirí bia chucu.

Rinne Carl Linnaeus (1707–1778) cur síos air i 1758. Meastar go bhfuil idir 10 milliún agus 20 milliún cág san Eoraip. Meastar a líon a bheith seasta ar an mhór-roinn sin. Chan fhuil fáil ar an chág i Malta, áit ar dearnadh scrios air. Bíonn cumas maith eitilte iontu cúpla lá i ndiaidh a mbreithe.

Éan an cág a thógann a chuid bia den talamh. Is iliteoir é. Itheann sé an-éagsúlacht bia; pórtha, inveirteabraigh bheaga, go fiú itheann sé uibheacha éanacha. Is maith leis torthaí agus bíonn sé tugtha do shilíní go háirithe.

Creidtear gur maith leis acraí lonracha a thógáil agus a chur i dtaisce. Tá tagairt sa dara cuid dá ainm *monedula*, an t-ainm speicis, d'airgead nó focal Laidine ar airgead is é *moneta*, agus mheastaí go ngoideadh

An Ché, Dún Fionnachaidh, 17 Feabhra 2018

sé é. Tugann *curvus* le fios gur préachán atá ann.

Is *Cathag*, *Cathag Ghlas*, nó *Cnaimh-fhiach* atá ar an éan i nGàidhlig. Tugtar *Corrachan* air in Oileán Í. *Cagfran* a thugann muintir na Breataine Bige air, agus is *Caaig Doo-chassagh* an t-ainm ag na Manannaigh air. Tugtar *Jackdaw* air i mBéarla, ainm atá ar eolas ó bhí 1543 ann. Seans gur iarracht an *daw* ar aithris a dhéanamh ar cheann de na trupanna a dhéanann an t-éan. An focal onomataipéach atá i gcág againn féin mar aithris ar an ghuth ag an éan?

I bhfad siar in Éirinn, san Fhéineachas, rinneadh tagairt dó mar pheata. Dheirtí faoi go dtéadh sé suas san aer, suas níos airde ná an rúcach, agus go mbíodh sé ag titim anuas á rollacú féin mar a bheadh bairille ann.

Cleas é a bhíonn aige ná imeacht leis mar a bheadh urchar amach as gunna agus téann sé tar a chorp trí nó ceithre huaire amhail agus dá mbeadh sé ag féacháil le héanacha beaga a scanradh.

I miotaseolaíocht na Gréige chreidtí go bhféadtaí an cág a cheapadh go furast ach mias ola a chur síos. Thiteadh an cág isteach sa mhias nuair a bhíodh sé ag amharc ar a scáth féin san ola.

Shíl an file Rómhánach, Ovid, gur tuar fearthainne a bhí ann.

Is fada siar a théann an eagla a bhíonn ar an duine roimh an chág. Sa bhliain 1604 bhí bille á chur os comhair Theach na dTeachtaí i Londain agus diúltaíodh don bhille i ngeall ar chág a bheith ag eitilt thart ar Sheomra na nIonadaithe agus an t-urraitheoir i mbun cainte ag cur ar son an bhille.

Bhí am amháin agus choinnítí mar pheataí iad i ngeall ar a gcuid cabaireachta agus go raibh siad, creideadh, greannmhar.

An Chailleach Dhubh

Phalacrocorax carbo

Mín an Chladaigh, Gaoth Dobhair, 22 Márta 2018

Is minic a fheictear an chailleach dhubh ar an fharraige agus ar an dara hamharc chan fhuil sé le feiceáil mar is amhlaidh go dtomann sé fá choinne bia, agus is iasc a itheann sé.

Tchítear isteach faoin tír in amanna é. Maíonn daoine gur comhartha drochaimsire é a bheith ar an abhainn nó ar an loch.

Sa tsamhradh bíonn leis bhán ar an éan chomh maith le bán ar a aghaidh agus bíonn cuma dhubh ar an chuid eile den chorp. Má amharctar go géar ar na cleití bíonn cuma orthu gur sclanntracha iad agus samhlaíonn daoine nathair nimhe leis an éan.

Seasann an t-éan ar charraig go minic agus na heiteogaí spréite. Chreidtí gur ag triomú na n-eiteogaí a bhíothas mar nach n-úsáideann an t-éan ola uiscedhíonach, ach anois meastar go bhfuil baint ag an ghnás le díleá.

Tá cúpla ainm ar an chailleach dhubh. Tugtar 'amplóir' air agus tá an t-ainm céanna ar dhuine a shantaíonn bia. Ní maith le hiascairí slaite an chailleach dhubh mar is í a mbarúil go n-itheann sé bláitháin agus iad ag gabháil ar imirce.

Ainm eile ar an éan ná 'an Fiach Mara'. In áiteacha is é 'an Broigheall' nó 'an Duibhéan' an t-ainm a bhíonn air. Tugtar 'an Treathlach' ar an éan seo i dToraigh. Tagann sin leis an ainm eolaíoch ar dhóigh. Is ionann *phalakros* agus 'maol' agus 'fiach dubh' atá i gceist le *korax*. Is fiodhghual atá i gceist leis an *charbo* agus is tagairt sin do dhath an éin. Is *Fannag Varrey* agus *Scarroo* a thugtar ar an éan sa Mhanainnis. San áit a mbíonn carraigeacha a dtaithíonn líon mór cailleachaí dubha iad, is *Creggyn Scarooagh* a bheirtear orthu. Sa Ghàidhlig is *Sgarbh*, *Sgarbh Buill*, *Ballaire Bòthair*, chomh maith le *Sgarbh an Ucht Ghil* a ghairmtear de, agus tugtar *Odharag* ar an éan óg agus *Gairgrannach* ar an áit a mbíonn moll éanacha den chineál seo. Sa Bhreatnais is *Murfran* nó *Morfran* atá air. Tugtar *Cormorant* air i mBéarla, agus meastar go dtagann sin ó *corvus marinus*, fiach dubh na mara. Bhí an t-ainm ar eolas san aonú haois déag agus bhain Chaucer feidhm as c. 1381.

Cuireann lucht eolaíochta fáinní ar éan le cuidiú lena dtaighde agus fuarthas éanacha ar cuireadh fáinní orthu sa tír seo, i Sasana, sa Fhrainc, sa Spáinn agus sa Phortaingéil. Tigtear anseo ar éanacha óga ar cuireadh fáinní orthu in Albain.

Scríobh Charles Paston Crane ina leabhar *Memories of a Resident Magistrate 1880–1920* faoi thuras a thug sé ar Thoraigh i mí na Bealtaine 1890. Ar a mbealach go Toraigh tugadh cuairt ar uaimh in Inis Dúiche, tearmann ag éanacha mara. Bhí faoileogaí ar a neadracha, agus cailleachaí dubha ar laftáin na n-aillte agus dhiúltaigh siad bogadh go dtí gur tugadh sonc dóibh le maide rámha. Scríobh sé, '*It was one of the wildest and most beautiful sights I have ever seen*' (lch 155).

Baintear feidhm as an chailleach dhubh sa tSín agus sa tSeapáin agus in áiteacha eile, le dul i mbun na hiascaireachta. Bíonn cúpla cailleach dhubh ar bháid bheaga agus corda thart ar a muineál. Bíonn an corda teanntaithe oiread sin nach dtig leis an éan iasc ar bith a aimsíonn sé a shlogadh go hiomlán. Éiríonn leis na hiascairí an t-iasc a bhaint amach as béal an éin ach fórsa a úsáid, agus meastar go dtugann an fórsa a úsáidtear ar an éan an t-iasc a scaoileadh.

Tá cuntas ar choileach caillí duibhe ag pronnadh cipíní ar chearc sula gcuirtear tús le séasúr an phóraithe. Tuairiscítear boladh láidir samhnasach bréan a bheith as na háiteacha ina mbíonn a gcuid sead. An coileach a sholáthraíonn bunús an ábhair le haghaidh na seide agus is í an chearc a chuireann ord air.

Níl an fheoil ag an chailleach dhubh ar dhóigh ar bith blasta. Creideann daoine go bhfuil seo amhlaidh mar gur iasc a itheann an t-éan.

Nuair a bhíonn an chailleach dhubh ag seilg cuireann sé a cheann faoin uisce ag coimhéad ar a bhfuil faoi, agus ansin nuair a aimsíonn sé bia, tugann a chorp léim amach as an uisce agus tagann cruth stua air, amanna eile sleamhnaíonn sé go slim faoi dhroim na mara. Tiománann sé chun tosaigh ag baint feidhme as an dá chos i gcuideachta. Den chuid is mó ní thumann sé níos doimhne ná deich méadar. Féadann sé a bheith suas le tríocha soicind ach bíonn amanna ann a mbíonn sé dhá oiread na tréimhse sin ag tumadh. Bíonn air in amanna corr a bhaint as an bhia le go mbeidh sé furast a ithe. Itheann sé ar dhromchla na farraige é. Ní maith le hiascairí an t-éan i ngeall, deirtear, ar na bradáin, na bric agus na leathógaí a itheann siad.

An Caipín Dubh

Sylvia atricapilla

Mín Doire Dhamh, Gaoth Dobhair, 28 Aibreán 2021

Ag tarraingt ar bhosca an phoist maidin shamhraidh i Mín Doire Damh, Gaoth Dobhair, le litir a chur ann chasadh éan ina luí ar a dhroim orm agus é marbh. Thiompaigh mé thart é. Chonaic mé gur caipín dubh a bhí ann. Ní fhaca mé an t-éan seo riamh roimhe ar an taobh seo tíre.

Bhí díomá orm gur marbh a bhí an t-éan ar an chéad ócáid ar a bhfaca mé an speiceas seo. Bhí an chuma air agus é ina luí ar fhleasc a dhroma nár bhain gortú dó. D'fhéadfadh gur stiúg sé i ngeall ar aistear imirce. Agus a dhalta sin tá taifead ar cheann a bhuail in éadan teach an tsolais ar Thoraigh ar 19 Deireadh Fómhair 1928.

Ceolaire atá ann agus is ar an choileach a bhíonn an caipín dubh, ag an chearc bíonn dath donnrua ar a caipín. Tá aird air as a chuid ceoil. Tá sé tugtha do choillte duilsilteacha agus thig gur í sin an chúis nach mbíonn sé le feiceáil, go fiú go dtagann sé chuig beathadán éan i ngarraithe ach nach bhfaca mé riamh abhus é ag baint de bhia a chuirtear ar fáil i rith na bliana. Sin ráite, tá sé ar cheann den fhiche speiceas is coitianta ag beathadáin. Le linn an tsamhraidh bíonn sé beo ar fheithidí agus inveirteaibrigh eile. Itear caora sa gheimhreadh agus an tráth seo fosta a thagann siad chuig an bheathadán éan.

Tuairiscítear go bhfuil a líon ag méadú. As siocair iad a bheith ina gcuairteoirí samhraidh agus gur sin an tráth a mbíonn na duilleogaí ar na crainn duilsilteacha, bíonn sé doiligh a bhfeiceáil.

Tá an-cháil ar a chuid ceoil, daoine ag tagairt dó mar shiamsa lúcháireach. Bhí sé mar thoradh ar cheol aoibheann a bheith ag éan go ndéantaí a sheilg agus chuirtí i gcásanna iad lena gcoinneáil mar pheataí. Ar mhór-roinn na hEorpa bhí an caipín dubh ar cheann de na héanacha ba fhairsinge a choinnítí mar pheata.

Sa cheoldráma a scríobh Olivier Messiaen, *Saint François d'Assise*, cuirtear an naomh i láthair le téamaí atá bunaithe ar an cheol ag an chaipín dubh. Cuirtear a chuid ceoil i gcomórtas le cuid an fhiliméala smaolaigh.

Ag tús na fichiú haoise cuireadh síos dó gur gann a bhí sé nó tearc ar fad sa tír seo. Sa lá inniu is cuairteoir samhraidh é, agus ní mórán a líon, chuig coillte i dtuaisceart agus i lár na tíre ó mhí Aibreáin go mbeidh mí Dheireadh an Fhómhair ann. San earrach agus san fhómhar is imirceach taistil ar chinn tíre ar chósta an iarthair agus an deiscirt sa tír é. Tagann cuid de na caipíní dubha a phóraíonn i lár na hEorpa chun na tíre seo sa gheimhreadh. Téann caipíní dubha a phóraíonn in Éirinn sa tsamhradh ó dheas leis an ngheimhreadh a chur tharstu.

Tá gné ar leith de shaol na Meánmhara idir an Afraic agus an Eoraip atá ina hábhar conspóide ionns ar an lá inniu. Meánn ceolairí, a bhfuil an caipín dubh ar cheann acu, idir 25 agus 50 gram. Mar sin tá siad beag go maith. Ainneoin iad a bheith chomh beag agus atá bíonn aird ar leith orthu mar bhia. I bhfad siar sa stair a théann an gnás iad a cheapadh agus a ithe. Meastar go raibh an cleachtas beo míle ocht gcéad bliain ó shin de réir tuairiscí nó b'fhéidir chomh fada siar leis an Ré Neoilíteach. San earrach agus san fhómhar nuair a chruinníonn na ceolairí i measc éanacha eile lena dturas trasna na mara ionns ar an Eoraip a chur i gcríoch déantar ionsaí orthu. An cleachtadh a bhíodh ann ná na ceolairí a chur i láthair mar *hors d'ouevres* roimh an phríomhchúrsa nó iad a dhingeadh in ainmhí a bhí níos mó, éan níos téagartha nó fiú goile muice.

Níor cheart go mbeadh an slad ag dul ar aghaidh mar tá na speicis ar fad a mharaítear ar mhaithe leis an scilléad á gcosaint ag dlí ag an Aontas Eorpach agus go fiú is minic a bhíonn dlíthe breise ag an leibhéal náisiúnta. Ach go dtí seo cha raibh siad éifeachtach go leor le deireadh a chur leis an chiondíothú.

Cuireann eagraíochtaí caomhnaithe éanacha ó thuaidh de thíortha na Meánmhara agus daoine aonaracha go láidir leis an mharú a chosc. Baintear anuas eangacha a thógtar leis na héanacha a cheapadh agus bristear na bataí dola a úsáidtear. Cha bhíonn aird ag muintir na Meánmhara orthu mar nach aicme dhúchasach iad cosantóirí na n-éanacha agus chan fhuil siad ach ag cur isteach ar thraidisiúin a théann siar míle bliain nó níos mó. Cúis amháin atá leis an chleachtas mairstean ná go bhfuil airgead, agus an-chuid airgid i gceist. Síltear go dtig leis na gaisteoirí an-mholl airgid a shaothrú agus gan i gceist ach an cúpla seachtain a mbíonn na héanacha ag trasnú na Meánmhara ar a n-imirce. Níl costas mór ag baint leis an fhíneáil má bheirtear ar lucht an tslada.

Tá a scairt rabhaidh mórán ar aon dul leis an tic rabhaidh ag an spideog.

Níor aimsigh mé aon trácht sa bhéaloideas ar an éan seo.

Ceann Dubh nó *Ceap Dubh* a thugann muintir na hAlban air, agus is *Kione Doo* a thugann muintir Oileán Mhanann air. Tagann an t-ainm eolaíoch ón Nua-Laidin, *silvia*, síofra coille, agus baint ag silvia le *silva*, coill.

I dtaca leis an ainm speicis is tagairt atá in *atricapilla* don fhocal Laidine, *ater*, a chiallaíonn dubh mothallach seachas *niger* a chiallaíonn dubh loinnreach, agus *capillus* a bhfuil an chiall, gruaig fhionn, leis. *Telor Penddu*, ceolaire an chloiginn duibh, atá sa Bhreatnais air.

An Caislín Cloch

Saxicola rubicola

Machaire Uí Rabhartaigh, 5 Feabhra 2018 (an chearc)

Is maith leis an chaislín cloch an fhairsingeacht tíre agus tigtear air san áit a mbíonn sceacha, go háirithe an aiteannach (*Ulex europaeus*), ach corruair tchítear é ar shreangáin. Bíonn sé líonmhar sa chineál tíre a fhóireann dó. Tá sé tuairim agus an méad céanna le spideog. Tchítear é go minic ar chraobh uachtar sceiche, agus é i mbun ceoil. Eitlíonn siad ó bharr sceiche go barr toim go minic. Deirtear an cineál ceoil a thig uaidh a bheith cosúil leis an tormán a dhéanann dhá chloch a bhuailfí in éadan a chéile. Maireann an chuid is mó de na caislíní cloch in Éirinn in iarthar na tíre agus bíonn siad gann go maith fá lár na tíre.

Feithidí is mó a itheann siad agus go hiondúil tógann siad den talamh iad, ag eitilt anuas ón áit a shuíonn siad lena dtógáil. Cuireann cruatan an gheimhridh isteach orthu. Shíothlaigh tréan acu i ndrochgheimhreadh na bliana 1916–1917 ach bhí siad tagtha chucu féin go maith faoin bhliain 1950. Tá dhá fho-speiceas de *Saxicola rubicola* ann. Tugtar *Saxicola rubicola hibernans* ar an fho-speiceas in iarthar na hEorpa. Bíonn éan iarthar na hEorpa níos doinne agus níos lú gile air ag freagairt don aeráid ina raon.

Déantar an tsead ón Aibreán agus maireann an séasúr póraithe go mbíonn luath i mí Mheán an tSamhraidh ann. Bíonn cúig nó sé ubh sa nead. Is ar an talamh sa lusra de ghnáth agus faoi scáth thor aiteannaí go minic nó ag bun chineál eile sceiche a thógtar í. Corruair má bhíonn na duilleogaí fairsing agus tiubh thig leis an tsead a bheith i sceach i ndeas don talamh, agus luaitear go dtógtar neadracha sa raithneach in Éirinn, go háirithe. Déanamh coirn a bhíonn ar an tsead, agus úsáidtear caonach, olann agus féar sa tógáil. Cuirtear olann, ribí fionnaidh agus roinnt cleití sa líonáil. Ligtear amach dhá nó trí éillín le linn an tséasúir phóraithe. Is í an chearc amháin a bhíonn ar gor, le cuidiú go hannamh ón choileach. Cothaíonn an dá thuismitheoir

Mín Doire Dhamh, 2 Deireadh Fómhair 2017 (an coileach)

na scallamáin go ceann coicíse. Bogann éanacha a thógtar ar an talamh ard chuig na hísleáin san fhómhar.

Meastar a líon in Éirinn ag 120,000 éan, agus tá an líon sin seasta.

Rinne Carl Linnaeus (1707–1778) cur síos ar an éan sa dara heagrán déag den *Systema Naturae* i 1766. Ba é Johann Matthäus Bechstein (1757–1822), nádúraí Gearmánach, a thug an géineas chun tosaigh i 1802. Tagann an t-ainm eolaíoch *Saxicola* ón Laidin. Ciallaíonn *saxum* 'carraig' agus is ionann *incola* agus 'ag mairstean i'. Tagann *rubicola* ó *rubus* a chiallaíonn 'dreasóg', agus arís tá *incola* i gceist, sin neach a chónaíonn i gcarraig nó i ndreasóg.

Tá 'an Caislín Ceanndubh', agus 'an Caipín Aitinn', fosta mar ainmneacha air. Deirtear go bhfuil 'an Caislín Dearg' mar ainm ar an choileach i dTír Chonaill. Tá 'Máirín an Triúis' in áiteacha ar an chearc agus 'Donncha an Chaipín' ar an choileach.

Thugtaí 'Súsaí Ceann Dubh' ar an éan in iardheisceart Thír Chonaill agus tá daoine ann a mheasann gur an caislín cloch a bhí i gceist. Tá 'Siúsaí Ceanndubh' ar an éan seo i g*Cnuasach Focal as Teileann*. Lena chois sin, tá tagairt i g*Cnuasach na Finne* do éan a bhfuil 'Róise Ceanndubh' air ach scríobh an t-eagarthóir gur éan é nach n-aithníonn sé. Éan beag a bhí ann agus bhí nádúr corcrach ar a cheann. Deirtear faoi go gcaitheadh sé cuid mhór ama ag comrádaíocht leis na gealbhain. Is éan an gealbhan atá tearc fán iarthuaisceart mar atá an caislín cloch. Tá fianaise ann gur tugadh 'Siobhán an Chinn Duibh' air fosta. Is *Cloichearan, Clacharan* agus *Fear na Fèill Pàdraig* atá air sa Ghàidhlig. Thuigfeá ón ainm deireanach de chuid na hAlban gur thart ar an Fhéile Pádraig a nocht an t-éan ach is éan é nach dtéann ar imirce. Is *Claghan ny Gleigh* a thugtar air san Manannais.

Tugtar *Stonechat* i mBéarla air agus i mBéarla Thír Chonaill thugtaí an *Black-cap* air.

Bíonn an t-eán óg sa gheimhreadh le linn na chéad bhliana aige mar a bheadh leagan meathbhán den chearc. Mheastaí in áiteacha in Albain gur éanacha draíochta a bhí sa chuach, sa traonach agus sa chaislín cloch as siocair iad imeacht agus pilleadh gan a fhios ag na daoine cá ndeachaigh siad.

Lena chois sin, bhí sé ina scéal i measc na ndaoine roimhe seo gur iarr mí an Mhárta trí lá ar mhí an Aibreáin siocair gur mhaígh bó riabhach go mairfeadh sí go deireadh an Mhárta, in ainneoin drochaimsir na míosa sin. Ach an iasacht a fháil mhair an drochaimsir na trí lá cairdis agus fuair an bhó bás. I gcúige Uladh is naoi lá a bhí i gceist agus seo mar a bhí ag na daoine:

> *Trí lá lomtha an loinn*
> *(an lon dubh)*
> *Trí lá sciúranta an chlaibhreáin*
> *(an caislín cloch)*
> *Agus trí lá na bó riabhaí*

An Chearc Cheannann

Fulica atra

An Loch Úr, Dún Fionnachaidh, 10 Eanáir 2020

Bíonn an chearc cheannann fairsing ar linnte agus ar lochanna san áit ina mbíonn cuiscreach ag fás. Is maith leis foscadh agus cha dtigtear air in áiteacha gan scáth, ach mar sin féin is minic a bhíonn sé amuigh i lár an uisce ach go mbíonn foscadh in aice láimhe. Cruinníonn siad ina scaoth go minic ar uisce locha. Bíonn maotháin ar a gcosa a chuidíonn leo snámh. Cha dtig leo gabháil ar eiteog agus iad ar an talamh agus bíonn orthu rith ar an uisce le go dtig leo éirí sa spéir.

Tógann an dá éan an nead, i measc na cuiscrí, agus í déanta de ghiolcaigh atá marbh. Bíonn sé deas don uisce i dtólamh. Fágann na scallamáin an nead tar éis trí nó ceithre lá ach pilleann siad uirthi san oíche. Féadann suas le trí éillín a bheith ag an chearc in aghaidh na bliana.

Murab ionann agus an chearc uisce cloíonn an chearc cheannann leis an uisce ar fad nuair a scanraítear é. Itheann sé plandaí, agus sin a phríomhbhia, ach bíonn éanacha ann nach gcloíonn leis an aiste bhia bunaithe ar phlandaí agus itheann siad lachain óga nó uibheacha ag éanacha eile. Tumann sé lena chuid a aimsiú agus creathann sé an clábar den phlanda sula n-itheann sé é, rud a fhágann go mbíonn an chuma orthu go mbíonn siad ag slupairt a gcoda.

D'ití an chearc cheannann anallód. Chan fhuil siad chomh fairsing agus a bhíodh mar go n-imríonn an mhinc Mheiriceánach (*Neovison vison*), a d'éalaigh ó fheirmeacha mince, agus is thart ar Ard an Rátha agus ar na Gleanntaí a bhíodh a leithéid i dTír Chonaill, slad orthu. Taispeánann an léarscáil bithéagsúlachta gur beag áit i dTír Chonaill nach bhfuil taifead déanta ar an mhinc ann.

Deirtear i mBéarla – '*as bald as a coot*'. Meastar gur tháinig an nath sin chun tosaigh mar nach bhfuil cleití ar bith ar chlár éadain an éin. De réir *The Oxford English Dictionary* bhí an tsamhail in úsáid chomh fada siar le 1430.

De ghnáth bíonn eiteogaí gairideacha cruinne orthu agus níl cumas láidir eitilte iontu, ach mar sin féin féadann siad achar fada a chur díobh ar eiteog. Bíonn na súile dearg nó tromdhearg. Bíonn ladhra maothánacha ildathacha orthu agus cuidíonn seo le siúl ar thalamh atá bog agus éagothrom agus fágann siad cuma shaoithiúil ag an éan agus é i mbun siúil. Bíonn a gcuid cos láidir agus féadann siad rith agus siúl go fuinniúil.

Éan gairgeach atá sa chearc cheannann. Nuair a bhíonn an pórú ar siúl déanann péirí cosaint fhíochmhar ar a ndúiche agus bíonn scliúchais thart ar na teorainneacha ar an cheantar má fhéachtar le teacht isteach ina limistéir.

Nuair a tharlaíonn a leithéid luíonn na héanacha siar ar a ndroim agus úsáideann siad na cosa agus na sciatháin i mbun troda. Bíonn callán acu agus cuirtear uisce go glinntí na spéire. In amanna tarlaíonn sé go maraítear ceann de na héanacha nó d'fhéadfaí a bhá fiú. Ó am go chéile tarlaíonn coimhlint idir na héanacha óga agus a dtuismitheoirí agus maraíonn na tuismitheoirí an mhuintir óg. Tarlaíonn sé go maraíonn agus go n-itheann éan fásta scolamáin le cearc cheannann eile. D'fhéadfadh go raibh eolas ag an mhuintir a chuaigh romhainn ar an iompar mharfach seo nó mheas siad gur éan ait a bhí sa chearc cheannann riamh.

Taobh amuigh den tséasúr póraithe cruinníonn na coiligh ina n-ealtaí móra. Bhí am ann agus d'ití an t-éan seo ag meas go raibh a fheoil níos blasta ná cuid na circe uisce. As siocair gur chruinnigh na coiligh ina raftaí d'fhág sé go raibh sé furast a scaoileadh.

Tagann an t-ainm eolaíoch ón Laidin. Ciallaíonn *fuligo*, 'súiche', agus as sin fosta a tháinig *fulica*, a chiallaíonn 'cearc cheannann' sa Laidin. Is ionann *atra* agus 'dubh'. Is *Lacha a' Bhlàir* agus *Eun Snàmhtha* atá ag muintir na hAlban air, agus deir siad *'cho maol ri ugh(ubh)'*, ag freagairt don Bhéarla *'as bald as a coot'*. Tugann pobal na Breatnaise, *Cwtiar*, a chiallaíonn cearc ghairid, air. I dtaca leis an Mhanainnis is *Kiark Ushtey* atá ar an éan baineann, agus is *Kellagh Ushtey* a thugtar ar an choileach.

Tagann cearca uisce chugainn sa gheimhreadh agus thángthas ar cheann i gContae Mhuineacháin i mí na Samhna 1931 ar cuireadh fáinne air sa Danmhairg i mí an Mheithimh 1929 agus é óg. Chomh maith leis sin tá cuntas ar na mílte a bheith ar Loch Súilí le linn an gheimhridh.

Ar uairibh nuair a thagann eagla ar an éan téann sé faoin uisce agus ní bhíonn ach a éadan agus a dhroim le feiceáil. Thig leis fanacht amhlaidh ar feadh cúpla bomaite. Maítear gur míofar a bhíonn na héanacha óga. Bíonn dath gorm agus dearg ar an chraiceann ar an aghaidh agus bíonn dos de chlúmh rua orthu fán mhuineál.

An Chearc Fhraoigh

Lagopus lagopus scotica

Duibhleann, Gartán,
14 Nollaig 2018

Is fo-speiceas an chearc fhraoigh de chearc fhraoigh na sailí (*Lagopus lagopus*). Tá an t-éan dúchasach seo, atá trom, as miosúr faiteach agus iontach doiligh a fheiceáil nó bíonn sé i bhfolach fríd an fhraoch agus fríd an chíb. Bíonn cleití ar na cosa. Gidh gur donn atá sé thig le cuma dhubh a bheith air nuair a fheiceann tú ar an chaorán é. An uain is mó a fheictear é ná nuair a dhúisítear é, agus eitlíonn sé go spleodrach agus ansin téann sé ar foluain anuas go talamh. An t-am is fearr leis an choileach a fheiceáil ná nuair a bhíonn an séasúr póraithe ann agus seasann sé ar ardán nó tortóg agus d'fhéadfadh go ligfeadh sé don duine teacht i ndeas dó. Ní théann sé ar imirce.

Tá a raon teoranta mar gheall ar na hathruithe ar úsáid an talaimh, le céad bliain anuas go háirithe, agus fágann sin go bhfuil a raon briste agus bearnach, ach ag am amháin bhí an t-éan le fáil ar an chuid is mó de chaoráin na hÉireann. Is ar an fhraochphortach agus ar thailte arda a thigtear air. Ar na nithe a chuireann isteach ar an raon tá, an caorán á ídiú nó a thabhairt chuig míntíreas, draenáil na bportach, foraoiseacht, fallscaí, baint na móna, ró-innilt ag caoirigh chomh maith le muilte gaoithe agus crainn chumarsáide. Is fadhb ar leith an fallscaí mar tarlaíonn sé go n-imíonn sé ó smacht. In Albain déantar bainistiú géar ar dhó an fhraoigh nó cuidíonn sin le tógáil nide agus fás úr bia. Cha gcuidíonn an raon bearnach le méadú a theacht ar a líon.

Bíonn an chearc níos éadroime ina dath ná an t-éan fireann. Le linn an tséasúir phóraithe bíonn sprochaille dhearg ar an choileach.

Itheann an chearc fhraoigh an fraoch i rith na bliana agus é ag brath cuid mhór air. Chomh maith leis sin itheann sé feithidí, caora, agus na bachlógaí agus duilleogaí ar phlandaí eile.

Ar an talamh a thógtar an tsead. Scríobann an chearc log ar an talamh agus líonann sí le fraoch agus féar é. Bíonn idir 4 agus 9 n-ubh sa tsead agus is idir mí Aibreáin agus mí na Bealtaine a

An Chorrmhín, Gaoth Dobhair, 3 Aibreán 2018

bheirtear na huibheacha. Bíonn dath bánbhuí ar na huibheacha ach cuidíonn na baill dhonna dhorcha lena gcur i bhfolach. Is í an chearc amháin a bhíonn i mbun an ghoir agus maireann sé thart ar thrí seachtaine. Cothaíonn an dá éan na scolamáin.

Is ábhar imní é go bhfuil a líon ina raon póraithe ag laghdú in Éirinn. Meastar 4,200 éan sa tír, agus gur titim seo de 50% le dhá scór bliain anuas. Tá an chearc fhraoigh ar Liosta Dearg Éanacha na hÉireann um Imní Caomhántais ó bhí 1999 ann. Ó thaobh na coda eile den Eoraip tá a líon seasta.

Bhíodh éan atá muinteara leis an chearc fhraoigh, an capall coille, in Éirinn go dtí an t-ochtú haois déag ach idir díothú na gcoillte agus é a bheith á scaoileadh cuireadh deireadh leis. Tugadh an dúchoilleach agus an liathchearc go hÉirinn ó am go chéile ach theip orthu pórú.

Déantar tagairt abhus don 'choileach fraoigh'. Is *cearc-fhraoich* atá ar an éan in Albain. Tagann an t-ainm eolaíoch ó *lagos* a chiallaíonn 'giorria' sa Ghréigis agus ciallaíonn *pous* 'troigh' sa teanga chéanna. Is tagairt atá ansin, ar ndóigh, don chluimhreach ar na cosa. *Kellagh Ruy* a thugtar ar an choileach agus *Kiark Freoaie* ar an chearc, agus is *Tarmaghan* atá ar an chearc agus ar an choileach araon sa gheimhreadh sa Mhanainnis. Is *Grugieir,* cearc fhraoigh, atá air sa Bhreatnais.

Is cuimhin liom i m'óige daoine a theacht chun an cheantair ag scaoileadh na gcearc fraoigh. Bhíodh duine amháin ó Bhaile Átha Cliath a dhéanadh a leithéid go rialta ar an Chorrmhín. Sa lá inniu tá cead an chearc fhaoigh a scoileadh áit ar bith sa stát le linn mhí Mheán an Fhómhair.

Thug Seán Mac Seáin, Leirg an Dachtáin, Teilionn, eolas suimiúil do Sheán Ó hEochaidh (*Béaloideas*, Iml. 37/38 (1969/1970), lgh 268-269), faoin chearc fhraoigh:

> *Bhí an t-am ann anseo tá leith-chéad bliain ó shin, agus bhí na croic thart ins an chomharsantacht aghainne lán cearca fraoich. Ní rabh am a dtéigheadh duine 'na phortaigh le cliabh mónadh a thabhairt abhaile nach mbíod siad ag éirí ar dhá thaoibh an chasáin comh tiugh leis na troideógaí. Ach d'imigh an t-am sin, agus tá daoine anseo atá i n-a mbuachaillí nach bhfacaidh a'n cheann ariamh beó, cá bith fá fhear gunna fheiceáil a' teacht ó'n chroc agus ceann leis. Rinn madaidh ruadha nó rud inteacht scrios orthu.*
>
> *Ins an Aibreán is grách leis na cearca fraoich a gcuid neadrach*

An Chearc Uisce

Gallinula chloropus

An Carn Buí, Na Rosa, 18 Feabhra 2022

a dhéanamh. Amuigh ar an chroc ruadh a ní siad iad, agus beireann siad i n-amannaí leath-scór uibheacha buidhe mar sin a mbíonn baill bheaga, dhearga orthu. Ligeann sí amach éilín amháin sa tséasúr cosúil leis na cearca coitianta. Deirtear dá mbéadh duine fá'n chroc, agus a theacht ar nead acu seo – deirtear go bhfuil sé ar rud comh mí-shona agus a thiocfadh leis a chastáil air, agus go háirid, má bhíonn sé i ndiaidh caorach.

Fraocháin is mó a itheas na cearca fraoich, agus piocann siad caora aitinn agus pracair bheaga eile mar sin. Nuair a bíos na scólamáin beag lag, bheir an chearc cuiteógaí agus péistí eile isteach 'na neide chucu.

Deirtear nuair a bíos an chearc fhraoich a' baint an tochais aisti héin gurb é an rud a ní sí í fhéin a rollacú ins a' diosta. Tá sé canta fosta ag an bhunadh a bhfuil eólas maith acu uirthi, nuair atá sí ag cur a cuid cluimhrigh go gcuireann sí na híghne atá ar a cuid crúb fosta.

Is ar loch nó ar abhainn a thig sinn ar an chearc uisce. In amanna bogann sé isteach faoin talamh ach is annamh seo. Bíonn sé doiligh a fheiceáil go minic mar is neach faitheach é agus téann sé i bhfolach sa chuiscreach nó i bhfásra eile. Bíonn sé ar fáil i ngach aon chontae, ach is annamh a thigtear air ar lochanna sléibhte. Meastar a líon a bheith seasta agus nach dtagann mórán athruithe ar a líon ó bhliain go bliain. Dá n-éireodh an aimsir fuar d'fhéad go dtiocfadh éanacha a chónaíonn in áiteacha scaite chuig aibhneacha.

Síltear nach dtéann an-chuid ar imirce agus tá an fhianaise sin bunaithe ar an líon acu ar thángthas orthu marbh ag tithe solais. Tagann roinnt ar cuairt chun na tíre sa gheimhreadh. Thángthas ar éan i gContae Thír Eoghain ar cuireadh fáinne air in Albain.

Itheann sé plandaí uisce agus a bpór ach bíonn feithidí agus ainmhithe beaga mar bhia aige fosta. Chreidtí siocair gur sa tsamhradh a bhíonn an traonach in Éirinn gur athraigh cruth an éin sin agus gur an chearc uisce a bhíodh sa traonach sa gheimhreadh ag aistriú ar ais ina thraonach san earrach.

Ciallaíonn an focal eolaíoch *gallinula* 'sicín' agus tagann sé ón Laidin agus tagann *chloropus* ón Ghréigis *khloros*, 'glas nó buí' agus *pous(πούς)* a chiallaíonn 'troigh'. Tá 'Troisc' luaite mar ainm eile Gaeilge. Is *Eean ny Loghyn* agus *Kiark Ushtey* a thugtar ar an éan sa Mhanainnis, agus is *Iâr Ddŵr* atá air sa Bhreatnais, ainm a chuireann 'iaróg' agus 'dobhar' i gcuimhne dom. Tugtar *Moorhen* air sa Bhéarla agus tá an t-ainm *mor-hen* air ó bhí an tríú céad déag ann. Bogach atá i gceist le *mor* anseo agus chan an portach. Tugtar *Water Hen* air sa Bhéarla fosta. Meastar go bhfóireann an t-ainm 'Cearc Uisce' dó i gceart nuair a chuimhnítear ar a ghnáthóg.

Bíonn sé iontach neirbhíseach ina iompar, ag creathadh a ruaill agus a mhuiníl. Tá cosa láidre faoi le ladhra fada agus thig leis siúl go maith. Gidh go gcaitheann sé cuid mhór ama ar an uisce chan cosa scamallacha atá faoi. Siúlann sé ar dhuilleogaí báite in amanna.

Éan callánach atá ann agus is minic a chluintear é sula bhfeictear é ach uair amháin a fheictear é lena sciath dearg agus a ghob gairid buí, ní dhéantar dearmad de. Tá sé fairsing agus tigtear air gar don talamh in áiteanna a mbíonn uisce, nó fiú ar an talamh féin.

Tamall ar shiúl uaidh bíonn an chuma ar an éan go bhfuil dath trom dubh air ach i ndeas dó thig feiceáil go mbíonn dath donn ológach ar an droim, ar an chloigeann agus ar na heiteogaí gairideacha, agus go mbíonn sé liath ar íochtair, ach blocanna geala le feiceáil. Ruball bán atá air. Tá an ruball le feiceáil sa ghrianghraf anseo ach ní bhíonn i gcónaí nó thig leis a bheith faoin uisce.

Bíonn an nead ar ardán in aice leis an uisce. Tá fianaise ann go ndéanann sé nead ó am go chéile fríd toir an ródaideandróin, agus gidh go bhfuil an planda sin fairsing fá iarthuaisceart Thír Chonaill chan fhaca mé riamh seada bheith aige ina leithéid d'áit. Tá tuairiscí ann a thugann le fios go mbeirtear uibheacha ar uairibh i sead fríd bhiolar nó i log i stocán crainn a bhíonn ag gobadh aníos as an uisce i loch.

Cosnaíonn an coileach a dhúiche go fíochmhar, fiú is go maraíonn siad a chéile. Ciceálann siad a chéile leis na cosa, agus tá údar amháin a scríobh go mbíonn siad coimhlinteach mar a bheadh coiligh chomhraic ann. Nuair a fhaigheann ceann acu an lámh in uachtar tumann an ceann a chaill faoi uisce.

An Chéirseach

Turdus merula

An Screabán, Ard na gCeapairí, Gaoth Dobhair, 1 Feabhra 2019

Bíonn idir seacht agus deich n-ubh ag an chearc agus saolaítear na scallamáin ag toiseacht an Aibreáin go minic. Bíonn na héanacha óga le feiceáil faoi lár na míosa sin. In amanna bíonn an dara hál ann faoi lár mhí Mheán an tSamhraidh. Thig leo mairstean suas le hocht mbliana déag.

Mar a tharlaíodh le cuid mhaith cineálacha éanacha uisce, d'ití an chearc uisce. Ar na mallaibh mar a thiteann amach ag éanacha a mbíonn a sead in aice le huisce acu bíonn an mhinc Mheiriceánach á marú.

Bhíodh rann ann a chuireadh na daoine fásta ar pháistí ag súil go dteipfeadh ar an aos óg é a rá gan a ghabháil amú ann.

> *Cearc uisce faoi uisce*
> *Is í ag slubarnaí, slabarnaí*
> *Abair sin trí huaire gan d'anál*
>   *a tharraingt.*

Thugtaí 'sciúgán' i gContae Aontroma ar ghlaoch an éin seo.

Tá an córas ainmnithe ag an Mhanainnis simplí go maith. *Lhon* a thugtar ar an chéirseach, *Lhondoo* ar an choileach, agus is *Lhonnag* a bhíonn ar an éan óg ós is cuma cé acu baineann nó fireann don éan. Againn is céirseach atá ar an lon dubh baineann. Chomh maith leis sin ciallaíonn sé bean óg álainn nó duine le guth slóchtach. San fhilíocht thig go gciallaíonn sé smaolach ceoil.

Níl focal sa Ghàidhlig ná sa Bhreatnais agam ar an chéirseach.

Scríobh Tadhg Ó Ceallaigh in *An Sguab* i 1924 faoin chéirseach:

> *Ceithre nó cúig ubh, agus iad gorm*
> *agus ballach, a bheireans cearc*
> *loin go ndéantar gor ortha, ach is*

minic a ghorans cearc loin trí uaire san mbliain. *Is cosúla an chearc loin le smól a mbeadh clúmh agus cleiteacha dorchadha air ná leis an gcoileach loin, a bhfuil clúmh agus cleiteacha chó dubh le daol air, agus gob buidhe. Go deimhin, tá spotaí dubha ar bhrollach na circe loin mar atá ar an smól, ach nach bhfuilid chó crinn. Tugtar 'céirseach' ar an gcearc loin i gCiarraidhe agus i dTír Chonaill, ach 'sé an 'chéiseach' an smól mór, smól na sugh darach, éan a bhfuil ceileabhar breagh aige, agus níl aon cheol fiú tracht air ag an gcearc loin. Tá líne i sean-amhrán adeir:*

Chuala mé an londubh is an chéirseach a rádh

'Níorbh fhiú le file ariamh trácht thar ceol na circe loin.'

(*An Sguab*, Uimhir 7, Feabhra 1924, lch 89)

Is ainm pinn é Tadhg Ó Ceallaigh. Scríobh Aisling Ní Dhonnchadha i *Comhar* Iml 45, Uimhir 5, Bealtaine 1986, aiste ar *An Sguab* agus thug sí le fios gur ainm cleite Tadhg Ó Ceallaigh ag Seán Mac Giollarnáth (1880–1970). Scríobh sé sraith aistí ar éanlaith na hÉireann. Foilsíodh na haistí seo sa leabhar *Saoghal Éanacha* i 1925.

Thug Seán Mac Giollarnáth liosta d'fhocail a bhaineann le héanacha do Phádraig Ó Duinnín dá *Fhoclóir Gaedhilge agus Béarla* a foilsíodh i 1927 i mBaile Átha Cliath. Is 'Ciairseach' atá mar cheannfhocal ag an Duinníneach san fhoclóir. Faoi Ford luann an Duinníneach go bhfuair sé '[a] *list of words, esp. ornithological, by Mr Justice Forde*' (*Foclóir Gaedhilge agus Béarla*, lch xxv). Is ionann Mr. Justice Forde agus Sean Mac Giollarnáth.

Cibé cé chomh fada agus a théann an t-ainm céirseach siar bhí sé in úsáid ag Pádraig Mac a Liondain (c. 1665–1733) i 'Conchúr Beag Dílis Dubh' ach gur bean seachas an t-éan a bhí i gceist.

Scríobh Micheál Óg Ó Longáin (1766–1831) i 1810 agus an t-éan i gceist aige.

Mar a bhfagham cnó agus caora is céirseach binn.

(Corpus RIA)

Tá an tagairt don chéirseach bhinn ag teacht salach ar ar scríobh Seán Mac Giollarnáth.

Ar 29 Nollaig 1827 scríobh Amhlaoibh Ó Súilleabháin ina *Cinn Lae* (lch 186):

Tá an londubh 's a' céirseach ag cogarna sa' chloidhe. Ní feicim an smólach. Tá an spideóigín broinndearg go binnghlórach.

An Ceolaire Cíbe

Acrocephalus schoenobaenus

Mín Doire Dhamh, Gaoth Dobhair, 8 Meitheamh 2015

Seo ceann de na héanacha a théann ar imirce san fhómhar. Pilleann sé i mí Aibreáin. San Afraic síneann a raon ón tSeineagáil chuig iarthar na hAetopa. Ní dóiche ná a mhalairt gur chuig iarthar na hAfraice a théann na héanacha a shaolaítear in Éirinn. Síltear go bhfuil an díth fearthainne san Afraic ag cur isteach ar líon an speicis seo agus fosta nach gcuidíonn sé go bhfuil laghdú ag teacht ar na bogaigh agus na riasca ag a lorgaíonn siad bia ar a n-aistear ó dheas. Chomh maith leis sin, chan fhuil sé ag cuidiú leis an éan ar a thuras go bhfuil gaineamhlach an tSahára ag leathnú i dtólamh. Is eiteogaí bioracha a bhíonn ar an éan mar cuidíonn a macasamhail leis tabhairt faoi thurais fhada.

Is é Carl Linnaeus (1707–1778) a rinne cur síos ar an cheolaire cíbe agus rinne sé sin i 1758 sa tSualainn. Bhí sé níos moille ar an taobh seo den Eoraip nuair a rinneadh idirdhealú idir é agus an ceolaire giolcaí. Tharla sin mar go bhfuil an dá speiceas cosúil i gceart le chéile. Meastar go mbíonn idir naoi agus cúig mhilliún déag de na héanacha seo san Eoraip. Itheann siad feithidí den chuid is mó mar atá le feiceáil anseo. Chomh maith leis sin itheann siad caora agus sméara dubha. Tógadh an ghrianghraf sa tsamhradh taobh thall d'Óstán na Cúirte i Mín Doire Dhamh, Gaoth Dobhair. I bhfómhar na bliana inar tógadh an pictiúr baineadh an fásra a bhí san áit. Bheadh an fásra, siocair é a bheith cois na habhann, ag fóirstean go maith don éan agus ón díothú cha raibh an t-éan le feiceáil arís sa bhall sin.

Thart ar an log seo in iarthuaisceart na tíre a bhfuil muid ag cur síos ar an fhána éanúil ann fásann an aiteannach agus an dreasóg go tiubh. De réir mar a fhásann siad bíonn éagsúlacht in airde na dtor agus má bhíonn scrobarnach deas do thalamh bog ar fáil tá seans ann go mbeidh ceolaire cíbe agus nead aici ann.

Cúpla uair an chloig i ndiaidh a theacht chuig an cheantar póraithe tosaíonn an coileach ag ceol. Bíonn an coileach i mbun ceoil le cearc a mhealladh agus a luaithe agus a aimsítear an páirtnéir cuirtear deireadh leis an cheol. Tógann an chearc an nead. De ghnáth déanann sí sin i bhfásra ar an talamh nó chomh hard le 50 cm ón talamh. Déantar an tsead mar a bheadh cupa ann agus is neadaireacht a thugtar ar an obair thógála seo. Bíonn idir trí agus cúig ubh san éillín agus dath buíghlas orthu le spotaí donna. Coicís a mhaireann tréimhse an ghoir agus beirtear na scallamáin gan aon chlúmh agus fanann siad sa nead ar feadh tuairim agus coicís. Déanann an chearc agus an coileach na gearrcaigh a chothú a fhad agus a bhíonn siad sa nead agus fiú i ndiaidh dóibh an tsead a fhágáil agus fiú agus cumas eitilte iontu bíonn siad ag impí ar a dtuismitheoirí bia a thabhairt dóibh. Tá sé de nós ag an éan a bheith gníomhach ag bodhránacht an lae agus ag an chlapsholas nuair a bhíonn an teocht íseal agus feithidí gan a bheith chomh gníomhach agus mar a bheadh siad fá lár an lae.

Bíonn an ceolaire cíbe cosantach i rith na bliana. Is gnás seo a chleachtann cuid mhaith éanacha le linn tréimhse an phóraithe amháin. Ceolann sé go hard agus go gasta, agus tá sé maith ag déanamh aithrise ar éanacha eile go háirithe iad sin a bhíonn sa timpeallacht chéanna leis féin. Tá eitilt a chleachtann an ceolaire cíbe agus éiríonn sé suas agus trup leis, agus ansin leis na heiteogaí leathnaithe agus an ruball mar an gcéanna tuirlingíonn sé go bíseach agus is feic ann féin a leithéid. Dealraíonn sé go bhfuil tábhacht le glór an éin i dtaca le páirtnéir a mheall adh.

Tagann an t-ainm eolaíoch *Acrocephalius* ón fhocal Gréigise *akros* a chiallaíonn 'ard' agus *kephale* a chiallaíonn 'ceann', is ón teanga chéanna do *skhoinios* a chiallaíonn 'cuilseach' agus *baino* a bhfuil an chiall 'siúl' leis. Is *Glas Eun* agus *Uiseag Oidhche* a thugtar ar an éan sa Ghàidhlig. Tagann an t-ainm *Uiseag Oidhche* ón ghnás ag an éan ceol le linn na hoíche. Thug sin ar chuid de na daoine creidbheáil gur an filiméala a bhí ann. Bhí an dearcadh céanna thuas in Éirinn agus bhíothas ann a thug an 'Filiméala Éireannach' air. Tugtar *Hedydd yr Helyg* air sa Bhreatain Bheag. Is *Arraneagh Chogee* nó *Kiaulleyder Chogagh* atá air sa Mhanainnis. Tugtar an *Sedge Warbler* ar an éan i mBéarla agus tá an t-ainm in úsáid ó bhí tuairim agus 1776 ann. Is ionann 'cíb' agus *sedge*. Planda atá sa chíb atá cosúil le féar nó feag.

Ag tús an chéid seo chuaigh thart measadh nach mbíodh sé fairsing in iarthar na tíre. Leathchéad bliain níos moille breacadh nach mbíodh sé le fáil i dtuaisceart ná in iarthuaisceart Chontae Dhún na nGall de thairbhe nach mbíonn sraitheanna giolcaí sna ceantair sin ach gur eisceacht a bhí sa dúiche thart ar Dhún Fionnachaidh.

An Ceolaire Sailí

Phylloscopus trochilus

Mín Doire Dhamh, Gaoth Dobhair, 26 Aibreán 2021

Is éan beag tanaí le gob caol an ceolaire sailí. Cuairteoir samhraidh atá ann agus maítear go mbíonn sé fairsing ar fud na tíre. Tagann siad den chuid is mó go luath i mí Aibreáin, cé go dtarlaíonn sé in amanna go mbíonn siad ann go mall i mí Márta. Mar sin tá sé ar cheann de na cuairteoirí is luaithe a bhaineann an tír seo amach. Bíonn siad ar a dturas pillte i mí Iúil ach d'fhéadfadh go bhfanfadh roinnt go mí Mheán an Fhómhair. Téann siad chomh fada ó dheas le deisceart na hAfraice agus bíonn siad fá lár na mór-roinne sin fosta, turas aneas de 4,000 ciliméadar ar a laghad. Chan fhuil aon taifead a thabharfadh le fios gur thángthas ar cheolaire sailí in Éirinn le linn an gheimhridh. Tá seans láidir ann gur an ceol ag an éan seo a dhíreoidh d'aird air.

Cónaíonn sé i dtoir nó i gcrainn. Cuirtear síos dó go bhfuil sé cosúil leis an tiuf-teaf. Bíonn siad beo den chuid is mó ar fheithidí agus ar inveirteabrigh a mhaireann ar na duilleogaí agus ar na géaga sna crainn agus sna sceacha. Deir an t-údar David Cabot (*Irish Birds*, lch 76) go mbíonn 830,000 péire sa tír seo agus go gcuidíonn an fás atá tagtha ar na coillte buaircíneacha go mór leis an éan. Táthar ag meas go bhfuil a líon ag méadú agus go mbeidh suas le milliún péire sa tír in aicearracht.

Maítear gur é amháin d'éanacha na tíre a chuireann a chleití dhá uair in aghaidh na bliana.

Meastar baint a bheith aige seo leis an turas fhada imirce a níonn sé.

Tógann an chearc, ar an talamh de ghnáth, an nead. Úsáideann sí caonach agus féar chuige. Is cleití a bhíonn mar líonáil agus is ar an taobh a bhíonn an oscailt. Déanamh cruinneachánach a bhíonn ar an tsead. Beirtear suas le sé ubh. Is í an chearc amháin a dhéanann gor ar na huibheacha. Cuidíonn an coileach léi sa mhéad agus go dtugann sé bia chuig na gearrcaigh. Bíonn na scallamáin níos buí ina ndath ná na héanacha fásta. Fiú má chuirtear na cleití dhá uair sa bhliain éiríonn leis an éan dhá éillín a ligint amach bunús na séasúr póraithe.

Tá raon an-leathan ag an cheolaire sailí agus meastar nach bhfuil sé i gcontúirt a dhíothaithe. Síneann a raon ó iarthar na hÉireann chomh fada soir leis an tSibéir. Tugann líon an-mhór acu cuairt ar an tSualainn agus ar an Fhionlainn sa tsamhradh. Creidtear sna tíortha sin iad a bheith chomh fairsing le thart ar 24 mhilliún péire.

Is é Carl Linnaeus (1707–1778) a rinne cur síos go heolaíoch ar an éan den chéad uair i 1758 faoin ghéineas *Motacilla* (na glasógaí) ach athraíodh chuig an ghéineas *Phylloscopus* (ceolairí duilleoige) in 1826 ag Friedrich Boie (1789–1870) é. Tagann an t-ainm eolaíoch ón tSean-Ghréigis. I dtaca leis an ainm géinis is ó *phullon*, duilleog agus *skopos*, tóraitheoir a thagann sé agus tagann an t-ainm speicis ó *trolhilos*, dreolán.

Drean Bane, *Drean Shellee* agus *Ushag ny Shellee* ainmneacha an éin as Manannais. Is ionann *drean* agus an dreolán, agus is ionann *ushag* agus an uiseog. *Shellagh*, an tsaileog agus an ginideach uatha ná *shellee*. Tugtar *Crìonag Ghiùthais* air in Albain. Char éirigh liom teacht ar an uair a tháinig an t-ainm chun cinn sa Ghaeilge agus tá a leithéid d'eolas tearc siocair nach raibh an teanga á scríobh ag mórán nuair a tháinig an éaneolaíocht chun cinn. Tá an focal 'ceolaire' ag Ó Duinín ach chan fhuil an chiall éan leis. Gidh go bhfuil an tsaileog i gceist san ainm níl aon fhianaise ann go bhfuil baint sainiúil ag an éan leis an chrann áirithe sin. *Willow Warbler* a úsáidtear sa Bhéarla. Sula ndearna William Yarrell an t-ainm a chaighdeánú i 1843, thugtaí an *Willow Wren* air in amanna.

Níl aon taifead déanta ar an éan in Éirinn sa gheimhreadh. Tá sé ar cheann de na héanacha a choinnítí i gcás ar mhaithe lena chuid ceoil.

Tá fianaise ann go bhfuil an t-éan ag pilleadh ón Afraic níos luaithe sa bhliain i ngeall ar an athrach san aeráid agus an teocht a bheith níos airde dá bharr. Toradh amháin a d'fhéadfadh a bheith ar an imirce níos luaithe ón Afraic ná nach mbeidh an réimse bia a bhíodh ar fáil nuair a thiocfaidh an t-éan aduaidh i gcomórtas le blianta ina mbíodh an ghnáthimirce sa tsiúl.

An Cíorbhuí

Regulus regulus

Mín Doire Dhamh, Gaoth Dobhair, 28 Márta 2018

Tá an cíorbhuí ar an éan póraithe is lú in Éirinn. Bíonn sé tuairim agus 9 cm ar fhad agus meáchan 6 g ann. Bíonn sé glasbhuí agus caipín buí air. Bíonn na cleití scaoilte agus séidte. Cónaíonn sé i gcoillte, foraoiseacha agus tigtear air sa gharradh fosta. Maireann sé go minic go hard sna crainn.

Bíonn sé ag síorsheilg bia. I ngeall ar a mhéid agus gur feithidí a phríomhbhia faigheann an dúlíon acu bás, suas le 80%, má bhíonn geimhreadh crua ann. Itheann siad cuileogaí, cruimh, boilb, ciarógaí agus preabairí. Nuair a bhíonn an doineann ann tigtear air i measc scaotha meantán. Fiú bíonn sé le fáil ar an talamh ag lorg bia fríd easair dhuilleogaí. Ach an aimsir a bheith ag fóirstean ar feadh cúpla bliain i ndiaidh an chruatain tiocfaidh siad chucu féin in am tráth.

As a chíorbhuí a hainmníodh é, agus bíonn lorg den oráiste fríd an chíor ag an choileach ach cha bhíonn an dath oráiste le feiceáil ar an chuircín ag an chearc. In amanna itheann sé díreach ar an taobh amuigh de dhuilleogaí na gcrann.

Meastar gur 720,000 a líon in Éirinn. Tagann cuairteoirí chugainn sa gheimhreadh ó iarthar agus ó thuaisceart na hEorpa agus bíonn a leithéid le feiceáil go minic i sceacha cois cósta.

Cuirtear tús leis an tséasúr póraithe go mall i mí an Aibreáin. Nuair a bhíonn an coileach ag taispeáint éiríonn an chíor ina colgsheasamh agus bíonn sé ag cromadh a chinn. Ceolann sé chomh maith le linn thréimhse an phóraithe. Tógann an chearc agus an coileach an tsead, ach cha bhíonn an obair rannta go cothrom, agus is é an coileach is lú a shaothraíonn. Bíonn an nead ag crochadh i ngabhal cipíní faoi dhuilleogaí deas don deireadh ar ghéag buaircíneach, nó i ngabhal foscúil.

Go heisceachtúil tigtear ar nead i macasamhail na haiteannaí. Is corn domhain a bhíonn inti. Bíonn crotal, caonach agus téada damháin alla á n-úsáid sa tógáil. As cleití a dhéantar an líonáil. Úsáidtear téada síoda an damháin alla leis an nead a nascadh leis na cipíní tacaíochta. Bíonn idir seacht agus deich n-ubh sa tsead, ach thiocfadh le suas le trí cinn déag a bheith ann. Bíonn tréimhse an ghoir idir 15 agus 17 lá, agus an chearc amháin a bhíonn i mbun an ghoir. Fosclaíonn na scallamáin a súile tuairim agus seachtain i ndiaidh a mbreithe. Fanann siad sa tsead ar feadh thart ar thrí seachtaine. Tugann an dá thuismitheoir aire dóibh. Is éan aonchéileach atá ann.

Thig leis mairstean go ceann cúig bliana ach is ocht mí ar an mheán a mhaireann sé. Is beag éan eile a bhfuil saolré chomh gairid aige.

Tagann *regulus* ón Laidin agus ciallaíonn sé 'rí beag' nó 'prionsa'. Is é Linnaeus (1707–1778) a rinne cur síos den chéad uair air i 1758 sa *Systema Naturae*. D'fhéadfadh gur an chíor bhuí, a chuir coróin rí i gcuimhne do dhaoine, is ciontach as an ainm *regulus*.

Againn féin in Éirinn tá moll ainmneacha, ina measc 'Diairmín', 'Diairmín Riabhach', 'Diarmaidín Riabhach', 'Dreoilín Easpaig', 'Éan an Chinn Bhuí', agus 'Dreoilín Ceannbuí'. Tá sé suimiúil go bhfuil tagairt don dreoilín san ainm, agus, ar ndóigh cha bhfuil muintearas ag an chíorbhuí leis an dreolán, ach san ochtú haois déag i Sasana thugtaí an *Golden-Crowned Wren* air. *Drean Buigh* agus *Ushag Juys* atá air sa Mhanainnis, ach nach uiseog ach oiread le dreolán é. In Albain is *Crionag Bhuidhe*, *Bigein*, agus *Dreathan Ceann Bhuidhe* a thugtar air. Sa Bhreatnais is *Dryw Eurben* a thugtar air, agus ciallaíonn sé dreolán le cloigeann órga.

Is inveirteabraigh go huile agus go hiomlán an aiste bhia ag an chíorbhuí, agus de na hinveirteabraigh is preabairí an mhórchuid dá n-itheann an cíorbhuí de réir na dtéacsleabhar, ach gur scríobhadh i dtéacsleabhar eile, sa tsamhradh éiríonn le gob beag géar s'aige pórtha a bhaint as buaircíní. Sin canta, ar na mallaibh socraíodh nach inveirteabrach an preabaire ach gur séchosaigh atá ann. Tá sé suimiúil go mbíonn na codanna béil go hinmheánach ag an phreabaire agus gur ar an taobh amuigh a bhíonn an béal ag na feithidí. Ní go minic a tharlaíonn sé ach tá ar chumas an éin feithidí ar eiteog a cheapadh ina bhéal ach ní dhéantar a seilg ag eitilt. Ní i dtólamh a éiríonn leis an iarracht ar na feithidí ag eitilt a cheapadh agus tá cuntas ar chíorbhuí ag tabhairt faoi shnáthaid mhór agus an tsnáthaid mhór an cíorbhuí a tharraingt anuas ar an talamh sular scaoil sé leis. In amanna itheann an cíorbhuí leamhain agus criogair. Ag éan chomh beag is mór an lán béil a leithéid. Amanna eile itheann siad uibheacha feithidí agus damhán alla, chomh maith le cocúin s'acu. Tá tuairiscí fosta ar an éan úsc a shú as craoibhíní beithe.

Cha dtáinig mé ar aon bhéaloideas faoin éan agus is dóigh go bhfuil an scéal amhlaidh as chomh beag agus atá an créatúr.

Is éan náisiúnta de chuid an Lucsamburg é.

An Clamhán

Buteo buteo

Baile an Easa, Cloich Chionnaola, 22 Aibreán 2020

Tá an claonadh ann, is cosúil, nuair a fheiceann daoine éan creiche go síleann siad gur iolar a bhíonn ann, ach níos dóiche ná a mhalairt is é an clamhán a bhíonn á choimhéad acu, nó is é an t-éan creiche is líonmhaire in Éirinn inniu é. Dealraíonn sé nach mbíodh an clamhán fairsing sa tír ach is cosúil gur phóraigh siad i gContae Dhún na nGall mall go maith sa naoú haois déag. Is í sin an uair chéanna agus ar cuireadh tús lena ngéarleanúint agus a ndíothú. Don chuid is mó den chéad leath den fhichiú haois ba chuairteoir fánach chun na tíre seo é. Ach tháinig athrach ar an scéal agus i gContae Aontroma i 1933 phóraigh péire. Faoi 1954 bhí ceithre phéire ag pórú.

Ach faoin bhliain 1964 bhí siad ídithe in athuair. Ar Reachlainn i 1967 phóraigh seacht bpéire agus tá a líon ag méadú ó shin, sa dóigh go mbíonn siad ar fáil i gcuid mhaith den tír agus meastar go mbeidh siad ar fáil ar fud an oileáin in aicearracht. Ag amharc ar léarscáil bhithéagsúlachta i 2021 bhí siad ar fáil ar fud na tíre seachas cósta an iarthair.

Is maith leis an chlamhán go mbeadh tír fhairsing faoi agus tá an portach sa chuntas ach, lena chois sin, taithíonn sé an cnoc agus bíonn sé ar thalamh na feirme agus ar an bhogaigh. Tchítear é in amanna i ndeas do mhótarbhealaí agus súil amach aige do dhúil ar bith a mharaíonn an trácht. Itheann sé chóir a bheith an uile ainmhí beag.

Tharla méadú grod ar a líon ó bhí lár na nóchaidí den aois seo chuaigh thart ann. Chuidigh sé gur tháinig athrach ar mheon an phobail i leith na n-éanacha creiche agus go bhfuil níos lú nimhe, go háirithe stricnín, á úsáid. Is láidre iad i gCúige Uladh ná cúige ar bith eile. Tugann Cairde Éanlaith Éireann le fios gur Chontae Dhún na nGall an áit is líonmhaire iad sa tír. Itheann siad creimirí, éanacha, coiníní, ablach, amfaibiaigh, reiptílí, agus cuiteogaí go fiú.

Chan fheiceann sinn mórán cineálacha éagsúla éanacha creiche in iarthuaisceart Thír Chonaill ach tá an clamhán ar cheann acu, agus seans gur é is minice a fheictear. I dtaca le héanacha creiche tá sé ar mheánmhéad. Ní bhíonn difir idir na dathanna ag an chearc

Machaire Gathlán, Gaoth Dobhair, 4 Aibreán 2019

agus ag an choileach agus thig le han-éagsúlacht a bheith sna dathanna céanna, le raon ó dhúdhorcha go mílítheach. Is minic a fheictear paistí mílítheacha ar na heiteogaí. Bíonn bandaí dorcha ar an ruball donn. De ghnáth bíonn sé ard sa spéir agus chan fheiceann tú ach corp mór dubh agus é níos airde ná mar a bhíonn éanacha le feiceáil de ghnáth. Chan dubh atá an t-éan mar sin féin ach sin a shamhlaítear nó bíonn sé ar airde mhaith de ghnáth.

Bíonn na scallamáin ar eiteog faoi mhí an Mheithimh agus d'fhéadfadh seisear acu a bheith ann. Tchítear iad ag baint leasa as na teirmigh agus trup acu mar a bhíonn ag cait.

Anallód d'úsáidtí an focal *séig* agus an chiall éanacha creiche leis. Dhéantaí géarleanúint ar na héanacha creiche as siocair gur creideadh gur mharaigh siad ainmhithe óga feirme. Tagann an t-ainm eolaíoch ón Laidin *Buteo* a chiallaíonn 'clamhán'. Is ionann 'clamh' sa Ghaeilge agus cáidheach. Tá sé suimiúil go bhfuil an focal *Clamhan* sa Ghàidhlig agus i nGaeilge ar an éan. Tugtar *Gearr Chlamhan* agus *Bleidir* air in Albain chomh maith. Meastar go dtagann an t-ainm Béarla *Buzzard* ón fhocal Laidine *Buteo*. *Shirragh* a thugtar sa Mhanainnis air, agus is *Bod Teircaill* agus *Bwncath* atá ag muintir na Breataine Bige air.

Tógtar an nead ar aillte, i gcrainn nó ar screabáin. Bíonn dhá ubh ann de ghnáth agus maireann tréimhse an ghoir suas le mí agus bíonn mí go leith eile i gceist go mbíonn na cleití fásta, fiú ansin coinníonn na tuismitheoirí ag cothú na scallamán go ceann tamaill. Tá tuairim agus scór go leith speiceas de chlamháin sa domhan ach chan fhuil ach an cineál amháin in Éirinn. Nuair a bhí Christopher Moriarty ag scríobh *A Guide to Irish Birds* i 1967, bhreac sé go raibh seans go bpillfeadh an clamhán ar an tír muna mbeadh daoine á scaoileadh. Deacracht a d'fhéadfadh a bheith ann ná díobháil coiníní de bharr na miocsómatóise. Phill an t-éan ach tá an mhiocsómatóis atá linn ar fad ina fhadhb.

De ghnáth, ní fheictear scaoth clamhán gidh go minic cúpla ceann le feiceáil i gcuideachta má bhíonn cothú maith ar fáil nó má bhíonn siad ar imirce. Cosnaíonn an clamhán dúiche s'aige go láidir agus má thagann ceann acu isteach i gceantar éin eile d'fhéadfadh go mbeadh troid ann. Cha dtarlaíonn seo go minic mar bogann ceann ar aghaidh nuair a aithníonn sé an lámh in uachtar a bheith ag an éan eile air.

An Clochrán

Oenanthe oenanthe

Fanann péire i gcuideachta i rith a saoil. Roimh thoiseacht an earraigh cuireann an coileach taispeántas spleodrach aeir ar siúl. Éiríonn sé go hard sa speir, casann agus tumann i dtreo an talaimh ag tiompú agus ag lúbadh. Éiríonn sé ansin le toiseacht arís ar an tumadh.

Rinne treabh Acagchemen i gCalifornia an clamhán mór a adhrú agus bhíodh sé mar dheasghnáth acu an uile bhliain ceann acu a íobairt le go mbeadh rath ar a gcuid seilge. Chreideadh siad go mbíodh anam mná a theith chun na gcnoc sa chlamhán mar gur aistrigh an dia Chinigchinich ina héan í.

Toraigh, 9 Meitheamh 2016 (an coileach)

Cuairteoir samhraidh an clochrán. Bíonn droim liath ar an choileach, agus is donn a bhíonn droim na circe. Bíonn sé ar cheann de na héanacha is luaithe a philleann ar an tír seo i ndiaidh an gheimhridh agus bíonn sé abhus go minic i dtrátha na Féile Pádraig, ach tagann a mbunús i mí an Aibreáin. Coinnítear súil amach dó ag pilleadh ach ní bhíonn an aird chéanna air agus a bhíonn ar theacht na chéad áinleoige. Ní scríobhtar litreacha chuig na nuachtáin faoina theacht in athuair.

Is ar bhallaí cloiche agus ar an dumhaigh a thigtear ar an éan den chuid is mó, cha maith leis áiteacha a bhfuil crainn nó toir. Ní maith leis ach an oiread portaigh lár na tíre.

Is 'an Gleothrán' a thugtar air in Inis Bó Finne. Tá míniú ar an ainm i *Seanchas agus Nathanna Cainte Mhicí Whiting*. Meastar nach mbíonn na fuaimeanna a dhéanann an t-éan ag teacht lena chló álainn agus sin an chuige a bhfuil gleo luaite lena ainm. Tugtar 'an Clochrán' ar an éan go ginearálta.

Tugtar *Wheatear* ar an éan i mBéarla, ach níl aon bhaint ag *'wheat'* ná *'ear'* leis an éan. Meastar gur truailliú ar *'white'* atá sa *'wheat'* agus gur tagairt don tóin atá sa dara cuid den ainm, i. an tóin gheal mar sin. Tháinig an t-ainm chun tosaigh thart ar 1590.

Tá an t-ainm eolaíoch, *Oenanthe*, le fáil ar phlandaí fosta, an dáthabha, agus tagann an focal ón Ghréigis, οἶνος (oenos) a chiallaíonn 'fíon' agus ανθός (anthos) a bhfuil an chiall 'bláth' leis. An nasc atá idir an t-éan agus an bláth ná go bpilleann an clochrán ar an Ghréig san earrach agus bláthra ag nochtadh ar an fhiniúin. I nGàidhlig na hAlban is *Critheachan* agus *Bogachan* cuid de na hainmneacha atá air, agus tagann na teidil sin ón ghnás a chleachtann sé, a ruball a bhogadh anuas agus aníos. Bíonn sé ag preabadaí agus an geadán geal le feiceáil go soiléir. Chomh maith leis na hainmneacha a léiríonn bogadh, tugtar *Cloichearan* agus *Bru-Gheal* air. Tugann muintir na Breatnaise *Tinwyn y Cerrig* air i. tóin bhán na carraige, agus tá *Ushag ny thoyn bane* chomh maith le *Lhon Curnee* agus *Clagggan Cloaie* ag pobal na Manainnise air.

Tiocfaidh tú orthu, ina n-aonar go minic, agus tú ag siúl an tsléibhe nó ar an dumhaigh. Itheann siad feithidí, seilidí agus damháin alla.

Fágann siad an tír arís i mí Lúnasa nó mí Mheán an Fhómhair agus téann cuid acu chomh fada ó dheas le teochreasa na hAfraice. Tá a dturas ar cheann de na haistir is faide ag éan beag ar bith. Tagann na héanacha a phóraigh ar na cnoic anuas chun na farraige agus caitheann siad cúpla lá ann sula dtugann siad faoin turas ó dheas. Tá taifid ar chlochráin an geimhreadh a chaitheamh in Éirinn.

Creidtear go n-eitlíonn éanacha, a phóraíonn in oirthear Cheanada, ó Oileán Baffin agus ó Thalamh an Éisc, bealach na Grianlainne, na hÉireann agus na Portaingéile chuig na hAsóir sula dtéann siad ar aghaidh chuig an Afraic, taobh ó dheas den tSahára. Is turas 3,000 km a bhíonn i gceist ag trasnú aigéin an Atlantaigh Thuaidh. Thángthas ar an toradh sin de thairbhe taighde le mionghléas rianaithe. Turas nach beag ag éan chomh beag. Caitheann siad

an geimhreadh i gcrios ó Sheineagáil chun na Céinia.

Bheir siad ar fheithidí agus ar chuileogaí agus iad ar eiteog. Tá fianaise ann go mbíonn siad ag ceol agus iad ag eitilt.

Chreidtí roimhe seo go raibh an clochrán ar cheann de 'sheacht suantóirí na n-éanlaithe' (Ó hEochaidh, S.). Is í an bharúil a bhí ag an tseanbhunadh gur ghnách le héan ar bith nach mbíodh le feiceáil le linn an gheimhridh gabháil isteach i sceilp nó i bpoll i gclaí agus go gcodlódh sé ann ar feadh an gheimhridh. Tarlaíonn a leithéid le roinnt mamalach agus tugtar codladh an gheimhridh nó geimhriúchán air.

Bhí sé ina chreidiúint in Inse Gall ar Uibhist a Deas agus ar Uibhist a Tuath i dtaca le teacht an éin san earrach, dá bhfeicfeadh duine de mhuintir an oileáin an t-éan den chéad uair i ndiaidh a phillte dá mbeadh an clochrán an uain sin ina sheasamh ar charraig nó ar chloch go raibh, go cinnte, an mí-ádh i ndán dóibh. Ar an láimh eile dá mbeadh an t-éan ina sheasamh ar fhód móna go mbeadh an t-ádh i gceart orthu.

Cruinníonn siad le chéile san fhómhar agus tagann siad sin a bhí ar na cnoic chun na trá agus cuireann siad fúthu ansin ar feadh cúpla lá go n-imíonn siad ó dheas.

Tá seanfhocal ann a deir: chomh gorm le hubh an chlochráin.

Machaire Gathlán, Gaoth Dobhair, 16 Bealtaine 2016 (an chearc)

An Cóbach

Larus marinus

Baile an Easa, Cloich Chionnaola, 16 Meán Fómhair 2016

Éiríonn go maith leis na faoileogaí mar go gcónaíonn siad in áiteacha a mbíonn daoine agus bíonn siad líonmhar fiú sna cathracha. Tá an cóbach ar an fhaoileog is mó. Meastar go bhfuil a líon ag méadú ar fud a raoin agus go bhfuil an scéal amhlaidh sa tír seo le tamall. Bíonn an cloigeann, íochtar an choirp agus an ruball geal. Bíonn na heiteogaí uachtaracha agus an droim ar dhath dúliath. Bíonn an chulaith sa gheimhreadh mórán mar an gcéanna le cuid an tsamhraidh ach go mbíonn sé níos dorcha agus go mbíonn stráicí caola donna thart fá na súile. Bíonn na cosa a mbíonn dath meathbhán orthu láidir agus fada.

Bíonn cuma fhíochmhar ar an éan seo, agus é idir 60 agus 78 cm ar fhad. Is geal a bhíonn barr na n-eiteogaí. Bíonn gob buí air agus is buí a bhíonn na súile agus bíonn dath an fháinne thart ar na súile roinnt níos dorcha ná cuid na súl féin. Bíonn an chearc níos lú ná an coileach. Bíonn sé ar fáil i gcuid mhaith den tír seo, ach faoi chroí-lár na tíre chan fhuil teacht air. Tógann sé suas le ceithre bliana sula mbíonn sé faoi chulaith an éin fhásta.

Bíonn sé doiligh, in amanna, an difear idir na faoileogaí a aithint ach cuidíonn méid an éin seo, an gob buí agus na cosa meathbhána linn é a scarúint ó na faoileogaí eile, agus é a aithint. Bíonn glór cársánach glargarnach aige. Nuair a bhíonn sé ag eitilt bíonn a ghob tiubh agus a mhuineál fada le tabhairt faoi deara. Is láidir agus seasta a bhíonn sé i mbun eitilte agus buailtear na heiteogaí go mall.

Íosfaidh na cóbaigh chóir a bheith rud ar bith atá inite agus inslogtha acu nó tá siad géar-ghoileach cíocrach. Tá siad fiosrach agus cuidíonn sin leofa le bia a aimsiú nó scrúdaíonn siad aon orgánach beag a dtig siad trasna air. Chomh maith leis sin, is creachadóirí iad. Míniú ar iad a bheith thart ar an duine ná go dtagann cuid mhaith dá mbia ón bhroc a chuireann an duine ar fáil. Tchítear iad thart ar ionaid dumpála go minic.

Leanann an cóbach an scadán agus an trosc, agus ba chomharthaí iad ag iascairí go raibh éisc ar an fharraige. Ní thumann an fhaoileog agus nuair a éiríonn an t-iasc i ndeas do bharr na farraige sánn an cóbach a ghob síos agus slogann sé an t-iasc go hamplach.

Tá cuntas ag iascairí ar an chósta seo ar an ghainneán, éan mór urranta a thumann le breith ar éisc, a theacht chuig dromchla na farraige agus iasc leis.

Leanadh an cóbach an gainneán agus bhíodh sé ag gabháil dó ina dhroim lena ghob go dtugadh sé ar an ghainneán an t-iasc a bhí slogtha aige a theilgean amach as a bhéal. D'itheadh an cóbach an t-iasc ansin.

Chreidtí dá bhfeictí faoileogaí ag luí sna cuibhrinn thart ar na tithe gur comhartha fearthainne a bhíodh ann. Chreidtí fosta dá gcluinfí faoileogaí ag scairtigh san oíche go raibh éisc le fáil.

Tá 'an Droimneach Mór' agus 'an Caobhach' mar ainm ar an éan fosta. Tugadh *Larus* ar fhaoileogaí agus éanacha móra mara eile. Tagann an dara cuid den ainm ó *Marinus* a chiallaíonn 'muirí'. Sa Mhanainnis is *Foillan* an focal a mbaintear úsáid as nuair is faoileog de speiceas ar bith a bhíonn i gceist. *Juan Mooar* a bhíonn ar an chóbach sa teanga chéanna. Tugann muintir na hAlban *Farspach* nó *Faoileann Mor* air agus is *Sgliuireach* a ghairmtear den éan a bhíonn bliain d'aois. Sa Bhreatnais is *Gwylnn Gefu-Ddu* agus *Gwylan Gefgnddu Fwyaf* atá air.

Bhí tráth ann a mbaintí úsáid as an fhocal *Seagull* sa Bhéarla ach ní bhaintear feidhm as an fhocal sin feasta de thairbhe go bhfuil an raon ag na faoileogaí ag leathnú agus nach mbíonn siad teoranta feasta don chósta ná don mhuir. Cúis amháin a dtagann siad isteach faoin tír ná gálaí agus stoirmeacha a bheith á dtiomáint.

Póraíonn sé ar chósta le carraigeacha, oileáin a mbíonn tránna gaineamhacha orthu, agus ar stacaí mara. I ngeall ar chomh scoite agus a bhíonn na háiteacha a ndéanann siad a gcuid neadracha tá sé doiligh áireamh cruinn a dhéanamh ar a líon ag an tsead.

D'fhéadfadh a líon domhanda a bheith chomh hard le 200,000 péire. Tá a líon agus a raon ag méadú i Meiriceá Thuaidh chomh maith lena raon póraithe. Cuidíonn sé leis an raon leathnú go gcaitheann daoine bruscar ar shiúl gan aird ar an timpeallacht agus baineann na faoileogaí buntáiste as an mhí-iompar seo. Fiú muna mbíonn bia á chaitheamh ar shiúl bíonn grianghraif ar na meáin ó am go chéile d'fhaoileogaí ag sciobadh bia as lámha daoine agus iad réidh lena gcuid a dhéanamh.

I bhfómhar na bliana 2022 fógraíodh go gceadófaí ag an phobal ciondíothú a dhéanamh ar neadracha agus uibheacha ag trí chineál faoileogaí; an cóbach, an droimneach beag agus an fhaoileog scadán, i mBaile Brigín, baile mara i dtuaisceart Chontae Bhaile Átha Cliath, mar gur bagairt atá sna héanacha sin ag sláinte agus sábháilteacht na ndaoine. Seasann an cead go fómhar na bliana 2023.

An Colm Aille

Columba livia

Machaire Maoláin, Fál Chorb,
Na Rosa,
27 Feabhra 2021

Creidtear go bhfuil an colm aille ar an chéad éan a smachtaigh an duine, agus d'fhéadfadh gur tharla a cheansú suas le 10,000 bliain ó shin. Luadh iad i scríbhneoireacht ag na hÉigiptigh timpeall 5,000 bliain ó shin.

Bíonn dath liath den chuid is mó ar an éan, ach an geadán geal agus dhá bhanda dubha ar gach eiteog. Bíonn dath corcraghlas ar an mhuineál.

Níl an t-éan fairsing in Éirinn agus tá a raon teoranta chuig ceantair scaite ar chósta an iarthair. Cónaíonn siad ar fhálta agus i bpluaiseanna. Ar cheann de na fáthanna nach mbíonn an colm aille fairsing is é iad a bheith ag trasphórú leis an fhiacholm. Is éan an fiacholm nach bhfeictear go minic fá iarthar Thír Chonaill. Tá a n-ionannas géiniteach i mbaol mar gheall ar an trasphórú.

Gidh go ndeirtear go bhfuil sé faiteach bíonn siad ar fáil ar Thoraigh agus thart ar an Fhál Chorb sna Rosa. Tagann siad i ndeas ar na tithe i Machaire Maoláin, áit a chuireann an pobal bia ar fáil dóibh. Ní dhealraíonn sé go gcuireann an duine isteach orthu sa dá áit seo.

Tugadh faoi deara gur thréig an colm aille Hiort na hAlban i ndiaidh don phobal an t-oileán a fhágáil sna 1930idí.

Bhí tábhacht leis an cholm aille mar bhia san am a chuaigh thart mar a chruthaíonn an cholmlann. I 1387 bhí 1,200 colm, 16 damh agus 10 caora ag Risteard II na Sasana le linn dhinnéar na Nollag aige.

Is *Columba* an focal Laidine ar cholm agus bíonn an focal sin á úsáid mar ainm gasúir agus chomh maith leis sin tá an t-ainm Colmán ann. Is é atá i gceist le *Livia* ná dath gorm a bheith ar an éan. Tugann muintir na Manainnise, *Calmane Creggy* agus *Calman Caynnee* air. Tá an scéal mórán mar an gcéanna ag muintir na Breatnaise nó gairmítear *Colomen y Graig* air, agus ní eisceacht muintir na hAlban nó tugtar *Calman nan Creag* air chomh maith le *Calman Mara, Suiud* agus *Smudan*. Sa Ghaeilge tugtar 'Fearán Binne' air in amanna chomh maith le 'Colúr Aille'.

Is fada an t-ainm Colm ar ghasúir i dTír Chonaill. Bhí mainistir ag Colm Cille ar oileán Thoraí anallód.

Tugadh Colm Cille ar an mhanach, a rugadh i nGartán, nó cuirtear síos dó go raibh sé tugtha do bheith ag gabháil chuig teach an phobail (an chill) go minic agus é ina ghasúr óg. Bhí Colm Cille ina chónaí ar Oilean Í tráth dá raibh, agus cé nach bhfuil ann ach oileán beag, bhí naoi nó deich d'uaimheanna ar an oileán a mbíodh an colm aille á dtaithiú. Ar bheagnach gach oileán in Inse Gall bíonn pluais a mbíonn 'Uamh nan Calman' air.

Itheann sé pór, gas, grán, bia cladaigh agus sliogáin ar an chósta.

De ghnáth nuair a bhíonn éan ag ól baineann sé súimíní beaga agus caitheann sé a chloigeann siar leis an uisce a shlogadh. Féadann an colm a ghob a thumadh san uisce agus é a ól go leanúnach, gan fiacha a bheith air a cheann a chaitheamh siar.

Tá cumas láidir i roinnt pórtha colm a mbealach a dhéanamh abhaile nuair a scaoiltear saor iad i bhfad ó bhaile ach ní chorraíonn an colm aille óna log áitiúil ach go hannamh.

Chomh maith le 'Colmán' a bheith mar ainm ar ghasúraí ba ghnách i dTír Chonaill go dtugtaí ainm éin ar ghirseachaí agus thugtaí 'Spideog', 'Cuach' nó 'Fuiseog' orthu. Ba é an fáth a dtugtaí na hainmneacha folaithe ar pháistí ná ar eagla go ndéanfadh na daoine beaga imeartas orthu.

Dheirtí faoi dhuine i dTír Chonaill nach nglacadh saothar mór ag cóiriú leapa gur thug sé 'cóiriú nead an cholmáin' don leaba. Is cosúil nach maslaíonn an colmán é féin ag déanamh neide mar is minic nach mbíonn sa nead ach traidhfil cipíní.

Ba chomhartha torthúlachta an t-éan ag na hEabhraigh agus ag na Suiméaraigh. De réir an Tórá scaoil Noai le colm tar éis na Díle le go dtiocfadh an t-éan ar thalamh tirim, agus tháinig sé thar n-ais le duilleog úrscoite olóige. Níos faide anonn bhí sé mar shuaitheantas ag an Eaglais Chríostaí, agus san aois a bhfuil muid ann bíonn sé mar chomhartha na síochána. Nuair a baisteadh Críost, d'fhoscail na spéirí agus chonaic Críost spiorad Dé ag tuirlingt air i bhfoirm coilm.

De ghnáth nuair a bhaintear feidhm as an cholm mar chomhartha na síochána colmán bán a bhíonn i gceist.

An Colm Coille

Columba palumbus

Mín Doire Dhamh, Gaoth Dobhair, 28 Meitheamh 2021

Bíonn, de réir na dtéacsleabhar, an t-éan seo fairsing ar fud na tíre. Mar sin féin, ní thagaim air le linn an gheimhridh abhus agus thig gur díobháil bia a bheireann air cur faoi ó dheas le linn an tséasúir sin. Is é seo an colm is mó de cholúir na tíre seo. Smaoiníonn muid air mar éan de chuid na dtailte feirme ach taithíonn sé páirceanna sna bailte móra agus garraithe fosta.

Cha bhíonn difear le haithint idir an chearc agus an coileach. Cuidíonn a ramhaire lena n-aithint chomh maith lena ngob mílitheach agus na súile buí.

Póraíonn chor a bheith milliún péire in Éirinn agus le linn an gheimhridh tagann inimircigh chun na tíre ó mhór-roinn na hEorpa. Meastar sa Bhreatain go bhfuil suas le trí mhilliún péire acu agus fágann sin go bhfuil sé ar an éan fiáin is flúirsí acu.

Is *Columba* an t-ainm Laidine ar an éan agus ciallaíonn sé colúr nó colm. Tháinig sé ón tSean-Ghréigis chuig an Laidin. Tugadh κόλυμβος (*kolumbos*) air sa Ghréigis nó ciallaíonn sé ag tumadh nó ag snámh. Chan é go mbíonn sé ag snámh ach chuir an dóigh a n-eitlíonn sé an snámh i gcuimhne do na scríbhneoirí anallód. Tagann an t-ainm speicis ón Laidin *palumbes* a chiallaíonn colúr coille. *Ysguthan* a thugann muintir na Breataine Bige air. *Calmane keylley* atá air sa Mhanainnis, agus tugann muintir na hAlban

Calman-Fiadhaich, *Calman-Coille*, *Fearan*, *Smudan* agus *Guragag* air. Bhíodh an-chuid ainmneacha i mBéarla ar an éan agus ar cheann acu bhí *Ring Dove*. Tháinig *Wood Pigeon* chun cinn sa naoú haois déag agus is maith mar ó shin tháinig speiceas eile *ring dove*, an fearán baicdhubh, chuig na hoileáin seo.

Bíonn paiste geal ar mhuineál an éin aibí agus paiste bándearg ar an ucht. Cha bhíonn an paiste geal ar an éan óg. Bíonn cuma níos léithe go ginearálta ar an éan óg agus bhíonn an gob níos léithe fosta.

Tugann an duine aird ar an trup a dhéanann an colm coille. Tugtar giolcaireacht ar an fhuaim agus déantar go bog é agus an bhéim ar an dara nóta de chúig cinn.

Leis an mhéadú atá ag teacht ar chrainn sna bailte agus sna cathracha tá líon na gcolm coille ag ardú i suíomhanna uirbeacha. Déanann na préacháin ionsaí ar an nead ag an éan seo. Tarlaíonn sin nuair nach mbíonn na duilleogaí fásta go huile ar na crainn.

Agus muid ag déanamh ar an tsamhradh bíonn colúr coille ag cruinniú cipíní tirime de sprús sitceach a thit ach a ceapadh ag géaga agus iad ag titim, tugann iompar dá leithéid le fios go bhfuil sé i mbun seide in aice láimhe. Chomh maith le crainn déantar an tsead i dtor nó i bhfoirgneamh in amanna, go fiú tógtar ar an talamh í. De ghnáth bíonn trí éillín sa tséasúr agus ligtear amach dhá éinín. Sa lá a bhíonn an coileach ar gor agus an chearc a bhíonn ina bhun san oíche. In amanna thig an dá ubh a bhíonn sa nead a fheiceáil ach seasamh faoin tsead. Is clúmh buí a bhíonn ar na scallamáin i dtoiseacht ach de réir a chéile bíonn siad ag cur cluimhrí amach agus éiríonn siad liath.

Itheann sé ábhar luifearnach agus cha gcuireann an feirmeoir fáilte roimhe ar an ábhar sin. Déanann siad a gcuid ar an talamh agus má chuirtear isteach orthu tugann siad foscadh na gcrann orthu féin. Is minic a aithnítear colúr coille as an chleatráil a dhéanann na heiteogaí agus iad a dul i mbun eitilte. Nuair a bhíonn siad ag eitilt bíonn banda geal le feiceáil ar na heiteogaí.

Mín Doire Dhamh, Gaoth Dobhair, 25 Iúil 2017 (éan óg)

Tugann an cholmlann spás cónaithe don cholúr agus bhíodh meas ar dhaoine agus stádas ag daoine a raibh a leithéid acu riamh. Choinnítí na colúir le go gcuirfeadh siad feoil agus uibheacha ar fáil.

Bíonn dúil as cuimse ag an éan i ngrán agus ar an ábhar sin is namhaid ag na feirmeoirí arbhair iad. Ach chan fhuil siad teoranta ag grán agus itheann

An Corcrán Coille

Pyrrhula pyrrhula

Machaire Uí Rabhartaigh, Cloich Chionnaola, 21 Bealtaine 2022 (**an coileach**)

siad duilleogaí, bachlógaí, caora eidhneáin agus pórtha. Tagann scaotha móra de na héanacha le chéile sa gheimhreadh agus thig leo fogha a thabhairt faoi bharr mar an cál ach cha bhíonn barraí curtha sa taobh seo tíre ar an mhórchóir.

Ní bhíonn an t-éan fairsing in iarthuaisceart Thír Chonaill agus díobhail na gcrann is ciontaí leis agus easpa an talaimh churaíochta. Tá taifead ón cheantar ar nead a bheith tógtha fríd an fhraoch ag an éan.

Tagann scaotha móra chun na tíre sa gheimhreadh agus ón fhianaise a fuarthas ó na fáinní ar tháinig daoine orthu tagann cuid mhaith de na cuairteoirí ó mhór-roinn na hEorpa. Imíonn siad arís sna Faoilligh agus i mí Márta.

Bíonn durdáil an éin le cluinstean gach aon mhí ach is mall i mí na Samhna an uair is ciúine é. I mí Márta cluintear a cheiliúr tuairim agus uair an chloig roimh bhodhránacht an lae.

Glasán toirtiúil le cloigeann ramhar agus geadán mór bán an t-éan seo gur pasaireach Eoráiseach é. Bíonn na heiteogaí dúghorm agus bíonn barra pas geal ar na sciatháin. Ar an chearc bíonn caipín agus smig dhubh. Bíonn sí liathdhonn ar uachtar agus donnbhuí ar íochtar. Bíonn bearád agus smigead dubh ar an choileach chomh maith le droim liath agus brollach bándearg cum dearg. Bíonn na héanacha óga donn uilig agus bíonn an caipín dubh ar iarraidh. Maítear go bhfuil muineál air mar a bheadh ar tharbh. Bíonn sé tuairim agus 16 cm ar fhad, mórán mar an gcéanna le méid gealbhain, ach go bhfuil cuma i bhfad níos ramhaire air. Is 26 cm leithead na n-eiteogaí agus meánn an t-éan tuairm agus 21 g.

Sna léarscáileanna dáilithe atá feicthe agam léirítear go bhfuil an t-éan seo ar iarraidh ó iarthuaisceart Thír Chonaill. Thig gur Machaire Uí Rabhartaigh an suíomh is faide siar ó thuaidh ina bpóraíonn an t-éan.

Fóireann an gob dubh ramhar dingthe mar acra bainte bachlógaí agus le pórtha crua a bhascadh. Is mar phéirí nó i ngrúpa beag a chastar ar dhaoine iad. Déanann siad a gcuid go formhothaithe sna crainn agus sna sceacha. Tá cuntais orthu ag ithe chaora an chaorthainn, síol na fuinseoige, na learóige agus cuid na sceiche gile, chomh maith le sméara dubha agus go leor síolta eile. Nuair a bhíonn siad ag ithe chaora an chaorthainn gearrann siad an craiceann go sciliúil den chaor agus caitheann siad ar shiúl é. Chomh maith le bheith ag ithe sna crainn agus sna sceacha déanann siad a gcuid ar an talamh. Tagann siad chuig garraithe agus de thairbhe a gcuid dathanna bíonn fáilte ag daoine rompu.

I ngeall ar a gcuid dathanna agus chomh séimh agus atá siad bhí siad ar feadh na mblianta mar éan maisiúcháin. Bhí oiread éilimh orthu i Sasana mar éan cliabháin go ndéantaí a n-iompórtáil ón Ghearmáin. Bhí cáil orthu fosta as a nguth. Is ait sin nuair a smaoinítear gur cineál píopaireacht chaointe a chleachtann siad. Bhí gnás ann a mhair cúpla céad bliain ina ngabhtaí iad agus bhuailtí fideog nó orgán ar leith ag éanacha agus go ndéanfadh siad aithris air nó tá scil ar dóigh acu i mbun na haithriseoireachta. Sa Ghearmáin bhí traidisiún ann ar feadh na mblianta agus dhéantaí poirt traidisiúnta a mhúineadh d'éanacha a tógadh mar bhroid. Bhíodh comórtais ann, agus an iomaíocht géar, féachaint cad é an t-éan ba fhoirfe ceoil. Maireann roinnt taifead de na comórtais seo ionns ar an lá inniu.

Choinnítí líon s'acu íseal mar go ndéanfaí a gceapadh ar mhaithe lena n-aithriseoireacht, ach bhí aicme eile, seachas lucht na gcliabhán, a bhain díobh agus ba iad sin na feirmeoirí tráchtála torthaí. Dhéantaí na mílte a mharú in aghaidh na bliana i ngeall ar an damáiste a dhéanadh siad ag ithe na mbachlógaí ag na crainn torthaí. Nuair a theipeann ar na gnáthfhoinsí bia acu gluaiseann siad chuig na garraithe torthaí agus na húlloird. Maítear go dtig leo suas le scór go leith bachlóg a ithe in aghaidh an bhomaite. Luath san aois seo chuaigh thart scríobhadh gur éan coille a bhí ann ach go raibh sé ag leathnú ach amháin sna ceantair

Machaire Uí Rabhartaigh,
Cloich Chionnaola,
21 Bealtaine 2022 (an chearc)

sceirdiúla, agus uair amháin eile rinneadh tagairt d'iarthar Thír Chonaill mar áit nach raibh teacht air i ngeall ar an chineál tírdhreacha atá ann.

Níl aon bhaint ag an cheol ag an choileach le dúiche a chosaint. Bíonn guth ciúin aige agus leagan ar leith aige dá ghlór a bhaineann leis féin amháin. Feidhmíonn sé mar ghléas leis an chearc a mhealladh. Nuair a chasann an chearc agus an coileach le chéile den chéad uair muirníonn siad gob a chéile. Uair amháin atá an chearc meallta tugann an coileach bia chuici. Tugtar beathú suirí ar a leithéid. Póraíonn sé go mall sa bhliain agus bíonn mí na Bealtaine agus mí an Mheithimh ann nuair a bhíonn na huibheacha sa tsead. De ghnáth is ceithre nó cúig ubh a bhíonn sa nead. Bíonn dlúthchaidreamh idir an chearc agus an coileach ag an chorcrán coille. Nuair a bhíonn séasúr an phóraithe ann déanann an t-éan forbairt ar mháilín ar íochtar an bhéil. Ní bhíonn an máilín seo ag an éan sa gheimhreadh. Fosclaíonn an máilín ar dhá thaobh na teanga. Baintear feidhm as le bia a stóráil rud a chuidíonn le tréan soláthair a thabhairt ar ais chuig na scallamáin agus iad sa nead. Nuair a bhíonn na máilíní lán le bia síneann siad siar isteach faoin ghiall chomh fada leis an sceadamán. Mar thoradh air sin bíonn bolg le feiceáil ar scornach an éin. I ngeall ar na máilíní gearrtar anuas ar líon na dturas a dhéantar chuig an tsead, turas in aghaidh na leathuaire seachas aistear gach aon deich mbomaite mar a bhíonn ag an rí rua.

Mar a tharla go minic ba é Carl Linnaeus (1707–1778) a rinne cur síos foirmeálta den chéad uair ar an chorcrán coille mar *Loxia pyrrhula*. Tá sé anois sa gheineas *Pyrrhula*. Tagann an focal Laidine *pyrrhula* ón Ghréigis πυρρός, a chiallaíon éan ar dhath bladhaire, agus a thagann ó πυρ, tine. Rinne Arastatal tagairt don éan seo. Tugtar *Corran Coille* agus *Deargan Fhaoich* in Albain air. Is *Cogh y Berllan*, atá ag muintir na Breataine Bige, rud gur ionann agus [éan] dearg an úlloird ó *perllan* a chiallaíonn úllord agus *cogh*, dearg. Tugann lucht na Manainnise *Ree Ruy* air. Sin, ar ndóigh, 'Rí Rua' agus tá an t-ainm sin againne ar éan eile de na glasáin a bhfuil 'gealbhan cátha' ag cuid de na daoine air. Tugtar *Bullfinch* i mBéarla air i ngeall ar a ramhaire agus atá a cheann.

Ní raibh an corcrán coille ina chuairteoir ag an bheathadán éan roimhe seo oiread agus atá anois. Síltear gur tharla an t-ardú sa mhinicíocht mar go bhfuil laghdú ar an bhia a bhíonn ar fáil taobh amuigh den gharradh.

An Chorr Mhóna

Ardea cinerea

Mín an Chladaigh, Gaoth Dobhair, 15 Meán Fómhair 2018

Is éan mór é an chorr mhóna agus bíonn sé furast a fheiceáil agus a aithint. Is minic a sheasann sé go foighdeach ar bhruach na habhann nó san abhainn féin ag fanacht go dtiocfaidh iasc ina threo. Bíonn sé ar fáil ar bhruach lochanna agus fán chladach fosta. Seasann sé caol díreach in amanna agus in amanna eile bíonn an muineál fillte anuas ar an ghualainn.

Tá cosa arda faoi agus nuair a shiúlann sé glacann sé truslóga fada. Féadann sé a ghob a úsáid mar a bheadh miodóg ann le breith ar bhia. Is ceiritín an t-ábhar a bhíonn i ngob éin. Cha dtig leis an éan a bhia a chogaint mar a dhéanann ainmhithe go leor eile. I gcuid mhaith éanacha is an chuid íochtarach den ghob, an mandabal íochtarach, a bhogann suas agus anuas, an t-aon chuid den ghob a chorraíonn.

Is é *Ardea* an focal Laidine ar chorr mhóna, agus ciallaíonn *cinerea* dath liath na luatha.

Is *Coar ny Hastan* ainm an éin sa Mhanainnis. *Heron* an t-ainm ceart i mBéarla air ach tugtar *Crane* air go minic ach is éan eile ar fad an *Crane* agus is annamh a thig sé go hÉirinn. *Corra Ghritheach*, *Corra Sgritheach* a thugann muintir na hAlban air, agus *Eun Corra* ar an cheann óg.

Sa Bheatain Bheag is *Crëyr Glas*, corr ghorm a thugtar air.

Tugtar 'an Chorr Réisc' ar an éan seo fosta, gan trácht ar 'an Chorr Éisc', 'an Chorr Ghlas', 'an Chorr Scréachóg', 'Máire Fhada' agus 'Máire an Scrogaill'. Baintear feidhm as an téarma 'Corr Mhara' nuair is scolamán de chuid an ghaineáin atá i gceist. Ní dóigh liom gur focal Conallach atá ann as siocair nach bpóraíonn an gainneán sa cheantar.

Bíonn tagairtí sna seanscéalta don chorr mar pheata ach meastar gur an grús, *Grus grus*, a bhí i gceist. Is fíor-annamh a fheictear an grús in Éirinn inniu ach bhíodh sé fairsing anallód. Scríobh Giraldus Cambrensis ina *Topographia Hibernica*, tuairim agus 1188, go raibh an chorr mhóna líonmhar agus é abhus. Tá seans láidir ann nach an chorr mhóna a bhí i gceist mar go mbíonn siad gairgeach agus chan fhuil luí acu leis an duine mar atá ag an ghrús.

Bhíodh seanmhná í gCúige Uladh ag meas go dtiocfadh leo pianta cnámh a leigheas ach an blonag ag corr mhóna a maraíodh ach iomlán gealaí a bheith ann, a chuimilt de na cnámha.

Tchítear é ag iascaireacht ar inbhir ghaineamhacha, carraigeacha i mbéal na toinne, agus ar aibhneacha móra ar fud na tíre.

Cha bhíonn dúil ag iascairí sa chorr mhóna agus téann an naimhdeas sin siar i gceart sa stair. Cheadaigh an Féineachas don chosmhuintir an chorr mhóna a mharú gan chosc, agus is beag éan ar ceadaíodh a leithéid ina leith. Meastar gur tugadh an cead sin mar gur síleadh go ndéanadh an chorr mhóna slad ar éisc, ach itheann sé cuid mhaith eile seachas éisc. Má bhíonn eascon ró-mhór le go dtig é a shlogadh béarfadh isteach chun an talaimh lena ithe. Tá cuntas air ag ithe éanacha óga agus luchógaí móra mar shampla. Chan fhuil geabhrógaí agus saotharcógaí dall ar an chleachtas seo agus déanann siad ionsaí ar an chorr mhóna ach é a theacht i ndeas do scalltáin nó do shead. Nuair a bhíonn sé ag seilg bia is minic a bhíonn sé ina aonar.

Anallód bhíodh cuid mhór gorán corr mhóna a mbíodh suas le céad nead i gcuid acu. Síltear an crann cuilinn a bheith ar an chrann is ansa leis an chorr mhóna dá nead, thig gur cosaint in éadan an mhadaidh rua atá i gceist. Tá sé ar cheann de na héanacha is túisce a thógann sead, chomh luath le deireadh mhí Eanáir fiú, maítear. Gidh go mbeadh an tsead tógtha dá dtiocfadh cuisne nó sneachta chuirfí breith na n-uibheacha chun gcúil.

Bíonn teacht ar an chorr mhóna ar fud na tíre ón lár amach go mbeidh tú ar fhíorimeall an aigéin. Tá ar a chumas luí isteach lena thimpeallacht agus bíonn sé níos fairsinge san iarthar seachas ar na tailte méithe. Tá tuairisc gur scaoileadh cheithre scór go leith acu ag dream daoine i gConamara taobh istigh de lá amháin.

Eitlíonn an chorr mhóna go mall agus i ngeall air sin thig go n-ionsófaí é agus é ar eiteog.

Tá nath sa chaint sa lá inniu féin le fuacht a chur in iúl, deirtear, 'Chonálfadh sé na corra'.

Measadh an chorr mhóna a bheith maith ag caileantóireacht agus dá n-eitleodh siad ó dheas chreidtí go raibh aimsir fhuar ar an bhealach.

I dTír Chonaill chreidtí dá rachadh an chorr mhóna isteach sna cnoic go raibh aimsir mhaith á tuar, agus chreidtí fosta dá bhfeicfí dhá chorr mhóna ag ithe i gcuideachta go raibh stoirm ar a bealach.

Ar an ochtú lá de na Faoilligh 2018 chuir an chorr mhóna tús le tógáil seide i gcrainn i Mín Doire Dhamh, Gaoth Dobhair, agus sneachta ar an talamh.

An Cosdeargán

Tringa totanus

Cé Phort Uí Churráin, Gaoth Dobhair, 1 Eanáir 2019

Is lapaire ar mheánmhéid an t-éan seo agus é ar cóimhéid leis an smaolach. Bíonn sé le feiceáil in aice uisce nó talamh atá tais i rith na bliana. Aithníonn daoine é as a ghlór géar go minic. Bíonn dath liathdhonn ar uachtar an choirp agus bíonn an t-íochtar i bhfad níos éadroime ó taobh lí de. Tugtar suntas do na cosa nó bíonn siad dearg agus fada, ach ní fada dá ghob díreach oráistedhearg a mbíonn barr dubh air. Bíonn fáinne geal thart ar na súile. Nuair a bhíonn sé ar eiteog bíonn imeall geal ar uachtar na sciathán agus ding gheal ar a dhroim. Is bán a bhíonn íochtar an choirp, agus bíonn banda liath ar an ruball agus na cosa ag síneadh siar ón gheadan agus é ag eitilt. Bíonn an t-éan óg mórán mar an gcéanna leis an cheann aibí ach go mbíonn lí mheathbhán ar na cosa.

Tagann cuid mhaith de na héanacha seo go hÉirinn sa gheimhreadh, cuid acu ón Íoslann agus a thuilleadh ar a n-aistear ó na tíortha Lochlannacha, áit a phóraíonn siad, agus iad ag déanamh ar iarthar na hAfraice. Fágann an mhuintir a chaitheann an geimhreadh linn arís ó lár na bhFaoilleach go mbíonn lár mhí an Mhárta ann. Tá an chosúlacht ann go bhfanann siad sa log amháin i rith an gheimhridh agus nach ndéantar taisteal ar bith.

Cé an Chlocháin Léith, Na Rosa, 9 Márta 2016

Sánn sé a ghob sa láib ar thóir bia nó tógann sé inveirteabraigh den talamh. Tá sé le feiceáil ar an ghrianghraf go raibh aimsir ghaofar ann an lá a ghlacadh an pictiúr nó tá na cleití tógtha ar dhroim an éin. Is minic a mbíonn difir idir léaráid sna leabharthaí ar éan agus grianghraf d'éan mar is i stiúideo a nítear an léaráid ach tógtar an grianghraf taobh amuigh nuair a imríonn an aimsir a tionchar. Chomh maith leis sin is minic nach mbíonn an dath péinte ag an léiritheoir agus an dath faoin aer ar aon dul nó imíonn an aimsir agus an aois tionchar ar chleití an éin.

Tugtar 'an Laidhrín Trá' ar an éan fosta. Tagann an t-ainm ó ladhair agus thig gur tagairt atá ann do na cosa fada atá faoi. Tagann *Tringa* ón ainm Laidine a cuireadh ar éan den chineál seo i 1599 agus é bunaithe ar ainm a thug Arastatal ar éan le tóin gheal. Tagann an dara cuid den ainm ó *Tótano*, an Iodáilis ar an éan. Is *Goblan Marrey* a thugann muintir na Manainnise air, agus is *Pibydd Coesgoch*, an píobaire deargchosach, a thugann pobal na Breatnaise air. *Cam-ghlas* atá in Albain air chomh maith le *Gob Labharrtha, Clabhais Feach* agus *Ridghuilanach,*

Tá sé faiteach agus is minic nuair a bhíonn meascán d'éanlaith ann gur é is túisce a theithfidh. Éireoidh sé láithreach ar eiteog le fead a chuireann na héanacha eile ar a gcoimheád. As siocair go mbíonn lapairí ag déanamh a gcoda ar an bhlár láibe, taistealaíonn a nguth achar fada i ngeall ar an talamh a bheith cothrom.

Itheann sé den chuid is mó le solas lae agus bíonn sé ag brath ar na súile leis an bhia a aimsiú. Thig leis a bheith leis féin i mbun a choda nó thiocfadh le baiclí beaga a bheith ann. Den chuid is mó is cuiteogaí néiride, speicis hibrideacha agus shlaba a itheann sé. Ní fhanann sé ina stad ar feadh i bhfad ach ag gluaiseacht leis, in amanna ag siúl, nó ag lapadáil, agus ag snámh fosta.

Is minic a bhíonn a nead i ndeas do shead saotharcógaí agus gan iad ach cúpla méadar óna chéile. Mar sin is ar an talamh i dtortógaí féir a bhíonn an tsead, áit a bhíonn fliuch agus bog, nó d'fhéad sé a bheith fríd fhraoch, ach beidh sé i bhfolach go maith. B'fhéidir go gcuireann an tsaotharcóg cosaint ar fáil don laidhrín trá mar bíonn uibheacha aici níos luaithe agus mar sin bíonn sí ar eiteog á gcosaint agus is buntáiste seo aige. Má bhíonn an féar fada thig go ndéanfaí a fhí os cionn na nide agus dealraíonn sé gur an chearc a dhéanann an obair seo. Cé gur comhartha ag an duine go bhfuil nead ann, seans

An Cróinín

Larus sp

Machaire Gathlán, Gaoth Dobhair, 18 Feabhra 2022

Is 'an Cróinín' nó 'an Crón' a thugtaí ar fhaoileogaí óga ar Inis Bó Finne. Tá an tuairim ann gur tháinig an t-ainm seo chun cinn i ngeal ar an dath donn a bhíonn ar fhaoileogaí óga. Tá an-difear idir an dath ar an chlúmh ag faoileogaí óga agus é sin ar na héanacha fásta, agus bíonn sé deacair speicis éagsúla faoileogaí a aithint nó bíonn an chluimhreach s'acu éagsúil ar fad ar an chlúmh a bhíonn ar an éan fásta. Bíonn difir idir na speicis ar leith i dtaca leis an fhad ama a ghlacann sé ar an éan óg cuimhreach aibí a bhaint amach. Is 'Boigeán' a thugtar ar éan óg ag faoileog i gceantair eile i dTír Chonaill agus tugtar 'Gogaire' agus 'Grogaire' ar fhaoileog óg chomh maith. Ealaín ar leith í speiceas faoileoige óige a aithint seachas a chéile.

Chomh fada agus a bhaineann leis na faoileogaí beaga, an ceann dubh mar shampla, is tuairim agus bliain go leith a ghlacann sé orthu clúmh an éin fhásta a bhaint amach. Fiú ag sin d'fhéadfadh go mairfeadh lorg den chluimhreach ag an éan óg achar níos faide. Leis na faoileogaí meánacha, an droimneach beag san áireamh, is tréimhse rud beag le cois dhá bhliain a bhíonn i gceist sula mbaintear culaith an aosaigh amach.

Leis na faoileogaí móra is tréimhse níos mó ná trí bliana a bhíonn i gceist gidh go mbíonn

nach n-aithníonn dúile eile gur amhlaidh atá, nó thig go bhfeidhmíonn sé in éadan na doininne.

Beirtear na huibheacha i mí an Aibreáin agus mí na Bealtaine agus bíonn ceithre ubh sa bhaisc de ghnáth. Tá fianaise ann go mbíonn neadracha ann a mbeireann níos mó ná cearc amháin uibheacha iontu. Bíonn spotaí beaga dearga ar an chuid is leithne de na huibheacha. Bíonn an dá thuismitheoir i mbun an ghoir, agus maireann sé suas le trí seachtaine.

I dtús báire déanann an chearc agus an coileach cúram de na gearrcaigh, ach tar éis tamaill is an coileach amháin a ghlacann an dualgas. Téann na cinn óga ag eitilt i ndiaidh míosa agus go luath ina dhiaidh sin fágann siad an dúiche póraithe.

Thig leis mairstean ar feadh sé bliana agus fiche. Meastar go gcuireann reothalach isteach go mór air agus faigheann neart acu bás lena linn.

éagsúlachtaí móra i gceist leis na speicis, an cóbach ina measc, agus arís thig go mairfeadh rian de chluimhreach an éin óig seal níos faide ná na trí bliana.

Sa chuid is mó de na faoileogaí, beag beann ar an speiceas, tarlaíonn an chéad fholadh thart ar an deichiú mí agus maireann sé ar feadh cúpla mí. Ní chailltear na cleití chomh gasta agus a chuireann an t-éan fásta iad.

Cailltear bunchleití ina gceann agus ina gceann ach iad á gcaillstean ag an am céanna ar an dá eiteog. Meastar go mbíonn an scéal amhlaidh le nach mbeidh drochthionchar ag cailleadh na gcleití ar an chumas eitilte ag an éan. De ghnáth is ón lár amach a chuirtear na cleití ar an ruball. Bíonn éagsúlacht ó éan go héan i dtaca leis an luas ag a dtarlaíonn an foladh agus chomh maith leis sin bíonn difear idir an dath a bhíonn ar na cleití úra a thig i ndiaidh do na héanacha a bheith sa chleitheach.

Tá sé indéanta ach a shá eolais a bheith ag duine an speiceas agus bliain an fholaidh a aithint ar na héanacha óga. Nuair a bhíonn idirdhealú á dhéanamh ar fhaoileogaí is amhlaidh go mbíonn an cloigeann níos réidhe ag an choileach agus an gob níos troime seachas cuid na circe. Ar ndóigh bíonn na héanacha óga níos lú ná iad sin atá fásta ach go mbíonn feidhm le speiceas a aithint ar dóigh le bheith cinnte nó thiocfadh le difir mór a bheith i gceist go háirithe sna speicis mhóra nuair a bheadh cearc óg á cur i gcomparáid le coileach fásta.

Sa leabhar *Seanchas agus Nathanna Cainte Mhicí Whiting* tá cuntas suimiúil ar chaitheamh aimsire a bhíodh ag cuid d'aos óg Inis Bó Finne. Dhéanadh páistí peataí de chróiníní. Cha raibh dúil ag a muintir sa chineál seo iompair i ngeall ar an bholadh lofa a bhíodh ag teacht ó na crónna ina gcoinníotí na cróiníní.

Théadh na páistí chuig áiteacha iargúlta ar an oileán, áit a mbíodh na faoileogaí ag pórú agus thugtaí traidhfil de na scallamáin chuig cró i ndeas don bhaile, agus dhéantaí a gcothú ach bairnigh a raibh faoisceadh déanta orthu a thabhairt dóibh agus conamar eile. Bhí ar chumas na bpáistí an cróinín nó na cróiníní s'acu féin a aithint.

Nuair a thiocfadh an uain a mbeadh na faoileogaí óga réidh le gabháil i mbun na heitilte thugadh na páistí siosúr leo agus bhainfeadh siad barr na n-eiteogaí de na héanacha le nach mbeadh siad ag dul ar eiteog. Dealraíonn sé gur ligeadh do na cleití fás arís mar, ag am inteacht, d'imigh na héanacha ag eitilt. Thógadh sé suas le leathbhliain ar na cleití fás in athuair. Tugann an cuntas le fios gur phill éanacha a bhíodh ina bpeataí bliain i ndiaidh bliana ag lorg bia.

Bhíodh dearcadh fairsing ag am amháin agus chan fhacthas go raibh a dhath ciotach le gortú ná pian a thabhairt d'ainmhithe, éanacha agus go leor fiabheatha eile. Gidh nach bhfuil aon fhianaise ar an taobh seo go ndéantaí comóradh ar lá an dreoláin, a ndéantaí na dreoláin a mharú le haghaidh na hócáide, bhí a leithéid fairsing i gcodanna eile den tír.

Tugann Micí Whiting le fios go mbíodh colmáin mar pheataí ag an aos óg ar Inis Bó Finne fosta.

Chan fhuil aon fhianaise ann go raibh foclóir ag na daoine in iarthuaisceart Thír Chonaill le cur síos a dhéanamh ar na staideanna éagsúla ag faoileogaí sula mbeadh siad aibí. Cibé fá fhaoileogaí óga a bheith fán chró ag aos óg Inis Bó Finne tá daoine a chreideann go leanann drochádh na faoileogaí agus cha bhíonn siad á n-iarraidh i ndeas don teach, ach thig go bhfuil sin amhlaidh de thairbhe chomh cáidheach agus a bhíonn cac s'acu.

Is cosúil óna chruth gur faoileog scadán atá san ghrianghraf anseo agus gur rugadh é sa tsamhradh sular glacadh an pictiúr, mar sin níl sé bliain d'aois go fóill.

An Crosán

Alca torda

Toraigh,
9 Meitheamh 2016

Mar atá le feiceáil ón ghrianghraf a tógadh i mí Mheán an tSamhraidh ar Thoraigh, ní thógann an crosán nead agus chan amháin sin, cha dtagann sé go tír mór ach amháin le pórú mar caitheann sé suas le 44% dá shaol ar an fharraige. Is ionann dath ag an chearc agus ag an choileach. Tá daoine a thugann 'Piongainí an Leathsféir Thuaidh' ar an éan i ngeall ar a dhéanamh.

Bíonn an nead i scoilt nó san áit a mbíonn foscadh ar aill. Fanann an chearc agus an coileach i gcuideachta i rith a saoil de ghnáth.

Cuidíonn an líne gheal ó bhun an ghoib a fhad leis an tsúil leis an éan seo a aithint. Tarlaíonn sé go mbíonn an líne seo níos soiléire sa tsamhradh seachas mar a bhíonn sé séasúr ar bith eile. Bíonn uachtar an choirp dubh agus an t-íochtar geal. Bíonn an coileach níos mó ná an chearc de ghnáth.

Cothaíonn na tuismitheoirí an scallamán ar an fhál ar feadh tuairim agus trí seachtaine. Téann an t-éan óg ag an aois sin i gcuideachta an choiligh isteach san fharraige agus leantar de bheith á chothú ar feadh tamaill.

Ina dhiaidh sin téann na crosáin chun farraige go bpillfidh siad go tír mór le pórú in athuair.

Éiríonn le cuid mhaith de na scallamáin a theacht slán agus meastar saolré de thuairim agus trí bliana déag a bheith acu.

Nuair a bhíonn taispeántas réamhchúplála ar siúl acu déanann siad cloigne agus na cleití ar a muineál a mhuirniú ag a chéile, agus buaileann siad a ngoib ar a chéile. Tarlaíonn an chúpláil ag an chrosán ar tír mór.

Téann siad chomh fada le 100 km ó thír mór ag lorg bia nuair a bhíonn tréimhse an ghoir ann, ach nuair a bhíonn an gearrcach ann déanann siad a gcuid bia a lorg níos deise d'ionad na tógála ag an scallamán. Is ubh amháin a bheirtear ó bhíonn luath i mí na Bealtaine ann. Bíonn na huibheacha mór.

Tá cuntas ó Hiort na hAlban ag duine a chonaic na hoileánaigh a thug cuairt ar charraig, an Stac Biorach, áit ar ísligh siad seacht gciseán déag d'uibheacha crosáin anuas ó na beanna isteach ina mbád agus san iomlán bhí isteach agus amach ar cheithre chéad ubh i ngach cliabh. Measadh go raibh an-chothú sna huibheacha nuair a bhí siad úr, agus tar éis cúpla lá bhí an ubh ina úsc tiubh agus measadh í a bheith ina cothú maith go fóill. Is gnás, goid na n-uibheacha, a chleachtaítí go bliantúil. Bhíothas ag dúil i ndiaidh na seilge go n-athbhéarfadh na crosáin.

Bíonn ceann de na tuismitheoirí ag an tsuíomh breithe i dtólamh le linn don tuismitheoir eile gabháil chun na farraige le bia a aimsiú don ghearrcach. I ndiaidh coicíse gríosann na tuismitheoirí an scalltán le gabháil chun na farraige. Buaileann an gearrcach na heiteogaí ag titim ón aill chun na mara dó.

Sa ghrianghraf den chrosán anseo tá scalltán le feiceáil ar chúl laftán na haille. Tá dath liath air agus é i lár báire.

Tumann an crosán go domhain san fharraige, chomh fada le 120 méadar, ag úsáid a chuid eiteogaí agus tá a chorp sruthlíneach ag fóirstean i gceart don obair. Go hannamh a chaitear níos mó ná bomaite i mbun tumtha. Itheann sé éisc bheaga, crústaigh, cuiteogaí agus moilisc. Tchítear é ar uairibh ag eitilt i líne i ndeas do dhromchla na farraige i gcuideachta le héanacha eile aille.

Thig leis an chrosán bia a shlogadh agus é faoi uisce. Den chuid is mó itheann sé ag doimhneacht de chúig mhéadar agus fiche. Déanann siad mioneitilt ag baint feidhme as na sciatháin agus na cosa ag tumadh ach is cosúil gur na sciatháin amháin a mbaintear feidhm astu i ndiaidh tumtha. Gluaiseann siad níos gaiste faoin uisce seachas mar a dhéanann siad ag siúl. Nuair a shnámhann siad is minic a bhíonn an ruball biorach tógtha in airde.

Tá contúirt ann don éan san Íoslainn, áit a phóraíonn an-chuid crosán, mar gur tháinig titim tubaisteach ar líon na gcorr ar an chósta. Chomh maith leis sin, imríonn truailliú ag an duine drochthoradh ar líon na n-éanacha.

Is ón tSean-Lochlainnis *Alk*, a thagann *Alca* don ainm eolaíoch,

An Crotach

Numenius arquata

agus tagann an dara cuid den ainm ó *törd*, an focal a úsáidtear sa Ghutnais don éan. Tugtar *Razorbill* air sa Bhéarla, ainm a bhí in úsáid i 1667, agus gur tagairt é don ghob as miosúr géar atá aige. Is *Llurs* atá sa Bhreatnais air, agus d'fhéadfadh gur focal onamataipéach atá i gceist. *Kione Breck* atá sa Mhanainnis air. Tugann Gaeil na hAlban *Coltraich*e, *Dubh Eunach*, *Ian Dubh an Sgadain*, *Sgrab*, agus i Hiort thugtaí *Lamhaidh* air.

Nuair a rinneadh suirbhé ar tugadh 'Operation Seafarer' air i 1969–1970 measadh go raibh ar a laghad 144,000 péire in Éirinn. Bhí seo ar an chéad suirbhé ar an éan a cuireadh i gcrích.

Corrán Binne, 20 Eanáir 2018

Bhíodh an crotach fairsing roimhe seo ach le tamall anuas tá a líon ag titim. Tá sé ar an lapaire is mó sa tír. Aithnítear é go minic as a ghlór dénótach, a chosa fada, muineál fada, agus as an ghob fhada, gob a bhíonn trí oiread fad an chinn. Bíonn dath liathdhonn agus stráicí dorcha ar uachtar an choirp. Is geal a bhíonn an bolg. D'fhéadfaí sílstean gur cróinín atá ann ach tuigfidh tú nach amhlaidh atá má éiríonn leat an gob lena bharr cam a fheiceáil. Bíonn bandaí dorcha ar an ruball. Is ionann an cruth ag an chearc agus ag an choileach.

Tá líon seasta a chónaíonn abhus agus tagann sé mar chuairteoir samhraidh chuig bogaigh ar fud na tíre. Póraíonn líon beag ar phortaigh agus ar thuilemhánna. Tagann na héanacha a raibh a nead ar na portaigh anuas chun an chósta i ndiaidh an tséasúir phóraithe.

Itheann sé inveirteabraigh chomh maith le froganna agus éisc bheaga. Sánn sé a ghob fada cuarach sa láib le teacht ar lugaigh agus tógann sé pracar den trá. San earrach thig é a cluinstean san oíche in amanna agus é ar imirce. Chreideadh an seanbhunadh ach é a chluinstean ag scairtigh gur comhartha fearthainne a bhíodh ann.

Thig le scaotha a bheith i mbun a gcoda ar inbhir ach is í mo thaithí iad a bheith ina n-aonar nó cúpla ceann i gcuideacha, ach nuair a thagann siad chugainn san fhómhar chonaic mé ealtaí de scór go leith luath sa tséasúr.

Tagann an t-ainm *Numenius* ón tSean-Ghréigis *Numenios*, éan a luaigh Hesychius ó chathair Alastair, gramadóir agus foclóirí ón chúigiú nó séú haois A.D. Ceanglaítear leis an chrotach é mar go síltear go dtagann sé ó *Neos*, nua agus *Mene*, an ghealach,

agus gur tagairt atá ann don chorrán gealaí a bhíonn ann nuair a bhíonn an ghealach úr ina suí agus cuma ghob an éin uirthi, ar ndóigh. Tagann an t-ainm speicis, *Arquata* ón fhocal Laidine *Arcuatus,* a chiallaíonn 'cuma an bhogha'. Agus is tagairt sin arís don ghob. An 'Cuirliún' a thugtar ar an éan in áiteacha. Is *Gylfinir*, truaillú ar *Glyfinhir*, gob fada, an t-ainm sa Bhreatnais. Tugann muintir na hAlban *Guilbneach* agus *Croyach Mhara* air agus tá nath acu a deir: 'Is sealgaire a mharóidh gé, corr agus guilbneach', ag tagairt do chomh faiteach agus a bhíonn na héanacha sin. *Crutach* a thugtar air sa Mhanainnis, agus labhartar ar *Eam ny grottag ar y traie,* 'Éamh na gcrotach ar an trá'.

Tugtar an *Curlew* go coitianta air i mBéarla agus i mBéarla oirthear Chontae Dhún na nGall bíonn an t-ainm *Awp* in úsáid.

Chreidtí i dTír Chonaill go raibh dhá chineál crotaigh ann, an crotach talaimh agus an crotach mara.

Creideadh go mbíodh an crotach talaimh le fáil fá na cnoic ach go dtigeadh siad deas do na tithe sa gheimhreadh.

Bhíodh crotaigh an talaimh, agus ar ndóigh níl difear ar bith sna crotaigh cé acu tá siad ar an talamh nó ar bhruach na mara, dar leis na daoine roimhe seo, iontach blasta ach go raibh sé doiligh breith orthu.

Síleadh fosta go mbíodh ceann de na héanacha, nuair a bhíodh siad ag ithe, ina éan faire agus dá bhfeicfeadh sé bogadh ar bith thart fá dtaobh dóibh, go dtabharfadh sé rabhadh, agus go n-imeodh siad mar a bheadh urchar á scaoileadh as gunna.

Bhaineadh na daoine feidhm as an chrotach agus iad ag caileantóireacht nó chreidtí go raibh fead ar leith ag an éan nuair a bhíodh an fhearthainn ar a bealach.

Tuairiscíodh i 2016 nach raibh ach 130 péire ag pórú in Éirinn an bhliain sin. Dá gcoinneodh a líon ag titim cha mbeadh siad ag

An Crotach Eangaigh

Nummenius phaeopus

pórú sa tír ar chor ar bith taobh istigh de dheich mbliana. Tá iarrachtaí ar bun cur lena líon. Meastar gur iad an t-athrach i gcúrsaí feirme, athrach san aeráid agus fás na gcoillte is cúis leis an titim ina líon.

Bhí mé ar ché an Chlocháin Leith i samhradh na bliana 2020 nuair a bhuail fear anuas chugam agus chuir ceist orm an raibh sé ag éisteacht le glór an chrotaigh. Bhí sé ina chuairteoir sa teach ósta ar an bhaile agus ba as Contae Liatroma dó. Thug sé le fios dom go raibh sé scór go leith bliain ó chuala sé an crotach roimhe.

Tá líne filíochta a dhéanann tagairt don chrotach ghlórach:

> *Ag gabháil an tsléibhe dom tráthnóna*
> *Do labhair an éanlaith liom go brónach,*
> *Labhair an naosc binn 's an crotach glórach*
> *Ag fáisnéis dom gur éag mo stórach.*

('Bean tSléibhe ag Caoineadh a Mic', Pádraig Mac Piarais, 1879–1916)

Ailt an Chorráin, Na Rosa, 11 Bealtaine 2017

Gidh go bhfuil 'an Crotach Samhraidh' luaite mar ainm ar an éan seo, is san earrach agus san fhómhar a fheictear é den chuid is mó. Is mó a líon san earrach. Thigtear ar chorrcheann abhus le linn an gheimhridh. Tosaíonn an ghluaiseacht ó thuaidh ag deireadh an Aibreáin, agus faoi dheireadh na Bealtaine nó luath i mí Mheán an tSamhraidh bíonn an chuid is mó de na héanacha glanta ar a n-aistear. Tigtear ar chorrcheann aonair mall i mí an Mheithimh.

Tosaíonn an turas ó dheas i mí Iúil go minic, bíonn sé i mbarr a réime i mí Lúnasa agus leanann sé go mbíonn mí Mheán an Fhómhair ann. Tá sé le tabhairt faoi deara gur imirce phillte atá i gceist, rud annamh againn i dtaca leis na héanacha a thugann cuairt orainn.

Machaire Gathlán, Gaoth Dobhair, 11 Bealtaine 2017

Is i mbaiclí beaga a thaistealaíonn na héanacha ar a n-imirce agus tuirlingíonn siad ar an chladach agus ar an mhachaire lena gcuid a dhéanamh. Féadann siad cúpla seachtain a chaitheamh linn nuair a thagann siad chun na tíre. Síltear go gcloíonn sé le sceideal imirce gur beag athrach a thig air ó bhliain go bliain. Bíonn siad ina gcuideachta féin san earrach ach feictear i gcomhluadar crotach san fhómhar iad.

Tá sé níos lú ná an crotach, agus tá stríoc bán os cionn na súl, tá an gob níos giorra ná cuid an chrotaigh, dhá uair chomh fada leis an chloigeann. Is dhá bhanda leathan dhorcha a bhíonn ar an cheann agus stríoc thanaí mheathbhán eatarthu. Bíonn uachtar an choirp níos dorcha ná cuid an chrotaigh.

Tagann an t-ainm speicis, *Phaeopus* ón ainm sa Mheán-Laidin ar an éan, ainm a tháinig ón Ghréigis, *Phaios*, a chiallaíonn 'odhar' and *Pous*, a bhfuil an chiall 'troigh' leis. *Eun Bealltainn* agus *Leth-Guilbneach* na hainmneacha in Albain. Chomh maith le *Amadan Bealtainn*. Bíonn siad iontach fairsing in Inse Gall sa chéad leath de mhí na Bealtaine ar a mbealach ó thuaidh. Ag an mhuintir nach bhfuil eolach ní dhéantar idirdhealú eatarthu agus an crotach. Ligeann siad don strainséir teacht i raon piléir dóibh agus sin an bunús leis an ainm dheireanach anseo.

Is iarracht an t-ainm Béarla, *Whimbrel*, ar aithris a dhéanamh ar ghuth an éin. An chéad uair a bhfuil cuntas ar an ainm ná i 1678. Tá focal ar an Lagán ar an chrotach, *Awp* a thagann, measaim, ó *Whaup*, ainm de chuid na hAlban, agus tugann cuid de mhuintir na hAlban *Little Whaup* ar an chrotach eangaigh. *Coegylfinir*, a chiallaíonn 'crotach ag cur i gcéill' atá ag muintir na Breatnaise air agus *Crottag houree* a thugann ag muintir na Manainnise air.

Meastar an glór a bheith níos brónaí ná cuid an chrotaigh. Is seacht nóta a bhíonn ann agus cluintear san oíche agus sa lá é. Bíonn sé le cluinstean sna bailte móra fiú.

Cuireann an crotach eangaigh faoi i ndeisceart na Spáinne agus fad chósta thiar na hAfraice chomh fada le himeall theas na mór-roinne sin le linn an gheimhridh ag pilleadh ar an tundra don tsamhradh. Níl aon fhianaise go bpóraíonn siad in Éirinn. Is san Íoslann, sa Ghraonlainn, i gCeanada agus i gceantracha Artacha na Sibéire agus na dtíortha Lochlannacha a chaitheann na héanacha an tréimhse póraithe.

Tógtar an nead ar an tundra lom nó ar thalamh atá measartha bog. Bíonn an tsead foscailte go maith agus is beag líonáil a chuirtear ann. Bíonn ar an mheán ceithre ubh sa nead. Beirtear na huibheacha ó mhall i mí na Bealtaine agus bíonn an dá thuismitheoir i mbun an ghoir. Thart ar thrí seachtaine go leith a mhaireann tréimhse an ghoir agus déanann an dá thuismitheoir na gearrcaigh a chothú go mbíonn an cleitiú curtha i gcrích.

Fágann an t-éan óg an nead cúpla uair an chloig i ndiaidh a bhreithe ach cha bhíonn ar a chumas eitilt go ceann mí go leith. Bhíodh uair, an t-ochtú haois déag, ar phoraigh an crotach eangaigh go flúirseach in Albain. Tá sé fós ann ach tá an raon póraithe teoranta d'fhíorthuaisceart na tíre agus na hoileáin ó thuaidh.

Fanann cúpla crotach eangaigh sa tír seo le linn an gheimhridh, ar chósta thoir agus theas na tíre den chuid is mó.

Sánn an crotach eangaigh a ghob síos, ach ní chuireann sé síos go domhain é, sa chlabar bhog ag lorg inveirteabrach, cuiteogaí, moilisc, agus tógann sé bia den trá, macasamhail portán. Seans go mbainfidh sé na cosa den phortán nó go mbrisfidh sé an bhlaos sula slogfaidh sé an fheoil. Ó thuaidh ar an tundra, an áit a mbíonn sé sa tsamhradh, itheann sé feithidí agus nuair a thagann na caora bíonn sé cíocrach chucu agus baineann tábhacht leo roimh an imirice ó dheas.

Má thagann duine ródheas don nead nó do na scallamáin d'fhéadfadh go dtabharfadh an t-éan faoi.

Ag teacht chuig deireadh na naoú haoise déag, dhéantaí seilg mhór ar an éan agus iad ar a mbealach ó dheas, agus thit a líon go mór, ach nuair a cuireadh deireadh leis an fhiach tháinig an crotach eangaigh chuige féin go maith. Dhéantaí seilg air ar mhaithe leis an tábla, ar ndóigh.

An Chuach

Cuculus canorus

Machaire Maoláin, Fál Chorb, Na Rosa, 11 Bealtaine 2019

Tagann an chuach chugainn mar chuairteoir samhraidh ó mhí an Aibreáin go mí Lúnasa agus bíonn a líon fairsing. Is minic a chluineann muid é ach bíonn sé doiligh a fheiceáil nó tá claonadh ann a bheith rúnda agus tá seo mar chuid dá straitéis phóraithe. Bíonn cluas le héisteacht ar dhaoine ag tnúth lena chluinstean agus é mar chomhartha go bhfuil an samhradh ag pilleadh. Má thig sé go luath meastar go mbeidh samhradh maith ann. Aithníonn daoine a ghuth agus, go fiú, go ndéanann páistí aithris air gan stró.

Bhíodh sé sa bhéaloideas i dTír Chonaill cibé obair a mbíodh duine ag gabháil di nuair a chluineadh sé an chuach den chéad uair gur sin an obair a bheadh ar siúl ach é a chloisteáil den chéad uair san athbhliain.

Bíonn dhá chló ar leith ar an chearc fhásta, ceann acu a bhíonn ar aon dul leis an éan fhireann ach go mbíonn barraí dubha agus bána le dath éadrom buí ar an chliabhrach agus ar an mhuineál. Leis an dara cineál bíonn lí ruadhonn san áit a raibh an liath ar an chéad chineál agus barraí láidre dubha ar an ruball, an droim agus na heiteogaí. Bíonn fad coirp de 33 cm ann agus meánn sé idir 90 agus 130 g. Eitlíonn sé go gasta agus thig leis tabhairt faoi thurais fhada. Ní thógtar, i mbun eitilte, na sciatháin os cionn an choirp.

Tugtar suntas don chuach mar is seadán éillín é, an t-aon cheann dá leithéid san Eoraip seachas colcheathar dá chuid a bhíonn ar fáil i ndeisceart na hEorpa, an mhórchuach bhreac. Ní bhíonn aon mhuintearas ag an chuach leis na speicis óstacha a mbaineann siad feidhm astu le huibheacha a bhreith ina neadracha. Tá tuairim agus céad go leith speiceas cuaiche ann agus bíonn go leor acu a thógann a neadracha féin.

Bíonn an chuach óg ar aon dul leis an chearc ruadhonn ach go mbíonn sé níos dorcha ar uachtar.

Is *Cooag* a thugtar sa Mhanainnis ar an éan, agus tá *Cuach, Cuthag, Cuachag* air in Albain. Tá *Cuckoo* air i mBearla agus baineadh úsáid as an fhocal *Cuccu* thart ar 1240 agus ag Chaucer c. 1381, bhí *Cokkow*. Tá sé le tabhairt faoi deara nach bhfuil ach an siolla amháin ag muintir na Breatnaise air, *Cog*, nuair is aithris ar a ghlór na haimnneacha eile atá luaite. Glacaim leis gur an trup ag an éan atá i gceist le *Cuculus,* an t-ainm tosaigh eolaíoch air, agus *canoris*, a chiallaíonn binn ón fhocal *canere*, ag canadh.

Is í an choill agus tailte nach bhfuil druite isteach is mó a lorgaíonn sé bia iontu. Itheann sé feithidí móra, agus san áireamh tá snáthaidí móra, daoil, cruimh chabáiste agus ní miste leis má bhíonn ribí ag fás orthu macasamhail na speige neanta agus Siobháinín an chlúimh, gan dearmad a dhéanamh den dreoilín teaspaigh. Itheann an chearc uibheacha éanacha eile agus scallamáin. Itheann an chearc agus an coileach froganna chomh maith.

Tugtar 'Éan na Cuaiche' ar an réabhóg mhóna i dTír Chonaill mar leanann sé den chuach agus tá an speiceas sin ar cheann dóibh siúd a mbeireann an chuach ubh ina nead. Chreidtí go leigheasfadh seileog na cuaiche fiabhras croí, ach bhí sé mar choinníoll lena héifeacht go gcaithfí a bhailiú roimh bhánú an lae.

Chreid Conallaigh dá gcluinfí cuach ag ceol go bog san oíche gur comhartha a bhí ann go bpósfaí duine sa cheantar in aicearracht. Tá aird ag daoine ar an éan agus ní bhaintear dó. D'ití le linn impireacht na Róimhe é, agus i miotaseolaíocht na Gréige chuir Séas cruth cuaiche air féin le go bhféadfadh sé an bandia Héire, a raibh an t-éan beannaithe aici, a mhealladh.

I dTír Chonaill nuair a bheadh duine amuigh ardtráthnóna i mí na Bealtaine agus prátaí á gcur aige, dheirtí gur prátaí cuaiche a bhí á gcur.

Ní fhanann an chearc agus an coileach i gcuideachta agus is scaoilte a bhíonn a gcaidreamh. As siocair gur seadán atá ann cha bhíonn fiacha orthu cúram a dhéanamh dá n-óg. Ubh amháin a bheirtear san aoi-nead agus bíonn na gearrcaigh sa nead faoi mhíbhuntáiste nó má tá an chuach óg le teacht i méadaíocht beidh droch-chinniúint i ndán do na héanacha óga atá sa nead cheana féin. Caitheann na coiligh cuid mhór ama le linn shéasúr an phóraithe á dtaispeáint féin do na cearca agus ruaig a thabhairt faoi choiligh eile ag féacháil le suíomh atá fóirsteanach le cearc a mhealladh a chosaint. Ag an am chéanna bíonn an chearc i mbun cuardaigh féachaint le teacht ar aoi-nead. Caitheann cearca uaireanta an chloig go foighead i gcrann nó i sceach go hard ag coimhéad ar éanacha a d'fhéadfadh nead s'acu a bheith ina n-aoi-shead dá n-uibheacha. Fanann cuid mhaith cuach dílis don áit ina saolaítear iad.

Is aithriseoir an coileach agus ligeann sé air féin gur spioróg a bhíonn ann, tharla gur éan creiche an spioróg tugann sin deis don chearc an ubh a bhreith agus ní ionsaítear í.

Gidh go mbíonn an ubh níos mó ná iad sin a bhíonn san aoi-shead, bíonn sé ar aon dul leis na huibheacha atá cheana féin ann. Bíonn an ubh ag freagairt do na huibheacha ag an aoi-speiceas.

An Cuilire Liath

Muscicapa striata

Gort Fliuch, Ráth Maoláin,
13 Meitheamh 2022

Tchítear é ina cholgseasamh le gob tiubh dubh, na súile dubha leata, éadan cothrom agus an bhaic cruinn, na cosa dubh agus gairid, dath donn air agus gan aon chomhartha sonrach ann. Bíonn cloigeann mór air. Bíonn barr na heiteoige fada mar a bhíonn an ruball fosta. Maítear go mbíonn sé rud beag níos mó ná an spideog ina chorp. Is ionann culaith don chearc agus don choileach. Bíonn an t-éan óg níos doinne ná an t-éan fásta agus bíonn spotaí ar bharr a chinn aige. Is ar éigean má tá glór aige.

Bíonn sé ag coimheád go géar, ach ní bhíonn sé an-ghníomhach. Seasann sé ar chraoibhín, ar sconsa nó ar shreangán agus eitlíonn sé amach le breith ar fheithid ar eiteog agus cluintear smeach óna ghob nuair a cheapann sé an bia. Eitlíonn sé ar ais chuig an áit a d'fhág sé nó aimsíonn sé áit i ndeas dó. Bíonn an gob leathan le bior a fhóireann d'éan a cheapann feithidí a eitlíonn. Tá éanacha go leor a thógann feithidí agus iad ar eiteog ach tá an cuilire liath an-oilte ag an chúram. Ní mhaireann an turas eitilte a thugann sé ag seilg baol chomh fada agus cuid na háinleoige. Féadann an cuilire liath tuirlingt ar an talamh le bia a aimsiú, gidh go scríobhtar gur lag a gcosa, agus tarlaíonn sé den chuid is mó mall sa tsamhradh nuair a bhíonn siad ar foluain ag aimsiú bia agus ansin eitlíonn siad anuas isteach san fhéar. Nuair a sheasann sé ar an talamh is scaradh leathan gabhail a bhíonn i gceist, agus bíonn sé teoranta ina ghluaiseacht.

I ngeall ar an dóigh a ndéanann sé a chuid is maith leis gnáthóg imeallach, áit a mbíonn crainn agus sceacha ach spás foscailte ag a dtaobh sa chaoi go dtig leis rás a thabhairt le breith ar bhia a bhíonn le feiceáil agus an solas ina luí air, agus pilleadh láithreach ar an scáth. Gidh gur maith leis foscadh na gcrann tá cuntas ar an éan a bheith ag cur faoi i dtromáin ar mhala shléibhe iargúlta i dTír Chonaill, ach mar sin féin, tugtar le fios go mbíonn an t-éan gann go maith in iarthuaisceart agus tuaisceart Chontae Dhún na nGall. Is fairsinge iad faoi lár agus faoi oirthear na tíre.

Cuairteoir samhraidh a thagann chugainn ó lár agus ó dheisceart na hAfraice is ea é. Thig sé i mí na Bealtaine, mall mar chuairteoir, agus bíonn sé linn go mí Mheán an Fhómhair. Meastar go mbíonn níos mó ná 40,000 péire in Éirinn, ach tá a líon ag titim.

Póraíonn sé i sead déanta mar a bheadh cupa féir ann, le caonach, le heidhneán agus cleitheacha ann agus í i bhfolach in athair nó i bpoll i mballa. Bíonn an chearc agus an coileach i mbun an ghoir, agus maireann tréimhse an ghoir tuairim agus coicís. Ligtear amach éillín nó dhó agus bíonn idir trí agus cúig ubh sa nead. Baineann siad úsáid as boscaí seide in amanna. Leathnaíonn a raon póraithe ar fud na hEorpa ach nach mbíonn sé ar fáil san Íoslainn.

Bíonn fad 14.5 cm ann, meánn sé idir 14–19 g agus bíonn leithead 23–25 cm sna heiteogaí. Maireann sé ar an mheán idir trí agus cúig bliana. Ní éan é a thaithíonn cuideachta, ach tá tuairiscí a thugann le fios go gcruinníonn siad ina scaotha beaga tamall roimh imeacht ó dheas san fhómhar.

Ba é an nádúraí Gearmánach, Peadar Simon Pallas (22 Meán Fómhair 1741–8 Meán Fómhair 1811) a d'ainmnigh an t-éan i 1764 mar *Motacilla striata*. Tugtar *Muscicapa striata* air inniu. Tagann an t-ainm géinis ón Laidin *musca*, a chiallaíonn cuileog agus *capere*, a ciallaíonn gabhal. Is ón Laidin fosta don ainm speicis *striatum*, agus an chiall stríocach leis. Tugann muintir na Breatnaise *Gwybedog Mannog* air, a bhfuil an chiall 'Cuilire Ard' nó 'Cuilire Colgsheasamach' leis. Tá *Breacan Glas*, *Breacan Sgiobalta* agus *Glac nan Cuileag* ag muintir na hAlban air, agus is *Shegeyr Quaillag* atá ag muintir Oileán Mhanann air. Tugtar an *Spotted Flycatcher* ar an éan i mBéarla, ainm a théann siar go 1678. Is cosúil go raibh an t-ainm 'Cuilsealgaire' againn ar an éan ag am amháin.

Tá aird ag daoine ar an éan agus cúpla cúis leis. Ar cheann acu, ar ndóigh ná go n-éiríonn leo feithidí a dhíothú, ach chomh maith leis sin tá a gcuma lena súile leata taitneamhach gidh nach bhfuil siad dathannach. Chomh maith leis sin ní miste leo an duine a bheith thart orthu.

Tá siad iontach inniúil ag ceapadh speicis mhóra de leamhain a eitlíonn sa lá, chomh maith le peidhleacáin, beachógaí, sileáin agus foichí. Baintear an chealg den bheachóg, den tsileán, agus den fhoiche ach greasáil a thabhairt dóibh in éadan na craoibhe ar a shuíonn sé. In amanna itheann siad cuiteogaí agus caora beaga.

Meastar go dtránn agus go líonann a líon ó bhliain go bliain sa tír.

An Deargán Sneachta

Turdus iliacus

Mín Dhoire Dhamh, Gaoth Dobhair, 9 Bealtaine 2021

Is cuairteoir geimhridh ó thuaisceart na hEorpa, ón Íoslainn, agus ó na tíortha Lochlannacha an t-éan seo. Bíonn sé ar fáil i ngach contae. Tá sé ar an smaolach is lú atá againn. Is ionann cuma don chearc agus don choileach. Bíonn an cloigeann donn agus an barrfhabhrán leathan agus geal. Bíonn an cliabhrach agus an muineál bán ach go mbíonn stríoca donna fríothu. Bíonn an bolg geal. Bíonn paiste dearg ar na cleití ar íochtar na heiteoige agus ar an leis. Bíonn seo le feiceáil fiú má bhíonn duine tamall ar shiúl ón éan. Bíonn sé le feiceáil fosta nuair a bhíonn sé i mbun eitilte. Bíonn an ruball, an geadán agus an droim donn. Cluintear a ghlór go minic san oíche nuair a bhíonn sé ar imirce.

De ghnáth cuireann sé faoi ar thalamh oscailte ach tagann sé chuig an gharradh nuair a bhíonn aimsir chrua ann i gcuideachta le smaolaigh eile. Is fearr leis talamh curaíochta agus ceantair a mbíonn crainn iontu, dealraíonn sé go mbíonn gluaiseacht siar nuair a éiríonn an aimsir biorach agus fuar. Bíonn sé furast na scaotha a scanradh agus sleamhnaíonn siad ar shiúl má thigtear orthu.

Is caora dearga a bhíonn mar bhia aige; caora cuilinn, iúir, sceachóra agus caorthainn. Nuair a bhíonn na caora ídithe fanann sé ar an talamh ag ithe seilidí, cuiteogaí, duáin alla agus feithidí. Bíonn sé doiligh teacht ar a leithéid má bhíonn sioc agus sneachta ann. Nuair a leánn an sneachta agus an sioc d'fhéadfadh go dtiocfadh scaoth deargán sneachta ag déanamh a gcoda. Is minic a dhéanann sé a chuid go hinmheánach sa choillidh.

Cuirtear tús leis an inimirce i mí Dheireadh an Fhómhair ach tagann a mbunús i mí na Samhna. Bíonn blianta ann agus is líonmhaire ná a chéile iad. Nuair a bhíonn siad ag teacht i dtír i ndiaidh a dturas imirce eitlíonn siad i ndeas don talamh. Bíonn siad i mbun na himirce san oíche go minic.

Fágann siad arís i mí an Mhárta agus mí Aibreáin. Cailltear cuid mór de na deargáin sneachta má bhíonn aimsir chrua le linn an gheimhridh, agus bíonn siad thíos leis fosta má bhíonn sé iontach tais sa tsamhradh.

Téann siad ar an aradh i muineacha agus iad ag déanamh sin is amhlaidh a thiteann siad anuas díreach ón spéir ar an mhuine. Phóraigh roinnt éan i dtuaisceart na hAlban ach chan fhuil taifead ar iad déanamh amhlaidh abhus ach an uair amháin nuair a rinneadh iarracht i gContae Chiarraí. Tá luí acu leis an róslabhras agus iad ag pórú in Albain.

Is é Carl Linnaeus (1707–1778) a rinne cur síos ar an éan i 1758 den chéad uair. Tagann an t-ainm eolaíoch ón Laidin, *Turdus*, smaolach, agus *Ile*, leis. Tugtar *Smeòrach an t-sneachda* air i nGàidhlig na hAlban, ainm a chiallaíonn 'smólach an tsneachta'. Tá *Deargan-Sneachda* agus *Sgiath dhearg* air chomh maith. *Coch dan Aden* atá ag muintir na Breatnaise air, agus ciallaíonn sé dearg faoin eiteog. Sa Mhanainnis tá *Jiargan Sniaghtee* agus *Treshlen Loghlinagh* air. *Redwing* an t-ainm Béarla agus é in úsáid ó 1668. Tá sé curtha síos go bhfuil 'an Siocan' mar ainm air i gContae Chiarraí.

Mar a dhéanann smólaigh eile 'éisteann' an deargán sneachta nuair a bhíonn sé ar an talamh ag lorg bia.

Tugann na leabharthaí le fios nach bhfuil sé furast a theacht orthu in iarthar Chontae Dhún na nGall. Tá sin amhlaidh as siocair nach bhfuil talamh feirmeoireachta againn den chuid is mó ach caorán lom díobháil crann agus gur ballaí a bhíonn thart ar pháirceanna seachas sceacha.

Meastar go bhfuil líon idir 25 mhilliún agus 40 milliún de na héanacha seo san Eoraip agus is ionann sin agus 40% dá líon ina iomláine.

Is minic iad an tsead a thógáil ar an talamh ach tógtar i sceacha fosta í. Bhí mé ag pilleadh anuas an cabhsa chun an tí i mí na Bealtaine nuair a thug mé fad ar éan a mheas mé a bhí ina smaolach ach cha raibh mé cinnte. Thug mé fad ar an phaiste dhearg ar an eiteog i ndiaidh tamaill agus rith sé liom gur deargán sneachta a bhí ann. B'ábhar iontais sin nó cha raibh mé ag dúil ceann a fheiceáil chomh mall sa bhliain agus a bhí. Ní miste ach go raibh an geimhreadh caite agam ag feiceáil le teacht air agus ar an tsacán, smaolach eile a bhíonn ina chuideachta agus nár éirigh liom teacht orthu. Choinnigh mé súil amach don éan ach ní fhaca mé arís é. Is dóigh go raibh sé ar a bhealach ó thuaidh ach é a bheith roinnt mall.

Tá sé ar an smaolach is fusa a scaradh. A luaithe agus a mhothaíonn sé go bhfuil contúirt ann dó tugann sé faoin chrann is deise dó, agus má bhíonn air éalú ón chrann ligeann sé éamh agus eitlíonn sé go hard sa spéir.

Faigheann siad bás má mhaireann reothalach agus síltear go bhfuil siad, dá bharr, ar an smaolach is fineálta. Tá siad siúlach agus tá an scéal amhlaidh mar bíonn siad ag gluaiseacht ar fad ag cuartú a gcoda. Feictear iad ag teacht chuig garraithe nuair a bhíonn bia gann agus iad ag ithe bia a chuirtear ar bheathadáin éan.

Itear iad go dtí an lá inniu sa Fhrainc.

An Donnóg

Prunella modularis

Mín Doire Dhamh, Gaoth Dobhair, 17 Meitheamh 2019 (éan óg)

Éan beag é seo atá ar cóimhéid leis an spideog. Nuair a fheictear é is fríd chrainn agus sceacha a bhíonn sé. Chan fhuil sé ar dhóigh ar bith feiceáileach ach dathanna donna agus liath air. Tá seo amhlaidh lena chosaint ar lucht creiche. Cuidíonn an gob géar atá air lena aithint. Bíonn cloigeann liath ar an éan fásta. Is ionann ó thaobh dathanna an chearc agus an coileach. Déanann sé a ruball a chroitheadh nuair a bhíonn aighneas faoi dhúiche ann nó nuair a bhíonn sé ag iarraidh comrádaí a mhealladh agus han fheictear an t-iompar seo in éanacha beaga eile.

Ní gealbhan atá ann mar tá gob tanaí air a fhóireann d'fheithidí seachas an gob tiubh ar an ghealbhan atá oiriúnach d'iteoir pórtha.

Gidh go bhfuil a líon fairsing cha bhíonn sé furast a fheiceáil nó tá claonadh chun na rúndachta ann.

Maítear go dtig teacht air ar na cnoic agus ar na hoileáin is iargúlta, fiú. Is ainmhí crua láidir miotalach é. Thig leis an fód a sheasamh le linn doininne go háirithe an siocán nuair a bhíonn éanacha eile buailte. Scríobhtar go dtagann sé chuig an bheathadán éan ach chan fhaca mé sin déanta sa taobh seo tíre go dtí ar na mallaibh.

Cuidíonn an gob géar atá air lena aithint. Déanann sé a chuid ar an talamh agus itheann sé drámhóirí den chuid is mó. Is ionann drámhóirí agus ainmhithe atá ag lobhadh macasamhail cuiteogaí, feithidí agus damháin alla agus nuair a éiríonn siad sin gann sa gheimhreadh is ansin a itheann sé pórtha agus plandaí.

Tógtar an nead i sceach de ghnáth. An chearc a thógann agus bíonn dearadh cupa air, é déanta as cipíní agus ar an taobh istigh bíonn líonáil caonaigh. Ligtear amach dhá éillín le linn an tséasúir phóraithe agus corruair bíonn an tríú ceann ann. Bíonn ceithre nó cúig ubh ghorm sa nead agus is í an chearc a bhíonn i mbun an ghoir. Cuireann daoine sonrú sna huibheacha gleoite gorma a bhíonn sa tsead. Bíonn siad á lorg ar ábhar an datha amháin. Bíonn sé tuairim agus dhá lá dhéag sula dtarlaíonn an cleitiú.

Tagann an t-ainm eolaíoch *Pruella* ón Ghearmáinis *Braunelle* an díspeagadh ar *braun* 'donn', agus ó *modulus* a chiallaíonn, 'binn' sa Laidin. Tá roinnt ainmneacha ar an éan, ina measc tá; 'Gealbhán Coille', 'Bráthair an Dreoilín', 'Máthair Chéile na Riabhóige' agus 'Dreoilín Gorm'. Tugtar an *Dunnock* air i mBéarla, ainm a tháinig chun cinn i 1475, agus le cois sin tá níos mó ná leathchéad ainmneacha áitiúla air ar fud na Breataine. Dealraíonn sé gur tháinig an t-ainm *Dunnock* seachas *Hedge Sparrow* chun tosaigh thart ar 1970. Sa Mhanainnis tugtar *Boght Keeir* agus *Jallyn Cleigh* air. *Llwyd y Gwrych*, a chiallaíonn sceach liath, atá sa Bhreatnais air. Sa Ghàidhlig tugtar *Gealbhonn nam Preas*, *Sporag*, agus *Donnag* air. Meastar ag daoine gur tháinig an t-ainm Béarla, *Dunnock* mar thruailliú ón Ghàidhlig, *Donnag*, éan beag donn.

Thugtaí an *Hedge Sparrow* i mBéarla air. Nuair a lorg mé an t-éan in *A List of the Birds of Ireland* le P. G. Kennedy, Íosánach, a d'fhoilsigh Oifig an tSoláthair i 1961 cha raibh tagairt ar bith don *Dunnock*. Rianadh faoi *Hedge Sparrow* ar an liosta é. Tá tagairtí fosta don ainm *Hedge Chicken* a bheith air.

Maítear fosta go dtugtaí 'Caochán' nó 'an Gealbhan Coach' ar an donnóg ar an ábhar nach dtugtaí faoi ndeara go mbíodh ubh chuaiche sa nead aici.

Chreidtí in áiteacha go raibh cumhacht ar leith ag uibheacha na donnóige a mbíonn dath glasghorm orthu. Dhéantaí iad a shíniú amach ina líne ar an teallach mar bhí cumhacht acu in éadan gheasa na caillí. Bhí aird ar leith orthu as siocair go gcoinnítí cailleachaí agus ainspioraid ó theacht anuas an simléir.

Téann an donnóg i mbun cúplála níos minicí ná mar atá d'fhianaise i dtaca le héan beag ar bith eile, uair nó dhó in aghaidh uair an chloig ar feadh deich lá, ní mhaireann an gníomh níos mó ná soicind agus an coileach ag léim thar an chearc. Níor tháinig an t-eolas seo chun solais go dtí ar na mallaibh.

Tuairiscítear go bpóraíonn sé ar Thoraigh agus ar Árainn Mhór chomh maith le ceantair atá sceirdiúil agus gan crainn iontu. Maítear go mbíonn sé i bhfad níos fairsinge i dtuaisceart Chontae Dhún na nGall sa tsamhradh seachas mar a bhíonn sa gheimhreadh.

Tugadh ón Eoraip chun na Nua-Shéalainne é agus leathnaigh sé ar fud na tíre sin.

Mín Dhoire Dhamh, Gaoth Dobhair, 13 Bealtaine 2021

An Dreolán

Troglodytes troglodytes

Inis Bó Finne,
17 Iúil 2021

Tugtar 'an Dreoilín' ar an éan seo i gcuid mhór ceantar sa tír agus bíonn sé le fáil go fairsing ach go mbíonn sé doiligh é a fheiceáil.

Is iomaí áit ina mbíonn an tsead. Minic go leor is i bpoll a bhíonn sí nó i nead atá tréigthe ag éan eile. Thig teacht uirthi in eidhneán, i dtuí, i sceacha, i bpoill, i gcrainn nó i mballaí. Tógtha d'fhéar, de chaonach agus de raithneach í agus is go cruinn néata a bhíonn an nead. Is é an coileach a bhíonn i mbun an chúraim seo. Thiocfadh go dtógfadh an coileach cúpla sead agus socraíonn an chearc cad í an ceann atá uaithi. Úsáideann sí cleití mar líonáil ar an taobh istigh. Rinne Arastatal (384–322 R. Cr.) cur síos beacht ar an nead ag scríobh go raibh sé mar a bheadh ubh a bhí ina seasamh caol díreach agus go raibh bealach isteach ina taobh. Bíonn trí bhuntáiste le sead chruinn; fágann sé nach mbíonn na huibheacha le feiceáil ag creachadóir, coinníonn sé na huibheacha agus na gearrcaigh te, agus cuidíonn sé go mór má thig doineann mar a tharlaíonn ó am go chéile i mí Márta. Is deas go maith don talamh a thógtar an nead.

De ghnáth ligtear dhá éillín amach. Bíonn cúig nó sé ubh ann agus níos mó in amanna. Maireann tréimhse an ghoir ar feadh coicíse. Tarlaíonn an cleitiú tar éis ocht lá dhéag. Ní ghlacann an coileach páirt mhór i dtógáil na scallamán agus fágann sé a gcúram faoin chearc.

Thig teacht ar an dreolán i gcuid mhór áiteacha ach is thart ar bhallaí cloiche is mó a fheictear abhus é agus siocair, seachas an aiteannach, go mbíonn na toir agus na seacha gann.

Itheann siad feithidí agus lorgaíonn siad iad i gcrainn, i sceacha, ar chlocha agus i mballaí. Is leo féin a chaitheann siad cuid mhaith dá saoil ach sa gheimhreadh d'fhéadfadh go dtiocfadh baicle bheag i gcionn a chéile ar mhaithe leis an teas. Sin an t-am a mbíonn bia gann agus thiocfadh go dtitfeadh meáchan agus fuinneamh an éin.

Chan éan an dreolán a chleachtann an beathadán éan ach amháin má bhíonn an geimhreadh go hainnis.

I gCúige Uladh deirtear, 'chan fhuil dealbh an dreoláin agam'. Ciallaíonn sé, chan fhuil a dhath agam.

Gnás atá fairsing in áiteacha in Éirinn ná mórshiúl a reáchtáil an lá i ndiaidh Lá Nollag agus dreolán marbh i mbarr géaga sceiche acu. Bhí am ann agus chan i bhfad ó shin agus mharaití an dreolán chuige seo ach cha ndéantar amhlaidh feasta. Chruinnítí airgead ó theach go teach ar mhaithe le hólachán agus an dreolán á iompar ag an tslua. Chan fhuil fianaise ar bith go mbíodh Lá Fhéile Stiofáin leagtha amach i dTír Chonaill le gabháil amach le hármhach a dhéanamh ar an éan.

Measadh gur éan míshuaimhneach a bhí sa dreolán agus dhéantaí iontas go raibh foighid aige luí ar an tsead a fhad agus bhí sé ag ligean amach a éillín. Chonacthas go mbíodh sé go síoraí ag léimnigh ó sceach go sceach agus isteach agus amach fríd na clocha.

Ar an láimh eile deirtear gur éan uasal atá ann agus go dtig sé le scéal fá bhás duine, a mhalairt a bhí fíor thíos an tír agus chreidtí gur nuacht mhaith a bheadh leis an éan. Má thig sé ag piocadh ar ghloine na fuinneoige chan fhuil a dhath níos cinnte ná go dtiocfaidh teachtaireacht báis duine inteacht gan mhoill.

Bhíodh drochmheas ar an dreolán mar chreidtí nuair a bhí Íosa á chéasadh, bhí an spideog ag iarraidh na ndealg a bhaint as an choróin spíona, ach go raibh an dreolán á dtiomáint isteach.

Bhí sé crosta ar pháistí a gcuid feola a ithe dá dtiocfadh siad orthu ceaptha i ngaiste.

I scéal a théid siar na mílte bliain creideadh an dreolán a bheith ina rí ar na héanacha. Bhí cruinniú ag na héanacha agus an t-éan is airde eitilte socraíodh a bheadh ina rí orthu. Chuaigh an t-iolar go glinnte na spéire ach bhí an dreolán i bhfolach i ruball an iolair agus d'eitil sé in airde os cionn an iolair, gur bhain sé.

Drean agus *Dreain* a thugtar air sa Mhanainnis, *Dreathan*, *Dreathan-Donn*, agus *Dreollan* atá air sa Ghàidhlig. *Dryw* atá air sa Bhreatnais. Téann an t-ainm *Wren* siar go maith i dtraidisiún an Bhéarla agus meastar gur ruball beag an chiall atá leis.

In Albain tá nath acu a chuireann daoine suaracha sprionlaithe i gcomórtas leis an dreolán, '*Cha dtáinig ubh mór riamh bho an Dreathan-Donn*', agus ag tagairt don líon mór uibheacha a bhíonn sa nead, deirtear, '*Ged 's beag an dreathan 's mor a theaghlach*'.

Cluintear an dreolán ag ceol chomh mall le mí an Mheithimh, ceithre mhí i ndiaidh dó tús a chur lena chlaisceadal.

An Droimneach Beag

Larus fuscus

Ailt an Chorráin, Na Rosa, 21 Aibreán 2016

Faoileog atá san éan seo agus amplóir atá ann. Itheann sé éisc, ainmhithe beaga, ablach, cuiteogaí, caora, pórtha, crosógaí mara, feithidí, uibheacha, moilisc, scallamáin, agus i ndáiríre conamar bia de chineál ar bith. Goideann sé bia ó éanacha eile. Tugtar le fios sna téacsanna gur cuairteoir samhraidh atá ann a bhíonn linn ar lochanna agus ar an chósta ó mhí Márta go mbíonn mí Mheán an Fhómhair ann, agus gur annamh a thigtear air sa gheimhreadh agus ansin féin is fá chósta an oirthir agus deiscirt a bhíonn sé. Síltear go dtagann na héanacha seo ón Íoslainn agus ó na hOileáin Fharó. Creidtear go bhfuil a líon ag méadú.

Is minic a bhíonn an nead go hard ar chraig, agus meastar go bhfuil seo mar atá ar eagla go dtiocfadh an sáile ar na huibheacha. In amanna póraíonn sé san áit a mbíonn neadracha ag an fhaileog scadán. Cleachtadh eile atá aige ná nead a thógáil ar fhoirgnimh, ach chuir sé tús leis an ghnás áirithe seo níos moille ná an fhaoileog scadán. Bíonn sé le feiceáil fán chósta seachas áit ar bith eile, agus is annamh a fheictear ar shiúl ó uisce é.

Chuaigh duine de na húdair ag *The Birds of Ireland* chuig Corrán Binne i 1891 mar gur tugadh le fios go raibh roinnt ag pórú ansin ach theip air iad a aimsiú. Sa leabhar chéanna scríobhtar nach raibh neadracha ar fáil in áiteacha a mbíodh siad roimhe mar go raibh an-tóir ag na *peasants* air, agus go ndéanadh maoir ghéim géarleanúint air as siocair gur creideadh gur thóg an droimneach beag na huibheacha ag cearca fraoigh.

Tá sé níos lú ná an cóbach a dtugtar an droimneach mór go ginearálta air agus bíonn dath glébhuí ar na cosa agus ar an ghob. Gidh go bhfuil an droimneach mór dubh ar uachtar is slinnliath a bhíonn an droimneach beag agus bíonn sé geal ar íochtar. Is geal a bhíonn an cloigeann sa tsamhradh ach go mbíonn stríoca dubha fríd sa gheimhreadh. Gob trom buí a bhíonn ag an éan aibí agus spota oráiste ar íochtar air. Tagann cló an éin fhásta air nuair a chuireann sé na cleití sa gheimhreadh don tríú bliain.

Is cosúil gur faoileog atá i gceist le *Larus* agus is donn nó dubh atá i gceist le *Fuscus*. Is *Gwylan Gefnddu Leiaf* faoileog le cloigeann dubh a thugtar sa Bhreatnais air. Gairmtear *Lesser Black-Backed Gull* air i mBéarla, agus is i 1802 a tháinig an t-ainm chun tosaigh agus glacadh leis ó shin i leith. *Foillan saggyrt* atá sa Mhanainnis air. Bheadh sé suimiúil míniú a fháil ar an chúis atá le sagart a bheith mar chuid den ainm. Tugtar *Sgaireag, Farspach Beag* agus *Faoileag Bheag* air sa Ghàidhlig ach chan fhuil a dhath beag fán éan. Is faoileog a deirtear abhus ach fríd an tír is 'faoileán' a chantar.

Dealraíonn sé nach raibh ach cúpla cineál faoileoige ar eolas ag cuid mhaith daoine roimhe seo agus thug siad suntas don doimneach mór nó 'an Droim Dubh' mar a thug siad air. Níor aithin siad an droimneach beag.

Chreideadh daoine go raibh ubh na faoileoige ar rud chomh blasta agus a d'ith an duine riamh.

Roimhe seo théadh fir óga ag cuardach uibheacha faoileogaí. Tharla na neadracha in áiteacha nach mbíodh sé furast a theacht orthu. Bheadh ar na stócaigh rópa a chrochadh le gabháil síos na beanna farraige, áiteacha a bhí iontach contúirteach. Is mar mhaithe le bia a bheith acu a dhéantaí amhlaidh. An chuid sin de na huibheacha nach raibh lofa d'ití iad.

Dá bhfeicfeadh na daoine i dTír Chonaill faoileogaí ag eitilt isteach faoin tír mall sa gheimhreadh nó luath sa earrach, chreidtí gur drochshéasúr a bhí amach rompu.

Chreidtí dá gcaillfí duine ar an fharraige go nglacfadh a (h)anam cruth faoileoige. Ar an ábhar sin cha maith leis na hiascairí i dTír Chonaill go ndéanfadh duine ar bith dochar do na faoileogaí, ainneoin go mbíodh fearg orthu go minic leis na héanacha céanna as iarraidh a thabhairt ar na baoití.

Féadann sé uibheacha éanacha eile a ghoid agus má thig sé ar éanacha óga nó fiú iad sin atá fann lag itear iad. Tá cuntas ar cheann acu gabháil sa tóir ar shaidhbhéar agus é a leanstan go ndearna an saidhbhéar an bia a bhí aige a d'aisig agus rug an droimneach beag ar an bhia a bhí ag titim.

Tá daoine ann a shíleann go bhfuil an t-éan seo ar an cheann is áille de na faoileogaí móra mar go bhfuil sé níos caoile agus go bhfuil na heiteogaí níos tanaí na cuid na faoileoige scadán ná cuid an chóbaigh.

An tÉadar

Somateria mollissima

Inis Bó Finne, 2 Iúil 2017 (an lacha)

Bíonn trí chineál cleití ar éan. Tugtar cluimhreach orthu sin a bhíonn in aice leis an chraiceann. Bíonn sé mar aidhm acu an t-éan a choinneáil te. Tháinig an duivé chun cinn i dtuaisceart na hIoruaidhe. D'úsáidtí cluimhreach ag an éadar mar ábhar don duivé. Ciallaíonn an focal Fraincise *duvet*, cluimhreach. Baineann an t-éadar cuid dá cuid cluimhrigh dá brollach le líneáil a chur ar an taobh istigh dá nead. Tá sé ar cheann de na hábhair inslithe aiceanta is éifeachtaí ar domhan agus deirtear nach gcuireann baint bharr an chluimhrigh isteach ar an lacha nó bíonn neart ag líneáil na seide mar fhianaise air sin.

Tugann na foclóirí is úire an t-éadar ar an éan seo ach is 'an Lacha Lochlannach' a bhí roimhe seo air ag roinnt údar.

Cónaíonn sé ar chósta thuaidh na tíre seo, agus is cuairteoir neamhrialta ar an chuid eile den chósta é ach is annamh a thigtear air isteach fán tír.

Is i 1912 a rinneadh an chéad taifead air ag pórú sa tír. Fuarthas an t-am sin, dhá nead le huibheacha ar oileán amach ó chósta Thír Chonaill. Tá sé sa traidisiún gur Róninis, siar ó thuaidh ó Phort Nua, a bhí i gceist.

Tháinig leathnú ar an raon póraithe ó shin agus neadaíonn sé anois ar oileáin ar an chósta Chonallach agus ar aillte. Bhí sé ag pórú fán bhliain 1942 ar Reachlainn Uí Bhirn agus leathnaigh sé ina dhiaidh sin chuig oileán i mBá Dhún na nGall. Tá a thuilleadh leathnaithe curtha i gcrích ó shin.

Nuair a thriomaíonn na héanacha óga i ndiaidh a saolaithe, tugann an lacha chuig an uisce iad. Ní gá ina dhiaidh sin go leanfadh siad a máthair ach leanann siad lacha ar bith. Déanann na lachain altralann a bhunú in amanna agus déanann siad maoirseoireacht ar na héanacha óga ar an dóigh sin á gcosaint ar chreachadóirí.

Itheann siad feoil den chuid is mó, sliogéisc, go háirithe, agus tagann siad orthu ag tomadh.

I dtíortha ina bpóraíonn cuid mhór éadar cruinnítear an chluimhreach ó na neadracha. Bíonn córas daingean bainistíochta ar bun nuair a bhíonn an bailiú ar siúl le nach gcuirfear isteach ar na héanacha. Úsáidtear an chluimhreach le cuilteanna, babhstair agus duivéanna a líonadh.

Is éan mór trom an t-éadar, agus bíonn éagsúlacht sna dathanna ar na lachain seachas a chéile. Bhaintí an chluimhreach de bhrollach na lachan fosta. Sa lá inniu is minic a úsáidtear cluimhreach lachan chlóis le líonadh a chur ar fail d'éadach leapan. Bíonn ábhar saorga ar fáil don líonadh fosta.

Gidh nach bhfuil siad fairsing in Éirinn tá an chosúlacht ann go bhfuil siad ar an lacha is fairsinge ar domhan.

Ba é Carl Linnaeus (1707–1778) a d'ainmnigh an t-éan go foirmeálta i 1758. Chuir sé leis na lachain sa ghéineas *Anas* ach anois tá sé sa ghéineas *Somateriale* le dhá speiceas eile. Ba é an zó-eolaí William Elford Leach (1791–1836) Sasanach, a thug an géineas *Somateria* chun tosaigh i 1819.

Is ón Ghréigis don chéad chuid den ainm. Ciallaíonn *Somatos*, corp agus *Erion*, olann. Tagann an dara cuid den ainm ón Laidin, ciallaíonn *molissima*, an-bhog, agus is tagairt sin don chluimhreach.

Maireann siad suas le cúig bliana déag agus fiche. Tugtar *Hwyaden Fwythbu* air sa Bhreatnais, rud a chiallaíonn lacha a mbíonn na cleití séidte suas air. Ba é an nádúraí Danmhargach, Ole Worm (1588–1654) a rinne cur síos air i 1655 den chéad uair agus meastar gur aithris an t-ainm aige ar an Íoslainnis, *Æður*. D'fhoilsigh a mhac, Liam, a shaothar bliain i ndiaidh a bháis. Tá sa Mhanainnis mar a bhíodh sa Ghaeilge, *Laagh Loghlynnagh,* agus mar an gcéanna sa Ghàidhlig, *Lach Lochlannach, Lach Mhór* agus *Calcach*. Dealraíonn sé gur seanainm amach *Calcach* nó baineadh úsáid as i 1594 agus arís i 1716 nuair a bhí cur síos á dhéanamh ar Inse Gall ag an scríbhneoir Màrtainn Mac Gille Mhàrtainn ón Eilean Sgitheanach nó Eilean a' Cheò mar a thugtar air ar uairibh.

Meastar go bhfuil an glór ag an bhardal deas go maith do ghlór an duine, agus is 'cuac' an trup a dhéanann an lacha. D'ití an lacha sa tír seo ach bhí sé doiligh a theacht air. Meastar gur mhéadaigh a líon nó dúradh i 1900 nach raibh ann ach scíontachán agus i 1890 dúradh gur cuairteoir annamh a bhí ann fá Inis Trá Tholl i dtuaisceart Inis Eoghain.

Thig leo luas chomh hard le 110 km san uair a bhaint amach ag eitilt.

Baile an Easa, Cloich Chionnaola, 24 Meitheamh 2018 (an bardal)

An Eala Bhalbh

Cygnus olor

An Carn Buí, Na Rosa, 23 Samhain 2018

I leabhar a foilsíodh i 1951 tuairiscíodh nach raibh an eala bhalbh ar fáil i dTír Chonaill ag an am ach is dóigh nach bhfuil sin fíor. Mar sin féin, níl siad fairsing fá iarthuaisceart Thír Chonaill seachas ar an Loch Nua i nDún Fionnachaidh.

Scríobhtar gur na Normannaigh a thug an eala bhalbh chun na tíre seo an chéad lá riamh, agus b'iad a thug an coinín fosta. Measadh an dá chuid a bheith feidhmiúil ó thaobh na feola agus an eala ó thaobh na maisiúlachta chomh maith. Is í an fhírinne, is dóigh, go raibh an t-éan sa tír roimhe sin agus gur dearnadh cineál ceansaithe uirthi de thairbhe na gcleití agus na feola mar a tharla in áiteacha eile. Bearradh na heiteogaí in amanna le nach mbeadh na healaí ag imeacht. Chuirtí marc fosta ar an chraiceann ar uachtar an ghoib mar chomhartha sórt úinéireachta.

Ach é a theacht i méadaíocht is geal a bhíonn an eala, gidh gur liath a bhíonn sé ina óige, agus de réir mar a bhíonn sé ag fás éiríonn sé donn. Glacann sé cúpla bliain go mbíonn a chulaith iomlán geal. Níl aon eala eile a mbíonn gob oráiste air agus cnapán ar a bharr.

Tógann an chráin an tsead le hábhar a sholáthraíonn an gandal. Is moll mór fásra a bhíonn, chomh leathan le ceithre mhéadar agus chomh domhain le méadar, ann. Is í an chráin agus an gandal a bhíonn i mbun an ghoir. Nuair a fhágtar an nead clúdaítear na huibheacha le fásra. Tugann an dá thuismitheoir aire do na héanacha óga.

Bíonn blianta ann agus éiríonn leis an mhadadh rua agus an mhinc Mheiriceánach scrios a dhéanamh ar na healaí óga agus cha raibh éanacha óga ar an loch bliain ar bith ó tógadh an grianghraif anuas go 2021. An bhliain sin mhair seacht n-éan eala den ocht n-éan a rugadh.

An focal Ladine ar eala ná *Cygnus* agus is focal eile Laidine ar eala é, *Olar.* Roimh 1785 is *Tame Swan* a bhí air sa Bhéarla, ainm a bhfuil macalla na staire leis, ach is *Mute Swan* atá air ó shin. *Olla* a thugtar air sa Mhanainnis, *Alarch Mud*, eala bhalbh, agus *Alarch Dôf* eala cheansaithe, atá sa Bhreatnais, agus *Eala* an t-ainm sa Ghàidhlig.

Chreidtí i dTír Chonaill dá marófaí eala go dtiocfadh dath dubh uirthi in áit na mbonn agus d'fhéadfadh iarmhairtí tubaisteacha a bheith ann don duine a mharaigh an t-éan. Den chuid is mó, ní mharaítear ealaí in Éirinn. Meastar, i dTír Chonaill, an eala a bheith ina éan uasal.

Gidh go dtugtar an eala bhalbh ar an éan, níl sé balbh ar fad agus bíonn sé le cluinstean ag gnúsacht ó am go chéile. Cuidíonn an muineál fada leis teacht ar bhia faoin uisce. Ní i gcónaí a thiontaíonn sé tóin in airde san uisce ach cuidíonn a leithéid leis teacht ar bhia. Is plandaí a fhásann in uisce is mó a itheann sé, ach is eol go n-itheann sé froganna, súmadóirí, feithidí, moilisc, agus go fiú éisc ina n-iomláine.

An ghnáthóg ag an eala bhalbh ná lochanna atá íseal, agus cuireann sé faoi ar chanálacha agus taiscumair a thóg an duine, chomh maith le hinbhir agus aibhneacha, agus thiocfadh leis a bheith in áit fhoscúil ar an chósta. Uair amháin a shocraíonn cráin agus gandal a bheith mar phéire fanann siad i gcuideachta de ghnáth an chuid eile dá saoil. Is fíorannamh a scarann péire, ach d'fhéadfadh neamhthorthúlacht a bheith mar chúis go bhfágfaí a chéile.

Tugadh breis ealaí go hÉirinn le cúpla céad bliain ag toicithe a raibh eastáit mhóra acu agus lochanna iontu. Is mar mhaisiúchán a cuireadh an eala bhalbh ar na linnte. Rinneadh amhlaidh mar go bhfanann siad abhus i rith na bliana murab ionann agus an eala ghlórach.

Deirtear i dtólamh nach mbíonn an eala fairsing i dTír Chonaill agus tá sin fíor nuair a chuimhníonn muid gur tugadh an eala bhalbh isteach le bheith mar mhaisiúchán ar lochanna agus i ngairdíní, ach nach mbíonn mórán garraithe maisithe agus foirmeálta ná páirceanna poiblí le linnte sa chontae.

I mí na Bealtaine 2013 fuair tríocha a dó eala bás ar an Loch Úr i nDún Fionnachaidh. Fuair an tarlúint an-chuid poiblíochta. Tugadh na coirp chuig saotharlann ag an Roinn Talamhaíochta i Sligeach ach theip orm na torthaí a aimsiú. Luadh gur seans gur fliú ealaí a bhí orthu ag an am ar tharla na básanna. I mí na Samhna 2017 fuair seacht gcinn déag d'ealaí glóracha bás ar na Carraigíní ar bhruach Loch Feabhail nuair a bhuail siad in éadan cáblaí leictreachais. Is ealaí óga is mó a maraíodh.

Níonn eiteogaí an éin trup i mbun eitilte dóibh agus cluintear i bhfad ar shiúl é. Feidhmíonn na sciatháin mhóra mar choscáin aeir agus é ag tuirlingt agus is chun tosaigh a bhíonn na cosa ag bualadh an uisce, iad ina gcoscáin.

An Eala Ghlórach

Cygnus cygnus

Machaire Gathlán, Gaoth Dobhair, 25 Meán Fómhair 2020

Bíonn trí eala sa tír. Is éan a tugadh chun na tíre an eala bhalbh, ach is ceann de dhá eala dhúchasacha an eala ghlórach. Níor thángthas ar an tríú heala, eala Bewick, sa cheantar faoi chaibidil anseo ar na mallaibh, gidh gurbh fhairsing dó ann roimh 1900. Tá sé ag éirí gann agus tagann sé san am i láthair chuig cúpla ionad in oirthear na tíre.

Thig idirdhealú a dhéanamh idir an eala ghlórach agus an eala bhalbh mar go bhfuil muineál na heala glóraí díreach agus is buí atá an gob le barr dubh. Chomh maith leis sin cha bhíonn an ruball tógtha ag an eala ghlórach, ach é cothrom le barr an uisce.

D'fhéadfadh gur ceann den dá eala gheimhridh an t-éan a mbíonn tagairt dó sna seanscéalta. De ghnáth tagann an eala ghlórach i mí Dheireadh an Fhómhair agus fágann sé arís i mí Aibreáin. Is minic a bhíonn suas le deich n-éan i gcuideachta. I 2017 bhí tuairisc go raibh suas le 7,000 acu i bpáirc ar na Carraigíní in oirthear Chontae Dhún na nGall.

Maireann an chráin agus an gandal i gcuideachta i rith a saoil. Fanann na héanacha óga lena dtuismitheoirí i rith an gheimhridh agus in amanna bíonn éanacha óga ó éillín níos sine leo.

Ar dhá dhóigh a thagann an eala ghlórach ar bhia; scagann sé an t-uisce ag aimsiú bia, agus itheann sé plandaí a bhíonn ag fás ar an ghrinneall.

Thig leis taisteal na céadta agus na mílte ciliméadar ar imirce. Creidtear go dtagann cuid de na héanacha a chaitheann an geimhreadh in Éirinn ón Íoslainn. Is turas 1,500 km atá i gceist ar an rud is lú.

Is 'honc' a bhíonn mar ghlór aige. Ní bhíonn tormán ard ó na heiteogaí agus é ag eitilt mar a bhíonn ón eala bhalbh. Caitheann an t-éan cuid mhaith dá chuid ama ag snámh. Chreidtí in Albain go raibh muintearas ag an eala ghlórach leis na haingil, agus thug sin ar dhaoine gan a scaoileadh. Bíonn tagairt fosta do 'amhrán na heala' i mBéarla mar bhí an bharúil ann go ligeann an t-éan éamh a thagann uaidh go fadálach ag seoladh aeir ón phíobán garbh agus é ag fáil bháis.

An Ghéis a tugadh ar an éan seo sa tSean-Ghaeilge. *Alarch y Gogledd* atá air sa Bhreatnais agus ciallaíonn sé 'eala an tuaiscirt'. Tá *Eala*, *Eala Fhiadhaigh*, agus *Eala Bhàn* air sa Ghàidhlig. Déantar tagairt dó mar '*Nighean ucht-gheal nan suth*'. Tá iomrá leitheadach ar amhrán grá, *An Eala Bhàn* a scríobh Dòmhnall Ruadh Chorùna (1887–1967).

Ar fud na hEorpa bíonn an ghirseach dhóighiúil a ghlacann corp eala mar mhoitíf choitianta sa bhéaloideas. Scéal eile a fhaightear san Eoraip ná an cuntas faoin bhean óg a gcuirtear geasa uirthi agus go nglacann sí cruth eala. Tá sin mar bhunús ag an bhailé, *Loch na hEala*, ag Tcaícoibhscí.

An scéal faoi ealaí is iomráití in Éirinn ná *Clann Lir*. Chuir Aoife, a leasmháthair, geasa ar a ceathrar leaspháistí; Aodh, Fionnuala, Fiachra agus Conn, agus rinneadh ealaí díobh. Mhair siad ar feadh naoi gcéad bliain sa chruth sin gur tháinig an Chríostaíocht go hÉirinn. Ansin ghlac siad cruth daonna in athuair, ach de thairbhe go raibh siad naoi gcéad bliain d'aois shearg siad agus shíothlaigh siad. Cuireadh i gcuideachta iad.

I scéalta eile, is toil an duine a bheith mar eala mar atá i d*Tochmarc Étaíne*, nuair a chuireann Midhir a sciatháin thart ar Étaín agus éalaíonn an bheirt mar ealaí.

Agus é ráite go maireann ealaí ina bpéirí bhí sé le tabhairt faoi deara gur tháinig Eala Ghlórach aonair chuig Loch an Ghainimh i mbaile fearainn Alltán, faoi bhealach na hEaragaile, ar feadh na mblianta agus an séasúr 2021–22 san áireamh. Ba é an t-aon eala ar an loch i rith an ama sin é. Agus bhí sé arís ann sa gheimhreadh i 2022–2023.

Tagann ealaí glóracha chugainn ón Íoslann agus is cosúil go dtig leo cur suas le haer iontach tanaí agus teocht íseal, d'fhéad sé bheith chomh híseal le -50^{0}C, mar rinneadh taifead radair orthu ag eitilt ag airde 8,000 méadar.

Gach bliain fanann líon beag ealaí glóracha in Éirinn le linn an tsamhraidh agus tá taifid orthu ag pórú ar lochanna san iarthuaisceart agus i lár na tíre.

Muna mbaineann an duine don eala tarlaíonn sé go mbíonn contúirtí roimhe agus bíonn cáblaí leictreacha ar cheann acu. Ní chuireann siocán isteach orthu de ghnáth as siocair iad a bheith chomh láidir agus atá agus briseann siad an oighreog. Mar sin féin dúradh liom gur ceapadh cúpla ceann le linn siocáin ar Abhainn na Cláidí i Mín Doire Dhamh, Gaoth Dobhair sna 1950idí agus gur bhris muintir na háite an leac oighir lena scaoileadh saor.

Loch Bheatha, an Ghlaisigh, Gaoth Dobhair
1 Samhain 2022

An tÉan Breac

Fratercula arctica

Bád Thoraí,
9 Meitheamh 2016

Go bunúsach is cuairteoir samhraidh an t-éan seo. Sa naoú haois déag scríobhadh go bhféadfadh an líon is mó dóibh sa tír a bheith fá Chorrán Binne, agus go raibh mílte achair faoi na héanacha. Ag an am chéanna bhí tuairisc orthu ar an taobh ó thuaidh d'Oileán Árainn Mhóir, ar an Tor Mhór agus ar Thoraigh.

Caitheann siad an geimhreadh ar Aigéan an Atlantaigh Thuaidh. Níos faide siar amach ón chósta ná aon fhalcóg eile. Thig go dtiocfadh siad chuig tír mór nuair a bhíonn stoirmeacha géara geimhridh ar an mhuir.

An gob, gona dathanna glé gorm, buí agus dearg, a mheall aird an duine, agus ag cur leis an chuma ildaite bíonn na fáinní dearga thart ar na súile leis na plátaí beaga gormliath faoi na súile, chomh maith leis an chlár bhuí ar chúl an ghoib. Tugtar suntas fosta do na troithe scamallacha agus na cosa oráistebhuí. Is ionann cuma ag an chearc agus ag an choileach, ach go mbíonn an coileach níos troime. Cha bhíonn an dream óg leath chomh spleodrach ó thaobh datha.

Eitlíonn siad go gasta agus nuair a thuirlingíonn siad titeann siad i ndiaidh a gcinn san uisce nó baineann siad feidhm as na cosa agus iad sínte amach acu mar choscáin. Éisc bheaga a itheann an t-éan breac.

Nuair a bhíonn an t-éan fásta ag tabhairt a gcoda chuig na scallamáin bíonn an bia, éisc bheaga, ina bhéal, agus iad ag crochadh anuas ar dhá thaobh a ghoib. Léifí as an iompar sin go bhfuil an t-éan in inmhe éisc a choinneáil ina bhéal fhad agus a bhíonn sé ag breith ar a thuilleadh. Ní thagann na héanacha óga chuig béal na nide go dtí go mbíonn siad faoi chulaith cleití. Gluaiseann an t-éan go maith ar thalamh agus seasann sé go minic lena tharsas sínte go caoldíreach.

Ar cheann de na deacrachtaí a bhíonn ag na scallamáin bíonn coimheád na bhfabhcún gorm ag fuireacht ar an deis le hionsaí a dhéanamh. Ní na héanacha creiche amháin a bhíonn ag coimheád ar an éan seo nó bhí sé mar nós ag muintir Thoraí iad a mharú agus a ithe.

Tá cuntas ag Eoghan Ó Coilm i d*Toraigh na dTonn* (1971) ar an éan bhreac, a bhfuil 'an tAlbanach' mar ainm air fosta, nuair is an 'Fuipín' nó 'Puipín' atá air go ginearálta, aithris ghlan ar an Bhéarla.

Pâl a thugtar ar an éan sa Bhreatnais. Is *Puffin* an t-ainm Béarla ar an éan. Thángthas ar an ainm Laidine, *paphinus*, chomh fada siar le 1237. Ar ndóigh, go bunúsach is é atá i gceist leis an fhocal ná ainmhí atá ramhar. Tugtar *Fathach* agus *Colcair* air in *Albain*, agus *Séamus Rua* in Eilean Bharraigh. Nuair a bhíodh pobal ar Hiort ar cheann de na hainmneacha bhí an *Peata Ruadh*. I dtaca leis an Mhanainnis de, is *Pibbin* atá air agus is *Guilley Bog* a bhíonn ar éan óg. Bhíodh an t-éan ar fáil ar Mhanainn anuas go 1987 ach meastar go ndearna luchógaí móra díothú orthu, agus socraíodh ar ghúm a chur sa tsiúl lena mealladh ar ais ach na francaigh a chur chun bealaigh, agus phóraigh siad arís i 2021.

Tá sé le tabhairt faoi deara nach mbíonn luchógaí móra ar Thoraigh, agus is í sin ceann de na cúiseanna go bpóraíonn an t-éan ar an chreag úd i lár na bóchna. Glanann siad na poill faoi choinne na neadacha ar Aoine an Chéasta. Scríobh an Colmach go dtéadh daoine ar Aoine an Chéasta gach aon bhliain go dtí na beanna le glanadh an earraigh a fheiceáil. Ní miste nach féile sheasta an lá áirithe sin ar an fhéilire eaglasta. Nuair a thagann siad chuig tír mór bíonn siad mar phéire cheana féin. Ar an talamh dóibh cuimlíonn siad agus brúnn siad a ngoib in éadan gob a cheile, agus cleachtann siad bobáil a gcloigne. Bíonn damhsa uisce acu fosta nuair a shnámhann éanacha thart ar a chéile.

I *Na Laethe a Bhí* (2016) tá scríofa ag Pádraig Carroll, fear de bhunadh an oileáin, go dtagann an t-éan breac gach aon bhliain ar Aoine an Chéasta, go nglanann siad na poill agus imíonn siad arís an chéad lá eile. Tagann siad ar ais ag deireadh na Bealtaine leis an nead a dhéanamh.

Bhíodh sé ina nath ag muintir Thoraí, 'tá an geimhreadh cnagtha againn agus an samhradh ar an tsúil' nuair a d'fheictí an t-éan breac ag pilleadh leis na poill a ghlanadh.

Breacann Ó Coilm scéal faoi strainséirí agus iad ar a mbealach chun an Chinn Thoir ar an oileán ag cur ceiste ar ghasúr a casadh orthu agus a raibh peata 'Albanaigh' leis faoi ainm an éin agus gur thug sé le fios dóibh gur *Protestant Pet* a bhí air. Is Albanaigh a thugtar sa chaint ar Phrotastúnaigh i dTír Chonaill.

An Éigrit Bheag

Egretta garzetta

Cill Ulta, Cloich Chionnaola, 1 Samhain 2018

Nuair a scríobh Christopher Moriarty a threoirleabhar ar éanlaith na hÉireann i 1967 bhreac sé gur cuairteoir annamh an t-éan seo in Éirinn, ach go bhfacthas é duisín uair, den chuid is mó ba ó 1957 a tharla go bhfacthas é. Níos luaithe scríobh P. G. Kennedy ina liosta d'éanacha na tíre a foilsíodh i 1961 go raibh aon taifead déag ar fáil; ceann i 1940, naoi gcinn i 1957 agus ceann i 1958. Ar cheann de na naoi gcinn ar dearnadh taifead orthu i 1957 bhí éan i nDún Fionnachaidh.

Tháinig an chéad taifead sin i 1940 nuair a chonaic duine in aice leis an Sciobairín i gContae Chorcaí é. Corr bheag a phóraíonn ó dheisceart na hEorpa fríd an Áis agus an Afraic chun na hAstráile é. Chuir sé tús le pórú sa tír seo i 1997 agus bíonn sé le feiceáil thart ar an chósta agus ar aibhneacha. Ní bhíonn sé fairsing i lár na tíre ná san iarthuaisceart ach an oiread.

An ceann a bhíodh le feiceáil in aice na Murlóige in Anagaire mall san aois seo chuaigh thart an chéad cheann a chonaic mé abhus. Bíonn sé le feiceáil in Anagaire anois agus arís ó shin ach bíonn siad níos líomhaire faoi chósta Chloich Chionnaola.

Is corr bhán atá ann agus é ar mheánmhéid le troithe buí agus

cosa fada dubha. Bíonn an gob dubh gona lóir dhúliatha. Nuair a bhíonn séasúr an phóraithe ann bíonn dhá chleite fhada ag síneadh anuas ón bhaic.

Itheann sé feithidí, froganna, éisc, damháin alla, cuiteogaí agus seilidí. Bíonn sé le feiceáil ar imeall na farraige abhus seachas ar na haibhneacha. Úsáideann sé dóigheanna éagsúla le theacht ar bhia. Thig leis scríobadh lena chosa le tabhairt ar éisc bogadh nó féadann sé, mar a dhéanann an chorr mhóna, seasamh ina staic agus fanacht ar an iasc a theacht chuige. Leanann sé an chailleach dhubh nuair a bhíonn an t-éan sin ag iascaireacht. Tchítear iad fosta ag baint cartán den eallach.

Is minic a fheictear an éigrit bheag i scaotha beaga ach char tharla sin go fóill in iarthuaisceart Thír Chonaill. Le go gcruinneodh siad ina n-ealta bheadh feidhm le soláthar maith bia a bheith ann. Nuair nach mbíonn an bia fairsing cha maith le héigrití a bheith taobh le chéile.

Tagann an t-ainm géinis ón Fhraincis Provençale, *airgrette* díspeagadh ar *aigron*, corr. Is ón Iodáilis an t-ainm speicis. Is ionann *garzetta* nó *sgarazetta* agus an chorr. Tugtar an *Little Egret* air i mBéarla. Úsáideadh an focal i 1411 den chéad uair. Mar a fheictear chan fhuil mórán difir idir an t-ainm eolaíoch agus teideal na Gaeilge. Is *Coar Vane* atá ar éigrit sa Mhanainnis, agus *Crëyr* an Bhreatnais atá air. Tugtar *Abair* air sa Ghàidhlig.

Bíonn idir ceithre agus cúig ubh sa nead, a bhíonn ar bhogaigh, inbhir, páirceanna faoi uisce agus lochanna. Maireann tréimhse an ghoir suas le trí seachtaine. Tar éis sé seachtaine tarlaíonn an cleitiú.

Bhíodh an t-éan fairsing roimhe seo in iarthar na hEorpa ach thit a líon go tubaisteach. Dhéantaí a sheilg go fairsing sa naoú haois déag lena gcleití a chruinniú lena gcur mar mhaisiúcháin ar hataí, go háirithe, ach ar fheisteas eile fosta. Cuireadh tús leis an ghnás sin sa tseachtú haois déag ach chuaigh sé chun sioparnaigh sa naoú haois déag, agus meastar gur maraíodh na milliúin éigrit bheag ar mhaithe le haitéirí. Mar shampla sa chéad ráithe i 1885, díoladh 750,000 craiceann éigrití i Londain. Tháinig an chuid is mó den tsoláthar ón tseilg ach bunaíodh feirmeacha agus bhaintí na cleití gan na héanacha a mharú. Ní raibh an cleachtadh seo teoranta don éigrit bheag amháin ach chóir a bheith go raibh gach cineál éin i gcontúirt a chleití a chaillstean.

Go luath sna caogaidí san fhichiú haois tugadh dlíthe caomhnaithe chun cinn lena gcosaint agus tháinig fás ar a líon dá bharr. Ag tús na haonú haoise is fiche bhí an t-éan ag pórú arís in Éirinn, sa Bhreatain, sa Fhrainc agus san Ísiltír. Meastar gur tharla an leathnú seo de thairbhe téamh domhanda. Tá an éigrit bheag ar cheann de na coilínigh gur éirigh thar barr leis ar na saolta deireanacha.

An Fabhcún Gorm

Falco peregrinus

**An Chruit, Na Rosa,
22 Meán Fómhair 2019**

Cuirtear síos don fhabhcún seo go mbíonn sé fairsing ar na beanna agus gann ar na cnoic isteach fán tír. Sa leabhar, *A Guide to Irish Birds*, thug Christopher Moriarty, an t-údar, le fios go raibh a líon ag titim agus scríobh sé go raibh roinnt fianaise ann go raibh lotnaidicídí fadsaolacha ag cur an speicis i gcontúirt. Bhíothas á scaoileadh fosta. Mar shampla den díothú bhí 650 péire ag pórú sa Bhreatain agus in Éirinn i 1956 agus bhí líon na bpéirí tite go 68 sé bliana níos moille. Tugadh cosaint dlí don éan agus cuireadh cosc ar úsáid lotnaidicídí fadsaolacha.

Bíonn an chearc níos mó ná an coileach ach is ionann culaith dóibh. Bíonn dath liathghorm ar an chuid uachtarach, agus dath fionngheal ar íochtar le barraí dubha. Bíonn an ruball gairid, na cosa buí agus mar a bheadh clogad dubh ar an cheann agus an gob gairid le crúca ar an uachtar. Bíonn éanacha óga mar an gcéanna le hiad sin atá fásta ach go mbíonn dath donn ar uachtar an choirp agus cleití le stríoca seachas bandaí.

Is ar laftán ar aill is minice an nead san áit a scríobtar log, ach bíonn sé ar log toll i stumpa crainn agus ar na mallaibh ar leaca ar fhoirgnimh arda i gcathracha. Beirtear trí nó ceithre ubh de ghnáth. Bíonn dhá go trí lá idir na huibheacha a theacht. An chearc den chuid is mó a bhíonn i mbun an ghoir, agus an coileach ag soláthar bia. Breis agus mí i ndiaidh a saolaithe tosaíonn na héanacha óga ag eitilt ach tá an chosúlacht air go mbíonn siad ag brath ar na tuismitheoirí go ceann dhá mhí eile. Maítear ceantar chomh fairsing le 200 km^2 a bheith ag péire éan.

Scríobhtar nach minic a chluintear a ghlór taobh amuigh den tséasúr póraithe ach is a ghlór a dhírigh aird air nuair a tógadh an grianghraf anseo. Tugtar seitreach ar an trup a dhéanann seabhac i mbun seilge. Meastar go bhfuil an t-éan seo ag iompar rud inteacht beag ina chosa. Tá an patrún dubh ar an chloigeann anseo agus an 'stríoc coiméil' mar a thugtar air le feiceáil. Tá barr na n-eiteogaí biorach. De thairbhe go bhfuil a eagán bolgach le bia meastar go raibh béile mór ite aige nó tá cuma ramhair air rud a chuireann an chuma shruthlíneach a bhíonn ar an éan de ghnáth as a riocht.

Sa Laidin is corrán atá i gceist le *falx* agus meastar gur tagairt atá ann do ghríobh agus tá an chiall seachránaí le *peregrinus*. Thig gur seabhac coimhthíoch i. a thaisteal, an chiall a bhí lena ainm eolaíoch. Tá sé luaite i ndán díospóireachta Meán-Bhéarla, 'The Owl and the Nightingale', c, 1250: '*The faukwn was wrop with his bridde*' (Bhí an fabhcún ar mire lena scallamáin).

Tugtar 'an Seabhac Gorm' agus 'an Seabhac Seilge' ar an éan seo fosta. Tá an scéal mar an gcéanna in Albain, is *Seobhag, Seobhag Mòr-gorm, Seobhag na Seilige, Seobhag-sealgair* nó *Faolchon* atá air. *Shirragh y Ree* atá air sa Manannais. *Hebog Tramor* a bhfuil an chiall seabhac a thaistealaíonn leis sa Bhreatnais. Tugtar *Peregrine Falcon* air i mBéarla agus bheadh taisteal i gceist le '*peregrine*'.

Dealraíonn sé nach ndearna ár sinsear idirdhealú idir an seabhac agus an fabhcún agus is seabhac an focal is coitianta acu. D'fhéadfadh gur chleachtadh na Gaeil an tseabhcóireacht anallód ach tá an chosúlacht air gur na Normannaigh a chuir treis leis abhus. Ansin nuair a tháinig an ghunnadóireacht chun tosaigh bhí contúirt mhór ann don éan. Níor chuidigh na maoir géim ag tiarnaí talaimh ach an oiread mar go ndéanadh siad an fabhcún gorm a mharú mar chosaint ar na cearca fraoigh, a raibh an tiarna ag gnóthú airgid ar lucht a scaoilte a thagadh mar chuairteoirí ag íoc táillí leis. Rinneadh iarracht mhaith an t-éan a dhíothú sa tír.

D'fhéadfadh nuair a bhíonn tagairt sna seanscéalta do sheabhac ag seilg ó na beanna gur an fabhcún gorm a bhíonn i gceist nó bíonn sé fá na haillte go hiontach minic. Sa dán ag Amhairghin Glúngheal, Príomhollamh na hÉireann, tugann sé le fios go dtig leis a chruth a athrach agus go bhféadfadh sé a bheith mar sheabhac ar aill, '*am séig i n-aill*', agus meastar go bhfuil an tagairt ag tabhairt le fios gur fabhcún gorm a bhí i gceist.

Is marfóir éifeachtach an t-éan. Ar an chéad dul síos féadann sé éanacha a mharú agus é ar eiteog. Thig leis éan chomh mór le colm a mharú ar an dóigh sin. Tuairiscítear iad a bheith ar an éan is gaiste i mbun eitilte agus é curtha síos dóibh go dtig leo luas suas le 160 km/u a bhaint amach agus iad ag tumadh. Bíonn oiread sin fórsa leis nuair a bhuaileann sé an chreach go bhféadfadh go mbainfí an cloigeann den ainmhí nó den éan, agus tógann an fabhcún gorm creach chomh mór leis an choinín.

Saolaítear na gearrcaigh idir mí Aibreáin agus mí an Mheithimh, agus ní thig an cleitiú i bhfeidhm go dtí mí Márta ina dhiaidh sin ar a luaithe, agus i ndáiríre is minic go mbíonn an t-éan os cionn bliana d'aois sula gcuirtear tús le cleitiú. Tá cuid de na héanacha óga agus fanann an clúmh donn go mbíonn an dara geimhreadh ann. D'féadfadh go nglacfaí suas le leathbhliain leis an chleitiú a chur i gcrích.

An Fhaoileog Bhán

Larus canus

Machaire Gathlán, Gaoth Dobhair, 29 Aibreán 2020

Agus tú ag féacháil le faoileog a aithint is ceart tús áite a thabhairt dá aois. Bíonn sé casta agus deacair go hiondúil na héanacha óga agus neamhaipí a aithint. Is fearr, mar sin, iarracht a dhéanamh éanacha fásta a aithint. Den chuid is mó faoileog ar bith gan ribí donna nó baill dhonna sa chlúmh is éan atá fásta atá ann. Bíonn cuma ghlan úr air den chuid is mó. Chomh maith leis sin bíonn codanna glanrianta den chlúmh agus dath bán, liath agus/nó dubh orthu.

Cuidíonn dath na súl lena n-aithint. Sa chuid is mó de na faoileogaí móra bíonn dath meathbhán ar na súile agus fágann sin go mbíonn an chuma orthu go mbíonn siad gairgeach nó ag stánadh ort. Má fheiceann tú faoileog mhór nó ar mheánmhéid agus súile dorcha aige fágann sin go laghdaíonn sé go mór an rogha atá ar fáil duit. Is é an fhaoileog bhán an fhaoileog le súile dorcha is mó a bhfuil taithí againn air in Éirinn agus nach mbíonn cloigeann dubh air. Fágann na súile dubha go mbíonn cuma níos séimhe air seachas an fhaileog scadán a mbíonn cuma fhiata air mar shampla.

Cabhraíonn dath na gcos linn fosta, agus cé acu a bhíonn nó nach mbíonn ball ar an ghob. Cha bhíonn spota dearg ar an dá thaobh ar an ghob ar an fhaoileog bhán mar a bhíonn ar an chuid is mó de na faoileogaí in Éirinn a mbíonn a ngob buí. Sa gheimhreadh nochtann lorg de bhanda caol dubh timpeall ar an ghob ar an fhaoileog bhán. Fágann sin go mbíonn sé agus an fhaoileog bhandghobach cosúil lena chéile, ach is banda i bhfad níos tuibhe a bhíonn ar an fhaoileog bhandghobach agus bíonn na súile meathbhán aige.

Is cabhair bun na n-eiteogaí a choimheád. Síneann siad amach os cionn an rubaill agus bíonn dubh iontu seachas san fhaoileog ghlas, san fhaoileog íoslannach, sa sléibhín meánmhuirí, agus sa sléibhín beag. Cha bhíonn dath dubh ar an ruball ar fhaoileog ar bith in Éirinn.

Bíonn an fhaoileog bhán ar fáil go fairsing ar an chósta agus isteach faoin tír.

Ón Laidin a thagann an t-ainm eolaíoch. Is cosúil gur faoileog atá i gceist le *Larus* agus ciallaíonn *canus*, liath. Tugtar an *Common Gull* nó *Mew Gull* air i mBéarla ach níl an t-ainm *Common Gull* cruinn nó níl sé ar an fhaoileog is fairsinge in Éirinn. Ba é Thomas Pennant (1726–1798), nádúraí de chuid na Breatine Bige, a chum an t-ainm i 1768 mar shíl sé go

An Trá Gheal, Gaoth Dobhair, 12 Lúnasa 2020

raibh an t-éan seo ar an cheann a ba líonmhaire de na faoileogaí. Tugtar *Gwylan y Gweunydd* air sa Bhreatnais, agus ciallaíonn sé faoileog an chaoráin. An *Foillan Bane* atá air sa Mhanainnis, agus *Faoileag, Faoileann* agus *an t-Iasgair-Dìomhain* air sa Ghàidhlig. Deirtear go bhfuair an t-éan an t-iascaire díomhaoin mar ainm in Athall mar nuair a bheadh sé ag eitilt ag seilg os cionn aibhneacha go bhfeicfeadh na bric in uisce tanaí é agus go rachadh siad i bhfolach.

I ndeisceart Thír Chonaill tugtar 'an Fhaoileog Choitianta' air.

Tógtar an nead ar oileán, ar riasc nó in aice le huisce. Déantar an nead ar an talamh nó i gcrann íseal ach i dTír Chonaill thángthas ar neadracha go hard i gcrainn phéine.

Chan fhuil an fhaoileog bhán chomh gairgeach leis an fhaoileog scadán ná chomh mór leis ach an oiread. Nuair a thig siad isteach faoin tír íosfaidh siad feithidí agus bíonn siad ag lorg bia ar an mhachaire i Machaire Gathlán, Gaoth Dobhair, díreach taobh amuigh de pháirc na peile.

Dealraíonn sé go mbíonn siad tugtha do pháirceanna peile. Bíonn níos mó acu ar pháirceanna peile go minic ná aon speiceas eile.

Creideann na hiascairí nuair a bhíonn luíochán mór acu ar an fharraige go mbíonn barr maith éisc fán áit a mbíonn siad agus thart fá dtaobh di.

Dá gcluinfeadh na daoine an fhaoileog ag grágaíl mheasadh siad doineann a bheith ar an bhealach. Mar an gcéanna nuair a d'fheictí fá na tithe iad, mheastaí nach fada go mbeadh an fhearthainn chucu.

An áit a mbíonn an t-éan ag glacadh scíste is minic é luaite i logainmneacha, macasamhail Binn na bhFaoileog ar an Mhachaire Loiscthe i nGaoth Dobhair.

Nuair a d'fheictí an fhaoileog sa mhíodún nó sa pháirc ag lorg bia, mheastaí go raibh an t-anás agus an ghorta ar an fharraige.

Ba mhinic sa tseanam go ndéanadh gasúraí óga iarracht ar bhreith ar fhaoileog. D'úsáidtí duán agus baoite mór air chuige seo, ach b'annamh a d'éiríodh leo.

An Fhaoileog Cheanndubh

Chroicocephalus ridibundus

Dún Fionnachaidh,
20 Aibreán 2019 (an samhradh)

Tá sé furast an fhaoileog seo a aithint sa tsamhradh as a chloigeann dubh nó le bheith cruinn dúdhonn, rud a fhágann nach bhfuil an t-ainm cruinn beacht. Tá an gob agus na cosa dearg ag an éan fásta. Bíonn na cosa bándearg san éan óg. Sa gheimhreadh cailleann sé an dath ar an cheann agus bíonn spota dubh ar chúl na súl. Bíonn an rosc donn agus bíonn fáinne geal thart ar na súile. Is cuma cad é an séasúr a bhíonn ann beidh uachtar an choirp liath, le barr na n-eiteog dubh agus banda tanaí geal ar an imeall seachrach de na sciatháin. Ag aois ar bith is donn a bheidh na súile. Dearg a bhíonn an gob agus dearg a bhíonn na cosa ar an éan aipí. Cha bíonn sé deacair ag an duine é a aithint, go háirithe sa tsamhradh nuair a bhíonn an cochall air.

Bíonn sé aclaí ag eitilt. Tchítear ar chuid mhaith de chóstaí na cruinne é, agus tigtear air fosta isteach faoin tír agus sna bailte. Cha dtéann sé go domhain i bhfarraige. As siocair é a bheith aclaí bíonn sé furast aige tuirlingt i ngarraithe tí sna bailte agus go fiú pracar a bhaint de leac fuinneoige. Chan amháin sin ach is é an t-aon fhaoileog a dtiocfaidh tú air ina sheasamh ar shreangáin leictreachais.

Tógann sé dhá nó trí bliana ar an éan óg teacht i méadaíocht. Ní phóraíonn siad go mbeidh siad dhá bhliain d'aois ar a laghad. Féadann siad mairstean go mbeidh siad cúpla bliain le cois an scóir go leith.

Tagann an t-ainm géinis, *Chroicocephalus* ón tSean-Ghréigis, *khroizo*, 'ag dathú', agus *kephale*, a chiallaíonn 'cloigeann'. Is ón Laidin an t-ainm speicis *ridibundus*, agus ciallaíonn sé 'ag gáire', ón bhriathar *ridere*, bheith ag gáire. *Fooilleig* atá sa Mhanainnis air. *Gŵylan Benddu* atá sa Bhreatnais air. *Faoileag, Ceann-dubhan, Dubhcheannach* agus *Faoileag Dubh-Cheannach* atá air sa Ghàidhlig. Is *Black-headed Gull* atá air i mBéarla. Tugtar 'Faoileog an Chaipín' agus 'an Sleibhín' ar an éan seo fosta.

Tagann roinnt aneas go hÉirinn le linn an gheimhridh. Chomh maith leis an fhocal

faoileog baintear feidhm as: faoile, faoileadán, faoileagán, faoileannán agus faoileán ag tagairt do na héanacha seo a bhfuil *gull* orthu i mBéarla.

Itheann an t-éan achan chineál bia chóir a bheith, go háirithe cuiteogaí agus éisc. Ligtear scairt gharbh nuair a bhítear i mbun a gcoda.

Sular thosaigh na faoileogaí ag teacht go minic isteach fán tír chreid lucht intíre dá bhfeicfí iad gur comhartha doininne a bhí iontu. Tigtear air thart ar ionaid dumpála, i gcuanta agus in aice le margaidh sna bailte móra. Bíonn siad le fáil ar thalamh feirme fosta.

Ní fios cé mhéad faoileog cheanndubh atá ar an domhan ach tá oiread ann agus nach bhfuil daoine buartha faoina líon.

I gcoitinne ní maith le daoine an fhaoileog mar go mbíonn sé ar fáil sna bailte móra agus é beo, den chuid is mó, ar an phrácás a fhágann an duine ina dhiaidh. Gidh nach maith le daoine an fhaoileog feasta, ar feadh na gcéadta bliain bhíodh an-mheas ar an éan seo mar bhia agus mar an gcéanna leis na huibheacha. Ba ar na héanacha óga ba mhó aird. Dhéantaí, in áiteacha, bainistiú ar na coilíneachtaí agus macasamhail na feamnaí, bhíodh cearta bairr i gceist nó ba shócmhainn tábhacht eacnamúil a bhí ann.

Is maith leofa cuideachta a chéile, ach bíonn siad gairgeach agus callánach, go háirithe sula socraíonn siad a bheith ina bpéirí. Tchítear ina n-ealtaí beaga iad, ach nuair a bhíonn neart bia ar fáil beidh na healtaí mór, agus mar an gcéanna nuair a bhíonn siad ar an fharadh.

Nuair a bhíonn siad ag déanamh a gcoda ar éisc nó ábhar atá ar snámh, eitlíonn faoileogaí ceanndubha rud beag os cionn an uisce agus tumann siad don bhia i gcomórtas leis an fhaoileog scadán a fhanann ar bharr an uisce agus a chromann a cheann le teacht ar a chuid.

Bíonn faireogaí móra salainn ag na héanacha mara ar fad, iad ceangailte lena bpolláirí leis an tsalann a bhaint as an tsáile agus as an bhia farraige a itheann siad, gidh go mbíonn ar na héanacha roinnt salainn a ghlacadh, bheadh contúirt ann dóibh dá nglacfaí barraíocht. Ar an ábhar sin glanann siad an farasbarr ar shiúl. Chuige sin faigheann na faireogaí réitithe den bhreis i screabhán salannach a shileann ó pholláirí an éin. Ar an mheán is 5% den screabhán a bhíonn ina shalann.

Is ar na mallaibh, bhuel, tús na fichiú haoise, ar thosaigh an fhaoileog cheanndubh ag tabhairt faoi na bailte móra.

Cill Ulta, Cloich Chionnaola, 8 Nollaig 2018 (an geimhreadh)

An Fhaoileog Ghlas

Larus hyperboreus

Machaire Uí Rabhartaigh,
Cloich Chionnaola,
27 Aibreán 2013

Chan fhuil an fhaoileog seo fairsing. Is cuairteoir a thig chun an chósta sa gheimhreadh agus san earrach an t-éan. Is annamh a fheictear sa tsamhradh é.

Bíonn sé chomh mór chóir a bheith leis an chóbach, idir 60 agus 70 cm, agus chomh gairgeach ionsaitheach leis. Bíonn na heiteogaí chomh leathan le 140–160 cm. Deirtear go bhfuil sé ar cheann de na faoileogaí is mó ar domhan, bíonn cuid acu chomh mór leis an chóbach. Mar sin féin thiocfadh leis an chearc a bheith níos lú ná an fhaoileog scadán.

Bíonn na heiteoga meathbhán agus is geal a bhíonn a mbarr. Cha bhíonn dubh ar na heiteogaí ná ar an ruball, rud a fhágann go mbíonn cuma 'spioraid' air. Is dóigh go luíonn an dath aige isteach leis an timpeallacht a thaithíonn sé le linn shéasúr an phóraithe. Bíonn gob láidir air, agus fad ann atá leath an fhaid ag an chloigeann, agus is beag beadaí a bhíonn na súile. Nuair a bhíonn sé ag eitilt bíonn cuma chaol ar an ghob ach an corp aige a bheith ramhar. Eitlíonn sé go mall. Bíonn an ceann geal sa tsamhradh ach bíonn patrúin dhonna air ón fhómhar go mbíonn mí Aibreáin ann. Is fada a bhíonn an muineál aige.

Caitheann sé an geimhreadh chomh fada ó dheas leis an tír seo, agus de ghnáth thigtear air fá na cuanta beaga, mar atá i Machaire Uí Rabhartaigh. Bíonn an líon is mó fá chalafoirt iascaireachta thuaisceart na hAlban. Tá taifid ar an éan seo fá chósta uilig na tíre ag an léarscáil dháilithe.

Ciallaíonn *Larus*, faoileog. Tagann an t-ainm speicis *hyperboreus* ón Laidin do thuaisceartach. Thug na sean-Ghréagaigh *hyperboreo* ar na daoine a bhí ina gcónaí i bhfad ó thuaidh. *Follan Glass* atá air sa Mhanainnis. Tugann muintir na Breataine Bige *Gŵylan Gogledd* air, rud a chiallaíonn, an fhaoileog thuaisceartach. Ag muintir na hAlban tá *Faoileag Mhòr* agus *Muir-Mhaighstir*. Meastar gur tháinig an t-ainm deireanach anseo i ngeall ar an éan seo a bheith ina thíoránach ag na faoileogaí eile, go fiú go ngéilleann an cóbach dó.

I mBéarla tugtar an *Glaucous Gull* air agus tagann an t-ainm sin ón Laidin *glaucus* a chiallaíonn dath glasghorm nó liath fiú. Ba é Morten Thrane Brünnich (1737–1827), nádúraí Danmhairgeach, a cheap an t-ainm i 1764.

Maítear go bhfuil dúshraith Cheilteach leis an fhocal Béarla, 'gull'. Tá muintearas idir é agus an focal Breatainise, *gŵylan*, an Bhriotáinis *gouelan*, agus an Ghaeilge 'faoileán' nó mar a deirtear abhus 'faoileog'.

Itheann an t-éan seo achan chineál bia; éisc, feithidí, moilisc, crosóga mara, pórtha, caora, grán, uibheacha, éanacha beaga, prácás agus mamaigh bheaga. Cleachtadh amháin atá aige ná cuairt a thabhairt ar áiteacha ina sceitheann píopaí seireachais. I measc éanacha an domhain éiríonn go geal leis na faoileogaí éagsúla i ngeall agus chomh huilteach agus bhíonn siad i mbun a gcoda. Baineann siad buntáiste go minic as cineál ar bith bia a dtig siad air.

Níl aird ar na faoileogaí go ginearálta agus meastar baint a bheith ar chomh héifeachtach agus a bhí siad ag bogadh ón chósta isteach sna bailte agus ag teacht i dtír ar an bhruscar le dearcadh an duine orthu.

Tá giall na faoileoige inscartha agus fágann sin ar a chumas creach mhór a ithe. Gidh go bpóraíonn cuid mhaith faoileogaí ar an talamh, agus a thuilleadh ar aillte gan tagairt ar an chuid sin dóibh a mbíonn a nead ar fhoirgnimh, caitheann an chuid is mó acu an oíche ar an uisce.

Fanann na faoileogaí thart ar an chósta agus go hintíreach, agus is annamh a théann siar amach san fharraige. Sin an chúis atá le deireadh a bheith curtha le húsáid an fhocail *Seagull* i mBéarla agus go gcloítear le *Gull* feasta.

Bíonn saolré fhada acu agus meastar go bhfuil cuid de na héanacha seo a mhaireann suas le leathchéad bliain. Síltear go bhfuil níos mó ná céad míle péire acu sa domhan. Póraíonn an fhaileog ghlas ar aillte ar chósta an Artaigh, agus d'fhéadfadh an tsead a bheith deas go maith do chónaí an duine. Tagann na héanacha a phóraíonn chuig suíomh na nide mall i mí an Aibreáin agus isteach i mí na Bealtaine. Fágann siad an suíomh póraithe ó mhí Mheán an Fhómhair go lár mhí Dheireadh an Fhómhair, ach fanann na héanacha óga go dtagann an reo.

Sa naoú haois déag ba ghnách uibheacha faoileogaí agus saotharcógaí a dhíol ar na margaí i mBaile Átha Cliath agus bhí meas orthu mar chothú.

An Fhaoileog Íoslannach

Larus glaucoides

Machaire Uí Rabhartaigh, Cloich Chionnaola, 23 Márta 2018

Cha bhíonn an fhaoileog seo fairsing ach bíonn sé ar an chósta go measartha rialta. Bíonn sé tuairim agus meánmhéid faoileoige agus é caol sa chorp. Is gob gairid a bhíonn air agus ní bhíonn sé ach leath fad an chinn. Bíonn fad 50–60 cm sa chorp, agus ó 125–145 cm trasna a bhíonn na heiteogaí, agus síneann siad nuair a bhíonn siad druidte siar amach ar chúl an rubaill. Is buí a bhíonn an gob le lorg olóige air. Bíonn sé aclaí go maith nuair a bhíonn sé ar eiteog, agus bíonn buille na sciathán measartha gasta. Tiompaíonn sé go gasta nuair a bhíonn gaoth láidir ann. Is beag a bhíonn na cosa agus cha bhíonn mórán den tibia le feiceáil. Measann cuid de na saineolaithe go bhfuil sé mar nasc idir an cóbach agus an fhaoileog scadán.

Creidtear go gcuidíonn a dhath meathbhán lena aithint. Titeann agus ardaíonn a líon in Éirinn ó bhliain go bliain. Meastar go mbíonn idir 20 agus 40 sa tír bliain ar bith. Tagann sé chun na tíre san earrach agus sa gheimhreadh, agus is annamh a fheictear sa tsamhradh nó san fhómhar é. Is minice a fheictear é ó mhí Eanáir go mí Aibreáin agus síltear go ndíríonn sé ar phoirt iascaireachta.

Caitheann sé an geimhreadh ar chósta iarthar na hEorpa agus ar chósta thoir-thuaidh Mheiriceá Thuaidh. Is minic a bhíonn sé i gcuideachta na faoileoige scadáin. Níl siad chomh fairsing abhus leis an fhaoileog ghlas. Tá roinnt taifead dóibh isteach faoin tír.

Tuairiscítear nach bhfuil na héanacha a phóraíonn sa Ghraonlainn siúlach agus gur éanacha Ceanada a thaistealaíonn. Fanann cuid na Graonlainne i ndeas don chósta. Maireann siad ar chóstaí creigeacha agus ar na haillte arda géara, ag airde suas le 800 m, sna fiordanna.

Sa chur síos a dhéantar ar an éan seo deirtear go bhfuil sé níos lú ná an fhaoileog ghlas. Cha bhíonn barr dubh ar bharr na n-eiteogaí. Glacann sé ceithre bliana go mbíonn sé in aois aipíochta.

Póraíonn sé den chuid is mó i ndeisceart na Graonlainne agus i gceantar beag ar an chuid thoir de Cheanada Artach, fiú in áiteacha a mbíonn an t-uisce ina oighear. Bíonn an tréimhse póraithe ó lár na Bealtaine go mí Iúil. Cha bpóraíonn sé in Éirinn.

In ainneoin a ainm cha bpóraíonn sé san Íoslann, ach tchítear sa tír sin é le linn an gheimhridh. I mbun an ghoir, bíonn moll i gcuideachta, suas le cúpla céad péire, ach bíonn éanacha a théann ina bhun ina n-aonar. Bíonn dhá nó trí ubh, le dath éadrom donn, sa tsead, a thógtar ar an aill nó ar an talamh. Cuirtear líonáil de chaonach, feamnach nó féar sa nead.

Le linn dóibh a bheith ag seilg bia agus iad ag eitilt tógann siad bia ó bharr na mara nó díreach faoina dromchla gan tuirlingt. Is uiliteoir atá ann agus itheann sé ag snámh nó ag siúl dó. Itheann sé éisc, broc bia, scairteach, agus moilisc.

Bíonn teacht orthu ag monarchana éisc, ionad dramhaíle, agus asraoin séarachais. Gearrfar anuas ar na foinsí bia de réir mar a chuirtear feabhas ar ionaid ghlanta éisc agus ionad dramhaíle. Is annamh a thaitíonn siad an fionnuisce.

Is ón Laidin a thagann an t-ainm géinis. Dealraíonn sé gur tagairt d'fhaoileog nó éan mór mara an focal *Larus*. Cuireann an t-ainm speicis, *glaucoides* in iúl go bhfuil sé cosúil leis an fhaoileog ghlas. Tugtar an *Faoileag Liath* air sa Ghàidhlig. *Gŵylan y Arctig* atá ag muintir na Breataine Bige air. *Foillan Loghlinagh* atá air sa Mhanainnis. Tá teoiric ann a mhaíonn gur an Choirnis is préamh don fhocal Bhéarla *Gull*. Is ón fhocal *Gullen* a bhí sa Mheán-Choirnis mhall an téarma. Ba as Corn na Breataine do bhunús na n-iascairí sa Bhreatain le linn an dara leath den chúigiú haois déag agus an chéad leath den tséú céad déag. I dtaca leis an fhocal 'faoileog' tá sé níos óige ná an focal 'faoileán' a úsáidtear go ginearálta, agus tá an focal sin bunaithe ar an tSean-Ghaeilge, *Foilenn* agus gur *Oilenn* a bhí ann i dtús.

As siocair gur cuairteoir annamh sa tír an t-éan seo ní heol dúinn gur aithníodh é ag an tseanbhunadh. Fágtar an ceantar póraithe i mí Lúnasa nó mí Mheán an tSamhraidh. Bíonn siad, de réir fianaise, iontach dílis do shuíomhanna póraithe áirithe, ag pilleadh bliain i ndiaidh bliana chucu. Tá an guth aige mar atá ag an fhaoileog scadán, ach go bhfuil sé níos géire. Meastar gur minice éanacha óga a thagann aneas seachas iad sin atá fásta.

Bíonn deacracht ag tacsamonaithe leis an éan agus inniu aithnítear trí fho-speiceas.

Déanann muintir na Graonlainne dianseilg ar an fhaoileog íoslannach.

An Fhaoileog Scadán

Larus argentatus

An Carn Buí, Na Rosa,
28 Iúil 2016

Tá an t-éan seo ar an fhaoileog is fairsinge in Éirinn. Bíonn sé le fáil in aice an chósta agus isteach faoin tír fosta, go háirithe san áit a mbíonn ionad dramhaíle. Téann sé ar an aradh ar oileáin iargúlta agus ag céanna. Bíonn sé le fáil fosta san áit a scaoiltear séarachas.

Bíonn dath éadrom bándearg ar na cosa, gob láidir buí agus spota dearg ar an chíle, agus súile meathbhána a chuidíonn linn iad a aithint.

Bíonn sé ard sa spéir agus i bhfoirm 'v' ag tarraingt ar an aradh.

Leanann sé bádaí iascaireachta ag lorg ábhair ar bith a chaitear ar ais san fharraige. Chomh maith leis sin beireann siad ar éisc a bhíonn ag snámh i ndeas do dhromchla na farraige.

Leantar an tseisreach le linn treafa ag ithe feithidí. Ag tús na fichiú haoise is ag an fharraige a thigtí orthu. Ó shin, bíonn siad istigh sna cathracha. Seasann siad ar na díonta, ach nuair a bhíonn an duine faoi shuan agus nuair a bhíonn ceantar ciúin, thig sin anuas ar an talamh ag lorg bia.

Bogann siad ó áit go háit ach chan imircí eagraithe a bhíonn iontu. Is beag áit in Éirinn nach bhfuil taifead déanta orthu.

Póraíonn siad ar an chósta ach bíonn nead isteach faoin tír acu i gContae na Gaillimhe agus i dTír Chonaill. Pilleann siad chuig na tailte póraithe luath san earrach. Aithníonn siad a chéile agus in amanna tagann péirí a nasc roimhe i gcionn a chéile in athuair, agus d'fhéadfadh go mbainfeadh siad úsáid as ceantar a bhí cheana féin acu. Muna cuid de phéire iad bíonn moll acu a bhíonn díomhaoin i gcuideachta.

Is í an chearc a chuireann í féin chun tosaigh de ghnáth; ag caitheamh a cinn siar, ag díriú a goib agus ag timpeallú an choiligh. Mar thoradh thiocfadh le coileach naimhdeas a léiriú nó gabháil i mbun na meamhlaí. Is go fadálach a bhíonn tréimhse na réamhchúplála. Bíonn an péire, nuair a nascann siad, maith ag cosaint a ndúiche ar éanacha eile.

Féar agus caonach a bhíonn sa nead agus beirtear dhá nó

An Dún Mór, Na Rosa,
10 Lúnasa 2020

trí ubh ann agus bíonn an dá éan i mbun an ghoir. Saolaítear na scallamáin i ndiaidh míosa. Ní aithníonn na tuismitheoirí a gcuid uibheacha féin ach aithníonn siad na gearrcaigh i ndiaidh cúpla lá. Tarlaíonn an cleitiú i ndiaidh mí go leith.

Glacann sé trí bliana orthu aibíocht a bhaint amach. Tá a líon ag titim in Éirinn.

Thig leis an fhaoileog fionnuisce nó sáile a ól, rud nach ndéanann mórán speiceas eile.

Tagann *Larus* ón Laidin agus meastar gur chiallaigh sé faoileog. Is ón Laidin fosta do *argentatus* agus ciallaíonn sé maisithe le hairgead. Is *Foillan Foilleig* an Mhanainnis atá air. Úsáidtear *Gôylan y Penwaig* sa Bhreatnais, is ionann *penwaig* agus scadán. Is *Glas Faoileag* atá sa Ghàidhlig. Tugtar an *Herring Gull* ar an éan i mBéarla agus tháinig an t-ainm chun tosaigh tuairim agus 1678. Dealraítear nach bhfuil luí ar leith ag an éan le scadán.

Cruthaíonn cac na n-éanacha fadhbanna mar déanann sé damáiste do bhádaí, soilse sráide agus carranna siocair aigéad úrach a bheith ann. Bíonn sé ag tarraingt ar ionaid itheacháin faoin aer. Tá daoine ann nach maith leo a ghlór garbh.

Tá an éanlaith seo an-éifeachtach i mbun cumarsáide agus úsáideann siad a nguth agus geaitisíocht. As a nguth is fusa a n-aithint. An scairt rabhaidh a thugann siad don scallamán is ionann é chóir a bheith agus madadh beag ag tafann.

Tairbhe amháin a bhaineann leis an fhaoileog ná go n-itheann sé bruscar bia atá caite thart agus ar an dóigh sin cuidíonn sé le líon na luchógaí móra a laghdú.

Baintear úsáid as an fhocal 'gliobach' nuair a bhíonn scaoth mór faoileogaí i gceist agus iad ag féacháil le teacht ar éisc a bhíonn deas d'uachtar na farraige, iasc mar an scadán nó an ronnach.

An Féach Dubh

Corvus corax

Mín na gCopóg, Cloich Chionnaola, 17 Eanáir 2020

Meastar na préacháin ar an chuid is forbartha den éanlaith. Tá meon ar leith acu agus nuair a chónaíonn siad i gcuideachta léiríonn siad sain-iompraíocht shóisialta.

Is é an féach dubh an préachán is mó. Bíonn sé le feiceáil sna cnoic agus ar aillte cois cósta.

Póraíonn siad go luath sa bhliain ach níos moille ná an chorr mhóna. Tógtar an nead i gcrainn arda agus ar aillte. Tógtar sead mhór. Úsáidtear cipíní aiteannaí agus líontar an taobh istigh le holann agus le préamhacha tirime féir. Beirtear suas le cúig ubh sa nead. Tugtar an bia do na héanacha óga sa ghob agus sa phúitse sceadamáin. Comhartha neide a bheith ag féach dubh ná an cac a fhágann siad ar an láthair ar a mbíonn siad ar an aradh ann.

In Albain deirtear, '*Nead air Brighde, ubh air Inid, eun air Chàisg; Mar a bi sin aig an fhitheach, bidh am bas*', i. más amhlaidh nach mbíonn na trí ghné sin ag an fhéach dhubh fán Cháisc, tiocfaidh a bhás.

Meastar go maireann péirí i gcuideachta i rith a saoil. Tchítear iad ina n-aonar, ach is minice péirí ann agus corruair tchítear ealtaí. Is iad na cinn óga a bhíonn sna healtaí de ghnáth.

Tá cur amach ag an duine ar an fhéach dhubh leis na mílte bliain. Chreidtí in Éirinn gur tuar báis a bhíodh ann, agus i dTír Chonaill ba leor é a fheiceáil ag teacht i dtreo tí le creidbheáil go raibh an bás ar na bacáin.

I dTeileann, chreidtí gur annamh a bhí an féach dubh le cluinstean, ach ar an lá is teo sa bhliain chluintí é. Dheirtí faoin éan, lá an-te sa tsamhradh, go raibh an féach dubh ag cur amach a theanga. Agus sna Garbhchríocha in Albain bhí, *Tha am fitheach a' cur a-mach a theanga leis an teas.* Chluintí a ghrágaoil thuas i nglinntí an aeir nuair a bhíodh aimsir bhrothallach ann. Mheastaí go mbíodh sé ag iarraidh uisce an t-am sin.

Itheann siad inveirtreabraigh, froganna, éanacha marbha, éisc atá marbh, mamaigh, uibheacha éanacha agus bia na trá. Tá taifid ar easógaí, luchógaí móra, gráinneogaí féir, agus coiníní a bheith mar chuid dá n-aiste bia gan trácht ar na héanacha a itheann siad agus a gcuid uibheacha, uibheacha an chlamháin ina measc.

Rinne Linnaeus (1707–1778) cur síos ar an fhéach dhubh sa *Systema Naturae* san ochtú haois déag agus tugadh *Corvus corax* ar an éan. Is é *corvus* an focal sa Laidin ar an fhéach dhubh. Is ón tSean-Ghréigis do *corax*/κοραξ, agus ciallaíonn sé 'an féach dubh' nó 'an préachán'. Tugann muintir na Breatnaise *Cigfran*, préachan na feola, air. Tá *Fee* air sa Mhanainnis, agus is *Fitheach* agus *Biatach* atá sa Ghàidhlig air. Is 'an Fiach Dubh' an t-ainm ginearálta ar an éan in Éirinn. Tugtar *Raven* air sa Bhéarla agus is fada siar a théann an t-ainm.

Chreidtí go raibh trí dheor d'fhuil an diabhail san fhéach dhubh. Bhí daoine den tuairim fosta go n-éireodh leo a bheith dofheicthe dá n-iarrfadh siad cuidiú an fhéich dhuibh. Chan fhuil gach aon scéal faoin fhéach dhubh olc. Scéal a bhíodh ag na daoine ná gurbh é an féach dubh an chéad éan a d'eitil go híseal trasna na spéire, ag iompar dea-scéil an tslánaithe chuig an duine. D'fhéadfadh go bhfuil an chreidiúint sin bunaithe ar an Bhíobla nó tá scríofa i nGeineasas (C. 8, V. 6, 7): 'Faoi chionn daichead lá d'oscail Noai an fhuinneog a bhí déanta aige san áirc agus scaoil uaidh amach an féach dubh. D'imigh seisean leis agus bhí ag guardal thart go dtí gur thriomaigh na huiscí den talamh.'

Gnás a bhíodh ann leis an ruaig a chur ar bhlagaid ná féach dubh a dhó, an luaith ón éan a mheascadh le sail chaorach. Ligtí don mheascán fuarú agus dheintí a chuimilt den bhaithis.

Deirtear, 'is geal leis an fhéach dubh a ghearrcach féin' agus 'chomh dubh le cleite an fhéich', nó 'chomh dubh leis an fhéach'.

Bhíodh aird ag daoine ar an fhéach dhubh sna bailte mar go nglanadh siad conablaigh agus salachar ar shiúl, ach scríobhadh i 1900 gur tháinig laghdú go grod orthu sa tír le leathchéad bliain roimhe sin. Cuireadh an locht faoin ár ar shréadaithe agus ar mhaoir ghéim a mharaigh le nimh agus gunnaí iad. Breacadh gur eisceacht a bhí i gContae Dhún na nGall ag an am, agus gur mhair siad ar na beanna, ar na hoileáin, agus ar an chósta. Namhaid eile a bhí acu ná an fabhcún gorm. Mar iarracht le héalú uaidh d'eitleodh an féach dubh chomh deas do na fálta agus a d'fhéadfaí.

Bíonn an féach dubh ar fáil i gcuid mhaith den domhan, chomh maith leis sin is leathan a raon airde; 360 m faoi leibhéal na farraige i réigiún na Mara Mairbhe agus chomh hard le 6,350 m ar Chnoc Everest.

Tugann siad taispeántais san aer. An léiriú is mó a chuireann an duine suim ann ná a gcumas rollú, coinníonn siad na heiteogaí lena dtaobh agus tiompaíonn ar feadh meandair ar a ndroim, agus ar uairibh i mbun imrothlaithe.

Thig leo mairstean ar feadh bliain agus fiche.

An Fheadóg Bhuí

Pluvialis apricaria

Machaire Gathlán, Gaoth Dobhair, 10 Deireadh Fómhair 2020

Tiocfaidh tú ar an fheadóg bhuí ar an chósta agus isteach faoin tír ar an chaorán nó ar an chnoc, ach is annamh a dhéanann sé cónaí ar shiúl ó loch nó imeall na trá. Tagann siad chugainn, de réir fianaise a cuireadh ar fáil de thoradh fáinnithe, ón Íoslainn sa gheimhreadh, agus is cuairteoirí samhraidh ón Fhrainc, ón Phortaingéil agus ón Spáinn iad. In amanna bíonn siad le feiceáil i gcuideachta saotharcógaí. Nuair a chuirtear isteach orthu éiríonn siad sa spéir agus is furast iad a aithint óna chéile. Bíonn an fheadóg bhuí breá gasta ar eiteog agus an tsaotharcóg cineál amscaí. Bíonn speicis éagsúla feadóige fairsing go maith ar thránna ar fud na cruinne.

Tá gob gairid ar an éan seo agus sa tsamhradh bíonn brollach dubh air, agus bíonn an droim dubh agus buí is cuma cad é an séasúr a bhíonn ann.

Itheann sé feithidí agus beatha bheag na trá chomh maith le pórtha, caora, ábhar luifearnach agus lustain. Déanann siad a gcuid i gcomhluadar faoileogaí ceanndubha agus saotharcógaí ar uairibh.

Troideann na coiligh nuair a bhíonn sé i gceist cearc a mhealladh, agus déantar cuid mhór tóraíochta ar chearca nuair a bhíonn an séasúr cúplála i gceist. Nuair a éiríonn siad amach ina bpéirí ciúnaíonn siad agus déanann siad a gcuid i gcomhluadar a chéile, fiú.

Déantar an nead insan fhraoch nó ar thortóg ar thailte arda portaigh, agus is maith leo soláthar fairsing de larbhaí cótaí leathair (*Tipulidae*) a bheith ar fáil do na gearrcaigh. Bíonn an tsead i log agus féar go minic mar líonáil. Bíonn ar an mheán ceithre ubh bhánbhuí le marcanna donna ar an chuid is leithne den ubh sa nead. Is í an chearc a bhíonn i mbun an ghoir den chuid is mó. Nuair nach mbíonn éan ar gor téann sí nó sé, suas le 10 km ar shiúl, ag lorg bia.

Is annamh a fheictear ag lapadaíl é nó is fearr leis talamh nach bhfuil faoi uisce.

Tagann an an t-ainm Gaeilge ón dath a bhíonn ar dhroim an éin sa tsamhradh, mar ar tháinig *Golden Plover*, ainm a thug Pennant (1726–1798) chun cinn i 1776 sa Bhéarla.

Tagann an t-ainm géinis ón Laidin. Ciallaíonn *pluvial*, fearthainn. Chreidtí go dtiocfadh na feadógaí buí i gcionn a chéile ina n-ealtaí nuair a bhíodh an fhearthainn ar a bealach. Is ón Laidin fosta don ainm speicis, *apricarius* agus ciallaíonn sé 'a bheith ag déanamh bolg le grian'.

Tugtar 'Feadóg Shléibhe' agus 'Pilipín Riabhach' ar an éan fosta. Is *Ushag Reaisht* atá sa Mhanainnis air, *Cwtiad Aur* an Bhreatnais, agus gairmtear *Feadag* de in Albain.

I mí na Samhna 1951, chuaigh Hugh Beaver, a bhí ina bhainisteoir stiúrtha ar chomhlacht Guinness, ag scaoileadh ar an Slaba Thuaidh in aice le habhainn na Sláine, i gContae Loch Garman. Scaoil sé le feadóg bhuí ach theip air an t-éan a mharú. D'éirigh argóint ina dhiaidh sin ag an bhaicle foghlaerachta a bhí leis fán éan géim is gaiste san Eoraip; cé an fheadóg bhuí nó an chearc fhraoigh an curadh. Tá an chraobh ag an fheadóg bhuí.

Chuaigh Beaver ag rainsiú an tráthnóna sin i leabharthaí thagartha agus tháinig sé chun solais nach raibh leabhar ar bith ar fáil a thug an t-eolas faoin éan géim is gaiste san Eoraip. Thuig sé go gcaithfeadh go raibh neart ceisteanna eile ag daoine agus nach raibh sé furast a theacht ar na freagraí orthu cosúil leis an cheist faoin éan.

Shíl sé go bhféadfadh go mbeadh ráchairt ar leabhar a réiteodh ceisteanna mar an ceann aige féin. Dúirt duine, a bhí ag obair ag Guinness, go raibh gníomhaireacht i Londain a rinne taighde faoi fhiosrúcháin. Chuaigh sé i dteagmháil leis an ghníomhaireacht agus rinne sé iad a fhostú leis an chineál leabhair a bhí i gceist aige a fhoilsiú. Agus is mar sin a saolaíodh *The Guinness Book of World Records*. Bhí éileamh mór ar an leabhar taobh istigh de chúpla mí.

Rinne an Sualannach Carl Linnaeus (1707–1778) cur síos sa deichiú heagrán aige den *Systema Naturae* i 1758 ar an fheadóg bhuí.

Thángthas ar iontaisí feadógaí atá chomh sean le 30 milliún bliain, an t-am céanna agus ar tháinig na féara chun cinn. Bíonn súile móra ag na feadógaí, agus cuidíonn seo leo a gcuid a dhéanamh le linn na hoíche. Bíonn a ngob gairid agus fóireann sin le bheith ag piocadh agus ag tóraíocht go héadomhain.

Tá an fheadóg bhuí ar 'Liosta Dearg na hÉireann' agus meastar go bhfuil laghdú de os cionn leath tagtha ar an líon a phóraíonn sa tír le blianta anuas. Den chuid is mó is in iarthuaisceart na tíre a phóraíonn sé.

An Fheadóg Chladaigh

Charadrius hiaticula

An Trá Gheal, Gaoth Dobhair, 23 Meán Fómhair 2020 (éan óg)

Gidh go dtugann muid 'an Fheadóg Chladaigh' ar an éan bheag seo is ar an trá is mó a fheictear é, agus ansin féin bíonn sé doiligh a fheiceáil nó luíonn a dhath isteach go maith leis an ghaineamh. Is minic go mbíonn ort amharc go géar lena thabhairt faoi deara. Bíonn sé le fáil fosta ar bhruach lochanna. Is ar bhruach an uisce ar an trá a itheann sé de ghnáth. Bíonn sé fairsing ar thránna ísle.

Nuair a eitlíonn sé, imíonn sé ina scaoth agus gluaiseann an ealta in éineacht go sciliúil. Sa gheimhreadh is mó a fheictear na healtaí. Is ionann culaith don chearc agus don choileach ach go mbíonn dath donn seachas dúdhonn ar chloigeann na circe sa gheimhreadh agus sa tsamhradh.

Chreidtí ach é a fheiceáil go leigheasfadh sé an galar buí. Piocann sé a chuid bia den trá ag coimhéad go bhfeice sé bogadh. Bíonn sé le feiceáil ag rith anonn agus anall agus tá sé breá aclaí. Is feithidí, cuiteoga agus crústaigh is mó a itheann sé. Ceann de na deacrachtaí a bhíonn aige nuair a bhíonn iarracht á dhéanamh ar phórú le linn an tsamhraidh ná gur seo an uain is líonmhaire cuairteoirí chun na trá.

Tagann an t-ainm géinis, *Charadrius* ó fhocal sa Laidin ar éan bhuí a bhfuil tagairt dó sa Vulgáid, leagan Laidine den Bhíobla ón cheathrú haois. Is ón Ghréigis a tháinig sé isteach sa Laidin agus chiallaigh sé 'a chónaigh in ailteanna agus i ngleannta abhann'. Agus is ón Laidin a thagann *hiaticula* agus is ionann é agus an Ghréigis a thagann ó *hiatus* a chiallaíonn 'scoilt' agus *cola* a chiallaíonn 'cónaitheoir'. Tugann muintir na Breatnaise *Cwtiad Torchog* agus an chiall carntha le 'lúba'. Is *Bothag* agus *Trileachan Traighe* atá air sa Ghàidhlig. *Feddag* agus *Feddag Reaisht* an Mhanainnis agus is ionann *reaisht* agus 'riasc' againn, rud a thugann orm síleadh gur an fheadóg bhuí seachas an fheadóg chladaigh atá i gceist leis an dara hainm. Tá 'Feadóg an Fháinne' mar ainm eile againn ar an éan. Tugtar *Ringed Plover* air i mBéarla, ainm a cheap an nádúraí Breatnach Thomas Pennant (1726–1798) i 1785.

Tagann neart acu ar cuairt chun na tíre seo mar chuid dá n-imirce shéasúrach. Is líonmhaire iad idir mí na Lúnasa agus mí

**An Charraig, Gaoth Dobhair,
29 Meitheamh 2020**

Dheireadh an Fhómhair, agus titeann a líon méid áirithe ansin mar go mbíonn na héanacha a bhíonn ar imirce ag gluaiseacht leo ó dheas. Bíonn a líon seasta ó mhí na Samhna go mí Eanáir. Bíonn sé i gcuideachta breacógaí go minic. Thig iad a aithint óna chéile mar claonann an fheadóg chladaigh a chorp uilig anuas le breith ar bhia agus bíonn an bhreacóg ag piocadh leis le gob atá níos faide ná cuid na feadóige.

Nuair a chuirtear isteach ar na feadógaí cladaigh éiríonn siad i gcuideachta agus téann siad ar eiteog go híseal os cionn na farraige go dtuirlingíonn siad in athuair le gabháil i mbun a gcoda. In amanna nuair a imíonn an chontúirt déanann siad ciorcal agus pilleann siad ar an áit a raibh siad roimhe.

Nuair a thagann séasúr na cúplála seasann an coileach os comhair na circe agus séideann sé suas an bóna dubh agus déanann sé, mar a dhéanann lapairí eile, scríobadh mar a bheadh nead á tógáil.

Bíonn a gcuid neadracha ar thrá nó ar chladach. Bíonn roinnt a théann isteach faoin tír le pórú, agus tógann siad sin an nead i bhféar sa mhiodún nó ar dhoirling ar aibhneacha. Bíonn sé doiligh an t-éan a fheiceáil ar an nead, nach bhfuil ann i ndáiríre ach scríobadh sa ghaineamh, as siocair go dtagann an t-éan agus na huibheacha i gceart leis an timpeallacht. Cuirtear, anois agus arís, clocha beaga, ábhar plandúil agus sliogáin bheaga mar líonáil leis an tsead agus bíonn sé oscailte go maith.

Beirtear ceithre ubh a mbíonn stríoca dubha orthu agus iad ar dhath na cloiche i dtrátha na Bealtaine agus an mhí ina diaidh. Maireann tréimhse an ghoir suas le mí. Glacann an cleitiú suas le mí eile. Bíonn an dá éan i mbun an ghoir agus malartaíonn siad go minic agus iad i mbun an chúraim.

Má thagann neach i dtreo na nide, imeoidh an t-éan ón nead, ag scairtigh le haird a dhíriú air féin agus ligfidh sé air go bhfuil a eiteog briste. Nuair atá an chontúirt ar shiúl ón tsead, imeoidh an fheadóg chladaigh ar eiteog. Is fearr leis an trá seachas an cladach. Ligtear amach dhá éillín, agus ar uairibh suas le trí cinn le linn an tséasúir.

Ar cheann de na deacrachtaí a bhíonn rompu ná go bhféadfadh farraige ard an nead a thabhairt ar shiúl. Nuair a tharlaíonn seo agus gan taithí ag na tuismitheoirí ar a mhacasamhail ní dhéantar iarracht ar tharrtháil a thabhairt ar na huibheacha. Ar an láimh eile déanfaidh péire taithíoch na huibheacha a rollú isteach i log úr agus an fharraige ag trá agus leanfar den ghor.

Comhartha a chuir Suibhne Geilt ar a aire ba é scairt na feadóige.

An Fheadóg Ghlas

Pluvialis squatarola

Machaire Gathlán, Gaoth Dobhair, 9 Eanáir 2019

Is cuairteoirí geimhridh ón tSibéir an t-éan seo. Is ag deireadh mhí Iúil a thig siad i dtoiseacht ach is idir mí Mheán an Fhómhair agus mí Aibreáin a thig a mbunús. Bíonn siad níos meathbháine ná an fheadóg bhuí, gan an blas buí ar na codanna uachtaracha ach iad breac le dathanna dubha agus bána orthu. Bíonn an gob dubh níos tuibhe agus níos faide ná cuid na feadóige buí, agus bíonn paiste dubh faoi na heiteogaí nuair a bhíonn siad ag eitilt agus barraí dubha ar an ruball. Is dubh a bhíonn na cosa. Bíonn fad 27–39 cm iontu agus meánn siad idir 190 g agus 280 g, agus suas le 345 g agus iad réidh le gabháil ar imirce. Bíonn an geadán bán le feiceáil nuair a bhíonn siad ar eiteog. Tá claonadh iontu a bheith níos aonaraí ná an fheadóg bhuí. Tigtear orthu de ghnáth leo féin nó ina mbaiclí beaga scaoilte, agus is ina scaotha móra a bhíonn an fheadóg bhuí den chuid is mó. Murab ionann agus an fheadóg bhuí agus an fheadóg bheag bíonn ladhar bheag ar chúl na coise ag an fheadóg ghlas. Is annamh a fheictear isteach faoin tír iad. Ag tús na fichiú haoise measadh a líon a bheith teoranta fá Thír Chonaill agus síleadh i lár an fhichiú céad gur annamh a d'fheictí iad fá na hinbhir i dTír Chonaill. Tá cúpla taifead cláraithe san am i láthair do cheantar an iarthuaiscirt agus is léir nach bhfuil siad líonmhar.

Bíonn siad ar fáil ar fud na tíre, ach iad teoranta don chósta. Is ar chósta an deiscirt agus an oirthir is mó a thigtear orthu ar inbhir mhóra ghláracha agus ar thránna chomh maith le lochanna agus cuanta.

Téann siad ar an fharadh ina scaotha dlútha nuair a bhíonn barr lán ann. Bíonn a ndáileadh níos scaoilte nuair a bhíonn siad i mbun a gcoda. Eitlíonn siad go gasta.

Le teacht shéasúr na cúplála cuireann coiligh, agus iad i gcuideachta, taispeántas ar siúl. Agus iad ar eiteog titeann siad go domhain gan an talamh a bhualadh agus ansin éiríonn siad aníos ag eitilt go hard. In amanna bíonn siad i mbun taispeántais ar an talamh.

Déanann siad nead ar an doirling, ag scríobadh san áit a mbíonn an fásra ag luí ar an talamh, úsáidtear plandaí as thart ar an tsead lena líonáil. Is buntáiste seo agus iad ag faire amach. Bíonn ceithre ubh sa nead. Bíonn an dá thuismitheoir i mbun an ghoir a mhaireann rud beag le cois trí seachtaine. Leigtear amach an t-éillín i gcuideachta a chéile. Mar sin thig leis na scallamáin an nead a fhágáil i gcomhluadar a chéile leis na tuismitheoirí le teacht ar bhia agus le tearmann foscúil a aimsiú.

Má thig neach ar bith gar don nead ligeann na tuismitheoirí orthu féin go mbíonn siad leonta go holc, iad ag creathadh a gcuid eiteogaí, nó cromtha leis an ruball agus na sciatháin spréite amach leis an namhaid a mhealladh ar shiúl. Tagann siad chucu féin go luath tar éis don chuairteoir imeacht.

Tar éis do na héanacha pórú gluaiseann siad i dtreo an deiscirt, cuid acu chomh fada le 40° ó dheas.

Itheann siad moilisc bheaga, crústaigh, cuiteogaí agus inveirteabraigh. Déantar an bia a aimsíonn siad a thumadh in uisce tanaí ar uairibh, agus tá an tuairim ann go ndéantar amhlaidh lena ghlanadh.

Tagann an t-ainm eolaíoch ón Laidin. Ciallaíonn *Pluvialis* baint a bheith le fearthain. Tagann sé ó *pluvia*, baisteach, agus tá *squatarola* ar fhocal a bhfuil craiceann Laidine air ó *Sgatarola* a d'úsáid na Véinéisigh nuair a bhí lapaire i gceist acu. *Feddag Ghlass* atá sa Mhanainnis, agus *Cwtuiad Llwyd* sa Bhreatmais. *Feadag-Ghlas*, *Trileachan* agus *Greagag* atá ag muintir na hAlban air. Tugtar an *Grey Plover* air i mBéarla agus bhí sé á úsáid ó lár na séú haoise déag.

Meastar gur cruinne an t-ainm atá ag na hOllannaigh agus na Francaigh, 'an Fheadóg Airgid', seachas mar atá againn féin nó sin mar a fheictear uachtar an choirp. Rinne Carl Linnaeus (1707–1778) cur síos foirmeálta air i 1758.

Creidtear nach bhfuil guth ar bith a léiríonn uaigneas na dtailte arda i dtuaisceart na cruinne ná glór tríshiollach na feadóige léithe. Is impholach atá a raon póraithe. Tugtar suntas don chlúmh nuair a bhíonn séasúr an phóraithe ann nó bíonn culaith uachtarach le cleití dubha, donna, donnbhuí agus iad breac air a luíonn isteach leis an timpeallacht a chuireann a naimhde ó dhoras. San imirce dóibh cuidíonn na heiteogaí caola leis na bioranna le heitilt go gasta thar achar fada, dhá uair sa bhliain, ó dheas chuig an leathsféar theas agus ó thuaidh arís chuig an tundra. Cuireann siad suas meáchan don turas imirce lena dtabhairt slán, agus in amanna eisceachtúla itheann siad pórtha agus caora i gcuideachta na bhfeithidí.

Fanann péirí dílis dá chéile i rith a saoil den chuid is mó agus lorgaíonn siad an páirtnéir céanna bliain i ndiaidh bliana, agus tá cuid acu a bhaineann feidhm as an áit chéanna póraithe go fiú.

An Fheannóg

Corvus cornix

Machaire Uí Rabhartaigh, Cloich Chionnaola, 17 Samhain 2018

Cha bhíonn meas ar an fheannóg. Is minic daoine á cháineadh as an tslad a dhéanann sé, mar a mhaítear. Tchí muidinne é ar an chaorán, ar an mhachaire agus ar an trá. Préachán atá ann agus nósanna a threibhe aige. Bíonn sé cliste go maith mar is dual do na préacháin, agus i ngeall ar a n-éirim is beag áit ar domhan nach mbíonn sé le fáil ann.

Tugtar faoi deara thart ar an chósta go bhfuil sé de chumas ag an fheannnóg sliogáin agus sliogéisc a thógáil den chladach, eitilt in airde agus ligint do na sliogáin titim anuas ar ábhar chrua mar ché nó carraig, mar shampla, lena mbriseadh agus fáil a fhad ansin leis an bhia. Ligeann siad do na sliogáin titim anuas arís agus arís eile go mbriseann siad.

Tá nasc idir Mór-Ríoghain, bandia cogaidh agus an fheannóg. Bhíodh an fheannóg mar fheathal ag Tuathalaigh Chill Mhantáin. Bhíodh an ghair 'Feannóg Abú' acu agus iad ag gabháil chun troda.

Tá scéal i dToraigh fán am ar lig an Dúgánach, Colm Cille i dtír ar an oileán, go raibh san am, a raibh beo ar an oileán faoi gheasa ag an fheannóg. Nuair a chonaic an fheannóg Colm Cille ag teacht chun an oileáin, d'fhéach sé lena chuid geasróg a imirt air, ach labhair Colm Cille leis an éan, agus bhain sé a éifeacht de. Dúirt sé:

> *A éin léith an bhrollaigh bháin,*
> *Guímse Dia agus Aon-Mhac Muire*
> *Agus do cheann fhéin go raibh dá chealgadh.*

De réir na léarscáile dáilithe tá sé ar fáil ar fud na hÉireann.

Tugtar 'an Charóg Liath' nó 'an Charóg Ghlas' air fosta. Tugtar an *Grey Crow* air i mBéarla na hÉireann agus tá an t-ainm céanna ag muintir na Danmhairge air agus tá sé fosta sna teangacha Slavacha. Ainmneacha Béarla atá ag muintir na hÉireann air ná an *Hooded Crow* agus an *Scald Crow*. Ainm *Hooded Crow* a tháinig chun tosaigh in Albain sa séú haois déag. I dtuaisceart na hÉireann tugtar an *Hoodie* air. Ciallaíonn *Corvus*, an fiach dubh i Laidin, agus is ionann *cornix* agus an préachán. *Brân Llwyd* atá air sa Bhreatnais, is ionann *llwyd* agus liath. Tugann muintir na hAlban *Feannag Ghlas* agus *Garrag Ghlas* air, agus mar an gcéanna ag pobal na Manainnise nó is *Fannag Ghlass* atá air.

Scríobh Giraldus Cambrensis sa dara haois déag nach raibh aon phréachán dubh in Éirinn nó má bhí go raibh siad gann, go raibh préachán ann le dhá dhath nó níos mó. Déanann sé tagairt don chleachtadh ag an éan sin sliogéisc a iompar in airde agus ligint dóibh titim ar charraig le go mbrisfear iad.

Tugtar 'fód na feannóige' ar an fhód a chuirtear ar bharr an chlampa móna. Spadar a bhíonn ann.

Deirtear gur an bheannacht a d'fhág Colm Cille ar an phréachán is cúis lena líonmhaireacht.

Dheirtí san am a chuaigh thart nach mbíodh sé doiligh na préacháin a shásamh ina gcuid. Bhí aird acu ar an uile chineál pracair agus go raibh siad tugtha do bheith ag ithe an tsalachair a d'fhágadh beithigh ina ndiaidh ar an bhealach mhór.

Tchí muid inniu iad agus a gcloigeann sáite i málaí ó ionaid ghreim gasta a chaitear amach as carranna agus a fhágtar ar an tsráid, agus fiú iad ag creathadh na málaí le teacht ar na grabhrógaí. Itheann an fheannóg feoil.

Meastar go bhfuil baint ag an ainm 'feannóg' leis an bhriathar 'feannaim'. Ciallaíonn sin feoil a bhaint ina stiallacha, mar shampla. Is 'feannóc' a bhí ar an éan roimhe seo. Tá sé sa chaint againn inniu agus é á úsáid sa nath, 'd'fheannfadh an ghaoth sin tú'. Ba *ennach* a bhí air sa tSean-Ghaeilge. Teoiric eile a bhaineann leis an ainm ná go maítear go bhféadfadh gur tháinig an t-ainm ón dath 'fionn', mar is dath éadrom liath nó fionn a bhíonn ar dhroim an éin.

Sa bhliain 2002 glacadh leis gur speicis ar leith an charróg dhubh (*Corvus coronei*) agus an fheannóg.

Tá an dáileadh ag an charróg dhubh ar fud na Sasana, na Breataine Bige, agus na hAlban seachas an t-iarthuaisceart. In Éirinn agus iarthuaisceart na hAlban a lonnaíonn an fheannóg.

Rinne maoir seilge géarleanúint ar an fheannóg i ngeall ar an tslad a ghníonn siad, dar leo, ar uibheacha cearca fraoigh agus ar éanacha eile a ndéantar fiach orthu. Chuala mé féin feirmeoirí ag rá go bpiocann siad na súile amach as uain ach ní fhaca mé fianaise riamh ar an ealaín sin acu.

Bíonn siad iontach dlúsúil agus iad ag déanamh a gcoda ar an fheamnach, á tiompú agus á hiniúchadh. Téann siad isteach in uisce na farraige go mbíonn na cosa clúdaithe.

An Fearán Baicdhubh

Streptopelia decaocto

Mín Doire Dhamh, Gaoth Dobhair, 5 Bealtaine 2020

Níl aon tagairt ag an Íosánach, P. G. Kennedy in *A List of the Birds of Ireland* a foilsíodh ag Oifig an tSoláthair i 1961 don éan seo, ach i 1959 rinneadh an chéad taifead dó ag pórú in Éirinn. Is as iardheisceart na hÁise dó ó cheart agus leathnaigh sé siar le linn na naoú haoise déag agus na fichiú haoise. Bhí sé sa Tuirc fán tséú haois déag. Tuairiscíodh an t-éan a bheith sa Bhulgáir i 1838, idir 1900 agus 1920 thángthas air sna Balcáin. Bhí sé isteach san fhichiú haois nuair a tháinig siad chuig iarthar na hEorpa. Shroich siad an Ghearmáin in 1945 agus an Bhreatain i 1953.

Leathnaigh sé ar fud na hEorpa níos gaiste ná éan ar bith eile a bhfuil taifead air. Níl tuigbheáil dá laghad ar an spreagadh a thug ar an éan leathnú go leitheadach. Teoiric amháin atá ann ná go gcuidíonn sé leis an spréadh go mbíonn níos mó ná éillín amháin sa bhliain ann, suas le naoi n-iarracht ar phórú i gcás amháin agus ligeadh amach cúig éillín, de réir taifid. Nuair a thug siad faoin Eoraip bhí a líon ag dúblú in aghaidh na bliana ach mhaolaigh ar an ráta sin ó shin. Scaoileadh roinnt acu saor sna Bahámaí agus leathnaigh siad go tuaisceart Mheiriceá mar thoradh.

Bíonn siad le feiceáil in aice le foirgnimh, sna bailte agus ar an fheirm. Tagann siad le chéile ina n-ealtaí sa gheimhreadh. Bíonn fad de 30–33 cm iontu.

Is maith leo áiteacha a mbíonn an-chuid crann, le nead a thógáil iontu. Is cosúil nach maith leo an fhairsingeacht gan foscadh agus cha bhíonn siad ar na cnoic.

Is trí bliana a mhaireann an t-éan ar an mheán. Den chuid is mó is ábhar luifearnach a itheann siad, agus bíonn siad in aice áiteacha ina ndoirtear grán, machasamhail stóir gráin. Thug mé fad ar dhaoine ag tabhairt bia go rialta dóibh sa pháirc phoiblí ar an eastat tionscal ar an Screabán i nGaoth Dobhair. I ngeall ar an chothú seo ag an duine tá a líon ag méadú.

Tagann an t-ainm géinis ó *Streptos* an tSean-Ghréigis στρεπτός ar thorc, agus πελεια, a chiallaíonn, 'colm', ainm a thug an t-éaneolaí Charles Lucien Bonaparte (1803–1857) chun tosaigh i 1855. Is Laidin bunaithe ar an Ghréigis, an t-ainm speicis, *decaocto* agus ciallaíonn sé 'ocht déag', ó *deca*, deich agus *octo*, ocht. I miotaseolaíocht na Gréige rinne seirbhíseach gearán fíochmhar mar nár díoladh ach ocht mbonn déag léi in aghaidh na bliana, agus rinne na déithe fearán di agus phronn siad guth éagaointeach uirthi.

Níl aon idirdhealú eolaíoch idir *Dove* agus *Pigeon* an Bhéarla, ná níl sa Ghaeilge ach an oiread. Baineann sinn feidhm as trí fhocal, 'Colm', 'Colmán' agus 'Colúr'. I dtaca le lucht an Bhéarla tá dearcadh ann, measaim, go mbíonn an *Dove* níos séimhe ná an *Pigeon*. Tugtar *Turtur Dorchog* nó *Durtur Dorchog* air sa Bhreatnais. *Calmane Coillaraghi* atá air sa Mhanainnis, agus *Calman Coilearach* sa Ghàidhlig.

Sa leathnú ar a raon ó thús na fichiú haoise meastar go spréann an t-éan ag ráta de 44 km sa bhliain ar an mheán.

Is i mBaile Átha Cliath a rinneadh an chéad taifead ar an fhearán baicdhubh ag pórú in Éirinn. Cha bhíonn cuma mhaith ar an nead, í déanta de chipíní adhmaid a chruinníonn an coileach ach is í an chearc a thógann an nead.

De thairbhe nach fada inár measc an t-éan cha luaitear sa bhéaloideas é ach tá ainm coitianta ag an ghnáthphobal sa Ghearmáin air, tugann siad *Die Fernsehtaube* air nó 'fearán na teilifíse' siocair go bhfeictear ina shuí ar aeróga teilifíse go minic é.

Tagann siad chuig an bheathadán éan. Tá fianaise ann gur fearr leo na bruachbhailte agus na sráidbhailte gona ngarraithe. Tá aird ar leith acu ar chrainn phéine. Chan fheicim fán chósta ná ar an mhachaire iad cé go bhfuil siad sa cheantar. Is minic a thigtear orthu ina bpéirí ach bíonn scaotha ann ó am go chéile. Sa tsuirbhé ag Cairde Éanlaith Éireann ar éanacha garraithe sa gheimhreadh i 2020/21 tháinig an fearán baicdhubh sa tríú háit déag i gCúige Uladh ó thaobh minicíochta de.

Ní chleachtann an t-éan an imirce shéasúrach ach tá sé scaipiúil ina iompar, oiread sin go bhfuil sé ar cheann de na héanacha is mó taisteal óna bhunraon a bhíodh ó oirthear na Tuirce go deisceart na Síne agus ó dheas chuig an India agus Srí Lanca san áit a mbíonn aimsir the.

Má bhain sé an tír seo amach i 1959, bhí sé sna hOileáin Fharó luath sna 1970idí. Roimh dheireadh na haoise seo chuaigh thart bhí sé ar fáil i dtuaisceart na hAfraice ón Éigipt siar go Maracó agus na hOileáin Chanáracha.

Bíonn sé ar fáil ó thuaidh den Chiorcal Artach san Ioruaidh. Tá taifead air mar fhánaí san Íoslainn ach níor chuir sé faoi sa tír sin.

An Fiacholm

Columba livia domestica

Mín Doire Dhamh, Gaoth Dobhair, 4 Samhain 2017

Seo an colm a fheictear fá na cathracha agus na bailte móra. Tarlaíonn sé go mbíonn coilm cheansaithe ann agus baintear feidhm astu mar mhaithe le rásaíocht mar shampla. Tháinig an colm ceansaithe nó an colm tí ón cholm aille. Is colm an cineál faoi chaibidil anseo a bhíodh ceansaithe ach atá imithe fiáin in athuair. An ghnáthóg ag an cholm aille ná speanca ach is sna bailte is minic a fheictear an fiacholm ina sheasamh ar leac foirgnimh. Tá sé le tabhairt faoi deara anseo gur ina shuí ar leac fuinneoige atá an t-éan seo.

Chan fáilte a chuirtear roimh an éan i gcuid mhór de bhailte agus de chathracha na cruinne i ngeall ar an tsalachar a fhágann sé agus i ngeall ar na galair a iompraíonn sé. Chomh maith leis sin déanann sé dochar d'fhoirgnimh agus, faoin tír, déanann siad damáiste do bharraí.

I gcuid mhór cathracha tá iarrachtaí ar bun lena gcoinneáil faoi smacht nó lena ndíothú ar fad.

Siocair go dtig leis an fhiacholm bainne eagáin a dhéanamh i rith na bliana thig leo pórú ó cheann ceann na bliana. Póraíonn siad nuair a bhíonn an bia fairsing. Sna cathracha bíonn bia ar fail i dtólamh agus baint ag an ghnás ag an duine bia a fhaigheann sé ar cois a chaitheamh ar shiúl, mar sin póraíonn an fiacholm suas le sé huaire sa bhliain. Déanann an dá thuismitheoir cúram an ghoir.

Cónaíonn siad i scaotha ó 50 go 500. Bíonn a líon níos fairsinge nuair a bhíonn flúirse bia ann. Itheann siad grabhrógaí aráin, cnónna, piseánach, feoil a bhfuil cócaireacht déanta air agus go leor eile nach é.

Is ainmníocht thríthéarmach atá ar an fhiacholm. Is ionann an *Columba livia* agus 'an colm aille' agus ciallaíonn *domus* 'teach' sa Laidin. Tugtar an *Feral Pigeon* nó an *City Pigeon* ar an éan i mBéarla. Tugann muintir na Breataine Bige *Colomen Ddôf* air, rud a chiallaíonn colmán ceansaithe. Tugtar *Colmane* air sa Mhanainnis, agus *Cean Calmane* ar an éan óg. Tá *Calman-Taighe* ag muintir na hAlban.

Luadh go n-iompraíonn siad galair ach is annamh a

Toraigh, 9 Meitheamh 2016

thrasnaíonn aon ghalar chuig an duine i ngeall ar an chóras imdhíonach ag an duine. Mar sin féin iompraíonn siad baictéar as a thig siteacóis agus chomh maith leis sin bíonn baictéir samonella á n-iompar acu.

De ghnáth is i lár na gcathracha is líonmhaire an fiacholm. Mar sin bíonn teacht go furast ag an duine orthu. Thig laghdú a dhéanamh ar a líon ach srian a chur leis an tsoláthar bia a bhíonn ar fáil dóibh. Is minic a bhíonn feidhm le dlí a thabhairt isteach le tabhairt ar an duine gan a gcothú. Tá cathracha ann a chuireann áiteacha ar fáil le go mbíonn sé furast ag an fhiacholm neadracha a thógáil iontu agus furast ag an duine fáil a fhad leis na seada agus na huibheacha a thabhairt ar shiúl. Thig fosta féachaint chuige nach mbíodh suíomh ar fáil dóibh ina bhféadfadh siad pórú.

Suimiúil gur éan aille a bhfuil an chathair tugtha air féin anois an áit is mó a dhéanann slad ar an fhiacholm. Sna bailte móra is iad na fiacholm amháin chóir a bheith an bia ag an fhabhcún ghorm.

Ní hé an bia a itheann an fiacholm an fhadhb is mó a bhaineann leis ach an salachar a fhágann sé. Bíonn aigéad sa chac agus imríonn sé creimeadh ar fhoirgnimh agus ar dheilbh. Bhíodh an dúlíon fiacholm i gCearnóg Trafalgar i Londain ach i Meán Fómhair 2007 tugadh fo-dhlíthe isteach a chosc ar dhaoine a gcuid a thabhairt do na héanacha seo sa chearnóg agus sa cheantar mórthimpeall, agus fíneáil i gceist dá mbrisfí an dlí.

Baineadh feidhm as fiacholm le corónú Ramasaes III na hÉigipte a fhógairt os ard i 1198 R. Ch. Le linn an Dara Cogadh Domhanda d'iompraítí dhá fhiacholm in eitleáin chogaidh de cuid na Breataine. Bhí sé i gceist go bpillfeadh na héanacha chuig bunáit an tsoithigh dá mbuailfí eitleán le harmlón agus dá dtitfeadh sí as an spéir. Bhí cuntas nuachtáin ar a leithéid tarlú i 1943 sa Mheánmhuir agus tugadh tarrtháil ar chriú an eitleáin.

Cé nár chuala mé ráite riamh é mar chreidiúint, dealraíonn sé go gcreideann daoine gur comhartha áidh cac fiacholm agus é scaoilte anuas ar a gcuid éadaí.

An Fulmaire

Fulmarus glacialis

Toraigh,
9 Meitheamh 2016

Tugtar sonrú don fhulmaire i ngeall ar na polláirí ar uachtar an ghoib, tugtar naracoirn ar na polláirí seo. Bíonn idir seacht agus naoi bplátaí adharcacha sa naracorn.

Déanann an fulmaire ola ina ghoile agus bíonn eistir chéireacha agus trighlicridí san ola. Déantar an ola seo a stóráil sa phró-eagaois, gné den chóras díleá nach bhfuil ag mamaigh. Féadann an fulmaire an leacht seo a theilgeadh amach as a bhéal mar chosaint in éadan creachadóirí. Chomh maith leis sin, is foinse mhaith bia do na scallamáin é, agus baineann na héanacha fásta úsáid as le linn a dturasanna fada eitilte, nó cothaíonn sé fuinneamh. Greamaíonn sé de na cleití ar chreachadóirí éan agus fíonn sé a gcuid cleití le chéile, rud a thugann a mbás.

Tá faireog salainn suite os cionn chuas an ghaosáin agus cuidíonn sin leis an chorp a dhíshalannú. Tá seo de dhíth i ngeall ar an mhéid sáile a ólann sé. Cuireann an fhaireog amach tuaslagán láidir salanda óna ghaosán.

Bíonn saolré fada acu mar éanacha. Maireann cuid acu suas le dhá scór bliain.

Is ón tSean-Lochlainnis, *fúll*, a chiallaíonn 'samhnasach' agus *már* a chiallaíonn 'faoileog' an t-ainm. Is tagairt seo don screabhán lofa a thagann ó ghoile an éin an chéad chuid den ainm. Ar an láimh eile, scríobhtar san *Encyclopedia Britannica*, eagrán 1911, go dtagann an Béarla, '*fulmar*', ón Ghàidhlig, '*fulmaire*'. Ciallaíonn *glacialis*, oighreach. Tugtar 'an Chánóg Bhán' ar an éan fosta. Is dóigh gur i Hiort na hAlban an chéad áit sna hoileáin seo a lonnaigh sé agus gur thrasnaigh an t-ainm ag na Lochlannaigh isteach sa Ghàidhlig thart faoin tríú haois déag. Scríobh Màrtainn Mac Gille Mhàrtainn (?–1718) ón Oileán Sgiathánach an focal i leabhar uaidh, *A Late Voyage to St Kilda* i 1698.

Tá *Foillan Albinagh* air sa Mhanainnis, agus i ndeisceart an oileáin go háirithe an *Pibbin Vane*. Sa Bhreatnais is *Aderyn-drycin y Graig*, éan stoirme na carraige, agus *Gôylan y Graig*, faoileog na creige atá air. Tugtar *Fulmair, Eun-Crom, Láir-Ghlas* agus *Colman-Hiortach* in Albain air.

Póraíonn sé ar laftán aille. Ubh amháin a bhíonn ann. Tá athrach scéil ag an fhulmaire in Éirinn. I 1900 scríobhadh gur annamh a thigeadh an t-éan chuig cósta na tíre má thigeadh sé ar chor ar bith, ach sa lá inniu bíonn teacht air fad an chósta. Tugadh an fulmaire faoi deara ag lorg áite do nead ar aillte i gContae Dhún na nGall i 1907. An bhliain 1911 a luaitear mar an chéad uair a phóraigh sé in Éirinn agus tharla sin i gContae Mhaigh Eo. An bhliain ina dhiaidh sin a phóraigh sé den chéad uair i dTír Chonaill. Is ó thuaidh ó Éirinn a bhí a raon roimhe sin.

Gidh go bhfuil cosúlacht idir an fhulmaire agus na fhaoileoga chan fhuil siad muinteartha.

Chan fhuil a achmhain siúil láidir. Cleachtann an dá thuismitheoir an gor ar feadh tréimhsí cheithre lá as a chéile.

Sa naoú céad déag agus san fhichiú haois in oileánra Hiort, atá 64 km siar ó Uibhist a Tuath in Inse Gall na hAlban, thigeadh fir an oileáin i gcionn a chéile an chéad seachtain de mhí Lúnasa agus mharaítí na fulmairí. Is le linn na chéad seachtaine de mhí Lúnasa amháin a cheadaítí an marú. Bhaintí an ola de na héanacha agus bhíodh an fheoil mar bhia i rith an gheimhridh. Tá an ola ar aon dul le hola cruóige troisc ach go bhfuil boladh láidir uaidh. D'úsáidtí an ola ar Hiort do na lampaí, an fheoil mar bhia, na cleití mar éadaigh leapa, chuirtí an ola ar a gcuid chréachtaí agus bhíodh sé mar chógas acu fosta.

D'úsáidtí goile an ghainneáin le hola ón fhulmaire a choinneáil ann agus chuirtí an ola ar an tsrincne ar linbh nuabhreithe. Síltear go bhféadfadh go raibh baint mhór ag an chleachtas seo leis an ráta ard báis ag linbh ar an oileán de thaibhe teiteanais agus go raibh seo ar cheann de na fáthanna a thug ar an phobal an t-oileán a thréigint i 1930.

Baineann an fulmaire úsáid as níos mó cineálacha beanna seachas éan mara ar bith eile. Cuireann siad fúthu ar na haillte chomh luath le mí dheireadh an Fhómhair ag teacht agus ag imeacht de réir mar is toil leo. Is ubh amháin, agus an dara hubh go hannamh, a bhíonn sa tsead.

Féadann uibheacha agus éanacha óga próitéin a sholáthar do dhaoine nach acmhainn dóibh feoil a cheannach. Bailítear na huibheacha ag an fhulmaire ina mílte ó chóilíneachtaí póraithe ar Oileáin Vestmannaeyjar amach ó chósta theas na hIoslainne, agus baineann an pobal Ionúiteach i gCeanada barr uibheacha an éin go rialta.

An Gabhlán Binne

Delichon urbicum

**Dún Fionnachaidh,
6 Meitheamh 2018**

Ar uairibh cuidíonn an duine go hindíreach le héanacha. Baineann an gabhlán binne feidhm as foirgnimh ag tógáil a nide, fiú sna bailte móra, rud a thugann deis do mhuintir na cathrach aithne a chur ar an éan. Tagann sé chugainn níos moille ná an áinleog, an dara leath de mhí Aibreáin, agus imíonn sé arís i mí Mheán an Fhómhair. Thig go mbíonn sé níos moille ag teacht chuig iarthuaisceart Thír Chonaill seachas an chuid eile den tír. Cruinníonn siad ina scaoth roimh imeacht dóibh ó dheas san fhómhar.

Ní mar seo a bhíodh anallód mar ba ar aillte a dhéantaí an nead, agus thiocfadh go mbíonn iarsmaí den ghnás sin ann go fóill. San iarthuaisceart i dTír Chonaill i ngeall ar an díobháil foscaidh agus an díth feithidí, a itheann siad ar eiteogaí, chan fhuil siad líonmhar.

Tógtar an nead faoin tarr san áit a mbíonn dronuillinn idir é agus an balla agus ar uairibh tógtar an nead ar fraighligh taobh istigh de scioból ach den chuid is mó is faoin aer a bhíonn an tsead. Tá taifid orthu ag baint feidhme as stuanna droichid dá neadracha.

Caitear suas le deich lá leis an tsead a thógáil agus a shéalú. Glacann sé suas le míle millíní láibe a thógtar sa ghob leis an tsead a chur i gcionn a chéile. Bíonn sé doiligh ag an éan teacht ar ábhar nide nó sead a chóiriú le linn tromaigh. Is ón bhun aníos a thógtar an tsead agus bíonn déanamh rocach uirthi ar an taobh amuigh.

Bíonn an t-éan tuairim agus 12 cm ar fhad. Cha bíonn sé chomh líonmhar agus a bhíonn an áinleog. Bíonn sé furast a aithint nó bíonn an geadán geal, agus níl an ghné bhán seo ag an áinleog ná ag an ghabhlán gainimh. Cloigeann snasta dubh atá air, agus is dubh a bhíonn an droim, na sciatháin, agus an ruball. Bíonn na heitogaí triantánach agus déanann an t-éan neart faoileoireachta. Is gabhlach a bhíonn an t-eireaball, ní bhíonn sraoilleáin leis, agus bíonn sé gairid. Bíonn íochtar an choirp glé geal. Is gasta a eitilt.

Cúpla bliain ó shin bhí nead ag gabhlán binne faoi tharr ar theach ósta dhá urlár sa cheantar agus ní shásódh a dhath muintir an tí ach iad dréimire a fháil agus an nead a mhilleadh. Rinneadh amhlaidh mar bíonn an talamh faoin nead cáidheach, ach thig an deacracht a shárú ach clár a chur síos agus an salachar a thiteann a ghlanadh ó am go chéile. Chan fhaca mé an gabhlán binne sa cheantar ó shin ná a nead. I ngeall ar an chineál taobh tíre i gcuid mhaith den cheantar abhus agus díobháil na bhfeithidí de thairbhe na haimsire fliche is dóigh gur tearc an t-éan sa dúiche abhus.

Ar feadh na mblianta bhíodh nead faoin díon ag seanscoil náisiúnta Leitir Bric i nGleann Fhinne agus bhí sé le tabhairt faoi deara nár bhain duine ar bith di, fiú má bhí salachar dá bharr agus páistí isteach agus amach chun na scoile.

Sa ghrianghraf anseo bhí an t-éan ar chúl bhallóg óstáin i nDún Fionnachaidh áit a mbíonn meascán de ghaineamh agus de chréafóg, agus bhí traidhfil bheag de na héanacha ag tógáil an chlábair le gabháil i mbun seide. Taobh amuigh den chúram seo a bheith orthu is annamh a fheictear ar an talamh iad.

Tugann muintir na Breatnaise *Gwennol y Bondo* air, áinleog na sceimhleacha, agus is *Gollán Thie* atá air sa Mhanainnis. In Albain is *Gabhlan Gaoithe* agus *Gabhlan Toighe* atá air. Meastar gur an nádúraí Sasanach, Gilbert White (1720–1793) a bhain úsáid as an ainm *House Martin* den chéad uair i 1767. Is é seo an chéad sampla atá ar fáil d'ainm duine a bheith in úsáid le héan a aithint, agus thig gur baineadh feidhm as an ainm 'Martin' chomh fada siar leis an dara haois déag.

Déanamh cupa a bhíonn ar an tsead agus foscailt ar an bharr. Bíonn siad le feiceáil ag glanadh na seide ar theacht dóibh. Níos moille beidh blaosc na n-uibheacha le feiceail ar an talamh faoin tsead, rud a léiríonn gur ligeadh éiríín amach. In amanna cuireann an gealbhan binne an ruaig ar an ghabhlán binne agus baineann sé feidhm as an nead atá tógtha, agus glacann éanacha eile seilbh ar shean-neadracha gabhlán binne.

In áiteacha is gné d'fhoirgnimh mhóra seanda mar chaisleáin, ardeaglaisí, tithe ósta, agus fiú droichid an tsead. Bíonn an dearcadh ag daoine i ngeall air sin go léiríonn sé buanseasmhacht agus fiú go mbíonn an timpeallacht ina bpilleann siad go bliantúil measartha slán. Thiocfadh go mbeadh teacht agus imeacht an ghabhláin bhinne chomh sean leis an fhoirgneamh féin. Glacann cuid de na daoine leis gur comhartha áidh an t-éan a theacht chucu bliain i ndiaidh bliana.

An Gabhlán Gainimh

Riparia riparia

An Carn Buí, Na Rosa,
27 Aibreán 2022

Is donnbhog ar uachtar agus geal ar íochtar a bhíonn an gabhlán gainimh, agus bíonn banda donn ar an chliabhrach. Tá sé ar an cheann is lú de na háinleogaí a thagann chugainn agus ar cheann de na himircí is túisce a thugann cuairt san earrach. Is beag de ghabhal a bhíonn sa ruball agus bíonn sé níos lú ná cuid na háinleoige. Cha bhíonn an eitilt aige chomh snasta le cuid na háinleoige. Bíonn sé abhus faoi dheireadh an Mhárta agus bíonn sé linn go mbíonn mí Mheán an Fhómhair ann. Ansin ag pilleadh dóibh imíonn siad ina mbaiclí beaga. Meastar go dtagann suas le 20,000 péire chun na tíre seo.

Coinníonn siad cuideachta lena chéile agus feictear iad ag eitilt os cionn lochanna agus aibhneacha agus tóraíocht ar fheithidí agus chuileogaí sa tsiúl. Is maith gur na míoltógaí (*Cuculiodes impunctatus*) is mó a itheann siad. Baineann an mhíoltóg bhaineann plaic as an duine siocair go mbíonn fuil de dhíth uirthi le haghaidh proitéin ag na huibheacha a bhíonn á bhforbairt ina corp aici. Bheadh sé ina chuidiú in iarthuaisceart Thír Chonaill dá mbeadh an gabhlán gainimh níos líonmhaire. Is cinnte gur an crá croí is mó againn lá gruama samhraidh gan an ghrian go láidir sa spéir, fearthainn á tuar, na néalta míoltógaí fán chaorán, fán abhainn agus fá na tithe go fiú agus sinn ite beo acu.

San Afraic san áit a chaitheann siad an geimhreadh féadann laghdú mór a theacht orthu. Níl ann ach fad 12 cm agus cha mheánn sé a dhath níos mó ná an meantán gorm, ó 10 go 12 g. Is fad 25–32 cm a bhíonn na heiteogaí ar leithead.

Is i gcoiréil ghainimh, ar bhachtaí caoráin, i bpoill i mballaí agus ar bhruach abhann a bhíonn na coilíneachtaí póraithe. Tógann sé tollán a ardaíonn roinnt agus fad 60–90 cm ann agus bíonn líonáil féir i gcúl na nide. Baineann sé feidhm as na cosa, a bhíonn lag, agus an gob leis an tollán a chruthú. Nuair nach mbíonn an gabhlán gainimh fá chónaí sa nead tá chóir a bheith suas le fiche speiceas eile éan a bhainfidh feidhm as na tolláin le neadracha a thógáil iontu.

Scríobhadh i lár na fichiú haoise go raibh sé fairsing faoi thuaisceart chontae Dhún na nGall ach nach raibh an scéal amhlaidh in iarthar na contae.

Tugtar 'Bruachallán' air i nGaeilge in amanna, agus tá an t-ainm sin intuigthe. Tháinig an t-ainm *Sand Martin* chun cinn sa Bhéarla thart ar 1668. Tugann muintir na Breataine Bige *Gwennol y Glennydd* air, ainm a chiallaíonn áinleog an bhruaigh, agus is *Gobhlan Gainmhiche* atá ag Gaeil na hAlban air. Sa Mhanainnis is *Gollan Gheinnee* a ainm.

Ba é Carl Linnaeus (1707–1778) a rinne an chéad chur síos ar an speiceas i dtrátha na bliana 1758. Thug sé *Hirundo riparia* ar an speiceas. Tagann ainm an speicis ón fhocal Laidine, *ripa* agus ciallaíonn sin bruach abhann. Ainm atá ciallmhar go maith nuair a chuimhnítear ar an tsuíomh phóraithe ag an éan.

Chuidigh an tionscal déanamh bóithre agus na tógála leis an éan. De thairbhe go mbíonn gaineamh de dhíth mar bhunábhar sna cineálacha fiontar sin rinneadh forbairt ar choiréil ghainimh. Fóireann na bruaigh a bhíonn nochtaithe leis an éan a shead a thógáil iontu. Is cosúil nach gcuireann an trup ag acraí móra callánacha ag saothrú sna poill ná an duine a bheith i láthair isteach ar an éan.

Ar chuid de na láithreacha gainimh nuair a chuirtear tús leis an tochailt iontu sánn daoine píopaí sa ghaineamh le go mbeidh na píopáin mar tholláin ag an éan le neadracha a thógáil iontu.

Bíonn an easóg mar namhaid ag an ghabhlán gainimh agus thig leis gabháil ó tollán go tollán agus na huibheacha sna neadracha a ithe. Sáraítear ar an fhadhb má thógtar eangach a choscann ar an easóg a bhealach a dhéanamh isteach sa tollán. Is réiteach seo a ghlacann am mar bíonn leisce ar an ghabhlán gainimh pilleadh ar áit ar dearnadh slad ar a huibheacha muna mbítear cinnte go mbíonn an suíomh póraithe slán sábháilte in athuair.

Chan amháin go mbíonn an easóg ina namhaid ag an éan, ach féadann an madadh rua, an ghráinneog fhéir, agus éanacha creiche díobháil a dhéanamh.

Luadh anseo gur chreid daoine roimhe seo go mbíodh éanacha, ag bun aibhneacha agus i bpoill i gcrainn fiú, a chuireadh an geimhreadh thart agus iad ina gcodladh agus i bhfolach. Ba nádúraí cáiliúil an ministir Anglacánach, Gilbert White, agus thug seisean isteach don bharúil go bhféadfadh na háinleogaí an geimhreadh a chaitheamh ina gcodladh i bpoll sa talamh nó i bpoll i gcrann. Nuair nach raibh an fhianaise ar fáil gur éalaigh éanacha uainn le gabháil chuig tíortha eile tá sé furast go maith tuigbheáil a bheith againn ar an dearcadh a bhíodh acu.

An Gainneán

Morus bassanus

An Earagail,
24 Bealtaine 2020

Éan mór an gainneán le heiteogaí barrchaolaithe. Caitheann siad a saol ar an fharraige agus cha dtig siad go tír mór ach amháin ag tráth an phóraithe.

Éiríonn sé chomh hard le 30 méadar os cionn na mara ag lorg bia agus tumann sé agus na heiteogaí leathdhruidte le hionsaí a dhéanamh ar éisc.

Bíonn a gcuid eiteogaí agus iad spréite dhá mhéadar ar leithead. Thig leis an t-uisce a bhualadh ag céad méadar san uair.

Cha sánn siad a ngob fríd an iasc ach snámhann siad faoi agus ceapann siad an t-iasc agus iad faoi.

Moll feamnaí a úsáidtear mar nead. Beirtear ubh amháin i mí Aibreáin nó i mí na Bealtaine agus déanann an chearc agus an coileach sealaíocht ar a chéile i mbun an ghoir. Tugann na tuismitheoirí bia chuig an scallamán ar feadh míosa. Déanann siad an bia a thabhairt aníos óna ngoile.

Nuair a thig an gearrcach, ar a dtugtar 'an Chorr Mhara', i méad bíonn tréimhse deich lá nach dtugann na tuismitheoirí bia dó agus téann sé ar eiteogaí amach chun na farraige ag deireadh na tréimhse.

Bíonn lúcháir mhór ar iascairí roimh an ghainneán; is comhartha a theacht go mbíonn éisc ar fáil.

Mheas an seanbhunadh aird ar leith a bheith ag an ghainneán ar ghaoth láidir a bheith ann. Chreid siad fosta go bhféadfadh siad an difir a aithint ar bhualadh an ghainneáin ar mhurlais agus ar scadáin.

Tagann an t-ainm 'gainneán' ón fhocal *ganot* sa tSean-Bhéarla agus an chiall 'láidir' nó 'fearúil' leis. Tagann an t-ainm eolaíoch *Morus* ón tSean-Ghréigis *moros* a chiallaíonn 'amaideach'. Measadh iad a bheith amaideach siocair nár nocht siad eagla nuair a bhíodh siad ag pórú agus mar sin bhí sé furast a marú. Tagann *bassanus* ó Chreag nam Bathais nó Am Bas, oileán bolcánach amach ó chósta Bhearaig-a-Tuath na hAlban. Cónaíonn 150,00 gainneán ar an oileán le linn tréimhse an phóraithe. *Hugan* an Bhreatnais atá air, agus is *Gant* a ainm sa Mhanainnis. *Sùlaire*, *Amhsain* agus *Eun-Bàn-an-Sgadain* na hainmneacha i nGàidhlig. Tugtar *Guga* nó *Goug* ar an éan óg.

Cúl Iompainne, Gaoth Dobhair, 17 Aibreán 2020

Tugtar 'an Gainéad' air go ginearálta. Ba ghnách le muintir Rann na Feirste 'Faoileog Mhór na Scadán' a thabhairt air. Meastar gur é an comhartha is fearr ar na scadáin é. Tugann muintir Thoraí 'an Sealadóir' agus 'an Sealgaire' air.

Gné shaoithiúil de shaol an ghainneáin ná go mbaineann siad úsáid as an choilíneacht den chuid is mó den bhliain agus chan amháin sin ach bíonn siad gníomhach i mbun taispeántais le linn dóibh a bheith ann fiú nuair nach mbíonn uibheacha ná gearrcaigh á dtuar. Síltear gur ag cosaint suíomh na nide is cúis leis an iompar seo. Cosnaíonn an gainneán suíomh na seide go fíochmhar, i bhfad níos géire ná éan mara ar bith eile.

Chan fhuil paiste goir, craiceann gan chleití, ar a mbolg. Mar sin, coinníonn siad an ubh te faoina gcosa scamallacha. Bíonn soithí fola sna cosa.

Cuirtear an ubh ar bharr na coise nuair a thosaíonn an scallamán ag briseadh fríd bhlaosc na huibhe le nach ndéanfar a bhrú. Agus an scallamán fós san ubh bíonn glór s'aige le cluinstean. Tar éis tuairim agus trí mhí titeann, brúitear nó léimeann an gearrcach den leac. Roimh an imeacht sin bhí a iúl uilig dírithe ar fhanacht slán. Ní thig cleachtadh ar eitilt a dhéanamh roimh ré mar bíonn an guga, mar a thugtar ar an éan óg in Albain, róthrom.

Tá an gainneán ar an éan farraige is mó in Éirinn. Creidtí dá airde a rachadh an gainneán, gur sin an t-am is doimhne a mbeadh na scadáin. Mheastaí fosta nach dtéadh an gainneán chomh hard céanna sa spéir dá mbeadh sé ag bualadh ar na murlais. Shíltí nach raibh éan ar an fharraige ba chíocraí ná é.

Fásann na gearrcaigh go gasta agus cha bhíonn sé i bhfad go mbíonn siad ceithre chileagram. Cuidíonn sé leis an éan óg fás nuair nach mbíonn na tuismitheoirí ag soláthar bia ach do scallamán amháin.

Cromann gainneán a cheann díreach roimh ionradh bagrach nuair a bhíonn éan eile ag féacháil le teacht isteach ina dhúiche, nuair a thagann éan isteach ina cheantar, nó fiú dá mbeadh éan le titim de thuairt ina dhúiche. An léamh a dhéantar air ná go bhfuil sé ag tabhairt le fios leis an chromadh go bhfuil sé réidh le gabháil chun troda lena shuíomh póraithe a chosaint. Ní bhíonn an guga fireann ná an chearc chomh bagarthach leis an éan fhireann.

An Ghé Cheanadach

Branta canadensis

Chan fhuil áit ar bith luaite i dTír Chonaill mar shuíomh póraithe.

Mall i mí Mheán an Fhómhair 2022 tháinig mé ar ghainneán marbh ar an dumhaigh ar chúl thrá na Carraige i nGaoth Dobhair. Bhí sé fógartha sna meáin gur chóir cur in iúl don Roinn Talamhaíochta, Bia agus Mara dá gcasfaí a leithéid orainn. Nuair a labhair mé le tréadlia de chuid na Roinne in oifig s'acu i Ráth Bhoth dúirt sé liom nach raibh an Roinn ag cruinniú na gcorp feasta mar gur glacadh leis go raibh eipidéim den fhliú éanúil buailte linn. Tuairiscíodh cuid mhór gainneán a bheith ag fáil bháis i dTír Chonaill ag an am de thairbhe an fhliú.

An Loch ó Thoir, Toraigh, 26 Aibreán 2018

Is gé mhór an t-éan seo, idir 90–100 cm. Bíonn an ceann agus an muineál dubh, agus lorg geal ar na pluca. Is donn a bhíonn an corp. Thig é a aithint ó na géacha dubha eile mar bíonn banda geal ar an smigead aige. Bíonn sé callánach chan amháin ar an talamh ach nuair a bhíonn sé ar an eiteog fosta.

Cuid mhaith de na géacha ceanadacha a fheictear in Éirinn síolraíonn siad ó phór a thug an duine isteach sa tír. Mar sin féin tagann roinnt géacha fánacha ón Ghraonlainn chun na tíre seo leis an gheimhreadh a chaitheamh inti agus luaitear Slabaí Loch Garman mar áit lonnaithe. Chomh maith leis sin thiocfadh go dtig roinnt ó na háiteacha sa Bhreatain ar tugadh isteach iontu iad, rud a tharla thall go mall sa tseachtú haois déag. Ba é an rí Séarlas II a thug isteach den chéad uair iad mar chuid dá bhailiúchán éanacha fiáine chuig Páirc Naomh Séamus i Londain. Ba ó chósta thoir Mheiriceá Thuaidh a tháinig siad. Ar ndóigh, rinne roinnt de na toicithe móra aithris ar an rí ar a gcuid eastát. Níor tháinig mé ar chuntas a thabharfadh le fios gur dearnadh amhlaidh in Éirinn agus tá sé suimiúil nach raibh taifead ar bith dó sa tír seo ó 1895 go raibh 1954 ann.

Nuair a scríobhadh fúthu ag tús na fiche haoise tháinig na taifid uilig a bhí ar fáil nach mór ó oirthear na tíre, rud a chruthaíonn gur éanacha ón Bhreatain a tháinig chugainn, agus breacadh ag an am nár dhóigh gur tháinig an ghé seo chugainn ó thuaisceart Mheiriceá.

Sa ghrianghraf anseo bhí an ghé cheanadach i gcuideachta dhá eala ghlóracha ar an Loch ó Thoir i dToraigh. De ghnáth is le healtaí den ghé ghiúrann a bhíonn an ghé cheanadach. Mar a tharlaíonn is éan neamhaistreach an ghé seo agus mar sin fásann a líon, ach i dToraigh chan fhaca mé an dara héan den speiceas ann, agus muna dtagann ceann den ghnéas cheart chun póraithe ní dóigh go bhfásfaidh a líon. Chan fhaca mé gé cheanadach ar thír mór sa cheantar atá faoi chaibidil anseo, ach maítear go mbíonn siad ar Loch Súilí agus fá Ard an Rátha.

Den chuid is mó is luibhiteoir an t-éan seo. Tá roinnt daoine a mheasann gur lotnaid atá ann i ngeall ar a shalachar; an baictéir sa tsalachar a dhéanann an dochar agus cacann siad go hiontach minic i ngeall ar an dóigh a n-amplaítear pórtha agus féar.

Maireann an baictéir ina gcuid caca ar feadh míosa. Chomh maith leis sin féadann sé a bheith gairgeach ina iompar i leith ainmhithe eile agus an duine. Chan amháin sin ach d'éirigh siad chomh fairsing sin agus iad ag milleadh talamh feirme gur bailíodh roinnt nuair a bhí siad ag cailleadh na gcleití, tráth nach dtig leo eitilt, agus tugadh chuig suíomhanna eile, páirceanna poiblí, mar shampla, iad. Meastar ó thaobh innilte gur ionann trí ghé cheanadach agus caora amháin. Bíonn siad i bhFaiche Stiabhna i mBaile Átha Cliath.

Tugann Cairde Éanlaith Éireann le fios gur éalaigh siad ó bhailiúcháin agus go bhfuil rath amach agus amach orthu.

Cuireann sé go maith ar a shon nuair a bhíonn daoine ag soláthar bia d'éanlaith sna páirceanna poiblí. D'iomlán na n-éanacha is é seo an ceann is mó a mbíonn éagsúlacht méide ann. Féadann na cinn is lú a bheith leath toise na muintire is mó agus an seachtú cuid níos éadroime ná hiad.

Tógtar an nead i suíomh ar leataobh agus bíonn sí i dtólamh taobh le huisce.

Tagann an focal *Branda* ó fhocal sa tSean-Lochlainnis a chiallaíonn 'gé dhóite/dhubh'. Tá *Ceanadensis* intuigthe ann féin. *Guiy Canadagh* atá ag pobal na Manainnise. *Gôydd Canada*

an t-ainm sa Bhreatnais. *Gèadh Canada* atá sa Ghàidhlig air. *Canada Goose* atá sa Béarla air, agus tá taifead ar an ainm ó bhí 1678 ann.

Nuair a bhíonn sé dhá bhliain d'aois tosaíonn sé a phórú. Meastar go bhfanann péirí i gcuideachta a chéile i rith a saoil.

An ghé a bhíonn i mbun an ghoir, ach fanann an gandal i ndeas don nead. Chomh luath agus a shaolaítear an t-éan óg bíonn ar a chumas snámh, siúl agus a gcuid bia féin a aimsiú. Is é an bia céanna agus a bhíonn ag an éan fásta a itheann sé.

Bíonn na tuismitheoirí iontach cosantach agus na héanacha óga faoina gcúram. Dá dtiocfadh duine aonair ródheas dóibh seans go dtabharfadh siad faoi.

Maireann sé idir deich mbliana agus ceithre bliana agus fiche. Tá cuntas ar cheann amháin ag Ollscoil Eabhrac i Sasana, a mhair 31 bhliain.

An Ghé Bhánéadanach Ghraonlannach

Anser albifrons flavirostris

Dún Fionnachaidh, 26 Márta 2019

Sa naoú céad déag tuairiscíodh go mbíodh an ghé bhánéadanach ghraonlannach líonmhar agus ar fáil i gcuid mhór áiteacha. Tá cuntais ar suas le 15,000 a bheith in Éirinn le linn an gheimhridh sna caogaidí den fhichiú haois. Ag an am sin bhí siad ag lonnú ar chóir a bheith 70 suíomh, a mbunús ar an chaorán. Bhí a líon laghdaithe chuig tuairim agus 7,500 faoi sheachtóidí na haoise céanna.

I 1968 i ngeall ar dhaoine a bheith buartha faoi thodhchaí na gé in Éirinn tháinig trí eagraíocht i gcionn a chéile gur bunaíodh Caomhántas Éan Éireann. Tá an ghé bhánéadanach ghraonlannach mar shuaitheantas ag an eagraíocht.

Ba i 1948 a tugadh aitheantas don ghé seo mar rás ar leith. Tagann an chuid is mó de na géacha seo a phóraíonn sa Ghraonlainn chun na tíre seo leis an gheimhreadh a chaitheamh ann, agus téann roinnt eile go hAlbain.

Scríobhadh i 1961 go raibh sé ar an ghé ba líonmhaire de na géacha a thagann chugainn ar imirce, agus go mbíodh sé fá na portaigh intíre, na calaí agus ar oileáin, agus go raibh a líon ag méadú. Measadh an t-am sin go raibh idir 3,000 agus 5,000 le fáil ar an tSlaba Thuaidh i gContae Loch Garman, agus go raibh tuairim agus 1,000 ar na calaí idir Phort Omna agus Bhaile Átha Luain. Faoi líon 1,000 a bhí na scaotha a bhí le fáil in áiteacha eile. Is leis an tSeirbhís Páirceanna Náisiúnta agus Seirbhís Fiadhúlra agus Cairde Éanlaith Éireann na Slabaí anois.

Baineadh an t-éan den liosta seilge Éireannaí i 1982 i ngeall ar a líon a bheith ag titim. Tháinig biseach ar an scéal dá bharr ar feadh tamaill. Ach tá a líon ag titim arís. Tá seo ag tarlú mar go bhfuil níos lú éanacha ag pórú sa Ghraonlainn i ngeall ar an aimsir sna samhraí a bheith níos fliche agus níos teo le scór go leith bliain anuas.

Mar a thuigfeá óna n-ainm, is ón Ghraonlainn a thagann siad chugainn mar chuairteoirí geimhridh. Chomh maith leis sin is tagairt cuid den ainm don phaiste a bhíonn ag bun an ghoib. Tagann siad inár dtreo i ndiaidh dóibh sos a ghlacadh in iardheisceart na hÍoslainne, i mí Dheireadh an Fhómhair. Fanann siad linn go mbíonn mí an Aibreáin ann.

Is troime an gandal ná an ghé, agus ní bhíonn difear ar bith idir an ghé agus an gandal i dtaca lena gculaith. Bíonn dath oráiste ar na cosa agus na troithe. Is oráiste a bhíonn an gob, agus bíonn an t-uachtar donnliath, agus barraí agus bandaí ar íochtar. Bíonn na heiteogaí idir 130–165 cm trasna, meánn sé 1.90–3.30 kg agus bíonn fad de 65–80 cm ann. Bíonn dhá nóta sa ghlór aige, agus sos idir an chéad agus an dara nóta. Thiocfadh gur an guth a thug ar dhaoine sa Bhreatain, 'an ghé a gháiríonn', a thabhairt air ag am amháin.

Itheann siad seamair, grán, féar agus tá aird ar leith acu ar phrátaí agus ar gheamhchruithneacht. Itheann siad duilleogaí, gais, préamhacha agus tiúbair fosta.

Tagann an t-ainm speicis ón Laidin, is é a chiallaíonn *albifrons* ná *albus,* geal, agus *frons,* clár éadain. Tugann muintir na Manainnise *Guiy Glass* air. *Gôydd Daleen-wen* atá ag muintir na Breatnaise air, teideal a chiallaíonn an rud céanna leis an ainm againn féin air ach nach bhfuil tagairt don Ghraonlainn ann. *Geadh Bhlar* atá in Albain mar ainm. Thug Thomas Pennant (1726–1798) *Whitefonted Goose* air i 1768.

Nuair a laghdaíodh ar líon na ngéacha seo ar na portaigh, agus bhí baint ag an draenáil a rinneadh ar bhogaigh leis an scéal, chomh maith le cur na gcrann agus acraí meicniúla ag baint na móna, thug siad a n-aghaidh ar thailte feirme faoi dhianbhainistíocht.

Tagann rás eile de ghé seo, *albifrons*, ón Artach Rúiseach chuig deisceart na Sasana, agus bíonn an gob ag an rás seo bándearg.

Bíonn fáil ar an éan ag an dumhaigh ag Lorga Bhreac i nDún Fionnachaidh. Chan fhaca mé ach an uair amháin iad. Bhí mé ar mo bhealach isteach go Dún Fionnachaidh agus bhí siad ag eitilt ar chúl Theach na mBocht. Char thuirling siad agus bhí siad i bhfad uaim.

An Ghé Dhubh

Branta bernicla bernicla

Machaire Gathlán, Gaoth Dobhair, 26 Feabhra 2018

Cuairteoir geimhridh a bhíonn le fáil go fairsing ar inbhir agus ar réileáin láibe is é. Is fíor-annamh a fheictear an t-éan isteach faoin tír, ach le tamall anuas tá claonadh ag teacht chun cinn an ghé dhubh a bheith á chothú féin ar thalamh feirmeoireachta. Meastar an míniú atá air sin ná gur fhás a líon deich n-oiread taobh istigh d'achar gairid go raibh 400,000 acu ann agus nach raibh fairsing ar na gaotha dóibh.

Itheann sé plandaí a fhásann in uisce na taoide, miléarach go háirithe, ach itear feamnach, glasáin agus sliogéisc fosta.

Tagann siad chugainn ó mhí Mheán an Fhómhair ar aghaidh agus imíonn siad ó thuaidh arís fá thús mhí na Bealtaine.

Tá an gob iontach gairid agus tá an ruball gairid lena chois. Tá sé ar an ruball is giorra ag gé.

Póraíonn sé ar chósta láir agus thiar na Sibéire, agus caitheann sé an geimhreadh in iarthar na hEorpa.

Tugtar *Dark-Brested Brent Goose* nó an *Dark-Bellied Brent Goose* ar an ghé seo.

Riamh againn bhíodh cineálacha géacha ag cur fúthu ar chósta na tíre le linn an gheimhridh agus sholáthraigh siad feoil. Meastar go dtugtaí 'an cauth' ar an ghé dhubh. Níos moille is 'cadhan' an leagan a tháinig chun cinn ar 'cauth'. Tugtar an cadhan *(Branta bernicla hrota)* inniu ar an ghé den rás seo a bhfuil brollach meathbhán air nuair is *Branta bernicla bernicla* atá ar an ghé dhubh.

Is cruth Laidine, *branta*, ar fhocal Sean-Lochlainnise *brandgás*, a chiallaíonn 'gé dhóite/dhubh', agus is ón Mheán-Laidin a thagann *bernicla* a chiallaíonn 'giúrann'.

Is as a hainmníodh an t-olacheantar a dtugtar Brent air amach ó chósta na hAlban.

Chreidtí i dTír Chonaill gur tuar go mbeadh aimsir fhuar fhliuch ann ach an ghé dhubh a theacht chun an cheantair. Chomh maith leis sin dá bhfeictí an ghé ag síneadh a muiníl san aer agus ag bualadh a cuid eiteogaí ar a corp, mheastaí go raibh stoirm ar a bealach.

Is minic nuair a fheictear an ghé dhubh ina scaotha ar bharr an uisce nach mbíonn infheicthe ach spotaí dubha.

Nuair a bhíonn siad ar eiteog ní eitlíonn siad i 'v' nó i líne dhíreach mar a dhéanann géacha eile ach bíonn siad ag gabháil leo iad anonn agus anall fríd a chéile.

Nuair a bhíothas ag scríobh sa tSean-Ghaeilge agus sa Mheán-Ghaeilge bhaintí feidhm as an fhocal *géd* nuair is an ghé cheansaithe a bhí i gceist.

Nuair a foilsíodh *The Birds of Ireland* i 1954 bhreac na húdair nár dearnadh scrúdú roimhe ach ar cheithre shampla den éan. Rinne siad féin scrúdú ar thrí cinn acu. Ba in oirthear na tíre a bhí na géacha a raibh taifead orthu. Scríobh na húdair go raibh tuairiscí ar chinn eile agus bhí cuid de na daoine a thug tuairisc ag meas nach raibh siad chomh gann agus a bhítí ag rá.

Bhí barúil ann go bhfanadh an ghé mall sa bhliain dá mbeadh an ghaoth ón aird thiar ach a luaithe agus a nocht an ghaoth anoir bhíodh siad ar a n-aistear ó thuaidh.

Cuireann an chuid is mó de na géacha dubha a thagann aneas fúthu sa Bhreatain, i dtuaisceart na Fraince, agus san Ísiltír.

An Ghé Ghlas

Anser anser

Machaire Ghathlán, Gaoth Dobhair, 20 Meitheamh 2020

De thairbhe fáinnithe tá fios againn go dtagann ealtaí beaga chun na tíre ón Íoslainn agus cuireann siad fúthu ar ghaotha agus ar uiscí intíre. Téann an chuid is mó de na géacha glasa a phóraíonn san Íoslainn chun na hAlban. Bíonn siad abhus idir Samhain agus mí Aibreáin.

Maítear gur laghdaigh a líon go mór le blianta beaga anuas. Ag am amháin bhíodh scaotha a mbíodh suas le míle éan iontu le feiceáil, ach thit a líon agus chan fhuil cur amach orthu i gcuid mhaith contaetha sa tír. Bíonn fia-ghéacha le feiceáil sa tír seo i rith na bliana, i gContae an Dúin agus i gContae Loch Garman ach go háirithe. Chan fhuil Toraigh luaite mar áit ina mbíonn an fia-éan.

Den chuid is mó is féar a bhíonn mar bhia acu, ach itheann siad coinleach fosta le linn dóibh a bheith inár measc. Is guth tríshiollach a bhíonn ag an ghé agus an chéad siolla níos airde ná an dá nóta eile. Bíonn fad 74–90 cm iontu. Bíonn an gob gealbhuí. Is dath liathdhonn a bhíonn ar an chorp go ginearálta agus bíonn na cosa cneasdathach.

Déanann siad a gcuid ar thalamh le conlach barraí gráin agus ar thalamh innilte. Roimhe seo bhíodh siad ar fáil ar inbhir, áiteacha ina mbíodh cíb agus feagacha. Dealraíonn sé gur athraigh a n-aiste bia in Albain am inteacht thart faoi lár na fichiú haoise. I dtrátha an ama seo, 1949, tháinig na mílte chuig Slabaí Loch Garman. Síltear gur phóraigh siad i gContae an Dúin agus Móin Alúine i gContae Chill Dara san ochtú céad déag.

Thugtaí 'Fómhar na nGéacha' ar Lá Fhéile Micheáil, 29 Meán Fómhair, mar go mbíodh géacha a rugadh san earrach réidh don mhargadh ag an staid sin. D'ití gé don dinnéar ar an lá sin. D'ití é fosta ar 11 Samhain, Lá Fhéile Máirtín.

Is ón ghé seo a thagann an chuid is mó de na géacha clóis a bhíonn sa tír seo. Bíonn na géacha clóis bán mar nach bhfuil feidhm acu, den chuid is mó, le duaithníocht.

An-luath ar fad a tharla an ceansú ar an ghé ghlas agus meastar gur tharla sé san Éigipt tuairim agus trí mhíle bliain ó shin.

Feidhmíonn siad mar gharda cosanta mar go mbíonn siad

glórach go minic nuair a thig an duine i ndeas dóibh.

Is é an Laidin atá ar ghé ná *anser*. *Greylag Goose* atá ar an éan seo sa Bhéarla agus is seanfhocal, 'lag', sa teanga sin ar ghé. Seans gur tháinig sé ón fhocal a d'úsáidtí ag scairtigh ar na géacha feirme. Bhí am ann agus thugtaí 'an Ghé Mhór Fhionn' in Éirinn air. Tugann muintir na Breataine Bige *Gŵydd Wyllt*, an ghé fhiáin air, agus ar Oileán Mhanann is an *Guiy Glass* atá air. *Geadh Glas* an t-ainm in Albain.

Is dóigh gur an scéal is mó iomrá i dtaca le géacha i stair na hEorpa ná iad a bheith ar Chnoc an Cheapatóil sa Róimh i 390 R. Ch. nuair a scaoil siad lena ngáir rabhaidh agus thug fógra gur cuireadh an ruaig ar na Gallaigh.

Bhí iomrá ar an ghé ghlas anallód i ngeall ar a tábhacht i dtaca le miotaseolaíocht reiligiúnach agus go raibh urraim di. Ba shiombail an ghé ag dia na gréine, Ra, ag na hÉigiptigh. Sa Ghréig b'éanacha naofa ag Afraidíté na géacha, agus mheastaí gur afraidíseach a bhí i mblonag s'acu.

Bhí baint ag an éan le Gula, bandia an leighis, i measc na státchathracha ar dheilt na Tígrise/na hEofraite, os cionn cúig mhíle bliain ó shin.

Tagann an focal peann ón fhocal Laidine *penne*, focal a chiallaíonn 'cleite'. D'úsáidtí cleití géacha le scríobh go dtí gur tháinig an gob cruach chun cinn sa naoú haois déag. Bhaintí úsáid as bunchleití de chuid na heiteoige clé mar bhí an cuar iontu ag casadh ar shiúl ón radharc ag an deasógach.

Deirtear 'chomh lag le héan gé, chomh lom le gé bhearrtha agus chomh hanásta le gé a bheadh ag gabháil ar rópa'. Chomh maith leis sin bhíodh caint i mBéarla ar an chleite a bheith níos cumhachtaí ná an claíomh.

Mheastaí dá gcuirfí gob gé nó gob gandail a bhí ar throscadh, i mbéal duine a raibh tinneas béil air, ar feadh cúig bhomaite, naoi maidin as a chéile, go dtiocfadh biseach air.

Chomh maith leis an úsáid a bhaintí as an chleite mar acra scríbhneoireachta bhíothas á úsáid mar shaighead eití. Chuidigh na cleití eitilte leis an chúrsa a ghlac an saighead fríd an aer a dhaingniú.

I Sasana thiomántaí na scaotha móra géacha ó oirthear na tíre chuig margadh Londan. Chuirtí gaineamh agus tarra ar na cosa in amanna lena gcosaint ar a n-aistear. Ar an mheán bhí siad in inmhe siúil ag 14 km in aghaidh an lae.

Na Fargáin, Leitir Mhic an Bhaird, 18 Lúnasa 2021

An Gheabhróg

Sterna hirundo

Dún Fionnachaidh,
3 Lúnasa 2019

Mar atá ag a ngaolta, na faoileogaí, tá dáileadh chóir a bheith domhanda ag na geabhrógaí (*Sternidae*). Éanacha tanaí iad le heiteogaí fada caola agus gabhal fada ina ruball. Is minic a bhíonn dath feiceálach buí, dubh nó dearg nó meascán de na dathanna sin ar na cosa agus ar an ghob agus bíonn an gob caol agus fada. Is annamh a shiúlann siad seachas thart ar an tsead. Is géar a nglór, agus cluintear é ar uairibh sula bhfeictear an t-éan.

Tá tuairiscí ann a thugann le fios go bhfeictear an gheabhróg fá na bailte agus gur phóraigh sé, go heisceachtúil ar fhoirgnimh uirbeacha. In áiteacha thar lear ina meastar go gcuirfidh siad fúthu cuirtear ardáin ar snámh ag dúil go dtógfar neadracha orthu. Ar cheann de na háiteacha is aite ar thóg an t-éan seo seada tá ardán tastála toirpéad, nach bhfuil ag feidhmiú, ar Loch nEathach.

Is taistealaí imirceach samhraidh an gheabhróg a chuireann faoi fán chósta agus ar uiscí fairsinge intíre. Fanann sé linn go mbíonn an t-aos óg in inmhe eitilte ó dheas leis na tuismitheoirí i ndiaidh shéasúr an phóraithe. Tá sé ar cheann de chúig gheabhróg a thig chugainn. Chan fhuil sé ar an cheann is fairsinge. Bíonn fad idir 30–35 cm aige. Nuair a fheictear é ag déanamh a choda is minic nach mbíonn sé níos mó ná deich gciliméadar ón tsead. Bhí an tuairim ann go bhfanann na héanacha óga agus an tseanmhuintir i gcuideachta a chéile agus go leanann siad na scoileanna salán agus iasc eile thart ar an chósta.

Scríobtar log sa talamh don nead agus in amanna cuirtear líneáil de chleití nó féar ann. Talamh cothrom i ndeas don trá nó an dumhaigh a úsáidtear agus thig le suas le míle péire a bheith i suíomh póraithe ach den chuid is mó is lú ná sin a bhíonn ann. Úsáideann siad an doirling nó fiú clocha a mbeadh cuas beag iontu mar nead. Is i mí Mheán an tSamhraidh is mó a bheirtear na huibheacha.

Cha maith leo go gcuirfí isteach orthu agus iad ar gor. Tógtar neadracha ar oileáin ar lochanna in iarthar na tíre agus ar oileáin iartharacha mara fosta. I mí na Bealtaine agus luath i mí an

Mheithimh a bhíonn na huibheacha ann agus maireann tréimhse an ghoir suas le mí. Tugann an gheabhróg a bhíonn ag pórú faoi dhúil ar bith a thig i ndeas don tsead agus an duine san áireamh. Féadann siad lena ngoib ghéara baithis an duine a ionsaí agus a fhágáil fuilteach.

Faoi dhromchla na mara a thigtear ar an bhia; éisc agus beatha mara eile a bhíonn i gceist. Bíonn sé ag foluain ag lorg bia. Bíonn an cloigeann cromtha agus é ag amharc anuas. Tá cumas foluana ag an éan ach ní seasta a bhíonn a

An Trá Gheal, Gaoth Dobhair, 18 Meitheamh 2021

ábaltacht foluana. Tiocfaidh an gheabhróg anuas de phlimp agus d'fhéadfadh go rachadh cuid den chorp faoin uisce agus é ag ceapadh an bhia.

D'ití uibheacha na geabhróige in Éirinn go háirithe nuair a bhíodh gorta ann.

Ag éirí as an ghabhal sa ruball tugtar 'Áinleogaí Farraige' air in áiteacha, agus baintear úsáid as aistriúchán ar an ainm seo i mBéarla fosta. Thig gur Carl Linnaeus (1707–1778) atá freagrach as a leithéid nó thug sé 'an Gheabhróg Áinleoige' air i 1735. Ag an Duinníneach tá an focal 'Giúróg'. Chomh maith leis sin tá ceantair ann a dtugtar 'an Scréachóg Thrá' air. Sa Ghàidhlig tá an focal *Geabhrag* agus *Geabhrog*, chomh maith le *Steardan, Stearnal, Searnan* agus an chuma ar na trí cinn dheireanacha go dtagann siad glan ón ainm eolaíoch. Rinne Thomas Pennant (1726–1798) an chéad taifead ar an ainm *Common Tern* i saothar leis i 1812. Ba *Greater Tern* a bhí air

roimhe sin. Baineadh úsáid as an téarma *Common* ag tús na naoú haoise déag mar nach raibh an *Gheabhróg Artach* ná an *Gheabhróg Rósach* aitheanta ag an tráth sin.

Scríobhadh in *The Birds of Ireland* i 1900 go bhfuarthas coilíneachtaí beaga ar lochanna in aice leis an Chlochán Liath, chomh maith le cuid de na hoileáin a raibh foscadh acu ar chósta Chontae Dhún na Gall. Tá sé, maítear, níos fairsinge i dTír Chonaill ná an gheabhróg artach. Luaitear in *Birds of Ireland* (1954) go raibh scór go leith péire ag pórú in Inis Sionnaigh i nGaoth Dobhair i 1948, an líon céanna in Oileán Dúiche i gCloich Chionnaola an tráth céanna, agus cúig phéire agus fiche ar Loch Míle sna Rosa an bhliain chéanna.

An Gheabhróg Scothdhubh

Sterna sandvicensis

Baile an Easa, Cloich Chionnaola, 15 Bealtaine 2019

Is cuairteoir samhraidh an t-éan seo agus meastar go mbíonn sé le feiceáil go minic ach go mbíonn an líon a thig chugainn beag. Bíonn sé ar fáil ar chósta na hEorpa ó dheisceart na Sualainne ó dheas, sa Mhuir Chaisp agus sa Mhuir Dhubh, chomh maith le Stáit Aontaithe Mheiriceá agus Mheicsiceo ó Charailínea Thuaidh ó dheas.

Is aníos ón Afraic Theas a thig sé chugainn. Is annamh a fheictear an gheabhróg ar shiúl ón chósta ach bíonn siad ar Loch Éirne i gcontae Fhear Manach ach cha dtig siad isteach faoin tír sa Bhreatain. Tá an gheabhróg scothdubh ar an gheabhróg is luaithe a thagann chugainn. Bíonn sé abhus am inteacht i mí Márta agus cuirtear tús leis an phórú i mí na Bealtaine. Meastar gur tuairim agus 4,600 péire a thig aduaidh ionns orainn.

Bíonn meánmhéid ann mar gheabhróg. Is liath a bhíonn uachtar an choirp, an t-íochtar geal, cíor scrábach ar an cheann le linn séasúr an phóraithe, nó nuair a bhíonn an t-éan tógtha. Maolaítear ar an ghné sin sa gheimhreadh. Bíonn an bhaithis dubh. Bíonn gob dubh air agus bíonn sé buí ina bharr. Bíonn clúmh scolbáilte donn agus liath ar na heiteogaí agus ar an droim ag na héanacha óga.

Scríobtar log ar an talamh agus feidhmíonn sin mar nead. Is ó ubh amháin go trí ubh a bhíonn sa tsead. Malartaíonn an coileach bia leis an chearc mar chuid de na rúibricí réamhchúplála.

Ba í an bhliain 1850 ar dearnadh an chéad taifead ar an éan in Éirinn. Bhí sé ar Chloch Dábhiolla san fharraige amach ó chósta Bhaile Átha Cliath.

Tá sé fosta ar an gheabhróg is mó a thig chun na tíre agus is é is cosúla leis an fhaoileog. Bíonn callán leis go minic. Thig é a aithint ó na geabhróga eile as chomh mór agus atá sé agus gur lú an gabhal ina ruball ná a mhacasamhail i ngeabhrógaí eile.

Is corra agus saláin scadán a mbia agus bíonn siad níos airde sa spéir agus iad ag tumadh agus téann siad níos doimhne i bhfarraige ná speicis eile geabhrógaí. De ghnáth is ar an fharraige a dhéanann sé a chuid.

Bíonn an chóilíneacht póraithe ar shuíomh ar leith go minic agus bíonn éanacha níos gairbhe ná é thart fá dtaobh de. Bíonn sé ag súil leis an mhuintir ghairigeach a bheith ina thimpeall agus déanann sé an t-óg a chosaint ar rud ar bith a chuirfeadh isteach orthu. Ar ndóigh, díoltar as an dearcadh seo nó thig go n-ionsódh na héanacha atá garbh agus garg, uibheacha nó scallamáin na geabhróige. Ní chloíonn siad leis an tsuíomh chéanna bliain i ndiaidh bliana agus ní hamháin sin ach ardaíonn agus tránn a líon ó am go chéile. Bhí am ann agus measadh go raibh drochthionchar ag iarmhar ceimiceach a fuarthas sna héanacha agus sna huibheacha ar líon na ngeabhróg seo.

Tá an chuma ar an scéal gur iarracht ar Laidin a chur ar fhocal a tháinig isteach sa Bhéarla san ochtú céad, *steana*. Meastar gur *perna* a bhí sa tSean-Lochlainnis agus gur dearna '*stearn*' de sa Bhéarla agus gur ghlac Carl Linnaeus (1707–1778) leis an Laidiniú a rinneadh in 1544 ag William Turner (1509/10–1568), Sasanach agus sagart Protastúnach.

Cuireadh fáinne ar gheabhróg scothdubh i gContae an Dúin agus sé bliana déag ina dhiaidh sin thángthas ar an éan ar chósta na hAfraice.

Gant Mooar agus *Gant Eairkagh* atá air sa Mhanainnis. Is *Morwennol Bigddu* atá ag muintir na Breataine Bige air agus is an 'Áinleog Dhubhghobach Mara' an chiall atá leis. Gairmtear *Steàrnag-Mhòr* agus *Steàrnag a' Bharr-Ghuib Bhuidhe* de in Albain. Tugtar an *Sandwich Tern* air i mBéarla. Tá sé ainmnithe as baile cois cósta, Sandwich, i Kent na Sasana. Is ann a d'ainmnigh John Latham

(1740–1837) i 1787 é. Is fada an lá ó phóraigh sé i Sandwich. Is as an bhaile seo fosta a thagann an t-ainm speicis, *sandvicensis*.

Sula dtosaíonn an pórú tugann an coileach éisc chuig an chearc. Bíonn dathnna éagsúla ar na huibheacha ó dhonn go geal agus bíonn suas le trí ubh sa tsead.

Úsáideann sé a ghuth go minic. Sa gheimhreadh bíonn a chlár éadan geal ach ní móide go bhfeicfear sin abhus nó bíonn formhór na n-éanlaithe ó dheas ag an am sin, ach go dtuairiscítear go bhfeictear ceann thall agus abhus le linn an gheimhridh i gCuan na Gaillimhe agus i Loch Cuan, Contae an Dúin.

D'úsáidtí na cleití i ndéanamh hataí, cleachtas a bhí faiseanta sa dara leath den naoú céad déag agus is geal an dath is minice a mbaintí feidhm as ag an ealaín sin.

An Gealbhan Binne

Passer domesticus

Dún Fionnachaidh, 6 Lúnasa 2019

Bíonn na gealbhain i gcuideachta a chéile i dtólamh, ag gabháil ó sceach go sceach agus iad ag cabaíocht leo i ndeas don áit a mbíonn a chónaí ag an duine, go háirithe ar fheirmeacha. Bhíodh sin ina bhuntáiste acu nó chaití pracar bia an tí chucu. Meastar go bhfuil suas le 2.4 milliún de na héanacha seo in Éirinn ach tá a líon ag titim agus tá sé ar iarraidh glan in áiteacha. Chan fhuil fianaise ar bith ann go bhfuil siad fairsing abhus againn, ach chreid an seanbhunadh gur iad na héanacha beaga ba líonmhaire sa spéir iad.

Gidh go mbíonn sé ag mairstean i ndeas don duine bíonn sé iontach faicheallach. Ligeann sé don duine teacht i ndeas dó ach má mheasann sé é a bheith ró-dheas imeoidh sé ar eiteog láithreach bonn.

Tugtar an 'Gealbhan Binne', 'an Gealún Binne' agus 'an Gealún Sciobóil' air fosta. Tógann sé an nead i bpoll i mballa go minic ach úsáidtear sead a bhíonn tréigthe ag cineál eile éin in amanna. Ligeann siad amach dhá ál sa bhliain, creideadh, ach d'fhéadfadh an tríú héillín a bheith ann. Cuirtear tús leis an phórú i mí na Bealtaine agus bíonn trí go cúig ubh sa tsead. Níos lú ná coicís a mhaireann an gor agus tógann na scallamáin an bia ó ghob nó ó phrócar na dtuismitheoirí. Coicís eile de ghnáth agus tarlaíonn an cleitiú.

Luifearnach is mó a bhíonn mar bhia aige, ach pórtha go háirithe, ach itear feithidí fosta go speisialta nuair a bhíonn na gearrcaigh á gcothú.

Sna cathracha tá an saol traidisiúnta tréigthe den chuid is mó aige agus maireann an gealbhan ar bhroc a bhíonn ina luí thart.

Is é *passer* an t-ainm Laidine ar ghealbhan, agus ciallaíonn *domesticus* 'den teach'. Úsáideann éaneolaithe '*passerine*' i mBéarla ag tagairt d'éan beag agus tagann sé ó ainm eolaíoch an ghealbhain. Tá *Jallyn* nó *Gialloon* air sa Mhanainnis. Is *Gealbhonn Sgiobail*, *Gealbhonn Taighe* agus *Tomaidh an t-Sabhail* atá air i nGàidhlig na hAlban. Is ionann *sabhal* agus sioból. Ag lucht na Breatnaise tá *Aderyn y To* air agus is ionann *to* agus díon. Tugtar an *House Sparrow* air i mBéarla. Baintear úsáid as '*galvin*' mar ainm ar an éan i mBéarla na hÉireann.

Meastar go mbíodh an gealbhan níos líonmhaire nuair a bhíodh tuí mar dhíon ar thithe. Úsáideann siad boscaí seide ach caithfear cinntiú má bhítear ag iarraidh go rachadh an meantán ag neadú ann nach mbíonn an poll mór go leor don ghealbhan.

Chreidtí go mbíodh anamacha na marbh á n-iompar ag an ghealbhan agus nach raibh sé ceart a mharú.

Bhí nathanna go leor a bhain leis an ghealbhan; dheirtí 'chomh héasca leis an ghealbhan' agus 'chomh héadrom leis an ghealbhan'. Má bhíothas ag iarraidh ar dhuine mochóirí a dhéanamh, deirtí, éist le giolcadh an ghealbhain agus chomh maith

Baile an Easa, Cloich Chionnaola, 17 Feabhra 2018

bhíodh 'cuireadh an ghealbhain chun arbhair na gcomharsna' nuair is stocaireacht a bhí i gceist. Bhí sé ina nath fosta ag na seandaoine gur iad na gealbhain agus na Gréagaigh an dá rud ba dhrúisiúla ar an tsaol.

Meastar nár chuidigh sé le líon na n-éanacha seo sclátaí seachas tuí a bheith ar dhíonta na dtithe. Nuair a bhíodh tuí ar na díonta bhí an-dúil ag an ghealbhan binne, mar a thuairiscigh cuntas amháin, sna tithe i limistéir Bhord na gCeantar Cúng. D'fhág sin go raibh iarthuaisceart Thír Chonaill ina hiomláine faoina shiúl. Tuairiscítear go mbíodh a nead ag an ghealbhan binne sna crainn ar Oileán Árainn Mhór seachas ar na díonta.

Níl aon fhianaise go gcleachtann an t-éan an imirce ach tugadh faoi deara go bhfágadh an t-éan cathair Bhaile Átha Cliath nuair a bhíodh na barraí á mbaint agus go bpilltí ar theacht an gheimhridh.

I dTír Chonaill deirtear 'gealbhán' ach is 'gealbhan' an litriú ar an fhocal sna foclóirí.

An Gealbhan Crainn

Passer montanus

Tá tuairim agus sé déag agus scór speiceas de ghealbháin ann. Maireann dhá cheann acu in Éirinn, an gealbhan binne agus an gealbhan crainn. Le linn na chéad laethe den fhichiú haois chóir a bheith gur díothaíodh

Toraigh, 19 Bealtaine 2018

iomlán líon na ngealbhan crainn sa tír seo, agus cha raibh an scéal a dhath níos fearr i gcuid mhór áiteacha in Albain ná i Sasana. Scríobhadh gur tháinig laghdú de 75% ar a líon sa Bhreatain. D'athraigh an scéal luath sa dara leath den fhichiú céad. Scríobh Christopher Moriarty i 1967 go raibh a líon ag méadú arís, agus go raibh sé ina chónaí ar an chósta ag an am sin.

Scríobhtar sa litríocht faoin ghealbhan crainn ag maíomh go bhfuil sé ar iarraidh cuid mhaith ar chósta thiar agus cósta an deiscirt in Éirinn. Char tugadh míniú ar an titim ina líon, agus meastar go bhfuil a líon seasta go maith sa tír anois ach go bhfuil titim de réir a chéile sna huimhreacha ar mhór-roinn na hEorpa. Is cosúil go mbíonn siad ar fáil i rith na bliana ar Thoraigh. Is ábhar suime an scéal a bheith amhlaidh nuair a chuimhnítear go gceanglaítear an gealbhan crainn le ceantair ina mbíonn barraí gráin ag fás agus go n-úsáidtear poill i gcrainn do na neadracha in amanna. Tá fianaise ann go n-úsáideann an t-éan boscaí seide nuair a bhíonn siad ar fáil.

Bíonn an déanamh céanna ar na cearca, na coiligh agus ar na gearrcaigh. Nuair a bhíonn an samhradh ina bhrothall is maith leis é féin a fholcadh i locháin. Is annamh a imíonn sé óna cheantar ach féadann éanacha óga bogadh amach as an cheantar ina dtógtar iad.

Baineann an t-éan seo leis na coillte. Tá sé suimiúil gur ar Thoraigh ar tháinig mé ar an éan seo. Ar imeall an Bhaile Thiar agus taobh leis an bhealach chun an teach solais. An rud is iontaí faoi ná nach bhfuil fairsingeacht crann i dToraigh. Tá fianaise ann go bhfuil athrach tagtha ar ghnásanna an ghealbhain chrainn mar sin agus go mbíonn siad feasta ag tógáil seide deas don áit a mbíonn cónaí ag an duine. Mar sin féin níl an muintearas céanna aige leis an duine fiú má bhíonn sé ina chónaí feasta i ngar dó agus a bhíonn ag an ghealbhan binne.

Bíonn na dathanna níos glinne agus cuma níos fíneáilte ar an ghealbhan crainn seachas ar an ghealbhan binne.

Dealraíonn sé go raibh 1713 ann sular dearnadh idirdhealú i Sasana idir an gealbhan crainn agus an gealbhan binne, agus bhí 1843 ann sular glacadh le *Tree Sparrow* mar an t-ainm caighdeánach. Tugtar *Golfan y Mynydd* a chiallaíonn gealbhan an chnoic air sa Bhreatnais, agus *Sparroo ny miljyn* agus *Jallyn ny miljyn*, agus measaim go gciallaíonn *miljyn* 'crainn' anseo, focal a thagann ó *billey* nó 'bile' s'againn. Tugann muintir na hAlban, *Geallbhon* agus *Geallbhonn nan Craobh* air.

Scríobh H. M. Wallis sa *Zoologist* i 1886 gur aithin sé péire a thaithigh an díon ar chábán, teach cónaithe a bhí i gceist, dar liom, nó bhí an bharúil ann ag an am go raibh an chosmhuintir ina gcónaí i gcábáin seachas i dtithe, i lár oileán Árainn Mhór i gContae Dhún na nGall. Scríobh Richard John Ussher ceithre bliana déag níos moille nár fhéadadh go raibh cónaí buan ag an speiceas ar an oileán mar nuair a thug sé agus ministir a raibh A. Ellison air uair an chloig ag déanamh cigireachta ar na gealbhain thart ar na cábáin ar an oileán, níor tháinig siad ar ghealbhan crainn.

I 1950 bhí cuntas a thug le fios (P. G. Kennedy, *The Birds of Ireland*) go mbíodh an t-éan ina chónaí ar chósta Bhaile Átha Cliath agus in áit nó dhó in iarthar na tíre, ach nach raibh siad sa tír feasta nó má bhí gur líon an-bheag a bhí ann. Mar sin féin bhí siad buan daingean i dTír Chonaill ach tháinig laghdú mór orthu, scríobhadh. Tháinig C. V. Stoney ar choilíneacht de idir dhá phéire dhéag agus cúig phéire dhéag i 1913 ar an Bhun Bheag ach ní raibh siad ann níos mó i lár an chéid, ná cha dtig teacht orthu áit ar bith sa chomharsanacht, scríobhadh. Ní luaitear Toraigh sa chuntas áirithe sin.

Maireann siad ar feadh dhá bhliain ar an mheán, agus tá siad tuairim agus 10% níos lú ná an gealbhan binne.

An Ghealóg Ghiolcaí

Emberiza schoeniclus

Bíonn sé ar fáil go fairsing ar an bhogach, ar lochanna, ar oileáin agus ar aibhneacha san áit a mbíonn cuiscrí agus de ghnáth cha bhíonn sé i bhfad ar shiúl ó uisce. Bíonn sé ar fáil i ngach

Gleann Bheatha, 7 Aibreán 2018

contae sa tír agus maítear go mbíonn sé flúirseach in iarthar Thír Chonaill. D'fhéadfadh nár chuidigh an draenáil a rinneadh le blianta anuas ar na portaigh le líon an éin a choinneáil seasta agus tá laghdú ag teacht air.

Síltear go mbíonn 220,000 éan in Éirinn. Tógtar an nead i ndeas don talamh ar dhos nó istigh i sceach. Is annamh a cheolann siad roimh mhí Mhárta agus críochnaíonn an canadh ag deireadh mhí Iúil.

Tchítear sa gheimhreadh é agus é i gcuideacha cineálacha eile gealógaí. Thigtear air i scaotha beaga sna cnoic agus é ar shiúl ó uisce, agus feictear é ar thalamh curaíochta anois agus arís ag an am seo.

Itheann sé pórtha plandaí a fhásann sa riasc agus itheann sé fosta feithidí, seilidí beaga agus inveirteabraigh eile. Itear na feithidí den chuid is mó nuair a bhíonn na gearrcaigh á dtógáil. Scríobh duine amháin go bhfaca sé iad agus peidhleacáin bhána ina ngoib acu. I ndeisceart na Sasana bíonn siad líonmhar san áit a mbíonn ráib ag fás.

Is éan caol agus fad 13.5 go 15.5 cm ann, le droim donn agus stríoca dubha ar an ghealóg seo. Tá gob gairid ramhar aige a chuidíonn leis síol a mheilt agus ruball fada dubh a chroitheann sé isteach agus amach, agus imeall an eireabaill geal. Bíonn cloigeann dubh ar an choileach, muineál bán agus croimbéal den dath chéanna. Cailltear an cloigeann dubh sa gheimhreadh. Sa gheimhreadh ag an chearc bíonn an geadán níos doinne agus bíonn dhá stríoca gheala fán aghaidh. Sa gheimhreadh bíonn an geadán glasbhuí. Agus faoin am a nochtann an t-earrach bíonn dath bánliath ar an gheadán ag an choileach. Mar a tharlaíonn de ghnáth leis na héanacha uilig bíonn na dathanna ar an chearc níos murtallaí.

Tosaíonn siad ar nead a thógáil go luath i mí Aibreáin agus tagann deireadh leis an tréimhse pórarithe mall i mí Lúnasa. Tógtar an nead agus coiscreach, féar agus cipíní á n-úsáid. Agus úsáidtear dos giolcaigh, caonach agus gruaig mar líonáil. Meastar go bhfanann péire i gcuideachta i rith a saoil. Beirtear na huibheacha ón dara leath de mhí na Bealtaine go mbíonn mí Iúil ann.

De ghnáth bíonn idir ceithre agus cúig ubh san éillín agus bíonn an chearc agus an coileach i mbun an ghoir. Maireann tréimhse an ghoir suas le coicís. Bíonn dath liath ológach ar na huibheacha agus stríoca mar a bheadh ribí gruaige ann agus seo mar a bhíonn ag na cineálacha éagsúla gealógaí. Bíonn fad 1.7–2.1 cm san ubh.

Sa chaint is é an focal 'cuiscreach' atá ar an phlanda a bhfuil 'giolcach' nó 'biorrach' air in áiteacha eile. Is cnuasainm atá i gcuiscreach agus mar an gcéanna le biorrach.

Tagann an t-ainm géinis ón tSean-Ghearmáinis, *embritz*, a chiallaíonn 'gealóg'. Is ón tSean-Ghréigis don ainm speicis, *schoenicius*, a thagann ó *skhoinikios* agus is ainm éin anaithnid uisce atá i gceist.

Tugtar 'Brian na Giolcaí' agus 'Gealbhan Giolcaí' ar an éan fosta. Tugtar an *Reed Bunting* air i mBéarla ó bhí 1776 ann. Bhí *Reed Sparrow* air roimhe agus fágann sin nach ábhar iontais 'Gealbhan Giolcaí' a bheith luaite leis i nGaeilge. *Pompee ny Guirtlagh* a thugtar air sa Mhanainnis, agus is *Bras y Cyrs*, an t-ainm ag muintir na Breataine Bige. Ciallaíonn *bras* ramhar agus is giolcach atá i gceist le *cyrs*. Is *Gealag Dubh Cheannach* agus *Gealag Loin* atá air sa Ghàidhlig. Thomas Pennant (1726–1798) a bhain úsáid as an ainm *Reed Bunting* seachas *Reed Sparrow* a bhí ann roimhe.

Gidh go mbíodh an t-ainm gealbhan á lua leis níl aon ghaol aige leis an éan sin. Meastar gur tháinig laghdú beag ar a líon le cúig bliana agus fiche anuas. Thig go dtiocfadh scaotha beaga sa gheimhreadh chuig páirceanna a mbeadh coinleach iontu.

Téann cuid de na héanacha ó dheas sa gheimhreadh ach san áit a mbíonn an aimsir níos boige san iarthar agus i ndeisceart a raoin ní chleachtar an imirce. Fanann éanacha na hÉireann mar a bhíonn.

Is é an raon atá aige ná an Eoraip ar fad agus cuid den Áis. Bíonn sé le fáil den chuid is mó ar thalamh aigéadach, mar atá ar an taobh seo tíre go bunúsach. Bíonn sé tugtha d'aillte ar an chósta.

Níl a líon i gcontúirt go domhanda ach meastar go bhfuil laghdú ag teacht orthu sa Ghearmáin, sa tSualainn, agus san Iorua.

An Gearr Breac

Cepphus grylle

Gort Lios Saighead, Na Rosa, 12 Feabhra 2022

Tá teacht ar an ghearr breac fán chósta ach chan fhuil sé fairsing. Is maith leis cuanta agus chan fhágann sé amach an fharraige ach le linn pórtha. Snámhann sé ar bharr na mara agus fúithi. Thig leis gabháil go grinneall ag soláthar a choda agus thig leis gabháil faoin fharraige ar eiteog fosta. Itheann siad éisc bheaga agus sliogiasc.

I mí na Bealtaine a bhíonn na huibheacha ann agus tógtar an tsead i sceilp nó ar thoir fhiáine san áit nach dtig leis an duine gabháil a cóir. Measann iascairí í a bheith ina comhartha go bhfuil éisc, go háirithe feannógaí beaga agus mionéisc eile, ar fáil nuair a fheictear í. Cha dtig gabháil amú ag aithint an éin nó chan fhuil éan ar bith atá cosúil leis lena phaiste geal ar na heiteogaí, dath an tsúiche air agus na cosa buí. Coinníonn sé an paiste sa gheimhreadh ach éiríonn sé liath agus bíonn sé geal faoi. Tuairim agus 3,000 éan a phóraíonn in aghaidh na bliana sa tír seo agus is fairsinge iad i gcontae Mhaigh Eo, i gcontae Aontroma agus i dTír Chonaill.

Tchím an gearr breac agus bíonn sé ag cur culaith an gheimhridh sna Faoilligh. Ach thiocfadh leis a bheith chomh mall le mí nó dhó níos moille nuair a thig cló an tsamhraidh air. Póraíonn siad san áit a mbíonn creigeacha fán chósta agus ar na hoileáin, gnáthóg níos gairbhe seachas mar a chleachtann siad sa gheimhreadh. Cha dtéann siad i bhfad chun siúil ón tsead nuair a bhítear ag pórú agus i dtrátha an ama sin ní fheicfear ina n-ealta iad. Bíonn sé faicheallach ag am an phóraithe agus cha dtéann sé a chóir na nide má mheasann sé go bhfuiltear á choimheád. I ndáiríre is péire nó dhó a fheictear i gcuideachta den chuid is mó. Eisceacht a bhíonn ann ná áit ina mbíonn sruth láidir taoide agus scailpeanna fóirsteanacha do na neadracha agus cruinneoidh baicle ina leithéid de shuíomh. Tharlódh a leithéid ar chúl na hUaighe sna Rosa. De ghnáth is íseal go maith ar an talamh a bhíonn an tsead. D'fhéadfaí a bhfeiceáil ar inbhear abhann le linn an gheimhridh.

De ghnáth bíonn siad ag an nead luath i mí an Aibreáin, agus imíonn siad arís i mí Iúil. Nuair a fhágann siad an tsead cha dtéann siad i bhfad ar shiúl. D'fhéadfadh nead a bheith ag bun aille ach dá mbeadh bheadh poill de dhíth a mbeadh foscadh agus suaimhneas thart fá dtaobh díobh.

Scríobhtar go n-ití an t-éan féin agus a chuid uibheacha. Tá sé sa tseanchas in iar-dheisceart Thír Chonaill nuair a bhíothas ag iascaireacht bradán sa tsamhradh thigeadh oícheanta garbha ar na hiascairí agus gheibheadh siad lucht an bháid in amanna de na gearraí breaca sna heangachaí. Ní bhaintí úsáid ar bith astu ach a gcaitheamh amach san fharraige.

Má thagann duine i ndeas don ghearr bhreac ní thumann sé ach buaileann sé na heiteogaí agus imíonn sé ina reathaigh ar dhromchla na farraige ag bualadh an uisce lena chuid cos mórán mar a dhéanann an chearc uisce ach go mbíonn gluaiseacht na n-eiteogaí níos gaiste.

Bhíodh tagairt ag scríbhneoirí Gréigeacha do *Kepphos*. Éan beag liath farraige a bhíodh i gceist. Tagann an t-ainm speicis

An Ghlasóg Liath

Motacilla cinerea

ón chanúint Sualainnise a bhíodh á labhairt sa Ghotlann mar a ndearna Carl Linnaeus (1707–1778) turas i 1741 agus ar scríobh sé cuntas faoin ghearr bhreac. Is é 'an Fhoracha Dhubh' an t-ainm a úsáidtear go ginearálta sa tír seo. I measc na n-ainmneacha eile atá ar an éan ar an oileán seo tá 'an tÉan Aille Duibh', 'an Bairéadach' agus 'an Colúr Toinne' agus tugtar 'an Chotaí' air i ndeisceart Thír Chonaill. Is é 'an Gearr Breac' a thugtar ar an éan i dToraigh. Tugtar an *Black Guillemot* agus an *Tystie* air sa Bhéarla ach gur de bhunadh na Lochlainnise an dara hainm acu seo. Tugann muintir na Breataine Bige *Gwylog Ddu* air, agus bhí foinse amháin a thug *Gwilym* air. Is *Caillagh Ghoo* agus *Calmane Marrey* atá ag pobal na Manainnise air. In Albain bheirtear *Eun-a-Chrubain*, *Eun Dubh an Sgadain* agus *Gearradh Breac* air. Chuir mé sonrú san ainm *Gearradh Breac* fá Albain nó tá sin agus ainm an éin i dToraigh iontach deas dona chéile.

An Tor, Gaoth Dobhair, 6 Meitheamh 2017

Bíonn cosa gairideacha faoi agus bíonn siad liath. Is dubh a bhíonn na cosa ag glasógaí eile. Meastar an t-éan seo a bheith ar fáil i ngach aon chontae sa tír. Gidh go mbíonn sé ar fáil in áiteacha deas d'fhoirgnimh feirme is éan é seo a fheictear cois glaise ar na cnoic den chuid is mó. Is maith leis uisce atá glé glan agus a bhíonn ag reachtáil go measartha gasta. Is cuidiú clocha nó clocháin a bheith san abhainn nó sa tsruthán.

Ar an ábhar seo is annamh a thigtear air ar thalamh íseal. Caitheann sé a shaol in aice uisce nó itheann sé cineálacha fásta d'fheithidí a bhíonn ar eiteogaí, feithidí iad den chuid is mó a chaith a n-óige faoi uisce. Ritheann sé nó siúlann sé agus an corp cothrománach agus an ruball fada ag preabadaí. Úsáidtear féar agus caonach i dtógáil na nide agus is ribí fionnaidh a úsáidtear don líonáil.

Is faide ruball s'aige seachas cuid na glasóige sráide, agus in amanna spréann sé amach é mar a bheadh gaothrán ann. Tá guth cuíosach ard aige ach is minic nach gcluintear é mar bíonn sé i gcoimhlint leis an trup a dhéanann uisce an tsrutháin ag gluaiseacht go grod ag a thaobh.

Mall i mí an Aibreáin a bheirtear na huibheacha. Bíonn suas le cúig ubh sa nead. Maireann tréimhse an ghoir suas le coicís. An chearc den chuid is mó a bhíonn i mbun an ghoir. Bheir an dá thuismitheoir bia chuig na scallamáin. D'fhéadfadh an dara héillín a bheith ann. Bíonn an t-éan óg réidh le heitilt dhá lá dhéag i ndiaidh a chleithithe. Meastar go bpóraíonn suas le 20,000 péire sa tír in aghaidh na bliana.

Creidtear go mbaineann an chuach feidhm as sead an éin seo dá hubh.

Ba é Marmaduke Tunstall (1743–1790) a thug an t-ainm eolaíoch *Motacilla cinera* chun cinn i 1771 i bhfoilseachán dá chuid, *Ornitholgia Britannica*. Ciallaíonn *motare*, ag bogadh thart, sa Laidin. Is tagairt an *cinera* do *cinis* na Laidine a chiallaíonn 'luaith' agus is tagairt sin don dath liath a bhíonn ar an chuid uachtarach den éan. Is *Skibbag Ghlass*, *Skibbag ny mulleeyn* agus *Ushag voltee* atá sa Mhanainnis air. *Breacan Baintigharna* agus *Breacan an Uillt*, ciallaíonn an dara hainm éan breac an tsrutháin. *Siglen Lwyd* atá sa Bhreatmais air.

Tugtar 'an Ghlasóg Bhuí', 'an Ghlasóg Cheannliath', agus 'an Ghlasóg Shailí' air fosta againn.

Tugtar an *Grey Wagtail* air i mBéarla ach is é an dath buí air a dtugann muid suntas dó. Agus tagann an '*wagtail*' ó ruball s'aige a bheith ag bogadh síos agus aníos i dtólamh. Tógann an chearc an tsead i scoilt i mballa, ar bhruach abhann nó ar aill. Is minic a bhíonn an tsead faoi dhroichead.

Bogann roinnt acu ó dheas don gheimhreadh agus má bhíonn an aimsir go holc lena linn cuireann sé isteach go mór orthu.

Luann Ó Duinnín gur ionann 'súil na glasóige' agus '*the glad eye*' agus '*sheep's eye*'. Deirtear, súil na glasóige a chaitheamh ar dhuine. Tá colpa glasóige sa chaint agus ciallaíonn sé cosa fada tanaí a bheith faoi dhuine. Tá an chiall 'duine soineanta' le glasóg in amanna fosta.

Tá fianaise ann go n-iompraíonn an t-éan seo cartán seadánach, *Ixodes ricinus*, a thugann tearmann do *Bhorrelia* agus atá freagrach as galar Lyme a spréadh.

Sa gheimhreadh féadann cuid acu teacht i gcionn a chéile.

An Ghlasóg Shráide

Motacilla alba yarrelli

Machaire Gathlán, Gaoth Dobhair, 7 Deireadh Fómhair 2020

Maireann siad ar an mheán ar feadh ocht mbliana. Bíonn fad 18–19 cm iontu. Bogann cuid de na héanacha chuig an chósta sa gheimhreadh go háirithe chuig áiteacha a mbíonn feamnach caite aníos iontu.

Nuair a bhí cuntas á scríobh ar an éan i 1900 breacadh go raibh sé níos fairsinge ná an ghlasóg agus go raibh teacht air ar fud na tíre seachas ceantar an Chlocháin Léith in iarthuaisceart Thír Chonaill. Agus i dtagairtí leathchéad bliain níos moille scríobhadh gur annamh ar fad an t-éan in iarthar Thír Chonaill. Tháinig athrach ar an scéal ó shin mar chonaic mé é ar bhruach Abhainn an Chlocháin Léith san áit a bhfuil an carrchlós poiblí ar an bhaile.

De ghnáth tchítear an t-éan seo lena chorp caol díreach agus an ruball ag bogadh suas agus anuas. Is annamh a bhíonn sé ina sheasamh ar feadh tamaill fhada gan bogadh ach siúlann sé agus ritheann sé bunús an ama. Agus ag siúl dó bíonn cloigeann s'aige ag bogadach agus ruball s'aige ag gluaiseacht i dtólamh. Ní bhíonn deacracht ag daoine é a aithint agus tá sé ar éan a thaithíonn na bailte móra, agus cuidíonn seo le haithne a bheith ag an-chuid daoine air. Is minic thart ar fhoirgnimh é, agus má chuirtear isteach air eitlíonn sé in airde. Bíonn an droim, an geadán, agus uachtar an eireabaill ag an rás in Éirinn dubh, agus an toradh atá air sin ná go mbíonn cuma dhubh agus bán air seachas an liath ag rás sa chuid eile den Eoraip. Bíonn an cloigeann dubh, an cliabhrach agus an muineál dubh, agus éiríonn an muineál geal sa gheimhreadh.

Déanann siad a gcuid i bpáirceanna, i ngarraithe ar an bhealach mhór. Ní miste leo an suíomh a mbíonn siad ag ithe ann a bheith druidte isteach roinnt. Sa tsamhradh déanann siad a gcuid ina bpéirí, agus sa gheimhreadh bíonn siad leo féin minic go leor, ach téann siad ar an aradh ina scaotha.

Ar cheann de na samplaí is fearr de ghlasógaí shráide a bheith ar an aradh san oíche i gcuideachta tá Sráid Uí Chonaill i mBaile Átha Cliath. Rinne W. J. Williams tagairt don aradh san *Irish Naturalist Journal* i 1929 nuair a bhí tuairim agus céad acu ag caitheamh na hoíche i gcrann plána. Caithfidh gur fhás a líon mar bhí 3,500 á lua leis an tsráid ag am amháin. Síltear gur an teas ó na soilse sráide agus ó na foirgnimh thráchtála a mheallann chuig lár na cathrach iad. Radharc ar leith a bhíonn ann nuair a fhrithchaitheann íochtar geal s'acu an solas saorga.

Cé go mbíonn an ghlasóg shráide le fáil deas don áit ina mbíonn cónaí ar an duine; sna bailte agus sna cathracha, go háirithe, ó cheart is éan é a bhaineann le timpeallachtaí carraigeacha agus tailte fliucha féir. Bíonn sé ag lorg cuileogaí. Sin an t-ábhar bia aige, na cuileogaí agus a larbha. Piocann sé den talamh iad nó thig leis breith orthu agus é ar eiteog. Chomh maith leis sin piocann sé na cuileogaí beaga a chránn eallach agus ainmhithe eile a bhíonn ag innilt. Tharla go ndéanann siad gar do na hainmhithe sin ní chuirtear isteach orthu. Nuair a bhíonn scallamáin sa tsead ag an ghlasóg shráide thig leis cúpla feithid a cheapadh agus iad a iompar ar ais i gcuideachta ina ghob chuig an nead. In amanna luíonn a shúil ar fheithid agus bheir sé rás ina dhiaidh go dtí go mbeireann sé air. Chomh maith leis sin caitheann siad léim agus bheir siad ar a gcuid ar an dóigh sin. Tá tuairiscí ann go leanann siad an tseisreach agus go n-itheann siad na cuiteogaí a thig chun solais de thairbhe an treafa.

Ba é Carl Linnaeus (1707–1778), Sualannach; lia, míoleolaí agus luibheolaí, a chuir eagar ar an chóras ainmniúcháin déthéarmaigh ar dhúile ina *Systema Naturae*. Bhí cuid mhaith dár scríobh sé sa Laidin. Ar cheann de na héanacha a ndearna sé cur síos air bhí an ghlasóg shráide. Go dtí an lá inniu tá an t-ainm a thug sé ar an éan, *Motacilla alba*, fós i réim. Is í an chiall atá leis an chéad chuid den ainm, *motacilla* ná 'breabhsaire beag'. Shíl roinnt scríbhneoirí sa Mheánaois gur chiallaigh *motacilla*, 'ruball ag croitheadh' ach bhí breall orthu ach, mar sin féin, cruthaíodh focal úr Laidine, *cilla*, a chiallaigh 'ruball'. Ciallaíonn *alba*, bán sa Laidin.

Is cosúil go dtugtaí an 'Ghlasóg Bhuailibh' ar an éan seo in áiteacha i dTír Chonaill.

Scríobhadh go mbíonn sé ina rith thart ar na doirse, go mór mór in am gortach an gheimhridh. Le gairid dúirt duine liom i nGaoth Dobhair gur éan é a thig thart ar na tithe nuair a bhíonn sneachta ann. Chaitheadh sé an samhradh amuigh fá na cnoic agus ar na portaigh, mheastaí. In áiteacha eile tugtar 'Siobháinín an Bhóthair' air. In Albain is *Breacadan* atá ar an éan agus úsáidtear *Glasag* fosta. Is *Siglen Fraith* atá air sa Bhreatnais, a chiallaíon *glasóg alabreac*. *Ushag Voltee* atá ag muintir na Manainnise air.

Tugtar an *Pied Wagtail* air i mBéarla agus tá sé fairsing sa tír seo mar ainm. I dTír Chonaill thugtaí *Willy-Wagtail* ar cheachtar den dá ghlasóg atá coitianta.

Is cupa de chipíní agus gais féir agus cleití an tsead. Olann agus gruaig a bhíonn mar líonáil. Cuidíonn an coileach le tógáil na nide i dtús báire ach críochnaíonn an chearc í.

Chreidtí in Éirinn dá bhfeicfí an ghlasóg shráide i ndeas do theach go mbeadh drochscéal i ndán do bhunadh an tí. In áiteacha eile bhí an tuairim ag daoine go raibh trí dheoir d'fhuil an diabhail ann agus, dá bharr sin, nach bhféadfaí a marú.

An Ghleoiseach

Linaria cannabina

An Charraig Fhinn, Na Rosa, 12 Iúil 2021

Is glasán beag le gob gairid an ghleoiseach. Bíonn dath liath ar an ghob. Eitlíonn scaotha go hard agus tuirlingíonn siad san áit a mbíonn an fásra íseal. Bíonn na scaotha ann fiú le linn séasúr an phóraithe. Bíonn ceann liath ar an chearc le stríocacha éadroma ar an droim agus stríocacha tanaí ar an bhrollach, agus an bolg geal. Bíonn an cloigeann liath agus dearg le droim donn ar an choileach, stríocacha bána ar na heiteogaí agus imill an rubaill. Bíonn an t-íochtar donnbhuí. Is dearg a bhíonn an brollach, agus é glédhearg san earrach. Ceolann siad i rith na bliana agus is minic a bhíonn siad ag canadh agus iad ar chraobh nó ar shreangán sconsa ina bhun. Meastar ceol s'acu a bheith binn. Tá méadú ag teacht ar an líon díobh a thugann cuairt ar bheathadáin éanacha i mbruachbhailte.

Itheann siad grán, pórtha, bachlóga, agus feithidí le linn an tséasúir phóraithe de ghnáth.

Is damháin alla agus feithidí beaga a thugtar do na scallamáin. Sa gheimhreadh baintear an síol den talamh. Is minic a bhíonn na gleoiseachaí i gcuideachta a chéile agus sa gheimhreadh tagann scaotha móra le chéile le bia a chuardach ar thalamh oscailte.

Tagann cuid mhór gleoiseach chun na tíre sa gheimhreadh agus tá fianaise ann go dtéann cuid den mhuintir a phóraíonn sa tír seo ó dheas sa tséasúr chéanna.

Póraíonn siad ar an chaorán, san áit a mbíonn cíb agus fionnán, agus cois cósta in áiteacha a mbíonn aiteannach agus dreasógaí. Corruair tigtear ar nead i dtor. Ligtear amach dhá nó trí éillín sa bhliain agus cuirtear tús leis an phórú luath i mí na Bealtaine.

Bíonn siad ag gluaiseacht go minic agus iad callánach. Tá aird ag an duine ar a ghlór agus dá bharr ba mhinic iad a bheith ceaptha i gcás ag daoine sa dara leath den naoú haois déag. Bhíothas ag meas go raibh an glór ba bhinne aige de na glasáin. Tá an lá sin caite cuid mhaith ach bíonn corrdhuine go fóill ag cur éanacha i gcás. Maítear go gceolann gleoiseachaí i gcuideachta in amanna mar a bheadh cór ann. Bíonn aird i dtólamh ag an duine ar cheol an éin seo ach meastar cineál de ghol a bheith ann agus gur anamacha a bhí ceaptha sa domhan íochtarach a bhíodh ag éagaoin a bhíodh iontu.

Tuairim agus 130,000 péire a shíltear a bheith sa tír agus tá fáil air i ngach aon chontae agus na hoileáin san áireamh. Siocair gur maith leo an talamh oscailte chan fhuil siad chomh fairsing abhus agus atá in oirthear agus deisceart na tíre, an áit is mó barraí gráin.

Tagann an t-ainm eolaíoch, *Linaria cannabina*, ón Laidin. Tagann *linaria* ón fhocal *linum* a chiallaíonn 'líon', agus tagann *cannabina* ón Laidin ar 'cnáib'. Bíonn an síol ag an líon mar bhia ag an éan. Is *Lhieen* an focal Manainnise ar líon, agus tá *Ushag y Lhieen* agus *Bytermyn* ag muintir an oileáin air. *Gealbhonn Lìn* agus *Bigean Brìde* atá air sa Ghàidhlig. Tugtar *Bigean Brìde* ar an ghleoiseach mar go gcreidtear go gcuireann a cheol fáilte roimh an naomh. Is *Llinos* atá air sa Bhreatnais, agus tá sé fairsing mar ainm ag girseachaí sa Bhreatain Bheag. Tagann an t-ainm Béarla *Linnet* ón tSean-Fhrancais *linette* a thagann ó *lin* a chiallaíonn 'líon'(*Linum usitatissimum*). Tugtar 'an Gealún Creige', 'an Glasán Lín', 'an Coinnleoir Óir', 'an Glasán Lín', 'an Gealbhan Creige' agus 'an Coilcín Cátha' air fosta againn agus tá ainmneacha eile ann ach is é 'an Ghleoiseach' an t-ainm ginearálta.

Ó am go chéile fágann an chuach ubh i sead gleoisí ach faigheann an chuach óg bás de ghnáth den ocras i ngeall ar an chineál bia a thugtar do ghearrcaigh na ngleoiseach gur pórtha a bhíonn ann go bunúsach agus nach mbíonn cothú na cuaiche óige iontu.

An Ghleoiseach Shléibhe

Linaria flavirostris

Bhíodh an t-éan seo, de réir an tseanchais, ag rith thart fá na doirse, go speisialta in aimsir chrua earraigh, agus d'ití gramscar ar bith a chaití amach as an teach. Chan fhuil mórán seanchais fá dtaobh díobh mar nár cuireadh sonrú iontu.

Mheas na seandaoine é a bheith doiligh ag an ghleoiseach an t-anás a sheasamh as siocair iad a bheith lag agus bog mar éanacha. Mheastaí roimhe seo gur blasta an bia an ghleoiseach.

Maireann an ghleoiseach suas le naoi mbliana. Tá a líon ag titim mar go bhfuil an talamh garbh ina mbíonn na plandaí a mbíonn pórtha s'acu mar bhia á scuabadh ar shiúl leis an ghluaiseacht atá ann le fada screabán a thabhairt chuig míntíreachas.

Tá sé amuigh ar an ghleoiseach, ach oiliúint a fháil chuige, go dtig leo focail a fhuaimniú. I ndáiríre meastar é a bheith mínádúrtha a bheith ag iarraidh ar éan focail a fhoghlaim.

An Charraig, Gaoth Dobhair, 2 Lúnasa 2017

Thigtear ar an ghleoiseach shléibhe ar an chósta go minic agus bíonn sé sa tír ar imirce san earrach agus san fhómhar. Is annamh a fheictear é ar shiúl ó chósta an iarthair gidh go bhfuil claonadh ann sa gheimhreadh bogadh chuig talamh isteach fán tír. Éan é nach mór a líon.

Is éan beag é, ceann de na glasáin, é tuairim agus 14 cm ar fhad. In amanna tchítear scaotha de dheargéadain, de ghealbháin chreige agus de gleoiseachaí sléibhe i gcuideachta. Thig an ghleoiseach shléibhe a aithint orthu mar bíonn gabhlán sa ruball.

Tógann an chearc an nead ar an talamh agus í i bhfolach sa fhraoch nó i ndeasógaí go minic ar an chaorán. Bíonn suas le sé ubh sa tsead. An chearc amháin a bhíonn ar gor. Cuirtear tús leis an ghor go mall i mí na Bealtaine. Maireann tréimhse an ghoir ar feadh coicíse agus bíonn coicís eile ann sula dtarlaíonn an cleitiú. Tá an pórú teoranta do chontaetha na Gaillimhe, Mhaigh Eo, Shligigh, Aontroma agus Dhún na nGall.

Pór lustan is mó a itear ach itear feithidí fosta. Ina measc síolta na cuiscrí, an fheaga, an fhéir agus plandaí ar an riasc goirt, agus san earrach tá seans go n-íosfaidh sé roinnt feithidí. Tagann siad anuas isteach sna míodúin le teacht ar shíolta nuair a bhaintear an féar.

Meastar gur tuairim agus 1,000 péire a bhíonn ag pórú sa tír in aghaidh na bliana, ach go bhfuil an líon seo ag titim agus gur ábhar imní a leithéid.

Is 'gob buí' an chiall leis an ainm speicis, *flavirostris*, a thagann ón Laidin. Síltear go dtagann an t-ainm Béarla, *Twite* ón trup a ghníonn an t-éan, focal macallach mar a thugann lucht na teangeolaíochta air. Is an lasair choille atá i gceist le *carduelis*. Ag am amháin cuireadh cuid mhór éanacha isteach faoin rangú sin. Tagann an t-ainm geinis ó *linaria* na Laidine, agus fiodóir lín an chiall atá leis. Is *Llinos y Mynydd*, gleoiseach an tsléibhe atá air sa Bhreatnais. Tugtar *Bytermyn Slieau* nó *Philip ny sleityn*, air sa Mhanainnis, cnoc atá i gceist le *slieau*, agus is ionann gleoiseach agus *bytermyn*. Dealraíonn sé go raibh aird air in Albain nó tá roinnt ainmneacha air, *Riabhag-Mhonadh*, *Bigean-Baintighearna*, *Riabhag-Fhraoich*, *Gealbhonn-Beinne* agus *Bigean-Baintighearna*. Tá roinnt de na foinsí agus baineann siad feidhm as *Mountain Linnet* chomh maith le *Twite*. Glactar leis gur 1562 an chéad uair ar baineadh feidhm as an fhocal *Twite*.

Tharla laghdú de 50% i líon na ngleoiseach shléibhe in Éirinn le ceithre scór bliain anuas.

Maireann siad suas le sé bliana ar a mhéad. Sa gheimhreadh bíonn an gob buí ag an chearc agus ag an choileach.

Meastar nach bhfuil an t-éan faiteach agus go ligeann sé don duine teacht i ndeas dó. Tugann cuntas amháin le fios gur lig cearc do dhuine na huibheacha a bhí fúithi agus í ar gor a mhothachtáil fhad agus chloígh sí leis an ghor.

Tá sé ar an aon éan san Eoraip a tháinig chugainn ón Tibéid. Is é an léamh a dhéantar ná gur leathnaigh sé ó Ardchlár na Tibéide chuig lár na hEorpa. Nuair a chúlaigh an t-oighear i dtreo thuaisceart na hEorpa tar éis oighriú Würm, an t-oighriú deireanach i gceantar Shliabh Alpa, lean cuid de na héanacha imeall an oighir ar a bhealach ó thuaidh. Chuaigh bunús na n-éanacha ar ais chuig na hardtailte i lár na hÁise. Mar sin tá dhá raon ar leith ag an éan, agus is fá oirthear na Tuirce soir atá an rás eile seachas cuid thuaisceart na hEorpa.

An Guilbneach Dubhearrach

Limosa limosa

Ní chuidíonn sé leo go mbíonn an féar á bhaint go meicniúil feasta ar chuid mhaith mhór feirmeacha agus nach dtéann sé chun póir. Bhí tábhacht leis na síolta féir mar is a leithéid a bhí mar bhia ag na héanacha óga. Mar iarracht le go mairfidh siad cuireann daoine ar suim leo iad pórtha féir ar fáil dóibh.

Bhí cuntas ag W. D. Campbell, dialannaí dúlra ag an *Guardian*, nuachtán de chuid na Sasana, faoi cheann a 'phléasc' as sceach aiteannaí le linn dó a bheith i gConamara, agus chuaigh an t-éan i bhfostó i ngruaig a neachta. Chuir sé fáinne air nuair a bhain sé amach as a folt é agus scaoil sé leis. Ní thuairiscítear gur tháinig duine ar bith ar an éan leis an fháinne áirithe seo riamh.

Dealraíonn sé nach bhfuil tagairt ar bith dóibh sa bhéaloideas a bhfuil taifid déanta air i dTír Chonaill.

Ráth Mealtáin, 31 Deireadh Fómhair 2018

Bíonn cosa measartha fada dúliatha, donn nó fiú dubh agus cuma mhór ar an éan seo agus mar sin bíonn sé le feiceáil go soiléir i measc na lapairí eile. Bíonn stríoc gheal le feiceáil ar na sciatháin i mbun eitilte dó, an geadán geal agus barra dubh ar an ruball. Bíonn na cosa sínte siar amach ar chúl an choirp le linn eitilte. Corruair bíonn daoine meascaithe agus déanann siad amach gur roithleach a bhíonn ann agus é ar eiteog.

Bíonn sé fairsing mar imirceoir, ar an chósta den chuid is mó, san fhómhar, mí Mheán an Fhómhair go háirithe, agus sa gheimhreadh agus corruair tigtear air sa tsamhradh nuair a bhíonn dath cródhonn ar an bhrollach, ach is annamh a fheictear fá lár na bliana é. Ní chleachtann sé an trá agus ar an ábhar sin ní bhíonn sé abhus againn agus lena chois gluaiseann na haibhneacha sa cheantar go gasta den chuid is mó, gné nach mbíonn aird aige air. Éiríonn na haibhneacha abhus ar thalamh ard i gcomórtas leis na haibhneacha in oirthear na contae, mar an Fhinn. Is gairid a gcúrsa. Má ghlacann muid an Chláidigh, míniú amháin a thugtar ar an ainm ná abhainn a reáchtálann go gasta, mar shampla, tá a cúrsa uilig taobh istigh de pharóiste dhlí Thulacha Beigile, agus gan ach fad ocht gciliméadar inti.

Bíonn gob fada díreach aige, 7.5 go 12 cm, agus bíonn an bun bándearg sa gheimhreadh. Déanann sé a chuid ag lapadáil in uisce tanaí ar na bláir thaoidmhara ag sá a ghob sa chlábar ag lorg ainmhithe beaga. Is le hamharc agus le mothachtáil a thig siad ar an bhia. Is breá leo riasca goirte agus inbhir láibeacha agus an chuid is clábaraí den inbhear agus den ghaoth is rogha leo. Itheann siad inveirteabraigh, portáin chladaigh agus cuiteogaí i measc ábhair eile láibe. Thig teacht orthu in amanna isteach faoin tír ar thailte féir agus iad ina scaotha measartha mór, suas le cúpla céad éan sna healtaí. Tá taifid orthu ag ithe conlach ghráin ar Shlabaí Loch Garman.

Is ón Íoslainn a thagann na héanacha a chuireann fúthu in Éirinn sa gheimhreadh. Is ar thalamh tais féarach agus eangaigh a phóraíonn siad sa tsamhradh sa tír sin agus ar a dturas imirce taistealaíonn siad ar chósta thiar na hEorpa chomh fada ó dheas le Maracó.

Meánn an choileach 275 g agus an chearc tuairim ag 340 g, agus bíonn fad c. 42 cm iontu. Bíonn an chearc tuairim agus 5% níos mó ná an coileach, agus bíonn a gob idir 12–15% níos faide ná ceann s'aige sin. Maireann cuid acu suas le scór bliain agus bliain nó dhó lena chois. Bíonn na heiteogaí idir 70–81 cm ar leithead.

Mar a tharlaíonn le lapairí eile déanann an coileach cúpla scríobadh agus toghann an chearc ceann acu. Líontar an log le féar agus tá seans maith go mbeidh sé as amharc. I dtrátha dheireadh an Mhárta a thig na huibheacha. Beirtear ceithre uibheacha glasdhonna, agus breac le spotaí níos doinne. Is minic a bhíonn neadracha thart timpeall ag lapairí eile, an tsaotharcóg go háirithe, agus is éanacha an tsaotharcóg agus an guilbneach dubhearrach atá foiréigneach agus ionsóidh siad le díograis lucht creiche cé acu seabhac, faoileog, nó corr mhóna a bhíonn i gceist, ag fágáil na nide le gabháil i mbun troda.

Ó bhí lár na fichiú haoise ann tháinig méadú suntasach ar a líon sa tír seo. Is dubh le barraí geala a bhíonn na heiteogaí agus geadán cearnógach le ruball dubh. Ó bhreith an dara hubh dheiridh nó an ceann deireanach bíonn an dá thuismitheoir i mbun an ghoir. Saolaítear na scallamáin tar éis trí seachtaine. Déanann an dá thuismitheoir cúram dóibh agus bíonn cumas eitilte iontu tar éis míosa.

Ba é Carl Linnaeus (1707–1778) a rinne cur síos air den chéad uair i 1758. Tagann *Limosa* ón Laidin agus an chiall clábarach, ó *limus*, láib. Tugtar an *Black-tailed Godwit* air i mBéarla. Meastar nach bhfuil aon bhaint ag an ainm, a bhfuil taifead de ó 1417, le diagacht ach go raibh sé maith le hithe, ar an láimh eile de, tá tuairim ann gur iarracht ar ghuth an éin atá ann. Níor aimsigh mé ainm sa Ghàidhlig ná sa Mhanainnis ar an éan. *Rhostog Gynffonddu*, éan earrdhubh an eangaigh, an t-ainm Breatnaise.

I staidéar a rinneadh san Ísiltír taispeánadh go raibh ráta báis de 37% ag na héanacha sa chéad bhliain dá saol agus 32% sa dara bliain.

Eisceacht atá sa ghrianghraf anseo mar ghlac mé é ag siúl ar an Bhóthar Bhocht, más sin an t-aistriúchán ar Brught na léarscáile, i Ráth Mealtáin agus mar sin níl sé taobh istigh den raon ceantair lena mbaineann an leabhar seo.

An Guilbneach Stríocearrach

Limosa lapponica

Machaire Gathlán, Gaoth Dobhair, 10 Meán Fómhair 2016

Castar an lapaire mór seo orainn ar an ghaoth nó ar an trá. Gluaiseann sé leis ag ithe inveirteabrach agus tagann sé orthu sa láib nó ag sá a ghoib sa ghaineamh, nó reáchtálann sé ina ndiaidh agus iad ar dhromchla na mara. Tá dúil ar leith aige sa lugach. Meastar go bhfuil a dháileadh cothrom go maith ar chósta na tíre. Féadann sé mairstean ar feadh rud beag le cois scór go leith bliain.

Bíonn siad fairsing ar an chósta mar chuairteoir geimhridh agus mar imirceoir ar aistear. Téann siad isteach fán tír ó am go chéile. Corruair a chluintear a ghuth ach ligtear trup i mbun eitilte in amanna. Rud annamh ag lapairí ach tá fianaise go dtéann sé ar an aradh ar chrainn.

Ní phóraíonn siad in Éirinn ach neadaíonn siad ar an tundra íseal agus ar an taiga ón Laplainn soir chuig iarthar na Sibéire. Is maith leo talamh tirim don nead, agus eangaigh a bheith i ndeas mar fhoinse bia. D'fhéadfadh go mbeadh sneachta go fóill ar na tailte póraithe nuair a thig siad an fhad sin agus mar sin bíonn stór cúpla lá acu de bhlonag nuair a bhaineann siad ceann scríbe amach. An chuid a phóraíonn in Alasca téann siad ar imirce chuig oirdheisceart na hÁise agus na hAstraláise.

Tagann an t-ainm géinis ón Laidin *limus* a chiallaíonn, clábar, agus is tagairt an dara cuid den ainm don Laplainn. Rinneadh taifead ar an ainm Bhéarla, *Godwit* i 1416 agus meastar gur aithris atá ann ar ghlór an éin. Tá *Rhoid Ghuilbneach* air in Albain, *Rhostog Gynffonfrith,* éan breacearrach an eangaigh an chiall, atá sa Bhreatnais. *Feddag hraie*, agus measaim 'feadóg thrá' a bheith i gceist leis an ainm, sa Mhanainnis.

Tá sé sna seanscéalta ag na Maoraigh gur choimhéad a sinsear na guilbnigh stríocearracha ag taisteal ó dheas thar an Aigéan Ciúin agus gur a sampla a thug ar a muintir a gcuraigh a thabhairt leo agus féacháil le teacht ar thalamh. Mheas siad talamh a bheith ó dheas mar bhí fios acu nach éan farraige a bhí sa 'cuaca', mar a thug siad air. Bhí an ceart ag na taistealaithe, agus sin creidtear mar a tháinig Maoraigh chun na Nua-Théalainne an chéad lá riamh. Rud beag le cois míle bliain ó shin a tharla an imirce seo.

Tá éanacha a thaistealaíonn níos faide ná an guilbneach stríocearrach, ach is éanacha mara iad agus thig leo tuirlingt agus suí ar dhromchla na farraige, agus thig leo bheith ag déanamh a gcoda le soláthar na bóchna.

Tá a thuras imirce ar an aistear is faide gan stad ag éan ar bith, agus lena chois tá sé ar an turas is faide ag ainmhí ar bith gan stopadh ar a bhealach lena chuid a dhéanamh. Fuarthas amach tar éis scór bliain taighde go dtaistealaíonn an t-éan ó Alasca, Stáit Aontaithe Mheiriceá go dtí an Nua-Shéalainn gach bliain gan stopadh le hithe ar an bhealach. Bíonn buntáiste acu sa mhéad go mbíonn na stoirmeacha a shéideann san Aigéan Chiúin ó mhí Lúnasa go mí na Samhna ag teacht ón aird ó dheas.

Thig brath ar na stoirmeacha seo agus is eol don éan seo de bharr go bhfuil taithí na mblianta aige. Cuidíonn sé leis gur saill os cionn leath a mheáchan coirp sula dtosaíonn sé ar an aistear. Bíonn sé tnáite ag deireadh an turais. De réir na dtéacsleabhar is turas ocht lá a thugann na héanacha ar an aistear ón Nua-Shéalainn go hAlasca, ag taisteal ag 56 km san uair ar an mheán, agus ag déanamh

turas timpeall 11,660 km ar an iomlán. Ansin, i mí Mheán an Fhómhair 2020 d'éirigh le heolaithe a dhéanann staidéar ar éanacha trá a thugann faoi thurais fhoircneacha, cur leis an eolas agus taifead a dhéanamh ar choileach a d'eitil gan stad gan chónaí trasna an Aigéin Chiúin ar feadh os cionn 12,200 ciliméadar ó Alasca chuig an Nua-Shéalainn. Bhí clib bheag shaitilíteach ar an éan don turas. Thaispeáin an chlib gur fhág an an t-éan Alasca ar 16 Meán Fómhair agus gur tháinig sé i dtír ag Firth of Thames, bá nach bhfuil i bhfad ó Auckland, aon lá dhéag ina dhiaidh sin. Chomh maith leis sin bhí a luas mar chuid den eolas ag an chlib agus taispeánadh gur bhain sé luas 88.5 ciliméadar amach le linn a thurais. Meastar gur chaith an t-éan 224 uair ar eiteog. Thig leis an choileach ag an ionad póraithe a mhéad a dhúblú. Féadann an t-éan na baill inmheánacha coirp a laghdú agus cuidíonn seo leis agus é ag eitilt.

Lapaire a mbíonn gob fada aige agus cosa fada faoi an t-éan seo. Bíonn bun an ghoib bándearg agus dorcha ag tarraingt ar an bharr agus é tiompaithe aníos roinnt bheag. Bíonn an ruball bán agus bandaí caola dubha air, íochtar an choirp geal le stríoca beaga ar an chliabhrach agus an muineál. Meánn sé tuairim agus 340 g, agus bíonn fad 38 cm ann.

An tIolar Fíréan

Aquila chrysaetos

Gaoth Dobhair, 26 Samhain 2022

Tugtar 'Rí na nÉan' ar an iolar, agus sa stair ba shiombail de chuid na huaisleachta é. Éan mór is é an t-iolar fíréan, ach go mbíonn roinnt de na badhbha níos mó ná é. Bíonn airde idir 80−93 cm aige, idir 3−6.4 cg a mheáchan, agus an réimse eiteoige idir 1.6−2.2 m. Maireann sé suas le cúig bliana agus scór. Bíonn na cosa iontach clúmhach, iad buí agus na croibh dubh. Bhí Pilip Ó Súilleabháin Beara (c. 1590−1636) den bharúil go raibh lí rua ar an iolar dhúchasach. Bíonn an chearc níos mó ná an coileach. Bíonn culaith an éin dúdhonn den chuid is mó agus ní bhíonn aon difríocht idir dath na gcleitheacha ag an chearc agus ag an choileach. Síneann a raon ón Artach chuig tuaisceart an tSahára. Ní chluintear a ghuth go minic. Tógtar an nead le moll bataí agus líneáil d'olann agus d'fhásra glas i gcrann péine nó ar aill. Ligtear amach éillín amháin ina mbíonn idir 1−3 ubh. Bíonn an chearc dícheallach i mbun an ghoir a mhaireann tuairim agus mí. De ghnáth faigheann an scallamán is lú bás. Tagann na cleitheacha chun cinn idir 30–50 lá. Tugann an chearc a gcuid do na héanacha óga. An coileach a bheireann chuici é. Nuair a bhíonn na héanacha óga tuairim agus daichead lá d'aois déanann siad a gcuid as a stuaim féin. Fágann an scalltán an nead idir 63–70 lá i ndiaidh a bhreithe, agus bíonn cumas lag eitilte aige go ceann trí seachtaine.

Cuardaíonn sé a chuid bia agus é ag eitilt go híseal agus tugann sé ráib anuas i mullach a chreiche, nó bíonn sé ag faoileoireacht go hard agus tumann sé chuig an chreach. Is cearca fraoigh, coiníní, giorriacha agus préacháin a itheann sé den chuid is mó, ach itheann sé éanacha eile agus mamaigh fosta. Ní scroblachóir atá ann de ghnáth, ach má bhíonn crua air féadann sé ablach a ithe.

Tugtar *Iolair Dhubh*, *Iolair Bhuidhe*, *Iolair Mhonaidh* agus *Fireun* ar an éan seo in Albain. Dúirt duine amháin liom blianta ó shin gur 'Iolar Dubh' a bhí againn ar an éan mar nuair a amharctar air ón talamh gur dubh a bhíonn sé. *Urley Buigh* atá sa Mhanainnis air, agus is *Eryr Euraid* atá sa Bhreatnais air agus is ionann é agus an t-ainm Béarla. Tugtar an *Golden Eagle* air i mBéarla. Is aistriúchán ar an Laidin *Aquila* (iolar) agus ar an Ghréigis χρυσός (ór) an t-ainm eolaíoch.

Scríobh Giraldus Cambrensis (1146–1223) go raibh na hiolair líonmhar sa tír seo. Anuas na blianta bhí géarleanúint á dhéanamh ar iolair in Éirinn agus i dtíortha eile. Bhíodh sé fairsing ar na cnoic is airde i ngach cúige sa tír seachas Cúige Laighin go raibh lár na naoú haoise déag ann ach díothaíodh é le dola, nimh agus gunna an mhaoir ghéim. Scríobh Richard J. Ussher:

In Donegal this species was resident in the principal groups of mountains. Around Muckish and Errigal it has its principal strongholds, where more than one pair were to be seen in 1866; and I am happy to hear that that in 1898 Eagles have re-appeared in that part of the country.

(*Birds of Ireland*, lch 128)

Bhí Alexander H. Delap ina reachtaire ar pharóiste Theampall Cróine idir 1866 agus 1876. Mhaígh sé go raibh an t-iolar fíréan líonmhar le linn dó a bheith sa phobal sin. Chonaic sé cúig cinn lá amháin ag ceann Loch Bheatha. Síltear go raibh siad ag pórú go líonmhar i dTír Chonaill ag fiorthús na fichiú haoise ach tuairiscíodh go raibh deireadh tagtha leis an phórú fá 1910. Cuirtear síos go bhfacthas ceann i nGleann Bheatha ar 19 Aibreán 1947.

Tar éis gur caitheadh cúpla bliain ag déanamh réidh fána gcoinne ceadaíodh i 2001 duisín ilríní a thabhairt ó Albain chuig Páirc Náisiúnta Ghleann Bheatha mar chuid den scéim a bhí bunaithe sa Pháirc leis an iolar fíréan a athlonnú in Éirinn. Saoradh trí scór iolar go dtí seo.

Gaoth Dobhair,
26 Samhain 2022

Cuireadh tús le pórú i 2007 agus tá fiche ilrín saolaithe ó shin i dTír Chonaill.

Leonadh an t-éan sa ghrianghraf anseo sa tsamhradh i 2022 i nGaoth Dobhair. Tháinig feirmeoir air agus tugadh chuig tearmann é. Éan fireann atá ann agus tá sé sé bliana déag d'aois. Meastar go raibh a cheantar seilge thart ar an Earagail agus ar Loch Alltáin. Suimiúil mar sin go bhfuil scéal a d'inis Niall Ó Dubhthaigh, An Bhealtaine, Gort an Choirce do Sheán Ó hEochaidh ('Seanchas Éanlaithe Iar-Uladh', *Béaloideas* Iml. 37/38) ag tagairt don cheantar sin. Chan sé go raibh bean ina cónaí ag taobh Loch Alltáin thuas faoin Earagail agus bhí an sliabh lán iolar san am udaí, agus bhí scrios mór á dhéanamh ag na hiolair ar gach aon sórt a bhí siad ábalta a iompar ina gcrúba móra. Thugadh na mná na páistí leo chun an chnoic ag gabháil ag obair dóibh agus ghníodh siad na tachráin a chaitheamh ansin, agus cead acu lámhacán leo. Cibé, thug iolar leis páiste a bhí ina shomachán mór, lá. Go hádhúil haimsíodh an leanbh agus tugadh ar ais dá mháthair é.

Gidh gur chuala muid scéalta mar é ag éirí aníos dúinn, agus scéalta a bhíodh ag feirmeoirí faoi uain dá gcuid a d'iompair iolair ar shiúl is ar éigean gur tharla a leithéid. Seans dá mbeadh uan gan a bheith ar fónamh d'fhéadfadh go dtabharfadh an t-iolar leis é.

Scríobh Arthur W. Fox cuntas fada ar iolar firéin ag ithe giorria tar éis do Fox dreapadh go barr na Dubhaise, cnoc i mbaile fearainn Bhun na dTrí Sruthán i Sléibhte Dhoire Bheatha. Mar chuid dá chur síos bhreac sé:

Slowly and not a little stiffly I rose from my long watching: nor did I recover my wonted suppleness for some time. But I cared not a jot for that: I had seen one of the supreme sights of my life. There in the heart of those desolate and lonely mountains, where the foot of man seldom strays, I had seen the golden eagle in his chosen dwelling. I had watched him revelling in his savage meal, and observed the disgorging of matter which might well have choked him, had he not rid himself of it by his peculiar method.

(*Haunts of the Eagle*, lch 10)

An Lacha Bhadánach

Aythya fuligula

An Carn Buí, Na Rosa, 18 Aibreán 2022 (an lacha)

Deirtear faoi na lachain seo go bhfuil siad bardánach, sin téarma a úsáidtear don dos cleití a ghobann amach ó chúl a gcinn. Tá an bardal i bhfad níos bardánaí ná an lacha. Tagann siad mar chuairteoirí geimhridh i mí Mheán an Fhómhair agus fágann siad ina n-ealtaí móra i mí Márta. Thángthas ar lachain sa tír seo ar cuireadh fáinní orthu san Íoslainn agus sna tíortha Lochlannacha.

Thigtear ar an éan seo ar lochanna agus ar an chósta.

Nuair nach mbíonn séasúr an phórtha ann bíonn siad le fáil ina scaotha. Scríobhadh ag tús na fichiú haoise go raibh sé ag buanú agus ag leathnú sa tír le tuairim cúig bliana agus fiche roimhe sin. Go dtí sin bhí roinnt aithne air mar chuairteoir geimhridh san oirthuaisceart, san oirthear, agus san oirdheisceart den chuid is mó. Ba sa bhliain 1877 a rinneadh an chéad taifead air ag pórú in Éirinn. Agus mar a tharlaíonn arís agus arís eile sna cuntais tá tagairt d'iarthuaisceart Thír Chonaill agus é curtha síos gur annamh a fheictear ansin é. Ag tagairt don tír ar fad scríobhadh go raibh go leor áiteacha sa tír nach raibh an t-ainm ag an lacha ar eolas ag daoine. Breacadh go raibh roinnt contaetha go fóill nach raibh aon fhianaise ar fáil uathu gur phóraigh an lacha iontu agus bhí Contae Dhún na nGall ar cheann acu.

Leathchéad bliain níos moille bhí fás ollmhór ar an líon a chaith an geimhreadh anseo agus iontu sin

An Carn Buí, Na Rosa, 18 Aibreán 2022 (an bardal)

a phóraigh. Bhíodh siad in uiscí taoidmhara sa gheimhreadh ach níor thaithigh siad an fharraige in iarthar na tíre. Bhí sé ag an staid seo gann mar lacha phóraithe i gContae Dhún na nGall ach mar sin féin bhí sé ag neadú chomh fada siar le Dún Fionnachaidh.

Itheann siad ábhar ainmhíoch; feithidí, seilidí agus inveirteabraigh eile. Tumann siad le teacht orthu ar an ghrinneall. Chomh maith leis sin itheann siad duileasc abhann agus cineálacha féir. Is fearr leo lochanna intíre seachas gnáthóg ar bith eile. Bíonn na scallamáin le feiceáil sa dara seachtain i mí Mheán an tSamhraidh.

Bíonn an nead fríd an fhéar agus é deas d'uisce ar oileáin den chuid is mó, agus ní bhíonn sé i measc tor ná crann. Beirtear na huibheacha ag deireadh na Bealtaine nó luath an mhí ina dhiaidh sin.

Tá sé tugtha faoi deara gur mó líon na mbardal ná líon na lachan. Bíonn dhá oiread bardal ann.

Meastar go bhfuil suas le milliún den chineál seo lachan beo.

Tagann an t-ainm eolaíoch ó *aithuia*, focal Gréigise ar éan mara nach eol cad é féin ach bhí tagairt ag na húdair anallód dó agus Arastalal ina measc. An dara cuid den ainm, *fuligo* ciallaíonn sé 'súiche' agus is 'scadamán' atá i gceist le *gula*. Is *Thunnag Happagh* atá sa Mhanainnis air. *Lach na Sgùmain*, *Lach Cheann Molach* agus *Lach Sgúmanach* atá air in Albain. Sa tír seo tugtar 'an Lacha Dhubh' air ar uairibh. Is *Hwtaden Gopog* atá air sa Bhreatnais. *Tufted Duck* air i mBéarla.

Tá fianaise ann go mbíonn siad ag ithe le linn na hoíche. Tumann siad go doimhneacht cúig mhéadar, ach is fearr leo nach mbeadh orthu gabháil níos doimhne ná 2.5 méadar. Féadann siad tumadh suas le céad uair in aghaidh an tseasca nóiméad.

Meastar suas le 20,000 lacha bhadánach a bheith ar Loch

nEathach. Bhíodh suas le 30,000 acu ar an loch chéanna le linn na seascaidí den aois seo chuaigh thart.

Cha dteitheann siad roimh an duine mar a dhéanann cuid mhór éanacha fiáine agus ar an ábhar sin tiocfaidh tú orthu i bpáirceanna poiblí sna bailte móra. Síltear go bhféadfadh baint a bheith ag an dúilicín riabhaigh a chuir an duine i suíomhanna áirithe sa chéad leath den naoú haois déag le líon s'acu méadú agus fáth eile ná go dtugann an pobal bia dóibh sna lochanna poiblí ina mbíonn siad; arán den chuid is mó. Dúradh liom ag éirí aníos nár cheart arán a tabhairt d'ealaí agus lachain ach píseanna, fiú reoite, a chur san uisce dóibh. Aithníonn an pobal iad, go háirithe an bardal, leis an dos ar a cheann agus an tsúil óir.

Chuidigh sé le leathnú na lachan gur tháinig éileamh chun cinn san fhichiú haois go mbeadh uisce reatha ar fáil i dtithe cónaithe. Chuige seo tógadh taiscumair agus d'fhóir a leithéid do na lachain. Is beag taiscumar atá in iarthuisceart Thír Chonaill mar go mbaintear an t-uisce reatha as lochanna agus go mbíonn na hionaid chóireála uisce ar an abhainn. Má ghlacann muid córas uisce poiblí na Rosann agus Gaoth Dobhair mar shampla, tagann an t-uisce sin ó Loch Caoil i Mín Corrbhaic taobh thuas de Mhín Uí Bhaoill. Ní fhaca mé riamh lacha fhiáin ná éan uisce ar bith eile ar an loch sin. Féadann go bhfuil an t-uisce ann ró-aigéadach. Mar an gcéanna ag éisc. Ní bhíonn cuid de na héisc éagsúla a bhíonn sna lochanna lártíre ar fáil in iarthuisceart Thír Chonaill.

An Lacha Mhuinceach

Aythya collaris

An Loch Úr, Dún Fionnachaidh, 2 Samhain 2016

Is fánaí an t-éan seo a chastar orainn go hannamh in iarthar na hEorpa ach tugann sé cuairt orainn gach aon gheimhreadh. Bíonn sé abhus idir mí Dheireadh an Fhómhair agus mí Márta. Taithíonn sé an bogach. Is de Mheiriceá Thuaidh ó dhúchas dó. Bíonn sé le feiceáil abhus i gcuideachta leis an lacha bhadánach. I mí Mheán an Fhómhair agus mí Dheireadh an Fhómhair 2008 bhí scaoth de chúig cinn déag le feiceáil ar loch ar Inis Mór, Oileáin Árann, Contae na Gaillimhe. Taispeánann an léarscáil dáilithe ag Bithéagsúlacht Éireann i mí Aibreáin 2022 go bhfuil naoi dtaifead ar an éan in Éirinn.

Bíonn fad ó 37 go 45 cm ann, agus is 65 go 70 cm leithead na n-eiteog. Meánn sé ó 500 go 910 g. Póraíonn siad i Meiriceá Láir agus Thuaidh.

Níl sé luaite i leabhar ná liosta ar bith go dtugann Christopher Moriarty le fios in *A Guide to Irish Birds* (1967) go mbíodh ceann le feiceáil gach geimhreadh ó 1960 go 1965 i bPáirc na Lorgan, An Lorgain, Contae Ard Mhacha. Measadh gur an lacha chéanna a bhí ina cuairteoir bliantúil sa tréimhse úd. Tá an pháirc seo ar an dara páirc phoiblí is mó in Éirinn, is le Baile Átha Cliath agus Páirc an Fhionnuisce an chraobh.

Tá sé ar mheánmhéid mar lacha thumtha. Bíonn ceann biorach air agus fáinne geal taobh le bun an ghoib. Bíonn an banda seo ar an lacha agus ar an bhardal. Is lacha atá sa ghrianghraf anseo agus bíonn a cloigeann dorcha, fáinne geal thart ar na súile, síneann an geal a bhíonn thart ar na cleití i ndeas don ghob fhad leis an smigead agus an muineál. Den chuid is mó bíonn an aghaidh liath. Baineann an lacha le géineas an *Aythy*. Ag an ghéineas sin bíonn na cosa siar go maith sa chorp, agus mar sin is amscaí a bhíonn a gcuid siúil. Mar gheall ar a gcorp a bheith trom bíonn orthu rith ar an uisce sula n-éiríonn leo gabháil ar eiteog.

Bíonn an cuid is mó acu balbh ach amháin le linn an taispeántais. Tá gaol gairid aige leis an lacha bhadánach ach nach mbíonn badán air. Caithfear a bheith faicheallach a n-aithint mar déanann na speicis, an lacha mhuinceach agus an lacha bhadánach, hibridiú le chéile. Nuair a bhíonn siad ag eitilt bíonn stríoc liath le feiceáil ar an sciathán fad lena bhun.

Bíonn siad ar fáil ar lochanna fíoruisce, linnte i gcoillte agus ar sheascainn.

Cuirtear tús le páirtnéir a lorg nuair a bhíonn imirce an earraigh ar siúl. Muna mbíonn páirtnéir ag éan sula mbaintear ceantar an phóraithe amach tá seans láidir ann nach mbeidh an t-éan sin ag pórú. Tógtar an nead, a mbíonn cuma bhabhla air, díreach os cionn an uisce nó fríd fhásra tiubh a mbíonn plandaí adhmadacha agus cíbe ann agus a bhíonn ar snámh. Cuidíonn seo leo fanacht slán ar lucht creiche a mhaireann ar thalamh.

Beirtear ubh amháin sa lá go mbíonn idir ocht agus deich n-ubh sa nead. Glacann an gor ceithre seachtaine agus thiocfadh go bhfanfadh an lacha leis na héanacha óga go mbíonn ar a gcumas eitilt. Fanann an dá lacha i gcuideachta go mbíonn séasúr an phóraithe thart, agus imíonn siad a mbealach féin ina dhiaidh.

Tagann an t-ainm eolaíoch, *Aythya collaris* ón Ghréigis, *aithuia* éan inaithnid mara a ndearna údair mar Arastatal agus Aescaileas tagairt dó. Is ón Laidin do *collaris* a chiallaíonn 'den mhuineál' ó *collum*, an muineál. *Laagh Choillaragh* a hainm sa Mhanainnis agus is *Ring-Necked Duck* a thugtar air sa Bhéarla. Ba é Edward Donovan (1768–1837), scríbhneoir agus maisitheoir leabhar, a rugadh i gCorcaigh, a chuir ainm ar an éan den chéad uair. Tá an spás don ainm i nGàidhlig ag an British Trust for Ornithology fágtha bán. Tá *Hwyaden Dorchog*, ó *torchog* ('carnaithe'), sa Bhreatnais air.

Bíonn sé doiligh an mhuince a bhfuil an lacha ainmnithe as a fheiceáil agus é amuigh faoin aer, mar sin is beag cuidithe a leithéid nuair a bhíonn duine ag iarraidh an t-éan a aithint. Is tagairt atá sa mhuince don choiléar chnódhonn a bhíonn ar an mhuineál dhubh aige. Tharla an t-ainm mar gur thug na heolaithe a rinne staidéar ar an éan sa naoú haois déag suntas don bhóna. Ach tharla sé go raibh na héanacha ar fad a bhí faoina lámha acu leis an speiceas a aithint marbh.

Nuair a itheann siad moilisc slogann siad ina n-iomláine iad agus déantar a mbrú san eagaois. Is ainmhithe is mó go mór a itheann an lacha nuair a bhíonn na scalltáin á gcothú acu. Bíonn níos mó béime ar bhia plandúil le linn imirce an fhómhair.

I dtuaisceart Mheiriceá is iad is mó a itheann grán ó ghunnaí mar bíonn sé ar an ghrinneall, áit a n-aimsíonn siad a gcuid, agus dá thairbhe sin, bíonn siad i gcontúirt nimhiú ó luaidhe.

An Lacha Rua

Mareca penelope

Dún Fionnachaidh, 10 Nollaig 2016 (an lacha)

Meastar gur seo an lacha imirce is fairsinge sa tír seo, ó mhí Mheán an Fhómhair go mbíonn mí Aibreáin ann. Is annamh a fheictear abhus sa tsamhradh é, ach chonacthas ceann i gContae Dhún na nGall i mí Iúil, agus scríobhadh go bpóraíonn dornán in Éirinn. Is chuig an tír seo agus iarthar na Breataine a thagann bunús na n-éanacha a phóraíonn san Íoslainn, ach go dtéann cuid acu chuig mór-roinn na hEorpa.

Thángthas ar lachain le fáinní ón Rúis agus ón Ghearmáin sa tír seo. Is minic a fheictear iad i gcuideachta le lachain eile, an lacha bhiorearrach go háirithe.

Tá meánmhéid ann mar lacha, agus fad 45–50 cm ann. Mar sin féin thug éanlaitheoirí leath-éan air mar go raibh siad den tuairim gur lacha bheag a bhí ann. Bhí aird ar fheoil na lachan má bhí sé i mbun a choda ar fhéar nó ar ghrán, ach dúradh fúthu sin a bhí ag ithe na miléaraí go raibh blas an éisc orthu.

Bíonn cloigeann cruinn, ruball biorach, agus gob beag air. Dath liathdhonn a bhíonn ar an lacha agus spéacalam murtallach uirthi. Bíonn dath donnrua ar an mhuineál agus ar an cheann, buí a bhíonn an t-éadan agus an bhaithis, agus lí liath ar an chliabhrach. Bíonn an cúl dubh agus an chuid eile den chorp geal agus liath. Bíonn maothán agus droim an bhardail liath le linn an tséasúir phóraithe agus cúl dubh air. Bíonn paiste geal ar uachtar na heiteoige agus spéacalam dúghlas aige. Bíonn an brollach bándearg, an bolg geal agus cloigeann cnódhonn le baithis bhánbhuí. Nuair a bhíonn sé faoi chlúmh uraithe bíonn an chuma chéanna air agus mar a bhíonn ar an lacha.

Is ábhar luifearnach go huile chóir a bheith a itheann an lacha seo, agus is minic a fheictear é ag ithe ar imeall an uisce. Tháinig laghdú ar a líon agus ar cheann de na cúiseanna tá easpa na miléaraí, an bia is rogha leo agus éanacha eile a thaithíonn an cósta. Itheann sé alga agus féar fosta, chomh maith le síolta gráin.

Tagann na himircigh luath i mí Mheán an Fhómhair ach tagann an mhórchuid an mhí dár gcionn. Póraíonn an lacha rua i dtuaisceart na Sasana agus in Albain, chomh maith leis an Íoslainn, an Rúis agus na tíortha Lochlannacha. Tá taifead déanta ar chúpla ceann in aghaidh na bliana ag pórú in Éirinn.

Chreidtí in Éirinn nach raibh sé ceart a bheith i mbun seilge ar lachain ag eitilt san oíche mar gur anamacha na marbh ag taisteal a bhí iontu.

Is é Carl Linnaeus (1707–1778) a rinne cur síos ar an lacha seo i 1758 agus a thug *Anas penelope* air. Is é *anas* an focal Laidine ar 'lacha'. Tagairt atá i *penelope* d'éanacha mara a raibh an t-ainm sin orthu, a thug tarrtháil ar Phenelope, níon Icarus, nuair a chaith a hathair isteach san fharraige í, agus í ina páiste.

Tagann a hainm ón tSean-Ghréigis, πήνη a chiallaíonn trilseán, ὤψ *ops* agus an chiall cló leis, tagairt don tseift a d'imir sí le lucht a meallta a chur ó dhoras a fhad agus bhí a fear, Uiliséas ar shiúl as baile.

Sa Bhreatnais is *Chwiwell* atá air agus tá an bharúil ann gur focal onamataipéach atá ann. Cuirtear síos ar an ghlór mar chineál de fhead, agus is éagsúil sin i gcomórtas leis an 'vác, vác' a bhíonn ag bunús na lachan. Tugtar *Laagh Ruy a*gus *Ommidan* air sa Mhanainnis, agus an *Glas-Lach* sa Ghàidhlig. Is *Wigeon* nó *Widgeon* a thugtar ar an lacha seo i mBéarla agus tháinig an t-ainm chun tosaigh i 1513, agus é a bheith ina aithris ar an ghuth. Ceaptar go dtagann an t-ainm Gaeilge i ngeall ar an dath rua atá ar chloigeann an bhardail. Tá roinnt a thugann 'an Rualacha' ar an éan.

Siocair go bhfuil luí ag an lacha le huisce, mheasadh é a bheith ina chaileantóir ar dóigh agus gur fearthainn a thuaradh sé.

Gníomh ar bith ag an lacha mheasadh gur ag tuar báistí a bhíodh sé. Mar shampla, dá rachadh an lacha ar fhoscadh ón fhearthainn mheastaí go gcuirfeadh sé i rith an lae.

Maireann siad ar feadh níos mó ná scór go leith bliain.

Deir údair áirithe go ndéanann an lacha trup mar a ghníonn cat ach is fuaim fideoige a bhíonn ag an bhardal. De réir dealraimh is fuaim le héisteacht leis é nuair a bhíonn scaoth i gcionn a chéile.

Bhíodh lachain chlóis anallód in Éirinn ach meastar gur beag a líon agus gur dhírigh na daoine ar an lacha fhiáin a sheilg. I ngeall ar a heitilt ghasta agus lúbtha bhí an-aird ag lucht gunnaí, nuair a tháinig siad chun cinn, ar an lacha seo.

An Laidhrín Glas

Tringa nebularia

Machaire Gathlán, Gaoth Dobhair, 28 Eanáir 2018

Is minic nuair a fheiceann muid an laidhrín glas go mbíonn sé i mbun imirce ach sa gheimhreadh tugann sé cuairt chuig an chósta agus chuig inbhir ó mhí Iúil go mí an Aibreán, cé go dtagann cuid acu roimh dheireadh mhí Mheán an tSamhraidh. Bíonn sé ar cheann de na himircí is túisce ag teacht aduaidh ó dheisceart na hAfraice mar a chaitheann sé an geimhreadh. É ag tarraingt ar an Rúis agus na tíortha Lochlannacha le pórú. Ar an turas ó dheas sa tsamhradh bíonn sé breá luath fosta. Imíonn cuid de na héanacha chomh luath le mí an Mheithimh.

Coinníonn sé a chomhluadar féin cuid mhaith den am. Is annamh a fheictear ealta le níos mó ná deich n-éan iontu. Chomh maith leis sin ní thagann sé isteach faoin tír go minic.

Oibríonn sé leis ar imeall an uisce ag piocadh cuid bia s'aige, inveirtreabraigh den láib, mar a dhéanann na lapairí ar fad, chomh maith le mionéisc agus amfaibiaigh. Nuair a bhíonn sé ag lorg bia is minic a shiúlann an laidhrín glas agus a ghob sa láib, ag cur isteach ar dhúile agus nuair a chorraíonn an beo, leanann sé é go n-ailpeann sé iad. Thig leis torbáin agus éisc suas le 7.5 cm a ithe. Má bhíonn sé ag seilg i bhfionnuisce itheann sé feithidí, éisc bheaga, froganna beaga, agus cuiteogaí.

Cha dtig leis an laidhrín glas nuair a bhíonn sé ar an chósta a chuid a dhéanamh ach amháin le linn lag trá sna poill iarthrá agus ar bhruach sruthán. Má bhíonn lag trá ann thig leo an bia a mhothachtáil. Nuair a bhíonn barrlán ann déanann sé scíste. Téann sé chuig talamh atá níos airde agus san áit a mheasann sé a bheith slán. Nuair a bhíonn sé ar an talamh níonn sé é féin agus bíonn sé á chluimhriú féin.

Is ainm úr Laidine, *tringa*. Thug Ulisse Aldrovandi (1522–1603) nádúraí Iodálach, an t-ainm ar an laidhrín ghlas i 1599. Bhunaigh sé an t-ainm ar an tSean-Ghréigis, *trunguas*. Éan a bhí i gceist agus é chomh mór leis an smaolach, tóin bhán air agus bhíodh an ruball ag bogadh aníos agus síos, agus a ndearna Arastatal tagairt dó. Tagann an t-ainm speicis ón fhocal

Laidine, *nebula* a chiallaíonn, ceobhrán. Tagairt atá anseo don bhogach, ceann de na háiteacha a ghnáthaíonn an t-éan. *Gollan Marrey* an Mhanainnis atá air, agus *Deoch Bhiugh* an Ghàidhlig. Is *Pibydd Coeswerdd*, píobaire glas, an Bhreatnais.

Is focal Béarla *shank* agus is cos atá i gceist agus an *Greenshank* an t-ainm Béarla. Is speiceas nach raibh mórán cur amach ag an chosmhuintir air agus ní raibh an t-ainm fairsing fríd na daoine. Meastar gur an focal *redshank* a spreag an t-ainm.

Is é an coileach is túisce a thagann chuig an tsuíomh pórtha. Téann sé i mbun taispeántais ansin ag lorg circe. Bíonn péirí a thig i gcionn a chéile gach séasúr ar feadh cúpla bliain. Tógtar an nead ar thalamh tirim i mbogach nó ar fhéarach tais. Murab ionann agus roinnt lapairí eile is í an chearc a dhéanann na hiarrachtaí tosaigh scríobtha ar nead nach mbíonn ann i ndáiríre ach log sa talamh.

Bíonn ceithre ubh sa tsead agus suas le dhá lá idir breith na n-uibheacha. Bíonn an dá thuismitheoir i mbun an ghoir, malartaítear an tréimhse ar an nead ag bodhránach an lae agus ag an chlapsholas. Tá an gnás seo ina chuidiú ag daoine a bhíonn ag iarraidh teacht ar an éan. Úsáideann siad an suíomh céanna nide bliain i ndiaidh bliana.

Ligtear amach an t-éillín i ndiaidh tuairim agus cúig lá agus fiche den ghor. Nuair a bhítear ag tarraingt ar shaolú an éillín athraíonn iompair na dtuismitheoirí agus déanann siad ionsaí ar neach ar bith a thig i ndeas don nead. Leanann an cineál seo iompair go mbíonn na gearrcaigh réidh le gabháil ar eiteog mí i ndiaidh a saolaithe. Go luath i ndiaidh do na scallamáin teacht ar an tsaol tugann na tuismitheoirí chuig bruach locha nó linne iad le teacht ar bhia.

Póraíonn roinnt laidhríní glasa in Albain. Is í an chearc is túisce a théann ar imirce. Déanann sí amhlaidh nuair a bhíonn na scallamáin ag cleitiú. Fanann an coileach leis an éillín i rith mhí Iúil agus meastar gur iad na héanacha óga is moille a fhágann an ceantar póraithe. Tá barúil ann go gcaitheann cuid de na héanacha a phóraíonn in Albain an geimhreadh in Éirinn. D'fhéadfadh go bhfanann cuid de na laidhríní glasa sa tír seo i rith na bliana i ngeall ar an ardú atá ag teacht ar an teocht le linn an gheimhridh le scaitheamh anuas.

Tá fad 30 cm ann. Suas le leathmhíle a chaitheann an geimhreadh in Éirinn. Tá taifead ar éan san Ísiltír a bhí os cionn cheithre bliana agus fiche d'aois.

An Lasair Choille

Carduelis carduelis

Machaire Gathlán, Gaoth Dobhair, 12 Lúnasa 2018 (éan óg)

Tugtar 'an Gealún Fothanán' ar an éan fosta. Meastar é a bheith fairsing go háirithe ar thalamh curaíochta agus i ngarraithe. Maítear go bhfuil suas le 55,000 péire sa tír. Seans go dtagann roinnt éanacha chun na tíre ó mhór-roinn na hEorpa le linn an gheimhridh. Taobh amuigh dá raon aiceanta thug an duine iad chuig an Nua-Shéalainn, an Astráil agus Uragua.

Tá aird ar leith acu ar thalamh curaíochta atá tréigthe mar ansin a fhásann an feochadán go minic gona chanach.

Cha bhíonn deacracht ag daoine an t-éan seo a aithint. Sa ghrianghraf anseo is éan óg atá i gceist agus chan fhuil an t-éadan dearg air a bhíonn ar an éan fhásta ach é liath ar fad.

Is i gcrann a thógtar an nead de ghnáth ach baintear úsáid as sceacha fosta. Cuirtear tús leis an phórú i mí na Bealtaine. Tarlaíonn an cleitiú i ndiaidh coicíse agus bíonn dhá éillín ann minic go leor.

Is pórtha lustan agus feithidí beaga a itear. Tá aird ar leith aige ar an fheochadán. Tchítear an t-éan ag bogadh ó phlanda go planda, ag seasamh ar an ghas go minic leis na pórtha a bhaint as cloigeann an phlanda. Baineann an lasair choille leis na glasáin agus is éanacha ar leith iad i ngeall ar a ngob agus a mblaosc. Tá leasuithe ar leith sna speicis le scilligeadh a dhéanamh ar phórtha. Nuair a ghlacann an t-éan síol ina bhéal luíonn sé isteach i gceann de na claiseanna ann. Druideann sé an gob le go ndéanann mandabal géarchiumhais íochtarach gearradh ar chraiceann an phóir. Le lúbadh grod dá theanga casann an t-éan an síol leis an chrotal a bhaint le go dtig leis an eithne a ithe. Iar sin caitheann sé amach an crotal.

Feictear iad go minic ina scaotha beaga. San fhómhar thig siad chuig crainn agus ceolann siad i gcuideachta iontu. Thig le suas le céad a bheith i scaoth taobh amuigh den tséasúr póraithe. Tá sé ar fáil i ngach aon chontae sa tír.

Is ón Laidin a thagann an t-ainm eolaíoch. Ciallaíonn *carduelis*, an lasair coille. Tagann sé ón fhocal *'carduus'* a chiallaíonn feochadán. *Lossey ny Keylley* agus *Kiark my Venseyr* atá air sa Mhanainnis, agus tá *Lasair Choille*, *Buidheag* agus

Deargan Fraoich ag muintir na hAlban. *Nico* atá ag muintir na Breatnaise air. Bhí eolas maith ag an phobal ar an éan agus tá taifead ar *Goldfinch* an Bhéarla ó 1544 i ngeall ar an dath ar na heiteogaí le linn eitilte. Tugtar 'an Buicín Óir' air i dTeileann in iardheisceart Thír Chonaill.

Sa naoú haois déag tharla titim ollmhór ina líon nó bhíothas á gceapadh agus á ndíol i gcais, traidisiún a shíneann siar míle bliain muna dtéann sé siar níos faide. Tháinig athrach ar an scéal nuair a tugadh dlíthe isteach sna 1930í le cosaint a thabhairt d'éanlaith áirithe. I lár na fichiú haoise scríobhadh go mbíodh sé flúirseach faoi iarthar Thír Chonaill agus gur phóraigh sé in Árainn Mhór. Sílim gur na fir ag bhí ag obair sa teach solais in iarthar an oileáin a cuireadh tuairiscí ar fáil ar éanacha an oileáin.

Bhí oiread d'aird ag an éan ar shíolta feochadáin go ndéanadh daoine a cheapadh éanacha pór chloigeann an bhlátha a stóráil i bpáipéar donn go mbeadh an geimhreadh ann agus thugtaí amach ansin iad agus mheallta agus thógtaí an t-éan. Dóigh a bhí acu lena gceapadh ná taos greamaitheacha a dhéantaí as caora beirithe drualusa a smearadh ar ghéagacha. Bhíodh an-tóir ag lucht ceaptha na n-éanacha ar an éan seo agus tugtar '*chardonneret*' an focal Francaise ar an speiceas ar an ghaiste a d'úsáidtí. Sin an t-ainm inniu chomh maith ar an phaintéar a úsáideann lucht fáinnithe.

Tá scéal faoi Ghearóid Iarla. Bhí sé curtha síos dó go raibh sé as miosúr maith i mbun na draíochta agus na hasarlaíochta. Bhí a bhean ag féacháil le léiriú a fháil ar a chuid cumhachtaí. Bhíodh sí i dtólamh ag iarraidh air cruth ar bith a ba mhian leis a chur air féin. Ghéill sé di, ach thug sé rabhadh di dá nochtfadh sí imní agus é faoi chruth eile nach mbeadh sé in inmhe pilleadh ar a chruth daonna. Tráthnóna samhraidh mar sin rinne sé lasair choille de féin agus chuaigh ar eiteogaí fríd an tseomra a raibh a bhean ann. Thuirling sé ar ghualainn a mhná, agus mheall sé í le port breá binn. Chuaigh sé ansin amach sa gharradh ach phill sé agus spioróg ina dhiaidh. Scanraigh a bhean agus lig sí béic. Mar a tharla sé bhuail an spioróg tábla agus maraíodh í. Nuair a tháinig a bhean chuici féin chuaigh sí ag lorg a fir. Cha raibh tásc ná tuairisc air, agus chan fhaca duine ná deoraí é ina dhiaidh sin mar éan nó mar dhuine.

Bun an Inbhir, Gaoth Dobhair, 2 Nollaig 2019

Mín Doire Dhamh, Gaoth Dobhair, 11 Bealtiane 2020 (éan óg)

An Lon Dubh

Turdus merula

Tugadh moladh mór riamh do cheol an éin seo. B'fhearr le hOisín agus é ag smaoineamh siar, ceol an loin duibh ná salmaireacht na manach. Má bhíonn an aimsir go maith cluintear an ceol ó mhí Dheireadh Fómhair ach de ghnáth bíonn na Faoilligh ann sula gcuirtear tús leis an chanadh, agus ó am go chéile bíonn sé le cluinstean le linn na hoíche. Ceolann sé agus é ar an talamh fiú má bhíonn crainn ann.

Tá gach aon seans go gcluinfidh tú glór rabhaidh an loin duibh sula bhfeicfidh tú é. Bíonn an t-éan seo fairisng is cuma cad é an suíomh. Chomh maith leis sin tagann imircí chugainn sa gheimhreadh. Is maith leo suíomh ina bhfuil toir agus sceacha nó tugann siad cosaint dóibh.

Bíonn an coileach dubh ar fad le gob buí. Is odhar a bhíonn an chéirseach agus an t-éan óg fosta ach spotaí a bheith air. An chéirseach a thugann muid ar an chearc. Éan láidir atá ann agus cuidíonn a neart leis teacht slán má bhíonn aimsir an gheimhridh go holc. Éiríonn níos fearr leis ná an smaolach ina leithéid de chás.

Chan rómhinic a fheictear mar ealta iad ach iad leo féin an chuid is mó den am agus iad trodach go maith ag cosaint a ndúiche póraithe. Póraíonn sé i ngach contae sa tír ach scríobhadh céad agus fiche bliain ó shin nach ndéanadh sé amhlaidh, mar a scríobhadh faoi éanacha eile fosta, thart ar cheantar an Chlocháin Léith, limistéir nach bhfásann crainn ann. Ag an am chéanna agus ar dearnadh tagairt don Chlochán Liath scríobhadh go dtagadh méadú ar an líon sa gheimhreadh fiú in iarthar Thír Chonaill. Thig linn glacadh leis go mbíonn sé ar fáil i mbeagnach gach áit in iarthar Thír Chonaill nó tháinig athrach ar an taobh tíre le teacht chun cinn na ngarraithe le crainn agus toir thart ar na tithe de thairbhe forbairt na heacnamaíochta, go háirithe ó bhí an dara leath den fhichiú haois ann. Ní hamháin an lon dubh a bhaint buntáiste as an athrach seo ach chuidigh sé leis na héanacha uilig a thaithíonn garraithe.

Tá fianaise ann a thugann le fios go mbíonn an líon lon dubh sna gairdíní sna bailte deich n-oiread a bhíonn ar thalamh feirme, agus chomh maith leis sin bíonn líon na ngearrcach níos airde sna bailte seachas timpeallachtaí eile.

I dTír Chonaill chreidtí dá dtiocfadh lon dubh isteach chun an tí go raibh nuacht mhaith ar a bealach.

Sa tseanam nuair a bhíodh ceann tuí ann, go háirithe nuair ba fheagacha a d'úsáidtí don díon, chuir an lon dubh an-chrua

An Screabán, Ard na gCeapairí, Gaoth Dobhair, 26 Meitheamh 2017

ar na daoine. Nuair a thosódh na feagacha ag lobhadh thigeadh cuiteogaí iontu. Mhealladh siad sin na lonta dubha. Théadh siad ag scríobadh ar na feagacha agus réabadh siad a raibh ann anuas.

Is é Carl Linnaeus (1707–1778) a thug *Turdus merula* ar an éan i 1758. Is dhá fhocal Laidine atá i gceist. Ciallaíonn *turdus*, smólach agus *merula*, lon dubh. Tugtar *Aderyn Du*, a chiallaíonn éan dubh, agus *Mwyalchen* air sa Bhreatnais. *Lhondoo* atá air sa Mhanainnis, agus *Lhonnag* ar an éan óg, cé acu cearc nó coileach atá i gceist. *Lon Dubh* agus *Eun Dubh* atá in Albain. Tugtar 'rearagán' ar an éan óg, 'longhaire' ar ceol an loin agus 'lonán' ar éan óg fosta. Tá an t-ainm Béarla, *Blackbird* le fáil ó bhí 1486 ann, i bhfad roimh an ainm eolaíoch.

Tá sé sa bhéaloideas go mbíonn lon dubh ailbíneach ann agus cha maith le daoine a leithéid a fheiceáil mar is tuar drochscéala é. Chreideadh an seanbhunadh go dtiocfadh bás duine ach lon dubh ailbíneach a fheiceáil, go háirithe bás mná.

Ó tharla go bhfuil dúil ag an lon dubh i gcaora agus i sméara, agus an dúil chéanna ag an smaolach, dheintí an dá éan a sheilg agus a mharú i ngeall ar an damáiste a dhéanadh siad do na barraí sin. Seachas na sméara agus na caora tá fianaise ann go n-itheann siad froganna, earca, agus mamaigh bheaga, inveirteabraigh agus feithidí. I dtaca leis an bheathadán éan thug mé faoi deara gur ghlac sé tamall orthu aithint go raibh a leithéid sa gharradh ach nuair a chuaigh siad i dtaithí air bhí siad díograiseach i mbun a gcoda ach iontach faiteach. Ní sin an scéal ag cuid mhaith daoine nó bíonn an lon dubh a thig chucu ceansa agus tá sin amhlaidh meastar as siocair bia a bheith á chur ar fáil.

Dhéanadh an duine an lon dubh a mharú roimhe seo mar mhaithe le bia. Chuirtí an seabhac ag seilg an loin, agus théadh daoine ag amharc ar an chineál sin tóraíochta.

D'úsáidtí 'Lon Dubh' mar ainm ar Éirinn mar a d'úsáidtí 'Róisín Dubh' agus an tír i gceist.

An Luathrán

Calidris alba

Trá na Carraige, Gaoth Dobhair, 23 Deireadh Fómhair 2016

Is lapaire beag an luathrán. Cha dtagann líon mór den éan seo chugainn agus nuair a bhíonn sé abhus cloíonn sé leis an trá, agus is cuairteoir geimhridh atá ann. Tagann an chuid is mó de na héanacha a chaitheann an geimhreadh linn ón tSibéir. Ní fheictear leo féin iad ach iad i dtólamh i gcuideachta a chéile. In amanna bíonn scaotha móra ann ach chan fhaca mé a leithéid abhus. Thig siad i mí Iúil ach tagann a mbunús idir mí Mheán an Fhómhair agus mí Aibreáin. Má bhíonn cuairteoirí ar a n-aistear imirce chuig an Afraic Theas is ón Ghraonlainn agus Meiriceá Thuaidh a thig siad chugainn. Tá roinnt fianaise a thugann le fios go mbíonn beagnach 30,000 ciliméadar i gceist leis an turas pillte chuig an Afraic Theas. Is é is faide a thaistealaíonn an t-éan is luaithe a fhágfaidh sé le pilleadh. Fágann na héanacha fásta an ceantar póraithe i mí Iúil agus luath i mí Lúnasa, ach is i mí Lúnasa agus mí Mheán an Fhómhair a fhágann na héanacha óga.

Póraíonn sé go himpholach san Eoraip, an Ghraonlainn san áireamh, san Áis agus i Meiriceá Thuaidh. Is scríobadh a dhéantar ar an talamh le haghaidh na nide, ar dhoirling thirim den chuid is mó ach go gcaithfidh uisce a bheith in aice láimhe. Bíonn trí nó ceithre ubh sa tsead. Le linn dóibh a bheith ag pórú itheann siad feithidí den chuid is mó agus roinnt luifearnaí.

Sa gheimhreadh bíonn dath bán ar an éan seachas paiste dorcha ar an ghualainn, agus sa tsamhradh bíonn an muineál agus an aghaidh donnrua. Bíonn an t-éan óg breactha dubh agus bán.

Cuidíonn sé leis an éan seo a aithint más ar an trá atá sé agus na tonnta ag briseadh mar bíonn sé ag rith i ndiaidh toinne ag trá agus ag líonadh. Tá cuntas amháin a chuireann síos ar an dóigh a ritheann sé mar a bheadh duine ag rothaíocht. Piocann sé leis ar inveirteabraigh nó aimsíonn sé bia atá i bhfolach sa ghaineamh fhliuch nuair a shánn sé a ghob ann. Nuair a bhíonn lag trá ann maireann na crústaigh i bpoill faoin dromchla. Nuair a bhíonn an fharraige ag líonadh tagann na crústaigh chuig an chuid uachtarach den trá agus déanann siad a gcuid ar an bhroc agus ar an phlanctón a thig i dtír le gluaiseacht na dtonnta. Nuair a bhíonn an mhuir ag trá imíonn siad síos níos doimhne. Ní fhágann siad aon rian ar an dromchla. Mar sin déanann an luathrán iad a lorg ag sá a ghob sa ghaineamh thall agus abhus, ag ithe a dtig sé air.

Bíonn sé ar fáil go fairsing sna háiteacha a roghnaíonn sé le mairstean, agus is breá leis an gaineamh seachas an láib. Ligeann sé don duine teacht i ndeas dó, níos deise ná mar a ligeann lapairí eile.

Bíonn deacracht ag daoine an bhreacóg agus an luathrán a aithint óna chéile. Cuidíonn sé, lena n-aithint, go mbíonn an luathrán i bhfad níos gníomhaí ná an bhreacóg. Bíonn an chuma ar an luathrán go mbíonn siad i dtólamh faoi dheifir agus é ag reathaigh leis ar mire. Tugadh 'rothaíocht' ar an dóigh a oibríonn a chosa, chomh gasta sin go mbíonn siad doiléir a fheiceáil ag an amharc.

Ba é an nádúraí Gearmánach, Peadar Síomóin Pallas (1741–1811) a rinne cur síos i 1764 ar an luathrán den chéad uair.

Is ón tSean-Ghréigis an t-ainm géinis, *kalidris* nó *skalidris*, focal a d'úsáid Arastatal ag cur síos ar éan liath a bhíodh ag taobh an uisce. Is ón Laidin an t-ainm speicis, *alba*, a chiallaíonn 'bán'. Is *Pibydd y Tywod*, píobaire an ghainimh agus *Llwyd y Tywod*, [éan] liath an ghainimh, atá ag muintir na Breataine air. Ainm eile againn air ná *Laidhrín Geal*. Is *Caor Gheinnee* agus *Leayrane Glass* atá air sa Mhanainnis. Tagann an t-ainm Béarla ó fhocal a théann i bhfad siar, *sand-yrðling*, duine a bhíonn ag treabhadh an ghainimh.

Póraíonn siad sa tundra Artach, ach le linn an gheimhridh cónaíonn siad ar thránna ar fud an domhain. Tá sé ar cheann de na héanacha trá is líonmhaire amuigh. Go minic caitheann luathrán nach mbíonn ag pórú an samhradh san áit a raibh sé le linn an gheimhridh, ar an dóigh sin coiglíonn sé fuinneamh mar seachnaíonn siad an turas fada ó thuaidh chuig na tailte póraithe san Artach.

Is trí bliana déag d'aois a bhí an luathrán is sine ar dearnadh taifead air. Mhair sé in Albain Nua, Ceanada.

Chomh maith le bheith ag piocadh bia den trá, cleachtaíonn siad scimeáil bia ó linnte tanaí agus iad ag rith i dtólamh agus le linn an tsamhraidh tugann siad áladh ar fheithidí ar eiteogaí, macasamhail míoltógaí, galáin, daoil, peidhleacáin, leamhain agus muiscítí. Nuair nach mbíonn ainmhithe ar fáil itheann siad bachlógaí, préamhacha, pór féir, caonach agus alga.

Bíonn siad ó 18–20 cm ar fhad, meánn siad 40–100 g agus bíonn leithead na n-eiteogaí ag 40–43 cm. Is 2–3 cm fad an ghoib, ach siocair go mbíonn an sáile i láthair bíonn an gaineamh bog agus bíonn sé níos fusa ag an éan an gob a bhogadh agus síneadh.

Bíonn an-éagsúlacht sna staideanna éagsúla cluimhrigh ag an éan. Ní athraíonn na héanacha fásta chuig clúmh geimhridh nó clúmh samhraidh ag an am chéanna, ná ní dhéanann na héanacha óga athrach le chéile chuig clúmh samhraidh agus clúmh geimhridh.

Maireann siad suas le hocht mbliana déag.

An Mallard

Anas platyrhynchos

An Carn Buí, Na Rosa,
23 Samhain 2018 (an bardal)

Is é an mallard an speiceas as ar shíolraigh an chuid is mó de na lachain chlóis. Tá suas le fiche pór clóis a shíolraigh ón mhallard aitheanta go hoifigiúil. Bíonn sé ar fáil ar fud na tíre fiú ar na hoileáin mhara is iargúlta.

Bíonn sé fairsing ar lochanna agus linnte sna bailte móra agus is é an lacha is coitianta sa dúiche seo. Bíonn sé le fáil ag an fharraige fosta, le linn an gheimhridh go háirithe.

Tógtar an nead ar an talamh go minic, ach úsáidtear crainn agus foirgnimh in amanna. Ar feadh cúpla bliain, thóg mallard nead sna tailte ag Teach Laighin i mBaile Átha Cliath, áit a shuíonn an tOireachtas. Bhí feidhm leis na Gardaí an trácht a stopadh fhad agus a shiúil an mallard agus a héillín ón Teach chuig an linn i bhFaiche Stiabhna. Taistealaíonn siad ag 3.2 ciliméadar san uair mar sin ní hamháin go raibh turas fada acu ach is cinnte go raibh na héanacha óga tuirseach traochta nuair a bhain siad an fhaiche amach.

Itheann sé ábhar luifearnach den chuid is mó: duilleogaí plandaí uisce, a bpórtha agus a mbachlógaí. Chomh maith leis sin itheann siad ainmhithe beaga mar sheilidí, feithidí, froganna, súmairí agus cuiteogaí.

Tagann an t-ainm eolaíoch ón fhocal Laidine, *anas*, a chiallaíonn 'lacha', agus ón tSean-Ghréigis, *platus*, a chiallaíon 'leathan', agus ó *rhunkhos*, a bhfuil an chiall, 'gob' leis a thagann an t-ainm speicis. Is é seo an t-ainm a thug Carl Linnaeus (1708–1778) air. *Mallard* agus *Laagh Voirrey* na hainmneacha sa Mhanainnis, *Hwyaden Wyllt*, an lacha fhiáin, an Bhreatnais. Tá moll ainmneacha sa Ghàidhlig, agus orthu tá *Tunnag Fhiadhaich, Lach Riabhach, Tunnag Ruadh* agus *Lach a' Chinn Uaine*. Is minic a thugtar 'an Lacha Fhiáin' ar an éan seo. Chomh fada siar le 1314 a théann taifead an ainm i Béarla. Tá an bharúil ann gur tháinig an t-ainm chun na Sasana leis na Normannaigh.

Abhainn an Chlocháin Léith, Na Rosa, 21 Meitheamh 2017 (an lacha)

Itheann siad ar bharr an uisce agus tumann siad roinnt.

Fuarthas éanacha in Éirinn ar cuireadh fáinní orthu san Íoslainn agus in Albain.

Má thig an duine ar lacha ar an nead mar chosaint imeoidh sí ón nead agus í tógtha go maith ach ní ar eiteog ach í ag bualadh na sciathán ar an talamh. Cuidíonn an raon leathan bia a itear le chomh maith agus a éiríonn leis an mhallard.

Den chuid is mó maireann siad deas don uisce ach san earrach téann cuid acu chuig na cnoic agus tógfar nead ar an chaorán agus tá a thuilleadh a thugann na coillte orthu féin.

Tá neart tagairtí don lacha i mbéaloideas na hÉireann. Deirtear gur lacha a bhí mar sprioc ag Fionn Mac Cumhaill an chéad uair dó ag gabháil i mbun seilge.

Tháinig an mallard i dtír ar an duine oiread sin in áiteacha go meastar é a bheith ina speiceas ionrach ag an staid seo.

Iontach minic a úsáidtear an 'vác' a ghníonn an lacha seo le glór lachan a chur in iúl. Cha ndéanann an bardal 'vác' ach déanann sé trup grágach mar a bheadh 'rab' ann.

In áit nach ndéantar seilg orthu, cuireann siad suas leis an duine i ndeas dóibh. Is iad i gcuideachta leis an eala bhalbh ar linnte a dtugann daoine a gcuid dóibh, ach san iarthuaisceart níl siad leathcheansaithe fiú agus ní chleachtann an pobal a gcothú.

Nuair a tháinig an duine an chéad uair go hÉirinn chuir sé faoi ar an chósta. Thigtear ar dhramhchairn a bhí ag na lonnaitheoirí macasamhail an tsuímh Mhéisilitigh ag Cill Sandail i gContae Dhoire agus bhí cnámha an mhallaird ann.

Fágann an bardal nuair a bheirtear na huibheacha agus is í an lacha a bhíonn i mbun an ghoir. Bíonn speicis eile lachan ann a fheidhmíonn mar sheadáin éillín agus baineann siad úsáid as nead an mhallaird dá gcuid uibheacha féin.

Bíonn scaoth acu ar Loch an Toir, Gaoth Dobhair, i dtólamh, nó tá fear áitiúil a bheireann a gcuid dóibh go laethúil.

An Meantán Dubh

Periparus ater

Mín Doire Dhamh, Gaoth Dobhair, 18 Samhain 2019

Tá an t-éan seo le fáil go fairsing ach amháin san áit nach bhfuil crainn. Fágann sin nach bhfuil siad chomh líonmhar sa cheantar faoi chaibidil anseo agus mar atá in áiteacha eile.

Taobh amuigh den tréimhse phóraithe thig grúpaí dóibh a fheiceáil ag déanamh a gcoda thart ar an aiteannach. Den chuid is mó is sna coillte péine a fheictear iad agus cuidíonn sé leo a raon a leathnú go bhfuil níos mó crann den chineál sin á gcur sa tír seo anois ná riamh.

Tá an chuma chéanna air agus atá ar an mheantán mhór ach go bhfuil sé níos lú agus nach bhfuil a chuid dathanna chomh feiceálach. An comhartha is fearr lena aithint ón mheantán mhór, ná an paiste ubhchruthach geal a bhíonn ar bhaic a mhuiníl mar atá sa ghrianghraf anseo.

Is minic nach mbíonn na dathanna chomh láidir ar chleití na n-éan sa gheimhreadh agus a bhíonn sa tsamhradh.

Is beag a mhaireann fríd an róslabhras, atá fairsing in iarthuaisceart Thír Chonaill, tharla go bhfágann an planda an talamh gan solas, ach bhíonn an meantán gorm beo ann.

Uair amháin eile is Carl Linnaeus (1708–1778) a rinne cur síos i 1758 ar an éan. Tugtar *parus* ar na meantáin agus ciallaíonn *ater* dubh murtallach. Is ionann ciall do *peri* agus thart nó timpeall. *Cailleach an Chinn Duibh*, *Cailleachag Cheann Dubh* agus *Smutag* a thugtar air in Albain. Ag muintir na Breatnaise tá *Titw Penddu* agus sin meantán an chinn duibh agus *Llygoden y Derw* a chiallaíonn luchóg na darach. *Myntan Doo* atá air sa Mhanainnis. *Coal Tit* a thugtar ar éan i mBéarla, rinneadh an chéad taifead ar an ainm mar *Cole Titmouse* i 1771.

Déantar idirdhealú idir rásaí na hÉireann *Periparus ater hibernicus* agus ceann na Breataine, *britannicus*, mar go mbíonn pluca, bolg agus cliabhrach buí ar éan na hÉireann. Bíonn an gob níos mó agus geadán níos finne ná na rásaí i Sasana agus ar mhór-roinn na hEorpa.

Is ag tagairt dá chloigeann atá an dubh san ainm Ghaeilge agus na hainmneacha eile a bhfuil dubh iontu.

Tagann na meantáin chuig an bheathadán éan agus i ngeall ar chomh haclaí agus a bhíonn siad i mbun a gcoda is breá le daoine iad. Bíonn an meantán

dubh níos líonmhaire ná an meantán mór agus an meantán gorm. Bíonn luí aige le coillte agus, leis an mhéadú ar líon na gcrann sa tír, tháinig ardú ar na huimhreacha. Uair amháin eile, an uair seo i lár na fichiú haoise, luaitear go bhfuil a raon teoranta i gContae Dhún na nGall as siocair díobháil na gcrann in iarthar na contae.

Is fearr leis an fhearnóg mar sholáthar dá bhia. San fhómhar cruinníonn siad feámheas, á phiocadh den chrann go minic agus á chur i dtaisce. Baineann siad pór den learóg agus de na crainn phéine fosta, agus bíonn siad i gcuideachta an tsiscín i mbun na ceirde seo.

Thig leis gabháil i mbun ceoil ó bhíonn deireadh Eanáir ann agus maireann a phort go mbíonn mí Mheán an tSamhraidh ag teacht chun críche. Cuidíonn an coileach leis an chearc nead a thógáil. Beirtear na huibheacha i mí an Aibreáin agus i mí na Bealtaine.

Téann sé ar an aradh den chuid is mó ar eidhneán nó i bpoll i gcrann.

Nuair a bhíonn na meantáin dhubha ag lorg bia coinníonn siad i dteagmháil le chéile le glaonna gairideacha. Itheann siad feithidí agus cuireann siad leis an aiste bhia le torthaí agus pórtha.

Bíonn cnámha tolla ag éanlaith agus cuidíonn seo leo nuair a bhíonn siad ag eitilt.

Tá taifead ann a mhaíonn go raibh níos mó dreancaid éin, *Ceratophyllus gallinae*, i nead den meantán dubh, 5,754 acu, seachas i nead cineál ar bith eile éin.

Is maith leo a nead a dhéanamh i bpoll i stumpa crainn atá ag lobhadh, nó go fiú i sean-nead tréigthe ag an phíobaire bhreac.

Baineann sé piseanna talaimh ó bheathadán cnónna agus eitlíonn sé leis lena n-ithe nó lena gcur i dtaisce in áit inteacht eile. Chomh maith leis sin tá sé iontach tugtha don tsíol ag lus na gréine.

Bíonn sé i gcuideachta meantán eile sa gheimhreadh agus an ealta nach mbíonn mór ag seilg bia. Den chuid is mó cuireann sé faoi san áit amháin i rith na bliana, agus má bhogann sé is cosúil gur an doineann a spreagann é.

Ábhar spéise go mbíonn cuid de na meantáin atá ar fáil i Sasana sna coillte ar iarraidh sa tír seo fiú agus an tír taobh istigh den raon póraithe ag na héanacha seo. Teoiric amháin a chuirtear chun cinn mar mhíniú ná nach bhfuil cuid mhaith coillte de chrainn leathanduilleacha againn agus i ngeall air sin is boichte an tír i dtaca le fána éanúil s'aici.

Ní bhíonn aon difear sa chluimhreach idir an chearc agus an coileach, agus ní bhíonn an t-aos óg chomh glé leis na tuismitheoirí.

An Meantán Earrfhada

Aegithalos caudatus

Mín Doire Dhamh, Gaoth Dobhair, 4 Márta 2020

Bíonn an corp cruinn, an ruball fada, mar a thuigtear ón ainm agus gan é iontach leathan. Is sa gheimhreadh a bhíonn an chuma air a bheith cruinn agus le linn an tsamhraidh bíonn an corp seang.

Bíonn gob gairid air agus iarracht ar stua beag ann. Tiubh a bhíonn an muineál agus na heiteogaí cruinn. Is lag a bhíonn a n-eitilt le gluaiseacht cineál tonnaíola leis. Ar ndóigh an ruball fada a thug a n-ainm dóibh. Is ionann culaith don chearc agus don choileach, agus bíonn an t-aos óg níos murtallaí. Is annamh a fheictear ina aonar é.

Maítear go mbíonn an t-éan seo le fáil go fairsing ach amháin i gceantair atá gann ar chrainn, agus is amhlaidh atá in iarthuaisceart Thír Chonaill. Sna bólaí sin ina mbíonn crainn tá teacht orthu ach níl a líon ard. Is fearr leo crainn duillsilteacha agus fágann sin nach mbíonn siad le feiceáil sna coillte is mó atá againn. Tá siad leochaileach mar éanacha agus má bhíonn geimhreadh crua ann síothlaíonn neart acu i ngeall ar dhíth feithidí. Tchítear iad go minic i gcrainn saileoige agus i bhfearnógaí. De thairbhe go bpóraíonn siad go gasta tagann siad chucu féin tar éis cúpla séasúr le haimsir fhionnuar. Scríobhtar go bhfuil siad le blianta anuas ag teacht chuig garraithe le feidhm a bhaint as beathadáin éan ach níl siad ina dtaithí abhus go dtí seo, cibé.

Itheann siad feithidí beaga a bhíonn beo ar chrainn agus ar sceacha. Piocann siad a mbia ó chraoibhín agus ón duilliúr agus greim faighte acu leis na cosa beaga láidre. Thig leo seasamh ar leathchois agus an leathchos eile a úsáid le greim a fháil ar bhia fhad agus tá siad ag piocadh air. Gluaiseann cúpla ceann le chéile ó chrann go sceach go tom, ach tuirlingíonn siad go talamh anois agus arís. Le linn an gheimhridh bíonn siad ag gabháil thart ina n-ealtaí beaga agus cruinníonn siad san oíche i gcuideachta a chéile ar mhaithe leis an teas, iad ina luí taobh le chéile. De thairbhe gur feithidí a itheann siad go bunúsach níl mórán seans go gcuidíonn an bia a bhíonn ar an bheathadán éan leo.

Mall sa gheimhreadh briseann na grúpaí teaghlaigh suas agus

tagann na péirí póraithe i gcionn a chéile. D'fhéadfadh go dtabharfaí faoin phóradh chomh luath le mí Márta, ach de ghnáth cuirtear tús leis i mí Aibreáin agus maireann sé anuas go mí an Mheithimh. Bíonn cruth ingearach uibhe ar an nead a thógtar i sceach nó i gcrann agus bíonn poll ar a barr, agus tá sé ar cheann de na seada is galántaí. Caonach is mó a úsáidtear sa tógáil, í fite le chéile le gréasán damháin alla agus ribí gruaige agus í clúdaithe le crotal rud a fhágann go mbíonn sé doiligh a fheiceáil nó luíonn sé isteach leis an timpeallacht. Fágann an dóigh a ndéantar go mbíonn leaisteachas sa tsead agus ní beag sin nuair a bhíonn éillín mór le tógáil. Bíonn cleití mar líonáil ar an nead agus tá cuntas déanta ar nead a raibh dhá mhíle acu ann. Bíonn suas le hocht n-ubh sa tsead. Coicís a mhaireann an gor agus bíonn na héanacha óga ar eiteog i gcionn coicíse eile.

Bhí ogham ann a bhain le héanacha, thugtaí *Enogam* air.

Bhí éan a bhain le gach litir, agus ba é an *mintan* a sheas don M.

Is beag seanchas atá ar fáil faoi na meantáin. Thiocfadh go bhfuil an scéal amhlaidh mar gur éanacha iad a bhain leis an choill agus nach raibh siad fá chónaí an duine. Tá sin athraithe nó is iad is mó a fheictear ag tarraingt ar na beathadáin éan feasta.

Ba é Arastatal (384–322 R.Ch.) a bhain úsáid as an tearma *Aegithalos* agus é ag cur síos ar chuid de mheantáin na hEorpa, an meantán earrfhada ina measc. Tagann an focal *caudatus* ón Laidin agus an chiall 'ruball' leis. Chomh fada siar le 1555 bhain an t-údar Eilbhéiseach, Conrad Gessinar (1516–1565) úsáid as *caudatus* mar ainm speicis. Tugtar 'an Meantán Fada', 'an Clochán', agus i gConamara 'an Meantán Eireabaill Fhada' ar an éan, agus in Albain is *Cailleach Bheag an Earbaill, Miontan, Miondan, Ciochan Fada* agus *Mionnaran* atá air. Tugtar *Titw Gynffon-hir* mar atá air sa Bhreatnais mar atá sa Ghaeilge agus *Caillagh Veg yn arbyl* atá sa Mhanainnis. Bhí an t-ainm ar fáil sa Bhéarla i 1611. Thugtaí *Titmouse* ar na meantáin sa Bhéarla ar feadh fada go leor.

Nuair a bhíonn siad sna sceacha nó sna crainn má imíonn ceann amháin leanfaidh na cinn eile é láithreach bonn.

Bíonn siad suas le 15 cm ar fhad ón ghob go dtí bun an rubaill ach an t-eireaball a bhíonn i leath den fhad sin. I dtaca leis an mheáchan tá sé ar an mheantán is lú againn. Meastar go mbíonn saolré de dheich mbliana ag an éan agus go bhfuil suas le céad míle péire ag pórú in Éirinn.

An Meantán Gorm

Cyanistes caeruleus

Mín Doire Dhamh, Gaoth Dobhair, 17 Bealtaine 2020

Bíonn an t-éan le fáil go fairsing, ach go mbíonn sé doiligh a theacht air i gceantar a bhíonn ar bheagán crann. Bíonn sé fiú ar chósta thiar Thír Chonaill, áit mar a scríobhadh, nach bhfuil ach lagrian d'fhoscadh aige. Ní chuireann sé faoi ar na hoileáin mhara i gcúige Chonnacht den chuid is mó agus sa tuairisc a thug an t-eolas faoi i gConnachta scríobhadh gur thaithigh ceann Árainn Mhór le linn na Samhna i 1945.

Bíonn sé le feiceáil go minic ag an tábla bia agus ag an bheathadán éan agus chuidigh sin lena líon a leathnú sna cathracha. Chomh maith lena fheiceáil ag an bheathadán éan, bíonn sé le feiceáil bun os cionn ag déanamh a choda ag an chothaitheoir cnónna nó ar an chraoibhín beithe mar shampla.

Gidh go bhfuil siad beag go maith tá intinn ar dóigh ag an éan agus bíonn siad éirimiúil.

Is é *parus* an focal Laidine ar 'meantán', agus ciallaíonn *caeruleus* 'dúghorm'. Tugtar *Mionntan, Gocan Gorm, Cailleachag Gorm, Cailleachag a' Chinn Ghuirm* agus *Cailleachag Cheann Ghorm* air in Albain. *Titw Tomas Glas*, meantán gorm Tomas, *Glas Bach y Wal*, [éan] beag gorm an bhalla, *Gwas y Dryw*, seirbhíseach an dreoláin, atá air sa Bhreatnais. *Kione Gorrym*

agus ceann gorm atá i gceist sa Mhanainnis chomh maith le *Jinee Ghorymm*. Is léir ó na hainmneacha éagsúla nach raibh an t-éan seo ann i ngan fhios do na daoine.

Bíonn an meantán gorm iontach éifeachtach ag glanadh lotnaidí. Ar an láimh eile tá sé tugtha do bhachlóga óga crann, go háirithe nuair a bhíonn na lotnaidí gann, agus stróiceann sé as a chéile iad ag féacháil le teacht ar bhia. Milleann sé cuid mhór coicidí agus aifidí, agus ar an dóigh sin cuidíonn sé le plandaí fás. Itheann sé caora cuilinn agus síolta na fearnóige. Ag lucht garraithe ba ghnách a cheapadh mar bhíodh sé ag ithe na gcaor agus na gcuiríní ar thoir s'acu.

Tugtar faoin nead i mí Aibreáin agus bíonn cleití ann, rud nach mbíonn sa tsead ag an mheantán dubh. Nuair a cuireadh as an teas lárnach don tsamhradh ag an teach s'agam sa chuid sin den tsimléar a bhí ag reáchtáil go cothromach thóg meantán gorm nead agus bhí cúpla éillín ann roimh dheireadh an tséasúir.

Cha dtarlaíonn sé níos mó ach bhí am ann, san aois a chuaigh thart, agus d'fhágtaí buidéil bhainne taobh amuigh de thithe sna bailte móra. Bhíodh clár miotail ar an bhuidéal ghloine, agus d'fhoghlaim an meantán gorm an dóigh leis an chlár mhiotail a pholladh lena ngob ar bhuidéal a bhí líonta go barr, agus an t-uachtar a ithe. Ar an drochuair, chan fhuil an córas díleá ag an mheantán ghorm iontach éifeachtach i dtaca le bainne de. Níl an einsím atá riachtanach le déileáil le lachtós ag an éan agus fágann sin go mbuaileann buinneach iad. Chomh maith leis sin, tharla sé in amanna gur thit meantáin isteach sna buidéil agus gur bádh iad.

Déanann an spideog an rud céanna ach chan fhuil sé ar dhóigh ar bith chomh héifeachtach leis an mheantán ghorm. Is minic mar a tharlaíonn sa ghrianghraf anseo, go shílfeá nach mbíonn muineál ar an éan seo.

Aithníonn daoine an t-éan go minic i ngeall ar na dathanna feiceálacha, agus i ngeall ar a chuid gleacaíochta. Éiríonn leis gabháil go bun craobhacha nuair nach bhfuil sin ar chumas mórán eile éan déanamh amhlaidh.

De na héanacha a thagann chuig garradh daoine is iad an spideog, an lon dubh agus na meantáin éagsúla iad sin a mbíonn an fháilte is mó ag daoine rompu. Fáth eile a mbíonn dúil ag daoine ann é a bheith sásta nead a thógáil i mbosca. Ba iad na Gearmánaigh a chuir tús leis na boscaí a chur ar fáil sa naoú céad déag agus d'éirigh go maith lena gcuid iarrachtaí, agus anois tá cineálacha éagsúla boscaí ar fail a fhóireann do suas le scór speiceas. Nuair a bhris an cogadh amach san Eoraip i 1914 cuireadh deireadh leis an tsoláthar a bhí ag teacht ón Ghearmáin agus tugadh faoina leithéid a thógáil abhus. Speiceas eile a gcuirtear bosca ar fáil dóibh ná an gabhlán gaoithe. Cuireadh boscaí in airde ar

An Meantán Mór

Parus major

fhoirgnimh sa chearnóg i nDún Fionnachaidh agus cé gur thug mé cuairt ar an bhaile cúpla uair d'aon turas ag dúil leis an éan a fheiceáil ag teacht agus ag imeacht ag na boscaí, bhí fuar agam.

I dtaca leis an mheantán ghorm tá taifid ann de a bheith ag tógáil nide i mboscaí poist. Scríobh duine amháin go bhfaca sí a fear, nuair a d'amharc sí amach an fhuineog, i gcathaoir ar an phaitió agus meantán gorm ina shuí ar a cheann agus é ag tarraing amach ribí gruaige de chuid a fir. Chuaigh an t-éan chuig bosca seada a bhí in aice láimhe leis na ribí. Scoith sé ribí de na cosa ag an fhear fosta.

Mín Doire Dhamh, Gaoth Dobhair, 4 Márta 2020

Bíonn sé ar fáil go fairsing ach amháin i gceantair nach bhfuil crainn iontu, cé go lonnaíonn sé in iarthuaisceart Thír Chonaill, a bhuíochas sin do theacht chun cinn na bplásógaí agus na dtor a chuirtear thart ar a n-imeall go minic. Luadh é a bheith ar fáil i mí Mheán an tSamhraidh ar phortach uaigneach taobh le Loch Barra i ndeas don Dúchoraidh, áit atá ar shiúl go maith ó choill.

Itheann sé feithidí sa tsamhradh den chuid is mó, agus meastar go maraíonn sé suas le hocht

Mín Doire Dhamh, Gaoth Dobhair, 30 Lúnasa 2020

míle feithid le linn dó a bheith ag cothú na scallamán ar feadh trí seachtaine. Sa gheimhreadh itear níos mó ná feithidí, mar a fheiceann muid agus iad ag an bheathadán éan, agus itheann siad pórtha agus caora fosta. Go fiú go n-itheann siad sciatháin leathair bheaga, a bhíonn faoi shuan an gheimhridh má bhíonn na gnáthfhoinsí bia gann. Seo an chéad uair go bhfacthas a leithéid d'iompar i measc éan ceoil.

Sa gheimhreadh tagann na meantáin éagsúla i gcionn a chéile agus téann siad i gcuideachta ar thóir bia. Ag an am seo is mó a n-aird ar na beathadáin éan agus na táblaí bia. Itheann siad na síolta agus pórtha a chuirtear iontu chomh maith le broc óna dtábla féin a sholáthraíonn muintir an tí. Síleann daoine gur éanacha iad a chónaíonn sa gharradh ach is éanacha iad a bhíonn ag gluaiseacht leo ag tóraíocht a gcoda ó gharradh go garradh.

Gidh go mbíonn na speicis éagsúla meantán ag ithe i gcuideachta ar an chineál chéanna bia tá difear ina ndóigheanna mar go mbíonn claonadh ag na speicis is mó, macasamhail an mheantáin mhóir, seasamh ar na craobhacha is mó ar an chrann.

Tá an t-éan seo ar an mheantán is mó san Eoraip, agus tá cuid mhaith staidéir déanta air.

Bíonn a ghuth le cluinstean san earrach agus sa tsamhradh den chuid is mó.

Tá raon an mheantáin mhóir ag spréadh. Thiocfadh gur geimhridh níos boige a bheith againn, le cois na mboscaí póraithe a chuireann daoine ar fáil, ach go gcaithfidh an poll ar an bhosca don mheantán mhór a bheith níos mó ná cuid an mheantáin ghoirm, is ciontaí leis an fhorbairt.

Tá fianaise ann fosta go mbaineann siad feidhm as acraí ag seiftiú bia. Tá taifead ar mheantán mhór agus spíonach giúise ina ghob ag baint larbhaí as poll i gcrann.

Ba é Carl Linnaeus (1707−1778) a rinne cur síos ar an éan mar a rinne sé le go leor éanacha eile sa deichiú heagrán dá *Systema Naturae* a foilsíodh i 1758. Baineann *parus* leis na 'meantáin', agus ciallaíonn *major* 'mór'. Tugtar an *Great Tit* air i mBéarla. Ba *Great Titmouse* a bhí ann ó 1544 ach glacadh leis an ainm atá anois ann i 1843, ach go mbíonn an seanainm i bhfoclóirí go fóill. *Currac Baintighearna* atá air sa Ghàidhlig agus ciallaíonn *currac*, caipín. *Titw Mawr* atá sa Bhreatnais air. Gairmtear *Myntan Mooar* de sa Mhanainnis.

Bíonn an bolb lán próitéine agus is seo an bia is maith leis an mheantán mhór a thabhairt dá scallamáin. Ar an ábhar sin laghdaíonn siad go mór ar an damáiste a dhéanann boilb do bharraí. Ach bolb a bheith mar a chuid ag an scalltán bainfidh an tuismitheoir na putógaí as le nach gcuirfidh an tainnin iontu cúl ar fhorbairt an éin óig. Nuair a bhíonn na tuismitheoirí ag tabhairt a gcoda do na scallamáin, agus is feithid mhór atá le hithe, buailfidh siad an cloigeann in éadan ábhair crua lena bhaint den chuid eile den chorp le go mbeidh sé níos fusa ag an ghearrcach a shlogadh.

Bíonn suas le duisín uibheacha sa tsead agus is í an chearc amháin a bhíonn i mbun an ghoir, ach cuidíonn an dá thuismitheoir le tógáil na scallamán. Bíonn an dúrud dreancaidí sa nead.

Ar na mallaibh, san Fhionlainn, nuair a bhí aimsir gheimhridh ann, mharaigh an meantán mór éanacha beaga ag áiteacha a mbíodh na héiníní ag cruinnithe ag déanamh a gcoda.

Tugtar damháin alla do na héanacha óga go luath ina saol agus meastar tábhacht ar leith a bheith iontu ó thaobh cothaithe. Gníonn siad seilg talaimh nuair a bhíonn barr maith meas fáibhile ann. Nuair a bhíonn cnó coill acu, coinníonn siad greim air lena dhá chos, á bhualadh leis an ghob go raibh sé réidh le hithe. Agus an dóigh seo á oibriú ag an éan, glacann sé suas le fiche bomaite an eithne a aimsiú.

Tá an-chuid staidéir déantar ar an éan agus meastar an meantán mór a bheith cliste go maith agus go bhfoghlaimíonn sé le haireachtáil seachas le modh trialach agus meancógach a úsáid.

Mar a thuigeann muid óna ainm tá sé ar an mheantán is mó agus is láidre sa tír, agus bíonn fad 14 cm ann. Cluintear a cheol ó mhí Eanáir ar aghaidh. Meastar go mbíonn go maith os cionn 400,000 péire sa tír. Cuireann siad fúthu san áit amháin nuair a bhíonn geimhreadh crua ann. Tógann an spioróg éanacha fásta agus déanann an t-iora agus an easóg an rud céanna.

Saolaítear na gearrcaigh agus iad dall agus nocht gan chlúmh. Mar a bhíonn ag an mheantán ghorm, ach uair amháin a nochtann na cleití bíonn an chosúlacht chéanna chóir a bheith ar an éan óg agus a bhíonn ar an tuismitheoir. Is cás ar leith a leithéid mar i dtús a ré is minic a bhíonn an chluimhreach ag an éan óg níos murtallaí ná mar a bhíonn ag an éan fhásta.

An Meirliún

Falco columbarius

Mín an Chladaigh, Gaoth Dobhair, 19 Feabhra 2019

Níl an fabhcún seo ar fáil go fairsing agus tá sé ina fhabhcún an-bheag. Bíonn sé ar an chaorán, na cnoic agus ar an mhóinteán. Bíonn leithead na n-eiteog 54–58 cm ag an choileach agus bíonn cuid na circe roinnt níos faide. I dtaca le fad de tá sé ag 25 cm ar an éan creiche is lú againn in Éirinn agus é níos lú ná an smaolach mór, agus ní mór a mheáchan ach an oiread nó meánn sé 160 g.

Ag tús na haoise seo chuaigh thart measadh gur Tír Chonaill an áit ba fhairsinge a líon as siocair chomh líonmhar agus atá fiántas na gcnoc. I lár na haoise seo caite tuairiscíodh gur tearc a bhí sé i gCúige Uladh. Fágann siad na sléibhte agus na portaigh san fhómhar agus san earrach agus tugann siad an cósta agus tailte ísle orthu féin. I dtuaisceart na hEorpa téann siad ó dheas ach leis an aeráid atá againn sa tír seo is anuas ón chnoc a thig siad don gheimhreadh agus níl fiacha orthu le go mairfidh siad gluaiseacht i dtreo na gréine.

Bíonn an meirliún gasta i mbun eitilte, sciliúil i mbun seilge agus bíonn tréan fuinnimh ann. Nuair a thig sé chun an chósta gníonn sé tóraíocht ar an bhreacóg agus ar an luathrán. Níl sé teoranta don dá speiceas sin nó gabhann sé uiseogaí agus réabhógaí agus éanacha beaga ar bith eile a dtig sé orthu. Bíonn sé deacair radharc a fháil air mar gluaiseann sé chun cinn go minic agus go gasta. Is ag gabháil ó chró cearc go cró cearc a bhí an t-éan sa phictiúr anseo.

Gidh nach dtógann an meirliún ach éanacha beaga den chuid is mó, leoga agus sin ráite d'fhéadfaí go dtógfaí cearca fraoigh agus mar sin is namhaid na maoir géim ag an éan. Ní chuidíonn sé leis go gcleachtann sé an t-aradh faire agus go mbíonn sé furast a fheiceáil dá bharr.

Ní thógann an meirliún nead ach toghann sé log beag sa talamh agus beirtear na huibheacha i mí na Bealtaine. Corruair bíonn cúpla cipín fraoigh ag bun na nide ach is minic go mbíonn ubh ina luí ar an chréafóg. Tuairim agus ceithre seachtaine ó ligeadh amach é a théann an t-éan óg ar eiteog agus tagann forbairt go gasta ar a chumas eitilte. Beirtear suas le ceithre ubh sa nead. Bíonn an dá thuismitheoir i mbun an ghoir agus maireann sé suas le mí.

Nuair a bhíonn sé ag eitilt cha bhíonn sé ard os cionn an

talaimh, buaileann sé na heiteogaí go gasta agus déanann sé roinnt faoileoireachta. Bíonn luas as miosúr leis nuair a thugann sé faoi chreach agus bíonn oiread luais leis go gcreachann sé éanacha atá ceithre huaire chomh mór leis féin.

I 1987 roghnaíodh dhá ionad i dTír Chonaill le taighde a dhéanamh ar na riachtanais gnáthóige ag an mheirlíun. Bhí roinnt láithreacha eile sa tír i gceist ag an am chéanna.

Tugtar *Falco columbarius* air go heolaíoch agus is é Carl Linnaeus (1708–1788) a thug an t-ainm chun tosaigh. Is ionann *falco* agus fabhcún, ciallaíonn *columbarius* 'den cholúr'. Tugann muintir na Breataine Bige *Cudyll Bachan* an pocaire beag gaoithe air. Sa Mhanainnis tugtar *Shawk Veg*, *Meslyn*, agus *Shawk ny Golmane* air. *Mèirneal*, *Seabhag Bheag Ghlas*, *Speireag Bheag an Fraoich*, agus *Speireag Gorm an Fhraoich* na hainmneacha atá air sa Ghàidhlig.

Is *Merlin* atá air sa Bhéarla agus rinneadh an chéad taifead ar an ainm tuairim agus 1325.

Cúpla bliain ó shin bhí líne cumhachta leictreachais á cheangal idir an fostáisiún ar an Screabán ar Pháirc Ghnó Ghaoth Dobhair agus an Bhinn Bhán idir na Gleanntaí agus na Frosa agus cuireadh stop leis an obair i Mín Uí Bhaoill, fobhaile de chuid Chroithlí, ar feadh cúpla mí. An míniú a thug fostaí de chuid Bhord Soláthair an Leictreachais dom ná gur tugadh ordú déanamh amhlaidh siocair meirliún a bheith ag pórú sa cheantar ina raibh an obair ar siúl. Maítear go bhfuil dúil ag an éan amharc a bheith aige ar réimse leathan tíre ón nead.

Ag am a chleachtaítí an tseabhcóireacht bhíodh meas ar an mheirlíun mar éan seilge ag mná uaisle. Tá an tuairim ann go rabhthas den bharúil gur breá an fheic an t-éan leis na dathanna gleoite ar sciathán mná.

Tháinig laghdú ar a líon san fhichiú haois. Meastar gur leibhéil arda lotnaidicídí carnaithe a ba chiontach le blaosc thanaí a bheith ar uibheacha agus gur bhris na huibheacha. Chomh maith leis sin níor chuidigh gnás na follscaí ag feirmeoirí caorach leis na neadracha agus na huibheacha a theacht slán. Bíonn na scallamáin i gcontúirt mhór ar feadh cúpla lá i ndiaidh a theacht ar an tsaol agus ar an ábhar sin is beag cumarsáid a bhíonn idir na tuismitheoirí le nach ndíreoidh siad aird orthu féin ná ar na gearrcaigh.

Níl aon bhaint ag ainm an éin le Merlin san fhinscéal Artúrach.

An Muiréan

Uria aalge

An Trá Bhán, An Bhráid, Na Rosa, 3 Eanáir 2015 (an geimhreadh)

Sa ghrianghraf anseo tá éan a bhí ina luí ar an trá ar an Trá Bhán ar an Bhráid sna Rosa. Tá sé doiligh a rá cad é a thug air teacht i dtír ann, ach i ndiaidh dó cúpla uair an chloig a chaitheamh ar an chladach rinne sé a bhealach ar ais chun na farraige.

Le linn dó a bheith ar an trá, tháinig bean agus madadh léi. Ar ndóigh, rud a mbeadh súil leis, thug an madadh faoin éan agus b'éigean do dhaoine ag siúl ar an trá an t-éan a chosaint ar an chú.

Mar a fheictear sa phictiúr tá gob gairid géar ag an éan agus bíonn na cosa siar go maith ar an chorp.

Bíonn fad 42 cm ann agus airde de 25 cm ann. Is éisc bheaga tuairim agus leath dá n-itheann sé.

Tá an muiréan as miosúr maith ag tumadh agus ag snámh, ach chan fhuil an siúl go maith aige. De ghnáth tumann sé idir 30 agus 60 méadar, ach fuarthas chomh domhain le 180 méadar é. Caitheann sé a chuid ama ar an fharraige amach ón tréimhse póraithe nuair a thig sé chun an talaimh. Tagann sé i dtír sna Faoilligh agus i mí Márta.

Bíonn sé doiligh a fheiceáil ach amháin ar na haillte nuair a bhíonn sé ag pórú. Bíonn a dhroim donn agus bíonn gob dubh s'aige caol le bior ar an bharr, agus is dearg a bhíonn an méan. Dúdhonn a bhíonn na súile agus bíonn na cosa le lí bhuí. Bíonn cuid de na héanacha agus cuma spéaclach orthu. Sin le rá go mbíonn fáinne geal thart ar an tsúil agus líne gheal ag síneadh siar ón fháinne. Ag am amháin bhíothas den bharúil gur speiceas ar leith a bhí san éan spéaclach ach ba mheancóg a bhí ansin. Bíonn suas le leath na muirean ar chósta iardheisceart na tíre spéaclach. Bíonn sé deacair acu gabháil ar eiteog.

Póraíonn siad ar oileáin, ar staiceanna, agus ar aillte. Cha dtógtar nead, ach luíonn an ubh mhór a mbíonn cuma phiorra air ar laftán cothrom aille. I ngeall ar dhéanamh na huibhe ní thiteann sé den aill. Glacann an dá thuismitheoir páirt sa ghor agus maireann sé tuairim agus tréimhse míosa. Tuairim agus fiche lá i ndiaidh don scallamán teacht ar an tsaol, fágann sé an laftán ar saolaíodh ann é agus tugann sé a aghaidh ar an fharraige. Chan fhuil cumas eitilte ann. Gníonn sé faoileitilt agus a chuid eiteogaí ag bualadh. Ina chuideachta bíonn an coileach. Tá ar chumas na scallamán tumadh a luaithe agus a thuirlingíonn siad ar an mhuir. Fanann an chearc ar an laftán breithe go ceann coicíse i ndiaidh a n-imeachta. Thógtaí na huibheacha roimhe seo mar bhia ag an duine.

Bíonn na héanacha go dlúth i gcuideachta ag na suíomhanna póraithe. Bíonn an-challán ag na hionaid agus síorghluaiseacht le héanacha ag teacht agus ag imeacht. Déanann an t-éan seo cosaint ar an dúiche is lú nide ag éan, 5 cm². Ag deireadh mhí Iúil agus isteach i mí Lúnasa imíonn na héanacha chun na farraige arís. Le cluimhreach an gheimhridh bíonn níos mó báine ar an mhuineál agus ar an cheann.

I ndiaidh an phóraithe cuireann na forachain a gcuid cleití agus cailleann siad a gcumas eitilte ar feadh tréimhse idir mí agus dhá mhí. Meastar go bhfuil suas le 150,000 péire a phóraíonn ar chósta na tíre. Tá Corrán Binne ar cheann de na láithreacha ina mbíonn a nead. Bhí sé ar an láthair ba mhó ag an éan i dtuaisceart na hÉireann agus tá tábhacht náisiúnta leis. I dtaifead ó 1999 rinneadh cuntas ar 4,387 péire muirean ann. Chomh maith le Corrán Binne luaitear Toraigh agus an Tor Mór mar láithreacha póraithe. Bhain an t-eolas faoi Thoraigh le tús na haoise seo caite ach scríobhadh i lár an chéid gur beag muirean a bhí ag pórú ar an oileán, ach roimhe go mbíodh líon ollmhór ag neadú ar an taobh thoir den oileán.

Tagann an t-ainm déthéarmach ón Ghréigis, *ouriaa*, éan uisce, a luaigh Athenaeus, scríbhneoir Gréagach a bhí beo thart ar thús na tríú haoise A.D. agus ón fhocal Danmhairgise *aalge*, a chiallaíonn *falcóg*. *Gwylog* atá sa Bhreatnais air, agus tá *Eun Dub*, *Càlag* agus *Eun Dubh a' Chrùbain*, agus is 'crúbóg' atá i gceist le *crùban*. *Stronnag* atá ag muintir na Manainnise air. Tá 'an Fhoracha' go coitianta againn ar an éan, agus 'an tÉan Aille' fosta.

Tugtar *Guillemot* ar an éan i mBéarla. Maítear go dtagann an t-ainm ó 'Guillaume' an Fhraincis ar 'Liam' ach cha ríomhtar cad é mar a tharla sé an scéal a bheith amhlaidh. Tá taifead ar an ainm ó bhí 1555 ann.

Tréith a bhaineann leis an mhuiréan ná é seasamh caol díreach agus ar ndóigh tagann sin leis an chaoi a mbíonn an duine ina cholgsheasamh.

Tigtear air isteach faoin tír sa gheimhreadh ach is annamh sin.

An Mhurdhúchaill

Gavia immer

Machaire Uí Rabhartaigh,
Cloich Chionnaola,
18 Aibreán 2018

Bíonn sé le feiceáil sa gheimhreadh ar an chósta agus ar chuid de na lochanna móra. De ghnáth is ina bpéirí nó ina n-aonar a fheictear iad ach d'fhéadfadh suas le scór a bheith in ealta. Tagann siad chugainn sula mbuaileann an oighreog cósta na Graonlainne agus na hÍoslainne. Bíonn siad fadálach i mbun a n-imeachta ó thuaidh san earrach agus chonacthas éanacha abhus i mí na Bealtaine.

Ar aon dul le héanacha móra mara eile bíonn deacracht acu ag éirí de dhromchla na farraige, agus bíonn orthu rás a thabhairt thar an uisce in éadan na gaoithe go n-éiríonn siad.

Tá acmhainn súgartha ag an éan agus feictear iad agus ráib á thabhairt acu. Nós eile atá acu ná rith ar an uisce ina gcolgsheasamh, na heiteogaí ag bualadh an uisce agus a ngob foscailte. Tiompaíonn siad ar leataobh nuair a bhíonn siad ag piocadh na gcleití. Cuireann siad a gcleití dhá uair sa bhliain agus cha bhíonn cumas eitilte iontu ag na hamanna sin.

Deirtí gur annamh a bheadh an t-éan le feiceáil i dTír Chonaill cóngarach don talamh ach amháin nuair a bhíodh stoirm mhór gheimhridh ag bagairt. Nuair a thigeadh sé fá thír, chuardaíodh sé an áit ab fhoscmhaire, agus bhaineadh sé faoi ansin go síothlódh an fharraige. Bíonn gluaiseacht amscaí leis ar an talamh agus úsáideann sé a chuid eiteogaí ar uairibh le dul chun cinn a dhéanamh.

D'aithnítí ar an éan gur chomhartha stoirme a bhí inti agus cheanglaítí na bádaí a luaithe agus a nochtadh sí. Bhí tábhacht i gcuid mhór pobal ar fud a raoin leis an mhurdhúchaill mar chaileantóir stoirmeacha. Chomh maith leis sin bhí seasamh aici i measc pobal éagsúil mar éan tuartha. Lena chois sin, bhí sí mar chuid dá scéalta faoi chruthú an domhain agus ina cúntóir sciathánach ag an tseaman ar a thuras chuig an tsaol eile.

Mheastaí gur éan an-uasal a bhí ann, cha ligtí do dhuine ar bith baint de, agus shíleadh an seandream nach raibh dochar sa mhurdhúchaill.

Ba mhinic a bheireadh iascairí bradán orthu sna heangachaí agus dá bhféadfadh siad scaoileadh leo beo, shaoraítí iad.

Tagann an t-ainm géinis ó *gavial*, téarma Laidine ar an tsíolta gheal. Chan amháin nach bhfuil an lacha bheag mhara seo ar dhóigh ar bith muinteartha don mhurdhúchaill ach tá seans láidir ann nach raibh cur amach ar bith ag na Rómhánaigh ar an mhurdhúchaill agus is fíorannamh a bheadh sé fán Mheánmhuir. Is dóigh gur tugadh an t-ainm ar an éan mar tá sé ar aon dul leis an tsíolta rua, snámhann sé agus tumann sé le breith ar éisc.

Gort Lios Saigheaad, Na Rosa, 23 Feabhra 2018

Tagann an t-ainm speicis ón ainm á d'úsáidtí sa Ghearmáinis. *Thummeyder Mooar* atá air sa Mhanainnis, agus *Trochydd Mawr*, tumadóir mór, sa Bhreatnais. I measc na n-ainmneacha atá air sa Ghàidhlig tá *Bura Bhuachaille, Muir Bhuachaille, A' Chearc Mhór, Eun Glas an Sgadain* agus *Bun a' Bhuachaille*. Chonaic mé aistriúchán ar an ainm deireannach acu mar 'aoire ar ionradh na taoide'.

Tugtar 'an Lóma Mór' ar an éan go ginearálta agus 'Murdhúchann' atá ag muintir Inis Bó Finne air. I Ros Goill bhí an t-ainm 'Mulruachan' air. An t-aistriúchán a rinne Leaslaoi U. Lúcás i *Cnuasach Focal as Ros Goill* ar 'Mulruachan' ná *Holland Hawk*. Chruthaigh an t-aistriuchán fadhb nó níor chuala mé iomrá ar an *Holland Hawk* riamh. Chuardaigh mé é agus níor tháinig mé air gur léigh mé i *The English Dialect of Donegal* le Michael Traynor áit a bhfuil '*Holland-hawk*, the great northern diver *Colymbus glacialis* [ainm nach bhfuil in úsáid níos mó] *said to be so called from its arriving about Hollan-tide.*' Faoi sin bhí an ceannfhocal '*Hollantide, all Hallows' time. Not known to corrs*' (lch 144).

Tugtar an *Great Northern Diver* ar an éan i mBéarla agus tá sin intuigte, mar snámhann an t-éan ar an uisce go ciúin, agus tumann sé go grod le breith ar éisc. Tugtar *Loon* ar an éan i Meiriceá Thuaidh, focal a thagann ón tSean-Lochlannais *lómr* a chiallaíonn éan ag caoineadh. Cuirtear a ghlór i gcomórtas le caoineadh uaigneach, tá daoine eile a thugann gáire mire air, ach cibé a mheastar taistealaíonn sé i bhfad mar ghuth. Mar a tharlaíonn sé ní chluineann muid é mar ní úsáideann sé a ghuth de ghnáth le linn an gheimhridh agus é abhus. Thig leis nuair a thumann sé fanacht suas le bomaite faoin uisce, agus tá taifead amháin ann ar fhan ceann faoin uisce ar feadh trí bhomaite. Is éisc a itheann sé,

An tÓrshúileach

Bucephala clangula

An tArd Donn, Gaoth Dobhair, 6 Eanáir 2019 (an bardal)

Lacha é seo a thugann cuairt orainn sa gheimhreadh. Tagann sé i mí Dheireadh an Fhómhair agus fágann sé arís i mí Márta nó mí Aibreáin. Meastar go mbíonn sé mall ag teacht i gcomórtas le lachain eile. De ghnáth bíonn siad le feiceáil ina scaotha beaga. Bíonn sí le fáil ar an chósta go minic, ach bíonn fáil uirthi fosta ar lochanna agus ar inbhir chomh maith leis na haibhneacha móra. Nuair a bhíonn sé ar uiscí intíre bíonn sé iontach faicheallach agus ní mheascann sé le speicis eile lachan.

agus is iad a bhíonn mar leath dá aiste bhia, crústaigh, cuiteogaí mara agus moilisc an chuid eile.

Nuair a bhí Màrtainn Mac Gille Mhàrtainn ag scríobh sa tseachtú haois déag bhreac sé gur bhain an pobal in Inse Gall feidhm as an bhlonag, a raibh tuairim agus 2.5 cm de faoi chraiceann an éin mar chógas. Chuimlítí an chéir den scóróg mar ba é a dtáithí go raibh leigheas ann do sciaitíce.

Anuas go raibh an t-ochtú haois déag ann d'ití an t-éan in Albain.

Ní phóraíonn an t-éan in Éirinn. Tá tábhacht idirnáisiúnta le Bá Dhún na nGall i ngeall ar an líon murdhúchaill a bhíonn ann.

Bhí 'Faocha Mhór' mar ainm air ag am amháin ach ní úsáidtear feasta é.

Tagann an lacha seo chun na tíre ón tSualainn, ón Rúis, ón Iorua agus ón Fhionlainn. Itheann siad ábhar ainmhithe, crústaigh go háirithe, chomh maith le feithidí uisce agus moilisc. Tumann siad le teacht ar an bhia agus tá siad ina sárthumadóirí. Tá cuntas orthu ag tumadh chomh domhain le seacht méadar ach is idir dhá agus trí mhéadar a ngnáthdhoimhneacht tumtha.

Bíonn paiste geal ar na heitogaí. Lacha bheag atá inti agus cuidíonn an paiste sofheicthe geal ar an aghaidh idir an ghob agus an tsiúl lena aithint. Bíonn cuma thriantánach ar an chloigeann agus dath an óir ar an tsúil.

Meastar go bhféadfadh go bpóróidh siad sa tír seo. Rinne siad amhlaidh in Albain i 1970. Ina dhiaidh sin cuireadh boscaí speisialta neadaithe ar fáil dóibh.

Neadaíonn siad i bpoill i gcrainn taobh le loch nó le habhainn. Baineann siad úsáid fosta as poll ag coiníní. Bíonn idir sé agus dhá ubh déag sa nead agus nuair a imíonn an t-óg amach as an bhlaosc titeann siad chun an talaimh. Is minic a bhíonn airde mheasartha i gceist ach tagann an chuid is mó acu slán. Nuair a bhíonn siad ag eitilt déantar trup mar a bheadh feadaíl ar siúl.

Is minic a bhíonn an lacha agus an bardal i ngrúpaí ar leith leo féin. Chan fhaca mé riamh sa dúiche faoi chaibidil ach péire ar an Chláidigh agus anoir an bealach go hard os cionn na lochanna a thig siad chuig suíomh atá os comhair an óstáin ach ar thaobh na coille ar an Ard Donn san áit nach mbíonn an duine.

Is ón tSean-Ghréigis a thagann an t-ainm géinis *Boukephalos* agus ciallaíonn sé cloigeann tairbh. Ón fhocal *bous*, tarbh agus *kephale*, ceann. Is díspeagadh *clangula* ar an fhocal Laidine *clangere*, athfhuaimiú. Tugtar *Hwyaden Lygad Aur* air sa Bhreatnais mar atá againn féin. Cha dtáinig mé ach ar an ainm amháin, rud annamh, sa Ghàidhlig, *Lach a' Chinn Uaine*. Sa Mhanainnis tá *Thunnag Sooill Airhey* air. Tugtar *Goldeneye* orthu i mBéarla. Dá bhfuil fios agam chan fhuil ach an t-ainm amháin againn i nGaeilge ar an éan agus is ionann é agus aistriúchán díreach ar an ainm Bhéarla.

Tá oiread difir idir na dathanna ar an lacha agus ar an bhardal gur síleadh sa naoú haois déag gur dhá speiceas ar leith a bhí iontu. D'ití iad roimhe seo, ach chan le fonn nó bhí blas láidir ar an fheoil. Chreidtí dá bhfeictí an t-órshiúlach ina chodladh agus an lá ann go raibh drochaimsir ar an bhealach.

Is éan gairgeach atá ann agus cosnaíonn siad a ndúiche go fíochmhar. Bíonn deasghnátha spleodracha réamhchúplála acu. Is ar an taiga a phóraíonn siad. Bíonn teacht orthu sna tíortha Lochlannacha, sa Rúis, sna Stáit Aontaithe agus i gCeanada. Tógann siad a nead i scoilt i gcrann agus pilleann siad ar an tsead bliain i ndiaidh bliana.

Glacann siad go réidh le boscaí nide. Thuig an pobal Sámach seo agus suas le dhá chéad bliain ó shin chroch siad na boscaí seada agus ansin nuair a bheirtí na huibheacha thugadh na daoine leo iad.

Tharla an chéad phórú i 1970 in Albain i gcoill péine ar imeall locha ar an Aghaidh Mhòr sna Garbhchríocha. Rugadh ceithre ghearrcach an bhliain sin. Leathnaigh siad as sin agus chuidigh sé leo gur cuireadh gúm ar bun le boscaí nide a sholáthar. Cuid mhaith de na péirí a phóraíonn in Albain is i mboscaí a ghníonn siad an tsead.

Cuireann an bardal taispeántas ar siúl sa tréimhse réamhchúplála nuair a dhéanann sé scileadh lena chloigeann. Síneann sé a cheann siar go mbíonn sé chomh fada le lár a dhroma, ansin ciceálann sé go tobann leis na cosa, éiríonn cuid mhór uisce dá bharr, tógann sé a dhroim as an uisce, agus brúnn anuas ar a thoiseacht. Ag an am chéanna leis an chiceáil síneann sé a mhuineál agus a cheann go cothromach, ligeann gáir agus fead dhúbailte. Cluintear trup na feide suas le ciliméadar ar shiúl.

Is í an lacha a bhíonn ar gor agus tréigeann an bardal í i ndiaidh seachtaine nó dhó de thréimhse an ghoir. Tá scannán nicteach ag an órshúileach. Is ionann é agus mogall tréshiúlach súile a bhíonn mar ghléas cosanta agus an lacha ag tumadh. Murab ionann agus an mogall uachtarach agus íochtarach a ghluaiseann go hingearach de ghnáth is go cothrománach a bhogann an scannán nicteach ag an éan seo.

Nuair a thig siad go barr i ndiaidh bheith ag tumadh thig leo eirí díreach ar eiteog. Tá siad faiteach agus cha maith leo an duine a bheith i ndeas dóibh.

An Piardálaí Trá

Arenaria interpres

Machaire Gathlán, Gaoth Dobhair, 4 Aibreán 2019

Cuairteoir geimhridh an t-éan seo a bhíonn níos líonmhaire ar an chósta thiar ná haon áit eile. Mar sin féin tá taifid air ón chósta uilig nach mór. Tá luí ar leith aige leis an duirling. De na cuairteoirí geimhridh is é is faide inár measc, agus is mí Iúil an mhí is lú a líon. Bíonn na dathanna ar an éan in Éirinn níos gile sa tsamhradh seachas an chuid eile den bhliain. Cuirtear síos dó go bhfuil sé roinnt níos lú ná an lon dubh.

Bíonn sé le feiceáil ar an chladach fríd an fheamnach go háirithe, agus dealraíonn gur oileáin le cósta creagach is fearr leis. Fanann corrcheann i rith na bliana. Téann siad ar an aradh ar charraigeacha agus thig an láthair a aithint i ngeall ar lorg caca s'acu. Bíonn meáchan 120 g ann, fad c. 23 cm agus leithead na n-eiteog ag 45 cm.

Tchítear an piardálaí trá i ngrúpaí beaga seachas ina scaotha, de ghnáth. Bíonn siad gnóthach ag tiompú feamnaí agus clocha le teacht ar na feithidí a nochtann de bharr a gcuid gníomhartha. Bíonn leisce orthu eitilt, is fearr leo rith ná siúl ach nuair a théann sé ar eiteog is go híseal os cionn an uisce de ghnáth i líne dhíreach agus go gasta a ghluaiseann sé. Bíonn sé doiligh a fheiceáil mar luíonn an lorg bhlaosc toirtíse a bhíonn ar uachtar an choirp isteach go maith le dath na feamnaí agus éadáil a bhíonn ar an chósta. Bíonn siad go minic beag beann ar an duine a bheith cóngarach dóibh.

Tagann siad chun na tíre seo mall i mí Lúnasa agus fanann siad go mbíonn mí na Bealtaine ann. Póraíonn siad i dtuaisceart na hEorpa agus i gCeanada.

Cuireadh fáinne ar phiardálaí trá ar lá na Bliana Úire 1942 i bPort Bhéal na Trá, Contae Aontroma, agus thángthas air ar 30 Bealtaine 1945 ag Proven in iarthuaisceart na Graonlainne agus é níos dóiche ná a mhalairt ina dhúiche póraithe. Ag an am seo bhí scéim fáinnithe i bhfeidhm sa tír le sé bliana déag agus fiche agus le linn an ama sin níor cuireadh fáinne ach ar dhá phiardálaí trá mar sin bhí an t-ádh amach ann teacht ar cheann le fáinne.

Meastar go dtagann suas le naoi míle piardálaí trá chun na tíre sa gheimhreadh. Maireann sé suas le scór bliain ar a mhéad ach de ghnáth is tuairim agus naoi mbliana a bhíonn a shaolré.

Ba é an zó-eolaí Francach Marthurin Jacques Brisson (1723–1806) a thug an t-ainm géinis *Arenaria* chun cinn i 1760. Is ón Laidin *Arenaria* a chiallaíonn, ag cur faoi ar ghaineamh, ón fhocal *arena*, gainimh. Tagann an t-ainm speicis ó *interpres* a chiallaíonn 'teachtaire'. Is tagairt atá ansin don ghlór ghéar rabhaidh atá ag an éan.

Chyndaader Clagh agus *Goblaghan* atá air sa Mhanainnis, agus *Cwtiad y Traeth*, feadóg na trá sa Bhreatnais. Tugann muintir na hAlban *Gràilleag* agus *Trilleachan Beag* air. Tugtar *Turnstone* air sa Bhéarla. Is cur síos glan an t-ainm ar iompar an éin. Ba i 1674 a rinneadh an chéad taifead clóite den ainm.

Ciallaíonn 'piardálaí' dúil a bhíonn ag rúscadh. I dtaca leis an fhocal *trilleachan* sa Ghàidhlig is guth tríleach atá i gceist agus bainteár úsáid as ag cur síos ar éanacha éagsúla le glór tríleach.

Thig leis na scallamáin an nead a fhágáil go luath i ndiaidh dóibh teacht ar an tsaol.

Bíonn cuma ramhar ar an éan. Thigtear air go minic i gcuideachta na mbreacóg ach bhí an t-éan anseo i gcomhluadar roithleach ar an chladach.

Bíonn sé doiligh an t-éan a fheiceáil nó tagann a chuid dathanna le cuid na feamnaí agus na gcreagacha agus é ag déanamh a choda. Tharla oiread sin tránna san iarthuaisceart chan fhuil an t-éan chomh fairsing abhus agus a bhíonn sé i gceantair chósta eile gur mó líon a gcladach.

Bíonn an gob casta suas rud beag agus fóireann sin don ghnás itheacháin ag an éan.

Tá roinnt tuairiscí orthu ag ithe uibheacha éanacha eile, ina measc uibheacha faoileogaí agus lachan. Tá cuntas fiú ar iad ag ithe uibheacha a gcineáil féin ach chan fhuil na tuairiscí dá macasamhail fairsing. Briseann siad an bhlaosc leis an ghob le teacht ar an ábhar taobh istigh.

Nuair a thagann sé ar an tsaol bíonn ar chumas an ghearrcaigh a chuid a dhéanamh, agus déanann an coileach, go háirithe an scallamán a chosaint.

Tagann cuid mhaith acu bliain i ndiaidh bliana chuig an cheantar chéanna tar éis na tréimhse póraithe. Téann na héanacha ó Cheanada agus ón Ghraonlainn chomh fada ó dheas le Maracó, agus iad sin ón Rúis fhad le hiarthar na hAfraice.

Bíonn a ngob mar a bheadh siseal ann agus tá sin ag fóirstean i gceart dá modh oibre ag tiontú snámhraic le teacht ar inveirteabraigh. Tá fianaise ann go bhfeidhmíonn siad mar mheitheal ag tochailt sa ghaineamh le héisc atá marbh agus clocha a thiompú bun os cionn.

An Piasún

Phasianus colchicus

Meastar gur tugadh chun na tíre seo é tuairim agus an bhliain 1590. Fiú agus é sa tír le leathmhíle bliain tá daoine a mheasann go fóill nach éan dúchasach atá ann. Seans go bhfuil an dearcadh seo ann mar go dtógtar cuid mhaith de

Béal na Cruite, Na Rosa, 29 Márta 2018

na héanacha go saorga. Tá sé fairsing anois san áit a mbíonn curaíocht agus cuiscrí.

Thug Giraldus Cambrensis (c.1146–c.1223) le fios nach raibh an t-éan sa tír sa dara haois déag, agus bhí Ranulf Higden (1280–1364), manach Beinidicteach Sasana agus oiriseach, a scríobh *Polychronicon*, meascra de chuid mhaith den eolas a bhí ar fáil lena linn, den bharúil chéanna.

Bíonn sé sna háiteacha a mbíonn na clubanna gunna a thógann iad ar mhaithe lena scaoileadh mar chaitheamh aimsire, agus ar an phortach agus i muineacha. Chonaic mé na cearca ag gabháil ó bheathaitheoir go beathaitheoir i mbun a gcoda i lár an gheimhridh i Mín Lárach sna háiteacha a gcuireann na feirmeoirí a gcuid ar fáil do na caoraigh.

Déantar an nead ar an talamh de ghnáth agus plandaí arda, toir nó dreasógaí mar scáth acu. Bíonn an tsead i log agus bíonn duilleogaí atá marbh, plandaí nó féar mar líonáil. Bíonn suas le cúig ubh déag sa tsead a bheirtear i mí Aibreáin de ghnáth. An chearc amháin a bhíonn ar gor agus ní ghlacann an coileach aon pháirt. Maireann an gor idir trí agus ceithre seachtaine. Coicís i ndiaidh an ghoir bíonn na héanacha óga ag eitilt.

Chan fhuil an piasún chomh rúnda le héanacha eile géim. Is minic a fheictear é ag lorg a choda ar an talamh agus gan aon scáth aige. Itheann siad duilleogaí, torthaí agus pórtha an-mhórán plandaí. Itear, go fiú, in amanna inveirteabraigh.

Tugadh an piasún chun na hEorpa ón Áis. Ba iad na Gréagaigh a thug leo é, agus meastar gur na Rómhánaigh a thug go Sasana é. Bíonn a líon láidir nuair a dhéantar cosaint orthu agus nuair a chuirtear lena líon ag éanacha a tógadh ag an duine i ngorlann. Scríobhtar go mbíonn na coinníollacha i gcuid de na gorlanna mar a bheadh ag sicín ar fheirmeacha saor-raoin. Scaoiltear saor i gcoillte iad. Tarlaíonn más amhlaidh gur tógadh i ngorlanna iad go mbíonn siad mar a bheadh siad leathcheansaithe agus ar an ábhar sin bíonn sé furast ag an mhadadh rua a ngabháil.

Is cosúil gur an piasún an t-éan géim is líomhaire a scaoiltear. Ócáid mhór ar an fhéilire shóisialta ag toicithe ó bhí thart ar lár na naoú haoise déag ann scaoileadh na bpiasún. Bhí costas mór ag baint lena dtógáil agus ba é an toradh a bhí air gur fágadh cuid d'úineirí na n-eastát ina suí go bocht dearóil.

Meastar nach n-éiríonn go maith le piasúin a thógann an duine nuair a mheasctar le héanacha fiáine iad, titeann an ráta breithe go mór. Bíonn sé iontach fairsing thart ar na heastáit mhóra, áiteacha a ndéantar idir chosaint agus thógáil, ach ar ndóigh tá na heastáit mhóra gann feasta. Áit amháin a mbíonn siad fairsing ná an t-eastát ag Cúirt an Bharúin i bparóiste dhlí Ard Sratha i dTír Eoghain. Tá cuid de na heastáit a bhaineann na céadta euro amach ar lá scaoileadh na bpiasún ag lucht gunna. Tá mórán an meon céanna ag an dream a thugann faoin chearc fhraoigh agus ag lucht scaoilte na bpiasún ach amháin nach ndéantar an chearc fhraoigh a thógáil i ngorlann.

Mar a fheiceann muid sa ghrianghraf anseo tá fáinne gearr thart ar bhráid an éin. Is leis an tSín a bhaineann an speiceas seo. Ní heol dom go bhfuil club gunna sa cheantar agus seans mar sin gur éanacha fiáine a fheiceann muid.

Meastar go raibh sé tugtha chun cineáil i Sasana sular dearnadh an chéad taifead ar an ainm i 1299. Baineann stair leis an ainm. Tá sé bunaithe ar an tSean-Fhraincis *fesan* a tháinig ón Laidin *phāsiānus*, focal atá bunaithe ar an Ghréigis *phanianós*, éan a bhaineann le Phāsis. Abhainn a bhí sa Phāsis, a bhfuil an Rhioni uirthi sa lá inniu, agus a shileann isteach sa Mhuir Dhubh ó dheas de Photi sa tSeoirsia. Tagann *colchicus* ó Κολχίς na Sean-Ghréigise, ceantar ar chósta thiar na Mara Duibhe agus atá sa tSeoirsia inniu. Sa Mhanainnis tugtar *Kiark Cheylley* ar an chearc agus *Kellagh Keylley* ar an choileach. *Ffesant* ata air sa Bhreatnais, agus *Feasan*, *Easag* agus fiú *Féasant* atá air sa Ghàidhlig.

Tugadh 'an Coileach Coille' agus 'an Chearc Coille' ar an éan fosta.

Mar chuid dá scaoileadh ná go mbíonn daoine ann a dtugtar rúscthóirí orthu agus tugann siad sin ar na héanacha gabháil ar eiteog, agus bíonn lucht na ngunnaí ag fanacht leo éirí sa spéir.

Gné amháin ag an éan ná na sprochaillí a bhíonn fá na súile. Ar lá brothallach agus an ghrian ag scoilteadh na gcloch cuidíonn an craiceann nochtaithe ar an sprochaille leis an éan farasbarr teasa a chur de. Níl sé ar cumas éanacha allas a chur.

Síltear go bhfuil os cionn milliún piasún sa tír. Tá an tuairim ann gur 2 km an t-achar is faide eitilte ag an éan. Tugtar eitilt phléascach ar an dóigh a mbíonn siad ar eiteog agus úsáidtear cuid mhór fuinnimh leis an chineál seo eitilte.

Tá scéal ann a léiríonn díograis na maor a bhíodh ag cosaint géim, an piasún go háirithe, nó hinstear gur scaoileadh filiméala mar bhí a chuid ceoil ag coinneáil na bpiasún a bhí thart ar an cheolaire ó chodladh na hoíche.

An Píobaire Breac

Pica pica

Mín Doire Dhamh, Gaoth Dobhair, 6 Bealtaine 2020

Bíonn an t-éan seo fairsing agus tá sé furast a aithint gona ruball fada, a chluimhreach dubh agus bán, na cosa dubha agus na súile den dath chéanna. Is guth grágarsach atá aige agus déanann sé é a radadh.

Tógann an píobaire breac nead mhór as bataí le cruinneachán de chipíní ina mullach. Bíonn an oscailt ar an taobh. Bhíodh an-mheas ag daoine ar an nead. Bíonn an nead i gcrann ard de ghnáth ach nuair nach mbíonn siad ann bainfidh sé úsáid as sceach nó tor.

Íosfaidh an píobaire breac chóir a bheith an uile rud. Itheann siad feithidí den chuid is mó. Chomh maith leis sin itheann siad cnónna, pórtha, agus torthaí. Itheann siad uibheacha agus scallamáin fosta. Tá fianaise ann go ndéanann siad bia a chnuasach nuair a bhíonn sé fairsing. Tá cáil orthu as earraí lonracha a ghoid.

De ghnáth bíonn cúpla éan i gcuideachta ach tá fianaise ann de scaotha de chóir a bheith céad i gcomhluadar a chéile.

Cha raibh taifead ar an éan in Éirinn go dtí go raibh sé deas do dheireadh na seachtú haoise déag nuair a scríobh Robert Leigh ó Ros Garlann i gContae Loch Garman i 1684 faoi bharúntachtaí Fotharta agus Uí Bharrche agus bhreac sé gur thuirling roinnt píobairí breaca sa cheantar. Ag an am a raibh sé ag scríobh bhí siad ag pórú. Glactar leis gur tháinig

Mín Doire Dhamh, Gaoth Dobhair, 18 Bealtaine 2020

siad anall le gaoth láidir anoir ón Bhreatain Bheag.

De réir a chéile leathnaigh siad ar fud na tíre. Chan fhuil an chosúlacht ar an scéal go gcleachtann siad an imirce. Maireann siad suas le bliain agus fiche. Bhí mé ag siúl i Rath Gearr i mBaile Átha Cliath agus chonaic mé péire. Bhí sé doiligh agam a n-aithint bhí siad chomh dubh sin de thairbhe smúit na cathrach.

Meastar an píobaire breac a bheith ar cheann de na hainmhithe is éirimiúla ar chlár na cruinne. Deirtear gur é an t-aon ainmhí a aithníonn é féin i scáthán.

Ba é an nádúraí Eilvéiseach, Conrad Gesner (1516–1565), a rinne cur síos i 1555 ar an phíobaire bhreac den chéad uair. Is *Pieanat* atá air sa Mhanainnis agus *Pioden* sa Bhreatnais. Tugann muintir na hAlban *Agaid*, *Pioghaid*, agus *Breac Mhac* air. Is duine *pioghaideach* an té a bhíonn tugtha don chabaíocht. Tá taifead déanta de sa Bhéarla i 1605 mar *Magge Pie*. Is é *pica* an focal sa Laidin Chlaisiceach ar phíobaire breac. Is 'an Snag Breac' an t-ainm atá ar an éan seo go comónta. In iarthuaisceart Thír Chonaill baineann daoine feidhm as an dá ainm, 'Píobaire Breac' agus 'Snag Breac'. Tá lear ainmneacha i nGaeilge ar an éan. Tugadh 'an Francach' air agus meastar gur tharla sin mar go raibh sé mall nuair a tháinig sé chun na tíre agus gur measadh gur ón tír sin a tháinig sé. Tugtar 'Meaig' agus 'Míogadán Breac' air chomh maith.

Cha maith le daoine an píobaire breac a fheiceáil leis féin agus iad ag gabháil chun siúil. Cha maith le hiascairí ceann aonair a fheiceáil ach an oiread agus iad ag dul chun na farraige, nó ba léir nach mbeadh an t-ádh i ndán dóibh. Char mhiste cúpla ceann a fheiceáil i gcuideachta. Chreidtí gur cheart do dhuine ar bith a tchífeadh píobaire breac amháin, a bhairéad a bhaint de, agus a aghaidh a thabhairt san aird thoir, muna mbeadh sé ag amharc an bealach sin cheana féin, agus seileog mhaith a chaitheamh.

Chreidtí dá mbeadh píobaire breac ag cnagadh ar fhuinneog go raibh sé ag tuar bháis. Dá gcluintí píobairí breaca ag tógáil calláin lena chéile, mheastaí go raibh an drochscéal ar a bhealach.

Sa traidisiún Chríostaí, deirtear go bhfuil dath geal ar an phíobaire bhreac in áiteacha siocair Críost bás a fháil agus na héanacha uilig bheith ag mairgnigh, ach nach raibh an

An Píobaire Trá

Actitis hypoleucos

píobaire breac ach leathdháiríre faoina bhuaireamh.

Insítear gur éirigh na héanacha dubh dóite mar go raibh an píobaire breac ag sú a gcuid uibheacha. Líon gealbhan a nead le méarógaí agus nuair a tháinig an píobaire breac chun na nide shlog sé ceann de na méaróga. Ó shin i leith bíonn piachán ar an éan. Cha maith le lucht feirme é ach an oiread nó slogann sé na huibheacha ag na lachain agus ag na cearca. Cúis eile nach bhfuil aird ar an éan ná é a bheith i láthair ag áit a mbíonn splíonach. Go minic abhus is giorria a bhíonn marbh ar an bhealach mhór. Beidh siad ag piocadh air, tiocfaidh gluaisteán, imeoidh siad ar feadh meandair go n-imíonn an gluaisteán agus pillfidh siad ar an ablach.

Chuirtí i leith an phíobaire bhric go ngoideadh sé éidí ó sceacha nuair a thromaítí ceirteacha orthu.

An Charraig, Gaoth Dobhair, 23 Meitheamh 2018

Níos minice ná a chéile tchítear an píobaire trá ar bhruach locha nó cois abhann. Is maith leo lochanna atá in aice le coillte. Bíonn dath donn orthu ar uachtar, agus bíonn íochtar an choirp geal. Bíonn geal thart ar an tsúil agus os a cionn. Bíonn barra geal ar an eiteog agus bíonn sé feiceálach agus é ag eitilt. De réir na dtéacsleabhar tagann na dathanna seo go maith leis an dreach tíre ar na tailte arda in aice leis na haibhneacha san áit a phóraíonn an t-éan.

Sin ráite tháinig mé ar nead, log sa doirling agus féar thart fá dtaobh de, taobh le teach saoire, ar an doirling bheag ó dheas de ché Bhun an Inbhir

ÉANLAITH IARTHUAISCEART THÍR CHONAILL

sa tsamhradh i 2021. Mar a tharla sé bhí tréan calláin ag na tuismitheoirí agus ba ar an dóigh sin a tharraing siad aird orthu féin. Bhí na cuairteoirí a bhí sa teach samhraidh ag siúl lena madadh in aice láimhe. Tharla mar sin go raibh mise agus na cuairteoirí ag cur isteach ar an éan. Go hádhúil bhí an madadh ag na cuairteoirí ar éill. De réir mo thuigbheála níl sé ceadaithe faoin dlí gan cheadúnas speisialta grianghraf a ghlacadh de ghearrcaigh ag nead ar eagla go gcuirfí isteach orthu nó ar na tuismitheoirí.

Is cuairteoir a thagann chugainn sa tsamhradh den chuid is mó é. Thig sé chugainn ón Afraic ó dheas den tSahára. Sula dtugann sé faoin turas ó thuaidh déanann siad craos ar a bhia agus bíonn a chorp dhá uair chomh mór, líonta le blonag mar bhreosla don turas imirce, agus a bhíonn de ghnáth. Bogann sé chun na trá i mí Iúil agus mí Lúnasa. Is annamh a fheictear sa gheimhreadh é.

Itheann sé inveirteabraigh bheaga, á bpiocadh ón talamh nó in uisce tanaí. Sa tsamhradh is ón uisce a ghlacann sé an chuid is mó dá chuid bia.
Tá an cumas ann breith ar fheithidí agus é ar eiteog. Bíonn corp s'aige ag bogadaigh cuid mhaith, ach thig leis sealanna a chaitheamh ina staic.

Déanann siad taisteal san oíche agus tá an tuairim sin ann siocair go mbíonn a nglór le cluinstean agus iad ar imirce. Bíonn an geadán ag bogadáil go háirithe i ndiaidh tuirlingte dóibh, agus uaireanta eile is an cloigeann a bhogann sé.

Tagann an t-ainm eolaíoch ón tSean-Ghréigis. Tagann an focal 'Actitis' ó *aktites*, a chiallaíonn neach a mbíonn cónaí air fán chósta. Thig *hypoleucos* ó *hupo*, a chiallaíonn 'faoi' agus is 'geal' atá i gceist leis an fhocal, *leukos*. *Looyran* atá air sa Mhanainnis. *Pibydd y Dorlan* atá air sa Bhreatnais, agus ciallaíonn sé píopaire bruach na habhann. Tugann muintir na hAlban *Trileachan Traighe, Earr-Ghainmhich, Boag, Luathran* agus fiú chonaic mé *Gainmheach Cumanta* mar ainm air.

I mBéarla is é an *Common Sandpiper* a thugtar air, ainm atá ann ó 1674. D'fhás an t-ainm ón ghlao ag an éan. Tugtar 'an Bodach' ar an éan seo i dTír Chonaill fosta agus 'an Gobadán' go ginearálta. Chomh maith leis sin casadh na hainmneacha 'Ladhrán Locha' agus 'Saidhlín Aeir' orm. Tagann an focal 'Píopaire' ó ghlór an éin agus níl mé cinnte nach aistriúchán glan ón Bhéarla an t-ainm 'an Píopaire Trá'. Tugtar 'an Fheadóg Mara' ar an éan in áiteacha. Tá ceantair in Éirinn ar a dtugtar 'Gobadán na Cuaiche' ar an réabhóg. Póraíonn sé i gcuid mhór suíomh. Is fearr leis a bheith in aice le huiscí a reáchtálann go gasta ar thalamh ard, agus bíonn teacht ar an nead ón líne bairr láin chomh hard le 4,000 méadar.

Ní léirítear mórán eagla roimh an duine ach baineann siad

leas as áiseanna ag an duine, macasamhail céanna agus baoithe le gabháil ar an aradh orthu.

Tá seanfhocal iomráiteach ann a deir 'nach dtig leis an ghobadán an dá thrá a fhreastal.' An chiall a bhaintear as ná nach bhfuil d'acmhainn ag an duine a bheith gach aon áit ag an am chéanna.

Tá seanfhocal eile ann a deir go dtitfidh an spéir nuair a rachaidh an gobadán i mbéal na cuaiche, agus meastar gur é atá i gceist nuair a threoróidh an réabhóg an chuach go mbeidh an saol fríd a chéile i gceart.

Tá tagairt don éan san amhrán 'Dá mBeadh Agam Ór'.

An Pocaire Gaoithe

Falco tinnunculus

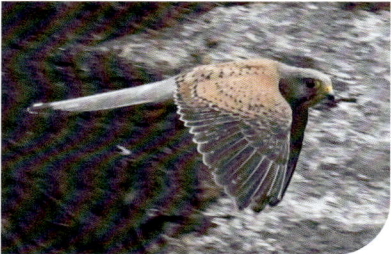

Gort Lios Saighead, Na Rosa, 30 Aibreán 2019

Fiú muna mbíonn tú i ndeas dó chan fhuil sé doiligh an t-éan seo a aithint nó is minic a fheictear é agus an eitilt fholuaineach in éadan na gaoithe á chleachtadh aige, na heiteogaí ag bualadh go tréan le fanacht ina stad, a ruball spréite lena linn agus gan a cheann a bhogadh. Caitheann sé tamall mar sin agus ansin sleamhnaíonn sé ar aghaidh go dtéann sé i mbun na ngothaí céanna in athuair. Thig leis a bheith ard go maith sa spéir ag déanamh na heitilte seo agus tarlaíonn sé seo go minic agus an clapsholas ann.

Is é an pocaire gaoithe an t-aon éan creiche a dtig leis fíorfholuain mharthanach a chleachtadh. Fanann sé gan chorraí os cionn an talaimh ag bualadh na sciathán le fanacht san áit amháin fiú agus gan puth gaoithe ann. Is fearr leis a bheith ina stad in éadan na gaoithe agus an ruball agus na heiteogaí ag an uillinn cheart le fanacht in airde leis an bhualadh is lú de na sciatháin. Míbhuntáiste amháin a bhaineann le heitilt fholuaineach ná an méid fuinnimh a chaitear ina bun.

Tá sé measartha coitianta ar fud na tíre agus póraíonn sé i ngach aon chontae, ach tá a líon ag laghdú. Bíonn mamaigh bheaga, feithidí móra agus in amanna éanacha beaga á seilg aige. Buntáiste aige agus é i mbun seilge ná go bhfuil ar a chumas solas frithchaite ultraivialait a fheiceáil, mar sin feiceann sé rian an mhúin a fhágann creimirí beaga agus iad ag gluaiseacht fríd an fhásra.

Fabhcún earrfhada atá ann tuairim agus an méid céanna le colúr. Bíonn an ruball caol agus osclaíonn sé mar a bheadh gaothrán ann nuair a bhíonn sé i mbun na heililte foluainí. Nuair nach mbíonn sé ag foluain seasann sé ar chuaillí agus sconsaí ag lorg bia. Leanann sé dá sheilg go luí na gréine.

Tigtear air ar thalamh feirme, ar an chaorán, ar an chósta, ar bhogaigh, i bpáirceanna agus ar ghruaimhín an bhealaigh mhóir. Buntáiste a chuireann an duine ar fáil dóibh ná na plásóga féir a bhíonn i ndeas do mhótarbhealaí. Thángthas orthu ag neadú cóngarach do bhóithre, fiú i gcomharthaí bóthair agus sa lárthearmainn mhótarbhealach. I Sasana thóg péire nead faoi dhroichead mótarbhealaigh agus cuireadh stop ar feadh cúpla mí leis an deisiú ar an bhóthar dá bharr sin. Tá cosaint faoin dlí ag an éan i Sasana.

Bíonn an nead ar aill, i seanneadracha ag préacháin, poill i gcrainn agus ar fhoirgintí. Ar an aill cha dtógtar nead ach is scríobadh ar an talamh a bhíonn ann. Ní bheirtear na huibheacha ar an charraig lom ach bíonn créafóg fúthu. Baineann siad úsáid as boscaí neadaireachta. Bíonn na huibheacha ann ó mhí an Aibreáin ar aghaidh. Bíonn lá nó dhó idir breith na n-uibheacha, a mbíonn idir ceithre agus sé cinn sa nead, agus mar sin d'fhéadfadh seachtain a bheith idir an chéad scallamán agus an ceann deireanach. Bíonn an fheannóg réidh le tabhairt faoi na huibheacha ar aill. Chomh maith leis sin bhí an maor seilge ina namhaid aige. Tá taifid ar iad bás a fháil nuair a d'ith siad luchógaí móra a cuireadh amach agus nimh iontu le bás an phíobaire bhric a thabhairt.

Thángthas ar phocairí gaoithe sa tír seo ar cuireadh fáinní orthu san Ioruaidh agus sa Bhreatain.

Cuidíonn sé leis an phocaire gaoithe feasta go bhfuil cosc curtha le daoine stricnín a úsáid mar nimh agus orgánaclóirín mar lotnaidicíd.

Tagann an t-ainm *Falco* ón Laidin *Falx* a chiallaíonn corrán, agus is tagairt atá ann dá chrobh. Is ainm speicis sa Laidin *tinnunculus* don phocaire gaoithe ón fhocal *tinnus* a chiallaíonn géar ó thaobh gutha. Úsaitear *Cudyll Coch* sa Bhreatnais a chiallaíonn fabhcún rua. *Stannair Ruy* atá sa Mhanainnis air agus is *Clamhan Rua*, *Speireag Ghlas* agus *Deargan Allt* atá sa Ghàidhlig.

Chomh maith leis an ainm 'an Pocaire Gaoithe', tugtar 'an Bod Gaoithe', 'an Bodaire Gaoithe' agus 'an Seabhac Buí' ar an éan seo. Tugtar an *Kestrel* air i mBéarla agus tá taifead den ainm ó bhí 1544 ann. D'úsáidtí an t-ainm *Windhover* in iarthar agus i ndeisceart na Sasana chomh maith lena úsáid san fhilíocht, agus tá dán ag Gerard Manley Hopkins (1844–1889) agus 'The Windhover' mar theideal air.

Seans gur seo an t-éan creiche is fairsinge aithne ag muintir na hÉireann air agus tá sé ar cheann de na cinn is coitianta, ach mar sin féin tá sé ar liosta dóibh sin atá i gcontúirt a ndíothaithe, de réir suirbhé a foilsíodh i 2009. Ní raibh sé riamh líonmhar, agus ag an am scríobhadh go raibh titim de sheacht nó ocht faoin chéad in aghaidh na bliana ar a líon. Síltear go mbíonn tionchar ag athrach san aeráid, níos mó leasa saorga agus lotnaidicídí a bheith in úsáid leis an drochscéal. De ghnáth fanann sé taobh istigh dá dhúiche póraithe ach go mbogann cuid dóibh sa gheimhreadh ó na tailte airde chuig na hísleáin.

An Póiseard

Aythya ferina

An Loch Úr, Dún Fionnachaidh, 2 Samhain 2016 (an bardal)

Is cuairteoir geimhridh go bunúsach an lacha seo, agus bíonn sé gann mar éan samhraidh againn. Bíonn sé fairsing ar lochanna agus d'fhéadfadh ealtaí móra a bheith ann, chomh mór sin go mbíonn na mílte iontu. Bíonn ealtaí i gcontaetha an tuaiscirt a mbíonn os cionn míle iontu go minic. Is go hannamh a fheictear ar ghaotha é, bainfidh sé an chósta amach má shiocann na lochanna, ach mar atá cúrsaí aimsire le blianta beaga anuas is beag taithí atá againn ar a leithéid d'aimsir. Tumann sé, in uisce tanaí de ghnáth, le bia a aimsiú.

Tháinig méadú ar a líon san fhichiú haois. Is annamh a phóraíonn sé in Éirinn ach tá fianaise ó bhí 1917 go dtarlaíonn sé, agus nuair a thógtar nead bíonn sé fríd an fhásra ag taobh an uisce. Póraíonn roinnt i dtuaisceart na tíre agus thall agus abhus sa chuid eile den tír agus an chosúlacht ar an scéal go bhfuil an neadú ag méadú. Tá taifead ó Loch Beag i gContae Dhoire ó 1958 nuair a thángthas ar lacha agus naoi n-éanacha óga lachan nach raibh ar a gcumas eililt ag an am a bhfacthas iad.

Is ábhar luifearnach is mó a itheann sé, macasamhail préamhacha, bachlógaí, pórtha, agus duilleogaí plandaí uisce. Tugtar an luifearnach go barr lena ithe. Itear éisc bheaga agus inveirteabraigh fosta go háirithe nuair a bhíonn sé ar an chósta.

Is fearr leo a gcuid a dhéanamh in uisce tanaí fiú nuair a bhíonn soláthar níos fearr ag uisce níos doimhne. De thairbhe gur uisce tanaí is fearr leo lena gcuid a dhéanamh thigtear ar a gcoirp faoin uisce nuair a shiocann sé i ndeas don bhruach san áit a ndeachaigh siad faoin oighreog ag déanamh a gcoda.

Tagann siad chun na tíre seo i mí Dheireadh an Fhómhair agus imíonn siad arís i mí na bhFaoilleach ach bíonn roinnt mhaith sa tír go mí Márta. Tá sé ar mheánmhéid mar lacha. Bíonn brollach dubh, cliathán liath, muineál agus cloigeann crón, geadán dubh, súile dearga agus gob fada dorcha le banda liath ar an bhardal. Bíonn dath murtallach donn éadrom ar chorp na lachan, agus bíonn banda níos caoile ar an ghob seachas an bardal le fáinne thart ar an tsúil, paiste meathbhán ar an lór, agus líne ar chúl na súile.

Bíonn cuma thriantánach ar an cheann ar an dá éan.

De ghnáth is líonmhaire i bhfad an bardal ná an lacha. Bíonn ocht nó naoi n-oiread i gceist sa choibhneas. Ní chluintear a guth de gnáth, ach tá glór garbh ag an lacha agus fead a bhíonn ag an bhardal.

Tagann an t-ainm eolaíoch ón Ghréigis, *aithuia,* agus is éan mara nach n-aithnítear atá i gceist, ach gur luaigh údair mar Hesychius agus Arastatal é. Is ón Laidin an dara cuid den ainm agus tagann sé ó *ferus,* a chiallaíonn 'fiáin'. Is *Kione Mollagh* atá ar an bhardal sa Mhanainnis, agus *Thunnag Hummee* atá ar an lacha. *Lach Mhàsach, Tunnag Dearg Cheannach* agus *Lach Dhearg Cheannach* atá air sa Ghàidhlig. *Hwyaden Bengoch* lacha an chinn rua atá air sa Bhreatnais. Tugtar an *Pochard* air i mBéarla. Tá 'an Lacha Mhásach' fosta againn mar ainm mar atá in Albain.

Is ón Rúis agus ó oirthear na hEorpa a thagann sé chun na tíre seo agus é ag teitheadh roimh an reothalach.

Tá Dún Fionnachaidh ar an imeall thiar dá raon mar atá le go leor de na lachain a bhfuil cuntas orthu anseo. Bhí tuairisc i mí Iúil 1948 go raibh an chuma ar phéire ag Loch an Phoirt i nDún Fionnachaidh go raibh siad ag neadú ach ar an drochuair níor dearnadh aon iarracht cruthú go dearn siad amhlaidh. Caitheann suas le 25,000 póiseard an geimhreadh ar Loch nEathach.

I miotaseolaíocht na Fionlainne chreidtí gur cruthaíodh an domhan as ubh na lachan másaí. Chreidtí gur an spéir an leath uachtarach den ubh ag an lacha.

Tugadh faoi deara ar Loch Súilí go mbíodh scaotha de lachain amháin nó bardail amháin ar an loch.

Tá a líon ag laghdú i roinnt tíortha i ngeall ar bharraíocht seilge a bheith á dhéanamh orthu agus go bhfuil an fhorbairt

ÉANLAITH IARTHUAISCEART THÍR CHONAILL

An Phraslacha

Anas crecca

ag an duine ag laghdú na láithreacha ina mbíonn siad.

Is maith leo go mbeadh fairsing uisce rompu agus iad ag brath gabháil ar eiteog le go dtig leo éirí slán in éadan na gaoithe. Ní maith leo eitilt thar an talamh.

Bíonn cuid mhór tagairtí do ghléasanna cluana a bheith in úsáid, sa naoú haois déag ach go háirithe. Acra atá sa ghléas cluana le breith ar lachain fhiáine nó ar éanlaith uisce. Roimhe seo bhí siad in úsáid nach mór leis na héanacha a mharú agus d'ití ansin iad. Bhí de bhuntáiste nach scaoilfí an t-éan le gránghunna agus nach mbeadh grán luaidhe san fheoil. Tá siad in úsáid go fóill don tseilg, ach baineann lucht éaneolaíochta feidhm as dá gcuid taighde fosta agus scaoiltear na héanacha saor nuair a bítear réidh leo.

**An Ché, An Clochán Liath, Na Rosa,
12 Samhain 2016 (an bardal)**

Bíonn an phraslacha le fáil ar an chaorán agus ar na lochanna i rith na bliana. Síltear, ach glacadh leis gur an mallard an lacha is mó a líon sa tír, gur an phraslacha an dara lacha is fairsinge. Lacha bheag atá ann le muineál gairid, agus gob leathan agus cothrom. Tagann méadú mór ar a líon sa gheimhreadh agus bíonn sé le fáil ar an chósta fosta ó dheireadh mhí Dheireadh Fómhair. Is fearr leo inbhir cois farraige seachas suíomh ar bith eile. Fágann sé arís i mí an Mhárta agus bíonn mí na Bealtaine ann sula mbaineann an mhuintir a phóraíonn i bhfad ó thuaidh an t-ionad neadaithe amach.

Póraíonn roinnt sa tír seo agus luaitear lochanna ar na cnoic i dTír Chonaill mar láithreacha seada. Is cosúil go raibh sé líonmhar ar na lochanna i dtuaisceart na contae tuairim agus céad bliain ó shin. Le linn na hoibre don Atlas Póraithe (1988–1991) rinneadh cuntas ar 675 péire ag neadú sa tír. Nuair a théann siad isteach faoin tír fanann siad ann ach amháin go dtagann oighreog ar na lochanna.

Is chuig an tír seo a thagann an chuid is mó de na praslachain a bhíonn san Íoslainn, níos lú ná míle lacha, agus tá taifid ar fáil d'éanacha ar cuireadh fáinní orthu sa Rúis, san Íoslainn, san Ísiltír, sa Danmhairg agus sa tSualainn a bheith sa tír seo.

**An Clochán Liath, Na Rosa,
6 Deireadh Fómhair 2020
(an lacha)**

Tá sé láidir ina chuid eitilte agus éiríonn sé suas díreach ón uisce. Eitlíonn sé agus na sciatháin ag bualadh go gasta. Casann sé agus lúbann sé agus é ar eiteog.

Síltear saolré de os cionn scór bliain a bheith ag an phraslacha. Is saolré fhada seo ag lacha chomh beag leis an phraslacha.

Is ó ainm na lachan seo a thagann an focal 'téal', agus is dath dúghlas atá i gceist.

Tá an phraslacha agus an mallard muinteartha dá chéile. Bíonn fad 35–38 cm ann, meánn sé 330 g agus is 59–64 cm leithead na sciathán.

Arís eile is Carl Linnaeus (1707–1778) a thug a ainm eolaíoch agus a rinne cur síos ar an éan i 1758 ag tagairt dá spéacalam glas agus don líne bhán os cionn agus faoin tsúil ag an bhardal. Bhí scríofa faoi ag údair eile roimhe sin. Tagann an t-ainm eolaíoch ón fhocal Laidine *anas* a chiallaíonn lacha, agus is ó *kricka* an focal sa tSualainnis ar an éan, a thagann an t-ainm speicis. Meastar an t-ainm speicis ag Linnaeus a bheith onamataipéach, agus is aithris atá ann ar an ghuth ag an bhardal. Ciallaíonn *Anas crecca*, 'an lacha a dhéanann "cric"'. *Corhwyaden,* an lacha bheag, atá air sa Bhreatnais. *Laaghag* atá air sa Mhanainnis. *Crainn Lach, Lach Shithe, Stic an Deamhain* agus *Seadanach* atá ag muintir na hAlban air. Tugtar 'an Chrannlacha' air fosta agus bhaintí úsáid as 'Síolta' chomh maith againn, agus is tagairt don eitilt ghasta a chleachtann sí an t-ainm 'Praslacha'. Tá an t-ainm *Teal* le fáil sa Bhéarla ó bhí 1314 ann.

Is lacha shrúmála an phraslacha, ach chomh maith le bheith ag srúmáil, cuireann sé a cheann faoin uisce, agus fiú ó am go chéile tumann sé le bia a aimsiú. Itheann sé cuid mhór cineálacha bia, luifearnach chomh maith le cuiteogaí, feithidí agus inveirteabraigh eile.

Maireann an tréimhse phóraithe ó chríoch an Aibreáin go mbíonn mí Mheán an tSamhraidh ann. Itheann sí, agus is sa lá a dhéanann sí a cuid, inveirteabraigh uisciúla macasamhail crústach, chomh maith le cuiteogaí, seilidí agus larbhaí. De thairbhe go mbíonn sí ag brath ar chlábar leis an bhia a aimsiú bíonn air má thig oighreog ar an chósta taisteal le teacht ar áiteacha a bhíonn saor ó oighear. Is annamh a tharlaíonn a leithéid in Éirinn ach nuair a thiteann sé amach is cosúil go n-imíonn an lacha seo chuig an Spáinn agus an Fhrainc.

Sa gheimhreadh, is ag an chlapsholas nó san oíche a itheann sé agus is ábhar gráin a itear, ach chomh maith bíonn

ÉANLAITH IARTHUAISCEART THÍR CHONAILL

An Phraslacha Shamhraidh

Anas querquedula

An Carn Buí, Na Rosa, 5 Bealtaine 2018 (an bardal)

Is cuairteoir annamh an lacha fhaiteach neamhfheiceálach shrúmala seo atá roinnt bheag níos mó ná an phraslacha. Tchítear den chuid is mó in oirthear agus i ndeisceart na tíre é. Bíonn aird aige ar an bhogach agus ar an mhíodún tais. Bíonn sé abhus ó bhíonn mí Márta go mbíonn mí Mheán an Fhómhair ann. Tugann sé lár na hAfraice air féin don gheimhreadh. Nuair a thigtear air téann sé i bhfolach san fhásra.

Tá sé furast a aithint mar bíonn spéaclach leathan geal air. Bíonn an cliathán liath agus barraí ann agus an chuid eile den chorp donn. Bíonn an lacha donn mórán mar a bhíonn an lacha ag an phraslacha, paiste geal ar an mhuineál agus spéaclach geal níos lú ná cuid an bhardail uirthi. Is cosúil leis an lacha a bhíonn an t-aos óg.

Itheann sé míoltógaí, daoil, cineálacha eile mionin-veirteabraigh uisce, sóirt éagsúla féir, lustan, agus pórtha plandaí.

Is beag atá scríofa faoin éan seo in Éirinn. Luann Ussher i 1900 go bhfacthas é i ndeich gcontae ach níl Dún na nGall ar cheann acu, agus thug sé le fios go raibh cuid de na taifid agus gur beag eolas a bhí iontu.

aird ar fhéar, agus ar phór plandaí uisce.

Buaileann an lacha agus an bardal suas le chéile agus iad fós ar an tsuíomh geimhridh. A luaithe agus a chuireann an lacha tús le breith na n-uibheacha fágann na bardail na neadracha, ní ghlacann siad páirt sa ghor, ach cruinníonn siad ina n-ealtaí ar lochanna agus cuireann siad a gcleití. Tá sí tugtha don fhraoch mar áit dá nead. Maireann na lachain óga lena máthair tuairim agus mí.

Bíonn 'vác' mar ghuth ag an lacha agus is fead mar a bheadh píobaireacht ann a bhíonn ag an bhardal. Baintear feidhm as an fhead agus iad ar eiteog le cinntiú go bhfanann an scaoth i gcionn a chéile.

Measadh go mbíonn suas le 60,000 ar fáil in Éirinn le linn an gheimhridh. Bhíodh aird ar an lacha siocair gur creideadh gur fheoil sómasach a bhí inti.

Scríobhadh go raibh praslacha shamhraidh ar díol go húr ar mhargadh i mBaile Átha Cliath sa naoú haois déag agus de thairbhe go raibh sé úr go gcaithfidh gur maraíodh sa tír seo é. Scríobh an tÍosánach, P. G. Kennedy i 1961 go raibh 37 taifead de sa tír seo. Luann sé go raibh sé ar fáil gach mí ach amháin mí Mheán agus mí Dheireadh an Fhómhair.

Is go hannamh a phóraíonn siad in Éirinn agus ansin is ar linnte a mbíonn tréan fásra orthu a neadaíonn siad. Tá taifead dó ag neadú i 1959, agus luaitear i bhfoinse eile gur i gContae Loch Garman den chuid is mó a tharlaíonn an neadú ach go mbíonn áiteacha eile i gceist.

Murab ionann agus lachain eile is cuairteoir samhraidh atá ann. Tá an tír seo ar an teorainn thiar-thuaidh dá raon leathan Eoráiseach a shíneann soir chuig lár na hÁise. Fágann an líon iomlán a phóraíonn an ceantar inar chaith siad an geimhreadh ar imirce. Tagann tuairim agus 130 péire go Sasana agus is sa deisceart agus san oirthear a chuireann siad fúthu.

Carl Linnaeus (1707–1778) a rinne cur síos air i 1758. Tugtar *Thunnag houree* air sa Mhanainnis, *Lach Crann*, *Màrt Lach* agus *Lach Mhàirt* sa Ghàidhlig. *Hwyaden Addfan*, atá ag muintir na Breataine Bige air agus is an lacha chaol an t-aistriúchán. Scríobhtar go bhféadfadh gur tháinig an t-ainm Béarla, *Garganey*, ón fhocal Iodáilise ar an éan, *Garganello* agus gur macalla atá ansin ar an ghlór ghairgeach de nóta aonsiollach, a dtugtar *garg* air, ag an lacha. Tugtar *Spatula querquedula* mar ainm eolaíoch air. Ciallaíonn *Spatula* sponóg, agus is cineál lacha atá i gceist le *querquedula*.

Mar a tharlaíonn sé ní ghlaonn sé nuair a bhíonn sé abhus. Cuirtear síos ar an trup a dhéanann an bardal mar throp cnagarnach a chluintear nuair a bhíonn oighreog ag briseadh.

Baineann an chéad taifead den ainm i gcló i mBéarla le 1668. A bhuíochas sin do Chonrad Gesner (1516–1565), lia Eilbhéiseach a bhain úsáid as an ainm Iodálach sa tríú himleabhar dá *Historiae Animalium* a foilsíodh i 1555.

Níl deacracht aige éirí díreach ón uisce agus eitlíonn sé leis ag lúbadh. Bíonn fad 41 cm ann, leithead na n-eiteog ag 58–70 cm, agus meánn sé 300–440 g.

Fuarthas trí éan fásta ar cuireadh fáinní orthu san Ísiltír i mí Lúnasa an geimhreadh i dhiaidh a bhfáinniú, dhá cheann i mí na Samhna agus ceann i mí Eanáir sa tír seo.

Sa tréimhse ó 2008–2011 de réir na léarscáile dáilithe phóraigh roinnt in oirthuaisceart na tíre agus tá taifid déanta ar a thuilleadh a bhí sa taobh sin tíre agus nár phóraigh ach, san achar ama chéanna, níl aon chuntas ar a bhfeiceáil i gContae Dhún na nGall gan a bheith ag caint ar an lacha ag pórú sa chontae.

An Réabhóg Chladaigh

Anthus petrosus

Ligtear amach éillín amháin in aghaidh na bliana. Meánn an ubh thart ar 27 g agus is 2.16 g a bhíonn sa bhlaosc. Bíonn ó ocht go naoi n-ubh san ál. Is í an lacha a bhíonn i mbun an ghoir agus glacann sé tuairim agus coicís. Ó chúig go sé seachtaine a mhaireann an tréimhse chleitithe. Ó na taifid atá ar fáil bhí an lacha is sine a fuarthas le fáinne uirthi ceithre bliana déag go leith d'aois. Níor tháinig mé ar thaifead ar bith den éan seo ar cuireadh fáinne air in Éirinn.

Ní hábhar imní ó thaobh a lín de an lacha seo.

An Trá Gheal, Gaoth Dobhair, 31 Bealtaine 2020

Bíonn an t-éan le fáil go fairsing ar an chladach, agus is annamh a thigtear air istigh fán tír. Is in iarthar na tíre is líonmhaire é in áiteacha sceirdiúla go háirithe aillte an chósta agus na hoileáin gan fhoscadh.

Corrán Binne,
28 Bealtaine 2022

Cuardaíonn an réabhóg chladaigh feithidí agus inveartabraigh bheaga eile ar imeall na trá agus an chladaigh, ag rith leis, ach in amanna ceapann sé iad ar eiteog. Chomh maith leis sin itheann sé éisc bheaga, sliogáin bheaga, seilidí, drúchtíní, moilisc, crústaigh agus pórtha. Tiocfaidh tú orthu san áit a luíonn an fheamnach in uachtar na trá. Cuid den am nuair a bhíonn siad ag lorg bia téann sé isteach san fharraige agus í ag trá.

Coinníonn an coileach a dhúiche féin le linn an tséasúir phóraithe ach spréann siad amach i ndiaidh an phóraithe agus bíonn siad ar iarraidh ón trá ar feadh tamaill. Úsáideann an coileach a ghlór agus é ag tuirlingt chun talaimh beagnach go hingearach. Ní imíonn siad ina scaoth ach thig teacht ar roinnt acu i gcuideachta san áit a mbíonn raidhse bia.

De ghnáth tógtar an nead, a mbíonn déanamh cupa air, i spinc nó i bpoll ar aill in aice leis an chladach agus líontar é le féar tirim, corruair bíonn cleití á n-úsáid sa tógáil. Is í an chearc a thógann an nead. Beirtear na huibheacha, a mbíonn idir ceithre nó sé cinn ann le dath lag bán, agus iad breac liath nó donn ó bhíonn mall i mí Aibreáin agus is minic a bhíonn dhá éillín ann. Maireann tréimhse an ghoir ar feadh coicíse agus is í an chearc a bhíonn i mbun an ghoir. Bíonn corradh le coicís eile ann sula mbíonn na scallamáin in inmhe eitilte.

Póraíonn siad sa tír seo, sa Bhreatain, sa Bhriotáin, agus ó thuaidh uaidh sin go mbítear sna tíortha Lochlannacha. Is an cladach in iarthuaisceart na hEorpa mar sin a raon neadaithe. Ní chorraíonn na héanacha s'againn ón tír ach sna Críocha Lochlannacha má thig crua orthu sa gheimhreadh bogtar ó dheas.

Rud neamhghnách faoin choileach ná go bhféadfadh sé gabháil chuig dúiche taobh lena cheann féin le cuidiú leis an choileach ansin an ruaig a chur ar ionróir. Chan fhuil cuntas ar an chineál seo iompair ach amháin i measc luaineachán, *Uca annulipes*, de chuid na hAfraice.

Tá muintearas láidir idir an réabhóg chladaigh agus an réabhóg mhóna. Is dath murtallach liathológach a bhíonn ar an droim le stríoca dubha. Is dath liath a bhíonn ar na cleití seachtracha ar an ruball. Bíonn níos mó stríoca ar na héanacha óga seachas iad sin atá fásta.

Cha gcuireann an ghaoth ná an bhaisteach isteach ar an éan seo ach cha maith leis áit atá ró-nochtaithe.

Tagann an t-ainm eolaíoch ar an éan ón Laidin. Thug Plinias Mór (23–79 A.D.) *anthus,* ar éan beag a mhair ar thalamh féarach agus tagann an t-ainm speicis, *petrosus* a chiallaíonn creagach ón fhocal, *petrus* i. carraig. Is *Loirceag, Bigein, Gabhagan* agus *Boghag* atá air in Albain. Sa Bhreatain gairmtear *Corhedydd y Graig* nó uiseog bheag na carraige de, agus is *Fushag Varreyi* atá sa Mhanainnis air.

Tugtar an *Rock Pipit* air i mBéarla. Tugadh an t-ainm sin air in 1825. Thugtaí fosta an *Rock Lark* agus an *Sea Lark* air chomh maith. Bhíodh daoine den bharúil nuair a cuireadh suim sa dúlra an chéad uair gur cineál uiseogaí ab iad na réabhógaí. In iarthuaisceart Thír Chonaill tugtar 'an Réabhóg Mhór' ar an uiseog in áiteacha. Tá seans gur tharla sin siocair go mbíonn sé ar fáil i ndeas don mhachaire ar chúl na ndumhach, áit a mbíonn fáil ar an uiseog fosta.

Rinne Johann Mathäus Bechstein (1757–1822), nádúraí, éaneolaí agus coillteoir, scagadh ar na réabhógaí agus ar na huiseogaí sa bhliain 1795 le géineas úr, *Anthus* a bhunú ag na réabhógaí.

Cuireadh fáinní ar neart de na réabhógaí cladaigh ach níor tháinig aon fhianaise chun cinn go dtéann siad ar imirce uainn.

De ghnáth cha bhíonn an ghnáthóg ag an réabhóg chladaigh níos airde ná 100 méadar.

Tá fianaise ón tSualainn go dtig leis an réabhóg chladaigh mairstean suas le deich mbliana.

Rinne Ussher cur síos ar a ndáileadh ag tús na haoise seo caite agus an t-aon tagairt atá aige don cheantar faoi chaibidil anseo ná go bhfuair an t-ard-déaganach Cox ceann a scaoileadh in aice leis an Chlochán Liath i 1860 agus thug sé do Chumann Stair an Dúlra Bhaile Átha Cliath é. Bhí Michael Bell Cox, Sasanach, ina reachtaire ar pharóiste na nGleanntach ó 1856–1897.

Déanann éanacha creiche seilg air agus baineann an chuach úsáid as a nead.

An Réabhóg Mhóna

Anthus pratensis

An Carn Buí, Na Rosa, 13 Meán Fómhair 2020

Éanacha beaga na réabhógaí. Siúlann siad go gasta nó le sodar ar an talamh, iad le cosa caola agus ladhracha fada. Bíonn ruball dorcha orthu le taobhanna geala. Cha bhíonn cuircín orthu. Piocann siad a gcuid bia den talamh agus iad ag bogadh thart go héiginnte spadánta.

Bíonn an t-éan fairsing in áiteacha nach mbíonn dianfheirmeoireacht ar siúl. Bíonn sé ar an phortach agus ar bharr an chnoic agus idir eatarthu. Tagann a thuilleadh leis an gheimhreadh a chaitheamh abhus.

Uair amháin eile bhí an manadh seo ag Richard John Ussher ag scríobh i 1900, 'The only district where I have not observed it is in the country round Dungloe, so deficient in land-birds' (*The Birds of Ireland*, lch 40). Luaigh sé go mbíonn sé ar an chósta agus tá tagairt aige don éan a bheith ar Thoraigh. An t-aon tagairt a chonaic mé aige don oileán sin. Agus nuair a rinneadh tagairt dó a bheith ag lonnú ar Thoraigh i lár na haoise seo caite tugadh '*desolate Tory Island*' ar an áit (*The Birds of Ireland*, P. G. Kennedy. Robert F. Ruttledge, C. F. Scroope, lch 375).

Faoi lár an chéid seo caite scríobhadh go raibh titim ag teacht ar a líon le blianta beaga anuas i ngeall ar an laghdú ar thalamh féarach agus as siocair an mhéadaithe a tháinig ar an churaíocht, agus d'fhéadfadh go raibh sin amhlaidh de thairbhe na cogaíochta a bhí ar siúl idir 1939–1945 agus ordú éigeantach a theacht ón rialtas go raibh feirmeoirí le níos mó ná deich n-acra le barraí, cruithneacht den chuid is mó, a chur ar suas le 20% dá dtalamh curaíochta. Cúis eile a luaitear ná an fhalscaí a chleachtar in iarthar na tíre. Luadh chomh maith nach raibh sé ar iarraidh ón Chlochán Liath mar a bhí luaite ag Ussher.

Baineann sé úsáid as toir, sceacha, sconsaí agus sreangáin leictreachais le faire amach do lucht a ionsaithe. Ceolann siad agus iad ar eiteog i mbun taispeántais. Thig siad go talamh leis an ruball agus na heiteogaí spréite.

Itheann sé feithidí agus inveirteabraigh eile den chuid is mó, a mbunús níos lú ná cúig mhilliméadar ar fhad. Chomh maith leis sin, go háirithe sa gheimhreadh, itheann sé pórtha ag fraoch, feagacha, féir, cíb agus fraocháin.

Is ón Laidin a thagann an t-ainm eolaíoch. Tugtar *anthus* mar ainm ar éan beag a bhíonn ar thalamh féarach. Is ón Laidin fosta don ainm speicis, *pratensis*, a chiallaíonn 'de na miodúin'. Tagann *pratensis* ón fhocal *pratum* a chiallaíonn 'cluain'. Tugtar *Billy yn Tweet* agus *Ushag ny Lheeanagyn* air sa Mhanainnis. *Corhedydd y Waun* atá air sa Bhreatnais agus ciallaíonn sé uiseog bheag na miodún. Is *Snàthadag*, *Gocan Cuthaige* agus *Gocaman* atá ag muintir na hAlban air.

Is iomaí ainm ar an éan seo. Baineann a mbunús leis an chaidreamh a bhíonn aige leis an chuach. Tugtar 'Éan na Cuaiche', 'Banaltra na Cuaiche', 'Píobaire na Cuaiche', agus 'Giolla na Cuaiche' air, agus tá 'an Réabhóg Bheag' mar ainm air fosta. Meastar go mbaineann an chuach úsáid as an chúigiú cuid dá gcuid seada dá hubh. Tchítear an chuach sa cheantar anseo agus an réabhóg mhóna chor a bheith i dtólamh á leanstan.

Meastar an t-ainm géinis a úsáidtear i mBéarla, *Pipit*, a chéad bhreac Thomas Pennant (1726–1798) i 1768, a bheith onamataipéach, agus gur aithris atá ann ar ghuth an éin. Thug Ussher le fios go raibh ceol ag an chearc chomh maith leis an choileach.

Thugtaí *Chit Lark* air fosta. Bhíodh sé á mheascadh leis an uiseog i ngeall ar chomh beag agus atá sé agus an dá chineál éin a bheith cosúil le chéile.

Má shiúlann tú ar an chaorán tá claonadh iontu éirí sa spéir os do chionn agus tú a choimeád go bhfágann tú dúiche s'acu. Bíonn an meirliún ag brath go mór orthu mar bhia, agus ní hamháin eisean ach tógann an féach dubh agus an fabhcún gorm iad chomh maith.

Cuireann sé tús lena chuid ceoil sna Faoilligh agus críochnaíonn sé roimh dheireadh mhí Iúil. Bíonn sé le cluinstean nuair a bhíonn siocán ar an talamh, ach ní cheolann sé ar an talamh.

Bíonn éanacha a bhíonn ag pórú in Éirinn agus in iarthar na hAlban iarracht níos dorcha ina ndath seachas na héanacha

i gceantair eile. Tugtar aitheantas dóibh mar fhospeiceas, *Anthus pratensis whistleri*.

Ba phóilín agus éaneolaí Sasanach, Hugh Whistler (1889–1943). Scríobh sé an chéad treoirleabhar páirce ar éanlaith na hIndia. Lena chois thug sé cuntais ar roinnt éanacha, an réabhóg mhóna in iarthar na hAlban agus in Éirinn ar cheann acu.

Gidh go bhfuil cuma leochaileach fhíneálta orthu tá siad daingean láidir agus seasann siad an fód in éadan na doininne.

Ciall eile atá ag an fhocal 'riabhóg', ná 'iomaire' i gcúrsaí treafa.

An Rí Rua

Fringilla coelebs

Gleann Bheatha, 17 Bealtaine 2016 (an coileach)

Feictear an rí rua ar fud na tíre agus ní bhíonn ganntanas ann. Fiú Tír Chonaill, áit ar maíodh ag tús an chéid seo chuaigh thart gur beag éan coille a bhí ann, bhí teacht ar an éan seo sa limistéir Chonallach. Ag an am chéanna bhí fainic ann, ní raibh sé ag pórú fá cheantar an Chlocháin Leith. Sna tuairiscí seo faoi éanacha in iarthuaisceart Tír Chonaill chan fhaca mé riamh tagairt ar bith do cheantar Chloich Chionnaola ná Gaoth Dobhair. Tá sé níos suimiúla nuair a chuimhníonn muid go raibh teach ósta i nGaoth Dobhair a bhí ag freastal ar chineál áirithe daoine, macasamhail na ndaoine de réir a gcuid sloinnte a bhí ag cur tuairiscí ar fail faoi na héanacha a chastaí orthu ina gcuid camsiúlta nó ar a gcuid talaimh.

Tá sé ar cheann de na héanacha is coitianta sa gharradh, agus i mo thaithí is é is fairsinge. Tagann roinnt imirceach chugainn sa gheimhreadh. Bíonn sé maith i mbun an cheoil, le glór ard le nóta i ndiaidh an nóta agus críochnaíonn an canadh le fead. Meallann an coileach an chearc lena ghlór, de réir na n-údarás, ach cá bhfios nach bhfuil baint ag na dathanna spleodaracha leis an scéal. Ag am amháin bhí sé ina ghnás coitianta go gcoinnítí an rí rua i gcás ar mhaithe lena cheol.

Tá sé ina dhéanamh ina éan simplí agus ina ghlasán bunúsach le gob cónúil uilefheidhmiúil. Níl forbairt ar an ghob le go mbeadh sé ag brath ar chineál áirithe póir phlandaí ach gach aon chineál á ithe aige. Den chuid is mó piocann sé an síol den talamh. Modh éifeachtach simplí sin agus cha bhíonn sainghob de dhíth air, agus ar an ábhar sin tá sé ar cheann de na héanacha is fairsinge a itheann síolta.

Nuair a bhíonn sé ag cothú na ngearrcach athraíonn sé go hiomlán ó bheith ag ithe pórtha chuig feithidí a ghabháil. Chan amháin sin ach thig leis na feithidí a cheapadh agus é ar eiteog. Buntáiste a bhaineann le hithe na bhfeithidí ná an méid próitéine a sholáthraíonn siad agus a chuirtear ar fáil do na scallamáin sa nead. Tugtar an t-athrach seo mar mhíniú ar an tséasúr póraithe a bheith níos giorra aige ná na speicis eile glasán. Mar sin is i lár an tsamhraidh nuair is fairsinge feithidí a phóraíonn sé. Buntáiste eile a bhaineann le feithidí amháin a bheith mar bhia ag na gearrcaigh ná nach mbíonn ceantar mór de dhíth nó bíonn na feithidí líonmhar sna coillte. Déantar an dúiche a chosaint go fíochmhar agus tá sin níos fusa nuair nach mbíonn sé mór. Chomh maith leis sin bíonn ceol ar leith ag an éan a chinntíonn go mbíonn coiligh a bheadh in iomaíocht leis cinnte dá cheantar. Ní thógann siad neadracha ag taobh a chéile agus ní imíonn siad ina scaoth le linn shéasúr an phóraithe.

San earrach éiríonn an dath ar na cleití ag an choileach níos lonraí agus déantar sin gan na cleití a chur. Tarlaíonn seo mar go mbíonn na cleití a thig chun cinn de bharr cur na gcleití ag deireadh an tsamhraidh murtallach ag a mbarr agus níos ildaite ag a mbun. De réir mar a chaitear na cleití sa gheimhreadh thig na dathanna beo chun cinn díreach in am do thaispeántais réamhchúplála an earraigh.

Is é *fringilla* an focal Laidine atá ar 'glasán'. Ciallaíonn *caelebs* gan a bheith pósta nó díomhaoin. Thug Carl Linnaeus (1707–1778) faoi deara sa gheimhreadh sa tSualainn nár imigh ó dheas

Gleann Bheatha,
5 Meitheamh 2016 (an chearc)

fríd an Bheilg le lonnú san Iodáil ach an chearc. Tugtar *Corkan Keylley* agus *Ushag y Choau* air sa Mhanainnis, agus is *Ji-binc*, focal onamataipéach, atá air sa Bhreatnais. In Albain is *Breacan Beithe*, *Bricean Beithe* agus *Breacaidh Beithe* atá air. Tá 'Bricín Beatha' agus 'Gealún Cátha' againn féin. Is sean-tuiseal ginideach ar 'beith' an focal 'beatha'.

Tagann an t-ainm Béarla, *Chaffinch* ó '*chaff*' a chiallaíonn 'cáithleach' agus '*finch*' ar a dtugann sinn 'glasán'. Tagann an t-ainm Béarla '*finch*' ón trup, a fhuaimníonn mar 'finc', ag an ghlasán. Siar amach a théann an t-ainm Béarla nó bhíodh an t-éan ag tarraingt ar an áit a bhuailtí grán nó san iothlann agus sa scioból ag lorg a choda. Rinne an nádúraí Sasanach, William Turner (1509–1568), cur síos ar an éan i leabhar ar éanacha a bhreac sé agus a foilsíodh i 1544 as Laidin.

Meastar go bhfuil níos mó ná ochtó cúig mhilliún rí rua san Eoraip ag am ar bith.

Thig leis an chearc agus leis an choileach na cleití ar a mbaithis a thógáil roinnt le go mbíonn cuircín beag ann.

San fhómhar agus sa gheimhreadh cruinníonn siad ina scaotha móra. Sa chuid ó thuaidh dá raon bogann cuid acu ó dheas agus in áiteacha eile fágann siad na coillte le cur fúthu ar thalamh feirme. Cuidíonn a chulaith leis nuair a bhíonn sé ag déanamh a choda ar an talamh, ach nuair a bhíonn sé ag eitilt tchítear na paistí bána ar na heiteogaí agus ar chleití seachtracha an rubaill.

Coinnítear an rí rua mar pheata i roinnt tíortha Eorpacha go dtí an lá inniu.

Sa liosta ag P. G. Kennedy a foilsíodh i 1961 luann sé cúig chineál rí rua agus ina measc tá an rí rua Éireannach ach ní fhaca mé aon tagairt eile don éan seo.

An Roithleach

Haematopus ostralegus

Machaire Uí Rabhartaigh,
5 Feabhra 2018

Chan fhuil sé doiligh an roithleach a aithint ach a ghob dearg agus a chosa bándearga a fheiceáil. Bíonn iarracht bheag de scamall ar na trí ladhar aige. Measann daoine cuma dheas a bheith air.

Bíonn an roithleach fairsing ar chósta uilig na tíre agus bíonn sé le feiceáil isteach fán tír fosta.

Sa gheimhreadh bíonn dúchain mhóra dóibh le feiceáil ar an bhlár láibe agus tchítear neart acu in amanna ar an bhogach.

Bíonn siad trí bliana d'aois sula bpóraíonn siad.

Chreidtí gur tháinig a ghlór chuig an roithleach nuair a chaill sé an snámh agus d'insítí gurbh é an rud a bhí sé ag rá, 'Crág ort!, crág ort!' An 'crág' canta go hard, agus an 'ort' go híseal.

Bhí sé ag muintir Thoraí, go raibh bainis ag an éanlaith ar Inis Dúiche, agus cuireadh ar gach aon éan a raibh snámh aige a theacht chun na bainise. Cha raibh snámh ag an fhaoileog. Bhí cuireadh ag an roithleach, ach bhí sé faiteach agus cha raibh aird aige ar a ghabháil chun an fhéasta. D'iarr an fhaoileog iasacht an tsnámha air. Bhéarfadh an roithleach iasacht an tsnámha don fhaoileog ach é a fháil ar ais i ndiaidh na bainise. Nuair a d'iarr an roithleach an snámh ar ais, dhiúltaigh an fhaoileog dó. Is é atá i gceist gan rud a thabhairt ar iasacht nó tá an chontúirt ann nach dtabharfar ar ais duit é.

Mar mhalairt ar an tsnámh, chreidtí, gur thug an fhaoileog an fhead s'aige ag an roithleach. Bhí sé lena fháil ar ais nuair a thabharfaí an snámh ar ais don roithleach, ach char tharla sin. Deirtear i dToraigh go mbíonn an fhaoileog ag coimheád ar an roithleach ag gabháil thart ag baint na sliogán de na carraigeacha ag féacháil leis an dé a choinneáil ann.

Ag éirí as an scéal sin, tá an seanfhocal ann a deir: malairt an roithligh don fhaoileog, malairt nach bhfaightear a choíche.

Tagann an t-ainm géinis, *Haematopus* ón Ghréigis, *haima* αἷμα, a chiallaíonn, 'fuil' agus *pous* πούς a bhfuil an chiall 'troigh' leis. Tagann an dara cuid den ainm, *ostrea* a chiallaíonn 'oisre' agus *legere* a chiallaíonn ag piocadh nó ag cruinniú ón Laidin. Is *Bridjeen* agus *Garee Breck* atá air sa Mhanainnis. *Pioden y Môr*, píobaire breac na mara, atá air sa Bhreatnais. Tá *Gille Bhride, Bridean, Gobaidh*, agus *Uiseag na Tràighe* sa Ghàidhlig, Tá an nath *Cho luath ri brid-eun san tràigh* in Albain acu. Tá nasc idir Bríd Chill Dara agus an roithleach i seanchas na hAlban. Tugtar *Moire nan Gàidheal* ar Bhríd mar atá in Éirinn agus tá áiteacha go leor in Albain a bhfuil Cill Bhrìghde orthu.

Bhí Bríd ag teitheadh, de réir an scéil, ó bhaicle ruagairí a raibh sé mar rún acu í a mharú. Bhí sí ina haonar agus tháinig sí chuig trá nach raibh áit ar bith ann le gabháil i bhfolach. Shíl sí go raibh an bás aici agus thug sí buíochas do Dhia as a beatha. Sular bhain na bithiúnaigh an trá amach chonaic na roithligh a bhí ar an trá í agus thuig siad go raibh sí san fhaopach. Chlúdaigh siad le feamnach í, á cur i bhfolach agus ag tabhairt tarrthála uirthi dá bharr. Thug sí a beannacht do na roithligh agus ón lá sin i leith tugtar *brìd eun* nó *gille bríde* ar an éan. Mheasfainn go raibh mórán an traidisiún céanna ar Oileán Mhanann ag brath ar an ainm.

Tugtar *Oystercatcher* air i mBéarla. Tá ar a chumas oisrí a oscailt ach chan cuid tábhacht dá n-itheann sé na hoisrí céanna. Is beag lapaire eile a bhfuil an ealaín seo foscailt oisrí aige.

Bíonn éanacha le gob agus é leathan ag a bharr. Fosclaíonn siad sliogáin ag brú an dá thaobh óna chéile nó á mbualadh lena mbriseadh. Ar an láimh eile, tá roithligh ann agus gob géar orthu. Baintear feidhm as an ghob ghéar le cuiteogaí a thocailt. Foghlaimíonn siad óna dtuismitheoirí an dóigh lena ngob a úsáid. Seans san am a chuaigh thart gur caitheadh an gob leathan i ngeall ar an obair a dhéanadh sé agus gur ar an dóigh sin a tháinig an gob géar chun tosaigh.

Scéal eile a insítear in Albain ná go raibh roithleach ag gabháil leis ar an trá nuair a tháinig sé ar bhairneach a bhí ar charraig, ag 'ól na gréine', mar a deirtear, agus rinne sé iarracht an sliogán a bhaint den chreag. Ghreamaigh an bairneach cos an roithligh in éadan na cloiche agus ceapadh gob an éin faoin tsliogán rud a thug a bhás nó bádh é agus de réir an scéil agus é á bhá scairt sé: 'bí glic, bí glic', lena chomrádaithe. Agus go dtí an lá inniu is 'bí glic, bí glic' guth an éin.

Tá an guth ag an roithleach ar an cheann is callánaí ag lapaire. Bíonn saolré fhada acu, agus tá taifead ann do cheann a shlánaigh cúig bliana déag agus fiche.

Tá gob s'acu as miosúr láidir nó thig leo bairneach a bhaint de charraig nó an bhlaosc ar shliogán dubh a fhoscailt.

An Rúcach

Corvus frugilegus

Dún Fionnachaidh,
26 Lúnasa 2017

Bheireann bunús na ndaoine 'an Préachán' ar an éan seo, ach is ball d'fhine an phréacháin é agus chan fhuil éan ar leith ann a bhfuil an préachán mar ainm air. Bíonn cuma ghreannmhar ar an dóigh a shiúlann sé agus ar na cosa leis na cleití mosacha. Bíonn an aghaidh geal agus chóir a bheith nocht. Mar phréachán bíonn an gob caol agus níos bioraí na an chuid eile den fhine. Dubh snasta a bhíonn an cluimhreach.

Itheann an rúcach an-chuid rudaí, ina measc bíonn feithidí agus cuiteogaí, go háirithe, ach itheann siad larbhaí agus pórtha fosta, mar sin féin is mó an leas a dhéanann siad seachas an dochar, ach tá daoine a mheasann gur a mhalairt de scéal atá ann nó itheann siad pór atá curtha go húr agus tógann siad péisteanna talaimh a dhéanann leas na créafóige. Meastar é a bheith rí-chríonna.

As siocair go mbíonn crainn arda de dhíth dona gcuid neadracha is Baile Chonaill an áit is faide siar a thig siad in iarthar Thír Chonaill. Bíonn siad ina gcónaí san áit a mbíonn an duine mar is maith leo an talamh méith a mbíonn an fheirmeoireacht ar siúl air, agus a bhfásann na crainn láidre air.

Chreidtí i dTír Chonaill dá mbeadh an rúcach ag eitilt i ndeas don talamh, ag scairtigh go hard agus cuma dhearóil air, gur chiallaigh sé go raibh stoirm ar a bealach. Dá bhfeicfí iad le heiteog amháin dírithe ar an talamh, ba chomhartha fearthainne a bhí ann.

Tugann an rúcach taispeántais mhórthaibhseacha eitilte le linn stoirmeacha an fhómhair agus meastar go mbaineann siad spraoi as na seónna seo.

Tá muid cleachtaithe lena nead a fheiceáil go minic, í ard i gcrainn a bhíonn i ndeas do thithe cónaithe. Tugtar fair préachán ar na cóilíneachtaí de na neadacha.

Má thiteann scallamán féich duibh, rúcaigh nó cáig den nead thig a dtógáil mar pheata. Is éanacha cliste iad agus éiríonn siad cleachtaithe le ceansú taobh istigh d'achar gairid.

Is é Carl Linnaeus (1707–1778) a thug an t-ainm déthéarmach, *Corvus frugilegus* don éan. Is ionann *corvus* sa Laidin agus 'an féach dubh', agus ciallaíonn

frugilegus sa teanga chéanna a bheith ag 'cruinniú bia'. Tagann an focal ó *frux*, toradh agus *legere*, ag piocadh. *Trogh* agus *Troghan doo* atá air sa Mhanainnis, agus tugann muintir na Breataine Bige *Ydfran* air, agus an chiall, préachán an arbhair leis. *Ròcas* agus *Ròcaideach* atá in Albain air. Maítear go dtagann an t-ainm Béarla *Rook* ón trup a ghníonn an t-éan. Síltear gur i bhfad siar chuig an tSean-Bhéarla a théann an t-ainm agus gur *rōk* a bhí air anallód. Tugtar 'an Préachán Dubh' ar an éan chomh maith.

Tá roinnt fianaise ann a thugann le fios go dtig leis an rúcach, chomh maith le cúpla cineál eile éan, nuair a bhíonn siad ceaptha ag an duine, agus go n-éiríonn fadhb, feidhm a bhaint as acraí, mar chipíní mar shampla, leis na deacrachtaí a shárú.

Cha raibh meas madaidh ar rúcaigh as siocair go scroblálann siad splíonach, agus feoil an duine ina measc. Is annamh a tharlaíonn a leithéid inniu.

D'fhág an gnás sin acu go mbíodh daoine á seilg i gcónaí. Ní cosúil gur laghdaigh a líon dá bharr.

Anallód, dealraíonn sé go raibh deacracht ag na Gréagaigh agus ag na Rómhánaigh na coirbhidigh a aithint óna chéile. Tugann muintir na hAlban *cnàimheach* ar choirbhideach.

Ní théann siad ar imirce ach mall sa tsamhradh tagann grúpaí beaga de theaghlaigh i gcionn a chéile go mbíonn mórscaotha ann. Tá claonadh sna héanacha óga leathnú amach agus cuireann siad suas le céad ciliméadar díobh ag imeacht ón áit inar rugadh iad agus bíonn cuid acu a bhíonn mar chuid d'ealta nach mbíonn ann ach éanacha óga.

Is millteanach an trup a bhíonn thart ar na neadacha a thógtar go hard i gcrainn atá ard iad féin agus le linn an lae bíonn na héanacha ag eitilt isteach agus amach agus thart ar na crainn. Den chuid is mó bíonn níos lú ná cúig shead agus fiche i bhfair. Thig go mbíonn siad i gcuideachta i rith a saoil agus pilleann siad bliain i ndiaidh bliana ar an fhair chéanna. In amanna baineann siad feidhm as sean-nead s'acu.

Bíonn tús an earraigh ann nuair a bheirtear na huibheacha. Nuair a thig na gearrcaigh téann an coileach ag lorg bia, d'fhéad sin a bheith fada go leor ar shiúl agus imíonn an saothar seo tionchar ar a chorp le go mbeadh meáchan caillte aige nuair a bheidh na héanacha óga réidh le cur ar a son féin.

Fanann na scallamáin leis na tuismitheoirí ar feadh cúpla seachtain ar fhair i ndeas don choilíneacht.

An Saidhbhéar

Rissa tridactyla

An Trá Gheal, Gaoth Dobhair, 8 Iúil 2020

Faoileog ar mheánmhéid atá sa tsaidhbhéar, cuma 'phléisiúrtha' air agus an eitilt 'grástúil' maítear, muna bhfuil an dearcadh sin antrapamorfach, nó d'fhéadfadh go bhfuil an dearcadh ann mar nach faoileog scroblála an t-éan seo. De na faoileogaí is é is líonmhaire ar domhan. Bíonn cosa gairideacha faoi agus bíonn sé amscaí ar an talamh. Sa tsamhradh is mó a bhíonn sé fán chósta, gidh go dtugtar cuairt sa gheimhreadh, ach cha dtéann sé isteach faoin tír mórán. Tá difir idir é agus na faoileogaí a mbíonn muid cleachtaithe leo agus a bhíonn thart ar an trá mar chaitheann sé cuid mhór dá chuid ama ar an fharraige. Tá sé ar dhóigh cosúil leis an fhaoileog bhán ach bíonn triantán dorcha ar bharr na heiteoige, agus is dubh a bhíonn na cosa gairideacha a bhíonn faoi. Is buí a bhíonn an gob agus nuair a osclaítear é is dath oráiste a bhíonn ar an mhéan.

Le lustan a dhéantar an nead ar laftán ar aillte géara, na héanacha dlúth le chéile, agus gan spás ar bith ar fáil nó d'fhéadfadh na mílte acu a bheith ar an láthair póraithe. Is ag am póraithe a thagann an saidhbhéar chun an talaimh agus den chuid is mó caitear an geimhreadh ar an fharraige i bhfad ó thír mór, le linn doininne go fiú, agus de na faoileogaí is é is aigéanaí.

Itheann siad éisc bheaga agus bia ar bith eile a thig a aimsiú deas de bharr na mara ag tumadh go héadrom, agus itheann siad miodamas a chaitear ó thrálaeirí.

Tagann na héanacha a bhíonn ag pórú chun an talaimh i dtrátha an Mhárta agus fágann siad arís i mí Lúnasa, ach go dtiocfadh le héan fánach a bheith go fóill fán chósta i mí Mheán an Fhómhair nó mí Dheireadh an Fhómhair. Bíonn siad lánfhásta ag dhá bhliain d'aois. Meastar go mbíonn suas le 50,000 péire in Éirinn. Mhéadaigh ar a líon ó bhí lár na fichiú haoise ann as siocair nach raibh daoine ag baint dóibh ar mhaithe le bia agus a gcleití agus gur stadadh de bheith á scaoileadh, ní a chleachtaítí go fairsing le linn na naoú haoise déag. Mar sin féin thit a líon i dTír Chonaill de leath idir 1969–70 agus 1998–2002. D'fhéadfadh go bhfuil baint ag an laghdú a tháinig ar an iascaireacht tráchtála nó easpa foinsí fóirsteanacha bia leis an laghdú.

Sa tsamhradh cruinníonn scaoth d'éanacha nach mbíonn ag pórú thart ar thránna nó

ar chladaigh. Sa ghrianghraf anseo is éan aonair a bhí ann. Chuir mé sonrú ann i ngeall ar an drochstaid ina raibh na cleití. Tá a ndath as miosúr éadrom, as siocair mínormáltachta géinití, seans, agus de bharr an laghdaithe sa lí tá laige iontu. Is é is dorcha a bhíonn cleití is láidre a bhíonn siad, agus sin an fáth a mbíonn barr dubh ar eiteogaí ag éanacha geala nó meathbhána nó is barr na n-eiteogaí is mó a chaitear. B'fhéidir go dtiocfadh biseach ar na cleití an chéad uair eile a bheidh sé sa chleitheach.

Bíonn barra dubh ar an ruball ag an éan óg agus bíonn iarracht bheag ar ghabhailín ann, agus bíonn spota dubh ar chúl na súile chomh maith. Bíonn banda dubh ar an bhaic ach imíonn sé roimh an chéad samhradh aige. Fán am a bhíonn sé dhá bhliain d'aois bíonn an chulaith chéanna air agus a bhíonn ar an éan fásta. Beidh sé trí bliana d'aois sula dtosóidh sé a phórú.

Tá polláire le feiceáil go soiléir sa mhandabal uachtarach agus bíonn seo ar fáil i bhfaoileogaí, ach tá cuma air anseo go bhfuil sé níos mó ná mar a bhíonn de ghnáth, ligeann na polláirí seo don éan análú nuair a bhíonn an gob druidte.

Scríobhadh ag tús an chéid seo chuaigh thart gur ar Chorrán Binne a bhí ceann de na cóilíneachtaí ba mó in Éirinn agus gur chuir na héanacha fúthu fad na mílte ar na haillte agus iad dhá chéad troigh os cionn na farraige.

Ba ar an Tor Mhór, gallán ábhalmhór amach ón 'leithinis iartharach', an áit a raibh an dara cóilíneacht ba mhó. Leathchéad bliain níos moille bhí siad fós ar an Tor Mhór, gallán nach bhféadfaí a dhreapadh agus bhí siad ar fud fad na n-aillte i gCorrán Binne.

Tagann an t-ainm *Rissa* ón ainm ar an éan san Íoslainnis. Is ionann *tridactyla* agus trí mhéar. *Pirragh Pirree* atá sa Mhanainnis air. Tá an t-ainm *Kittiwake* sa Bhéarla ó bhí 1661 ann agus táthar den bharúil gur tháinig sé chun cinn in Albain. Tá sé suimiúil go bhfuil trí ainm air sa Bhreatnais, *Gwylan Goesddu*, faoileog chosdhubh; *Gwylan Gernyw*, faoileog Chornach agus *Gwylan Dribys*, faoileog thrí ladhar. Tá *Seagair, Ruideag Dhubh Chasach, Tarrach* air sa Ghàidhlig, agus tugtar *faireagach* ar áit ina mbíonn moll saidhbhéar.

Bhí uair ann agus cheaptaí an saidhbhéar ar mhaithe lena chuid feola agus thógtaí na huibheacha fosta. Ar cheann de na háiteacha a ndéantaí slad orthu bhí Creag Ealasaid a chastaí ar Chonallaigh agus iad ag déanamh ar Abhainn Chluaidh ar bhád Ghlaschú.

Bhí éileamh sa naoú céad déag ag tionscal na haitéireachta ar chraicinn an tsaidhbhéir mar mhaithe le hataí ban.

Is ainm de chuid Chonamara 'Saidhbhéar' agus is cosúil nár thug Conallaigh suntas don éan seachas é a bheith mar fhaoileog acu. Ní heol ach an oiread go bhfuil béaloideas ar leith ag baint leis.

An tSaotharcóg

Vanellus vanellus

Machaire Gathlán, Gaoth Dobhair, 21 Aibreán 2016

Meastar an tsaotharcóg a bheith ar an fheadóg is deise atá againn. Mar a tharla le héanacha eile a phóraíonn ar an talamh in Éirinn tháinig laghdú mór ar an líon a neadaíonn. Thaispeáin an tAtlas Éin gur thit an raon neadaithe ag an éan de 53% le dhá scór bliain anuas, agus ar Chalaí ar an tSionainn thit a líon 80% i dtréimhse deich mbliana. I ngeall air sin tá an t-éan ar an liosta d'éanacha ar ábhar imní a gcaomhnú in Éirinn agus bhí sé mar thosaíocht caomhnaithe i gCreathlach Ghníomhaíochta Tosaíochta an rialtais idir 2014 agus 2020. Déantar suirbhé náisiúnta bliantúil ar an tsaotharcóg ag pórú. Cuireadh tús leis i 2019 ag Cairde Éanlaith Éireann le tacaíocht airgid ón Roinn Talamhaíochta, Bia agus Mara.

Chomh maith leis sin caitheadh €100,000 le blianta anuas ar an Chlár Rialaithe Creachadóirí, faoina dtugtar cosaint don traonach agus do dhá éan eile, an tsaotharcóg agus an lóma rua, ar chreachadóirí éagsúla iad.

Cha dóiche ná a mhalairt ach duine cuairt a thabhairt ar Ghaoth Dobhair i dTír Chonaill ná bhéarfaidh siad rás go Machaire Gathlán nó is ann atá an galfchúrsa, na páirceanna peile, an clubtheach ag an Chumann Lúchleas Gael, reilig na paróiste, dhá ché, machaire mara a mbíonn an pobal agus cuairteoirí i mbun siúil ann agus anois, tearmann ag an tsaotharcóg.

Téann sé ar imirce i gcuid mhór dá raon Eor-Shibhéarach ach

Machaire Gathlán, Gaoth Dobhair, 20 Iúil 2019 (éan óg)

amháin in iarthar na hEorpa. Ní bhíonn fáil ar an éan i Machaire Gathlán sa gheimhreadh, ach tháinig mé air ar an talamh feirme atá in aice le páirc na peile i nDún Fionnachaidh agus sneachta ar an talamh. I 2022 phill sé níos luaithe ná mar is gnách ar Ghaoth Dobhair, bhí mí Eanáir ann nuair a chonacthas é ar ais i Machaire Gathlán. Ní fios nach bhfuil baint ag an aimsir a bheith níos teo sa gheimhreadh le blianta beaga anuas é a bheith abhus tamaillín i ndiaidh na bliana úire.

Tugtar *Vanellus vanellus* go heolaíoch ar an éan, agus tá an t-ainm 'Pilipín' fairsing sa Ghaeilge. Rinne Pádraig Archer (1866–1949) taifead ar an fhocal 'Filibín' i gcnuasach d'fhocail Ghaeilge ó Fhine Gall i dtuaisceart Chontae Bhaile Átha Cliath.

Tagann an t-ainm ar an ghéineas *Vanellus* ón Mheán-Laidin agus meastar go dtig sé ó *vannus*, gléas caite. Tugann muintir na Breataine Bige *Cornchwiglen* air agus ciallaíonn sé an t-éan leis an ghlór ghéar cósúil le stoc. Tá *Cairkan* air sa Mhanainnis. Agus baineann muintir na hAlban feidhm as *Curracag Sadharcan, Adharcan Luachrach, Feadog Riascach,* agus is *Faireagach* atá ar áit a mbíonn neart de na héanacha. Scríobh Eoghann MacDhòmhnaill (1864–1939), i. Edward Dwelly an fhoclóra, go raibh an t-ainm *Curracag* á úsáid i ngeall ar an dá chleite a shíneann amach as cúl chinn an éin agus atá cosúil le bearád a chaitheadh mná sa tseanam.

Tugtar 'an Saotharcán', 'an tSaorcóg' agus 'an tSadharcóg' ar an éan chomh maith, agus is é 'an Pilibín' nó 'an Pilibín Míog' a bhíonn air go coitianta sa chaint agus sna leabharthaí. Thiocfadh go bhfuil baint ag an ainm leis an fhocal, 'saothar', ach níl an chúis soiléir. Bhí an focal *lappeen* á úsáid i mBéarla Thír Chonaill.

Tugtar 'cleas an philibín' ar iarracht ag duine dallamullóg a chur ar dhuine ag éirí as an nós atá ag an tsaotharcóg ligint uirthi féin go bhfuil sí leonta agus í ag imeacht ón tsead le creachadóirí a tharraing ar shiúl ón nead agus ansin éalaíonn sí ar eiteog.

Bíonn an nead ar thalamh curaíochta nó san áit a mbíonn fásra gairid mar an machaire. Scríobtar an talamh don tsead agus bíonn idir trí agus ceithre ubh ann. Déantar cosaint go fórsúil ar an nead agus na gearrcaigh.

Dúradh liom go raibh sé mar ghnás ag na gasúraí ag éirí aníos thart ar Mhachaire Gathlán sna caogaidí den aois seo chuaigh thart cuardach a dhéanamh ar na neadracha ag an tsaotharcóg. Bhíodh clocha bána fán mhachaire agus chuireadh siad cloch gheal síos ag taobh na níde ag maíomh gur acu an nead sin agus an té a cuireadh an líon is mó cloch síos bhíodh sé ina churadh. Dúradh liom fosta nár goideadh uibheacha ach munar tharla sé i Machaire Gathlán bhí áiteacha go leor ar tharla sé iontu.

Bhreac Seán Ó hEochaidh, bailitheoir béaloidis, cuntas fán tsaotharcóg. Fuair sé a chuid eolais ó Sheán Ó Cuinneagáin, Na Colbhaí, Teileann:

Seo éan nach bhfeictear mórán ins a' cheanntar seo (Teilionn) go dtigidh cruaitean an Gheimhridh agus an Earraigh. Éiríonn sé breagh dána ansin thart fá na dorsa, go spéisialta nuair a thig an siocán agus an sneachta.

Ní dhéan siad na neadracha héin ins an taoibh seo de'n tír. Mar adeirim, ní fheictear iad ach nuair atá an cruaitean ceart ann, agus chomh cinnte is a tchíthear iad, bíonn fhias ag 'ach uile dhuine go bhfuil sioc nó sneachta ar an bhealach, agus go dtiocfaidh tamall de aimsir chruaidh.

A' piocadh fá na miodúin a bhí siad i gcomhnaí. Éanacha dána iad, agus ní bhogann siad go dtéighidh daoine comhgarach go maith daofa. Nuair a thig an sneachta, thig siad isteach go ceap an dorais ag daoine anseo, agus piocann siad pracar ar bith a chaitear amach ag na dorsa.

Tá na pilibíní maith i gceart le hithe, agus marbhfar mórán acu i n-am siocáin. Marbhann an siocán héin mórán acu, agus is minic a chonaic mé chomh hárd le duisin acu siocaithe ar an mhachaire ins a' Gheimhreadh. Ach dálta 'ach uile sheórt eile, stad an siocan mór a bhiodh ann, agus níl oiread de na pilibíní héin le feiceáil anois agus a bhí sa tsean-am.

Tá scread bheag, ghiortach, ghéar, ag an pilipín a bíos truaghcanta go maith nuair a bíos an cruaitean ceart ann. Shíltheá gurb é an rud a bhí sé ag iarraidh ar na daoine truaighe a dhéanamh dó! Cheas luas[1] a's a athraíos an aimsir, imíonn siad leófa amach as an cheanntar seo s'aghainne, agus ní phillean siad go raibh an cruaitean leófa arís.

('Seanchas Éanlaith Iar-Uladh', *Béaloideas* Iml. 37/38 [1969/1970], lch 266.)

Tá tagairt i nDeotranaimí, Caibidil 14, Véarsa 18, don tsaotharcóg. Scríobhtar sa véarsa áirithe sin faoi chuid de na héanacha nach bhfuil ceadaithe a ithe mar an chorr agus gach sórt corr éisc, an pilibín agus gach sórt sciatháin leathair, ach, ar ndóigh, gur ialtóg atá i gceist leis an sciathán leathair (*An Bíobla Naofa*, 1985).

Tá an chiall Pilip beag le pilibín.

---

1 <chomh luath>

An Seaga

Phalacrocorax aristotelis

Baile an Easa, Cloich Chionnaola, 24 Márta 2017

Bíonn sé le feiceáil go fairsing ar an chósta sa tsamhradh ach cha bhíonn oiread sin sa gheimhreadh, agus chan fheictear isteach fán tír ar chor ar bith é. Dúradh i dTír Chonaill go mbíodh na céadta acu le feiceáil achan lá sa bhliain.

Mar a fheictear anseo, tá paiste buí ar an mhuineál agus tá ruball measartha fada aige. Bíonn cuircín beag ar an éan fhásta le linn an tséasúir phóraithe. Tá sé ar aon dul leis an chailleach dhubh, ach go mbíonn sé níos lú, tá a ghob níos tanaí, a chorp gan a bheith chomh téagartha, agus san éan aibí bíonn snas miotalach glas ar na cleití. Bíonn ceithre chleite dhéag sa ruball ag an chailleach dhubh agus cha bhíonn ag an tseaga ach dhá cheann déag.

Mheastaí gur scriosadóir millteanach a bhí san éan fá na cuanta. Shlogadh sé achan chineál mionéisc. Tá taifead déanta ar sheaga ag tumadh 48 méadar faoin uisce. Meastar go ndéanann sé a chuid bunús an ama ar an bheantós; sin le rá, go dtagann sé ar a chuid ar ghrinneall na mara. Itheann sé raon leathan iasc, ach síltear gur an chorr an bia is fairsinge a itear.

Taistealaíonn siad roinnt ciliméadar óna fharadh le theacht ar bhia.

Is Sean-Ghréigis buailte anuas ar an Laidin φαλακρός *phalakros*, 'blagaid' agus κόραξ *korax*, 'fiach dubh'. Tugann an t-ainm speicis, *aristotelis*, aitheantas don fhealsúnaí Ghréagach, Arastatal.

Cha ndéantar idirdhealú soiléir sa chaint idir na hainmneacha ar an chailleach dhubh agus an seaga agus bhí an scéal amhlaidh anallód nó bhí an deacracht chéanna ag na Gréagaigh. *Sgarbh Mór*, *Cailleach Dhubh*, agus *Sgarbh an Topain*, agus 'dos' an chiall atá le *topan*, na hainmneacha atá air sa Ghàidhlig. *Mulfran Werdd*, cailleach dhubh ghlas agus *Mulfran Fach*, cailleach dhubh bheag na hainmneacha Breatnaise. *Feeagh Marrey* an Mhanainnis atá air.

Ainm eile atá go háitiúil ar an tseaga ná 'an Duibhéan' mar atá in Inis Bó Finne, 'an Chailleach Dhubh' a thugtar ar an éan i dToraigh. Meastar go bhféadfadh gur tháinig an t-ainm Béarla, *Shag* óna chíor nó tá an chiall, 'moll gruaige' leis an fhocal sa Bhéarla. Rinneadh a thaifead mar *Schagge* i 1556.

Bíonn meascán d'ainmneacha ar an tseaga agus an chailleach dhubh agus is léiriú sin ar an deacracht a bhíonn ag daoine an dá éan a aithint óna chéile.

Ar an mheán, tumann an seaga ar feadh tréimhse idir 20 agus 45 soicind. Fanann siad ar bharr an uisce ar feadh tuairim agus 15 soicind sula dtumann siad arís. Tá an t-éan ag brath ar an ocsaigin ina scamháin agus é leáite ina chuid fola le linn an tumtha. Sula dtumann an seaga, léimfidh sé amach as an uisce le fuinneamh breise a thabhairt don iarracht tumtha.

Tógtar an nead ar aill, ach cha bhíonn siad i ndeas do bharr an fháil, nó in uaimh ar laftáin, chomh maith le hoileáin mhara. Thángthas ar nead i dTír Chonaill ar 20 Márta a raibh ubh ann. Den chuid is mó is trí ubh a bhíonn sa tsead ach bíonn ceann breise ann minic go leor. Cha bhíonn clúmhach ar na scallamáin nuair a thig siad ar an tsaol, agus bíonn siad ag brath go huile mar sin ar a gcuid tuismitheoirí iad a choinneáil te.

Bíonn sé suas le dhá mhí i ndiaidh a mbreithe sula mbíonn ar a gcumas eitilt. Tá fianaise ann, ach is annamh a tharlaíonn sé, agus d'fhéadfadh gur lár mhí Dheireadh an Fhómhair a bheadh ann sula saolófaí gearrcaigh.

Tagann cuairteoirí ó Albain chun na tíre. Fuarthas dhá cheann i gContae Ard Mhacha le linn an gheimhridh ar cuireadh fáinní orthu an t-earrach roimhe agus iad ar an nead.

Síltear go bhfuil leath na seagaí ar domhan ar chósta na Breataine agus na tíre seo. Figiúr amháin a casadh orm ná 46,000 péire don dá thír.

Toraigh,
16 Bealtaine 2016

An Sealadóir

Morus bassanus

Tá méadú tagtha ar a líon agus tá baint ag níos lú géarleanúna a bheith á dhéanamh air leis an scéal a bheith amhlaidh. Bhíothas den bharúil ag iascairí go mbíodh sé in iomaíocht leo ag seilg na n-iasc. Chomh maith leis sin, anuas go dtí na 1950idí bhíothas á scaoileadh mar spórt. Ar a laghad ó bhí an Mheánaois ann bhíodh sé á itheadh nó tháinig lucht seandálaíochta ar a chuid cnámh i gcarnáin. Cha bhíonn an boladh a bhí uatha deas agus mar sin bhí feidhm lena ndéanamh réidh don oigheann. Mar chuid de na hullmhúcháin bhaintí an craiceann díobh, bhaintí na hinní amach, chastaí éadach thart orthu agus chuirtí sa talamh iad.

Má bhíonn gála láidir le gaoth aduaidh bíonn dul amú dá bharr ar roinnt éanacha agus thig siad go tír mór ach is annamh a tharlaíonn a leithéid.

Tugtar 'seaga' ar dhuine nó ainmhí atá ard agus tanaí.

Mín an Chladaigh, Gaoth Dobhair, 24 Samhain 2018

Chan fhuil aon suíomh póraithe ag an ghainneán i dTír Chonaill. Déantar líon na ngainneán a phóraíonn in Éirinn a chuntas gach aon deich mbliana agus beidh an chéad áireamh eile ar siúl i 2024. Ag an am ar dearnadh an t-áireamh i 1968–1970 bhí trí shuíomh póraithe ag an ghainneán sa tír: An Sceilg Bheag, Contae Chiarraí (líon, 20,000); An Tarbh, Contae Chorcaí (líon, 1,500); An Sailte Mór, Contae Loch Garman (líon 155), agus ba 21,655 an t-iomlán. Ach a líon a chuntas i 1984–1985 bhí dhá shuíomh póraithe curtha le suíomhanna na hÉireann. Bhí an gainneán anois i gCliara i gContae Mhaigh Eo agus in Inis Mac Neasáin, Contae Bhaile Átha Cliath. Sa tréimhse 1984–1985 bhí dhá éan ar Chliara agus 17 ar Inis Mac Neasáin. Sa tréimhse chéanna bhí 22,500 ar an Sceilg Bheag, 1,511 ar an Tarbh, agus 710 (méadú de 706%) ar an tSailte Mhór. San iomlán bhí 24,740 gainneán ag pórú sa tír. Ag an chuntas dheireanach i 2014 bhí beagnach 48,000 ann, mar sin ó cuireadh tús le scéim chuntais i 1970 tá méadaithe faoi dhó ar líon na ngainneán in Éirinn.

Mar sin féin, cha mheasaim gur éan a rugadh in Éirinn atá sa ghrianghraf anseo, pictiúr a glacadh, agus mé i mo sheasamh ar an doirling i Mín an Chladaigh, Gaoth Dobhair, nuair a chonaic mé faoileog ag ionsaí éin nár aithin mé.

Tugtar 'an Sealadóir' ar an ghainneán óg in Inis Bó Finne. San fhoclóir Gaeilge-Béarla ag Niall Ó Dónaill tá 'Corr Mhara' ach is gearrcach nide ag an ghainneán atá i gceist. Mar sin, de thairbhe go bpóraíonn an t-éan i gContae Chiarraí thig gur ón taobh sin tíre an t-ainm. *Am Guga* a thugtar ar an éan óg in Albain. Scríobhtar san *Faclair Gàidhlig gu Beurla le Dealbhan* ag Edward Dwelly go dtagann an t-ainm ó Leòdhas. Tugann sé *gugail* mar an trup a dhéanann an t-éan. Tá an chiall 'fear óg ramhar amscaí' leis an fhocal guga chomh maith. Bhíodh deichniúr fear ó Nis i Leòdhas a raibh cead acu coicís a chaitheamh uair sa bhliain ag seilg an ghuga ar Shùlaisgeir, sceir ar an chósta.

Nuair a chonaic mé an t-éan is donn an t-aon dath a d'aithin mé air ach an grianghraf a bheith ar an scáileán ag an ríomhaire bhí dos geal le feiceáil ar a cheann. In Albain deirtear 'guga trì tuim' ag tabhairt le fios gur í an uain is fearr leis an guga a ithe ná nuair a bhíonn tom clúmhach geal ar a chloigeann, ar a chosa agus ar a dhroim.

Cailleann an sealadóir an lorg deireanach den chlúmh dhúdhonn nuair a bhíonn sé trí mhí d'aois agus fásta go hiomlán. Tá an difear idir an chlúmh ag an éan óg agus an t-éan fásta chóir a bheith chomh héagsúil agus thiocfadh leis a bheith, an difríocht idir dubh agus bán. Níl sé cinnte cad chuige a bhfuil an difear ollmhór seo ann, go háirithe ag an tráth seo nuair a bhíonn an t-éan óg ag cur chun farraige den chéad uair. Glactar leis má bhíonn íochtar éin geal agus iad ag tumadh ceann fúthu go mbíonn sé deacair ag na héisc iad a fheiceáil. Mar sin, níl an buntáiste seo ar fáil ag am a bhfuil géarghá leis agus an sealadóir ag foghlaim na seilge gan aon tacaíocht óna chuid tuismitheoirí. Ag an am seo i ngeall ar a n-easpa taithí teipeann ar go leor acu teacht slán. Tá cuma mheatha ar an éan sa ghrianghraf, sílim.

Chomh maith leis seo is boichte an chluimhreach atá dúdhonn

mar inslitheoir seachas clúmh atá geal. Mar sin bíonn ar an éan óg níos mó fuinnimh a chaitheamh ag féacháil le coinneáil te seachas an t-éan fásta geal.

Tá an t-éan óg ag brath ar an bhlonag atá ina chorp agus beidh sé i gcontúirt má ídíonn sé é ag déanamh iarrachta teocht a choinneáil sa chorp. Rud a chuireann brú breise air anuas ar a dhíobháil taithí mar iascaire.

Thig go mbíonn an chluimhreach dúdhonn mar chosaint in éadan chlaonadh na dtuismitheoirí an t-óg acu féin a ionsaí. Is éan ionsaitheach an coileach. Ionsaíonn sé an chearc nuair a philleann sé ar an tsead, le linn cúplála agus thig leis í a bhrú ar shiúl ar fad ón nead. Mar sin, tá an teoiric ann dá mbeadh an clúmh ar an dath chéanna ag an éan óg agus atá ar an éan fhireann go ndéanfadh an coileach é a ionsaí. Tacaítear leis an teoiric nuair a chuimhnítear go mbíonn an gearrcach ina shuí ar an nead ar feadh cúpla seachtain agus go mbeadh sé furast ag an choileach é a bhrú den aill. Dá dtarlódh sin níos dóiche ná a mhalairt gur an bás a bheadh mar thoradh.

Glacann sé suas le bliain ag cuid de na héanacha óga an clúmh dúdhonn a chaillstean go hiomlán. Bíonn cloigeann buí nó geal ar éanacha óga a bhíonn ag teacht chun cinn go maith le cleitiú aibí.

Bhí an t-éan anseo ag gabháil siar. D'fhéadfadh gur thaistil sé cósta an tuaiscirt ó Chreag Ealasaid na hAlban, áit a raibh 33,226 éan ar an tsuíomh i 2014.

An tSeil-Lacha

Tadorna tadorna

Bíonn sé ar fáil fairsing go maith ar chodanna gaineamhacha den chósta agus ar an láib cois farraige. Bíonn sé ar chósta Dhún na nGall níos minice ná

Port Uí Churráin, 30 Aibreán 2018

áiteacha eile, b'fhéidir. Castar ar dhaoine isteach faoin tír fosta é, ach is annamh sin. Tarlaíonn a leithéid den chuid is mó san fhómhar agus sa gheimhreadh.

Cuirtear síos dó go bhfuil cuma ghé air agus tá sé ar an lacha is mó in Éirinn. Tá cloigeann air mar a bheadh lacha ann agus cuireann sé na cleití dhá uair sa bhliain, ach mar a bheadh gandal ann ní bhíonn sé ar gor. Scríobhtar go bhfuil sé iontach faiteach. Cha bhíonn sé doiligh a aithint i ngeall ar an chontrácht a bhaineann leis na dathanna a bhíonn sa chulaith; dubh, bán agus cnódhonn. Chomh maith leis sin bíonn sé ina sheasamh díreach beagnach.

Scríobhtar go gcaitheann siad cuid mhór ama ar thír mór ach is minice a fheicim ar an fharraige iad.

De ghnáth póraíonn siad in aice na farraige. Bíonn an nead i bpoll a bhíodh ag coinín nó faoi cheilt i bhfásra, mar sin bíonn sé ar an dumhaigh agus sa choinicéar. Ach leis an laghdú mhór atá tagtha ar líon na gcoiníní sa tír ní bhíonn fáil aige ar an choinicéar chomh minic agus a bhíodh.

Feictear, in amanna, an lacha agus na lachain óga ar a cúl, agus an bardal ag deireadh ar fad agus iad ag déanamh ar an uisce.

Fuaim mar 'honc' ard a ghníonn an bardal.

Bíonn an bardal níos mó agus níos gile ná an lacha. Bíonn cnapán dearg ar aon dul leis an dath ar an ghob ar a éadan. Ní bhíonn an dath ar an lacha chomh glé le cuid an bhardail.

Itheann siad sliogéisc, cuiteogaí agus inveirteabraigh eile agus iad ag seilg ar imeall na mara agus í ag trá. Itheann siad féar fosta agus feamnach. Leanann siad den taoide agus is ag srúmáil a bhíonn siad. Fhad agus atá sé ina bharr láin, déanann siad scíste ar an talamh.

Tumann na lachain óga le héalú ó ionsóirí agus imíonn na lachain fhásta ar eiteogaí leis an namhaid a mhealladh ar shiúl ó na héanacha óga. Ní bhíonn deacracht acu éirí san aer agus buailtear na sciatháin go mall. Nuair a bhíonn eitilt fhada rompu déanann siad 'V' nó eitlíonn siad i líne dhíreach ceann i ndiaidh an chinn eile.

Déanann an tseil-lacha iarracht éanacha lachan a ghlacadh ar altramas ó phéirí eile agus d'fhéadfadh suas le céad a bheith sa ghrúpa altramais.

Tagann an t-ainm eolaíoch ón fhocal Fhraincise ar an éan seo, *Tadorne*. Meastar ar an láimh eile go bhféadfadh gur tháinig sé ó phréamh Ceiltise agus an chiall, 'éan alabhreac uisce' leis. Tugann an foclóir Béarla-Manainnise *Sheldrake* air agus *Thunnag Vreck* atá mar aistriúchán. Ní dhéantar tagairt don lacha.

Is *Hwyaden yr Eithin* atá air sa Bhreatnais agus ciallaíonn sé lacha an fhraoigh. Tugtar *Crà Ghèadh* agus *Crà Eun* air sa

Mín an Chladaigh,
Gaoth Dobhair,
1 Bealtaine 2021 (an bardal)

Ghàidhlig. Tugtar an 'Lacha Chriosrua' agus an 'Lacha Bhreac' air sa tír seo chomh maith. Tháinig an t-ainm Béarla *Shelduck* chun cinn sa cheathrú haois déag. Is focal canúna *shel* agus an chiall alabhreac leis agus d'fhéadfadh gur tháinig sé ón Ollainnis. Bhí an t-ainm, *Sheld-Duck* á úsáid sa tír seo anuas go dtí an dara leath den fhichiú haois. Tá úsáid á bhaint anois as an fhocal *Shellduck* agus síltear go bhfuil amhlaidh mar go n-itheann sé sliogáin.

Fágann cuid de na lachain an tír seo i mí Iúil agus i mí Lúnasa agus tosaíonn siad ag pilleadh i mí Dheireadh Fómhair.

Meastar go bhfuil tuairim agus 700,000 seil-lacha sa domhan agus tuairim agus an séú cuid díobh ar fáil san Eoraip. I suirbhé a rinneadh in Éirinn thángthas ar 4,650 péire sa tír. Tagann cuairteoirí ó na tíortha Lochlannacha agus ó na tíortha Baltacha chuig an tír seo sa gheimhreadh.

Fágann lachain a phóraigh sa tsamhradh an t-aos óg le lachain eile agus imíonn siad chuig Bridgwater Bay i Somerset agus an Wash in Anglia Thoir na Sasana nó chuig Muir Wadden a shíneann ón Danmhairg agus an Ghearmáin ionns ar an Ísiltír. Bíonn suas le 180,000 seil-lacha, chóir a bheith iomlán a lín in iarthuaisceart na hEorpa ar na réileáin taodmhara tanaí i Muir Wadden. Tharla oiread sin i gcuideachta ar an láthair amháin bíonn cosaint ann dóibh nuair a chuireann siad na cleití agus nuair nach mbíonn ar a gcumas eitilt. Pilleann siad ó lár Dheireadh Fómhair go mbíonn an t-earrach ann.

Bhí aird san am a chuaigh thart ar fheoil na lachan agus dhéantaí a mharú nuair a bhíodh siad ar gor ar an nead. Ba ghnách le fionnadóirí cúpla craiceann a fhuáil le chéile agus dhéantaí mufaí díobh.

Fuarthas ceann ar cuireadh fáinne air san Iorua agus é go hóg mí Eanáir ina dhiaidh sin i nDún Garbhán, Contae Phort Láirge.

Na Polláin, Doire Chonaire,
Cloich Chionnaola,
8 Bealtaine 2016 (an lacha)

An tSíolta Mhór

Mergus merganser

Baile an Easa, Cloich Chionnaola, 2 Feabhra 2019

Chan fhuil an t-éan seo fairsing. Is cuairteoir neamhrialta geimhridh ó Mhór-Roinn na hEorpa é a thagann chuig an chósta agus chuig uiscí intíre den chuid is mó. Maireann sé ar éisc agus cuidíonn an gob fiaclach leis greim a choinneáil ar an iasc.

De thairbhe gur éan intíre go bunús é agus go bhfuil a aird ar éisc rinne lucht iascaireachta géarleanúint air san am a chuaigh thart. In Albain nuair a spréigh sé isteach sa ghleann ag an Abhainn Thuaidh rinne báirseoirí uisce cinnte agus é a dhíothú ann. In ainneoin na géarleanúna tá an t-éan ag spréadh ó dheas leis agus a raon ag leathnú in Éirinn fosta.

Eitlíonn sé go gasta agus go fórsúil agus cruthaíonn sin fead. Maireann sé suas le ceithre bliana déag ar a mhéid. Thig leis fanacht faoin uisce ar feadh tréimhse níos faide ná bomaite nuair a thumann sé, lena chois sin, snámhóir ar dóigh atá ann.

Tá an tsíolta mhór ar cheann den bheagán lachan a thógann a nead i gcrann ach féadann sé nead a thógáil i bpoll ar bhruach abhann nó i scoilt idir creagacha chomh maith. Bíonn bonn duilleogaí leis an nead agus líontar í le neart clúimh le go gcoinneofar an t-éillín, a mbíonn suas le cúig cinn déag d'uibheacha ann, te teolaí. Is dath buíbhán a bhíonn ar na huibheacha.

Is ar éigean má ghlacann an bardal páirt ghníomhach sa ghor nó i dtógáil na n-óg. Is amhlaidh go gcruinníonn sé le bardail eile in aice láimhe. Éillín amháin a bhíonn ann in aghaidh na bliana agus beirtear na huibheacha idir lár mhí Márta agus deireadh mhí an Mheithimh. Maireann an tréimhse ghoir lá nó dhó le cois míosa. Taobh istigh de chúpla lá i ndiaidh a saolaithe spreagtar na scalltáin leis an nead a fhágáil. Caitheann siad léim den pholl sa chrann. Tarlaíonn an léim seo idir ocht agus deich seachtaine sula mbíonn cumas eitilte ag an lacha óg agus ciallaíonn seo go dtiteann sé anuas go hingearach suas le trí mhéadar. Tagann a mbunús slán.

Is beag aithne a bhí ar an éan anseo go raibh an fichiú haois ann. Rinneadh taifead ar an éan pórú i Siorrachd Pheairt na hAlban i 1871 agus tá gluaiseacht ó dheas leis an phórú ó shin agus tá taifid ó Shasana, ón Bhreatain Bheag agus ó Éirinn anois. I 1969 thángthas ar

An tSíolta Rua

Mergus serrator

Machaire Gathlán, Gaoth Dobhair, 9 Aibreán 2022 (an lacha)

Is lacha shábhghobach an tsíolta rua.

Cónaíonn sé ar lochanna móra agus bíonn sé ina chuairteoir samhraidh ar uiscí intíre. San fhómhar agus san earrach bíonn siad fairsing ar an chósta. Bíonn scaotha d'éanacha óga nó éanacha nach mbíonn ag pórú ar fáil ar ghaotha le linn an tsamhraidh agus d'fhéadfadh suas le céad a bheith in ealta dá leithéid.

phéire ag pórú i bPáirc Náisiúnta Ghleann Bheatha. Ba é an chéad uair a cláraíodh taifead póraithe in Éirinn. Bhíothas ag déanamh taifead ar phórú i dTír Chonaill ar feadh deich mbliana ina dhiaidh ach stop sé ansin. Chan fhuil sé luaite le liosta éan ó Pháirc Náisiúnta Ghleann Bheatha i 2005. Póraíonn sé i gContae Chill Mhantáin ó 1994 agus i gContae Cheatharlach ach is beag a líon, suas le leathchéad atá i gceist.

Is ar aibhneacha a reáchtálann go gasta agus lochanna ar na hardchríocha a mhaireann siad. Meastar a líon a bheith ag méadú sa tír. Sa gheimhreadh i 2018 rinneadh cúpla taifead ar an tsíolta mhór i gContae Dhún na nGall agus is an cuntas anseo an chéad uair taifead a bheith air chomh fada siar le Baile an Easa. Le taifead orthu arís i dTír Chonaill táthar ag meas gur fhéad sé go mbeidh fianaise go bhfuil siad ag pórú arís sa chontae.

Cha raibh na daoine tugtha de bheith á n-itheadh agus creidtear go raibh an dearcadh seo ag an phobal as siocair gur ith siad éisc. Tagann an t-ainm géinis ó *mergus*, focal Laidine agus bhain Plinias feidhm as ag cur síos ar lacha anaithnid. Comhfhocal *Merganser* de *mergus* a chiallaíonn éan uisce agus an focal Laidine ar 'gé' *anser*. Carl Linnaeus (1707–1778) a rinne an chéad chur síos air i 1758. *Siolta* atá air in Albain. Tugtar *Thunnag Cheylley* agus *Thunnag Ceacklagh* air sa Mhanainnis. Tugann muintir na Breatnaise *Hwyaden Ddanbeddog*, lacha fhiaclach agus *Hwyadwydd Gyffredin*, an ghé-lacha choitianta air. Tá an t-ainm *Goosander* sa Bhéarla ó bhí 1622 ann.

Itheann an t-éan óg 33 kg d'éisc sula mbíonn sé ina lacha fhásta.

I 2021 chuir an fhoireann i bPáirc Náisiúnta Ghleann Bheatha boscaí neadaithe, a rinne Dónall Ó Fearraigh, ceardaí na Páirce, ar fáil.

Is éan óg atá sa ghrianghraf anseo.

Itheann an síolta rua mionéisc, leithéid troisc, colmóra agus leathóige, chomh maith le feithidí uisce, froganna, moilisc agus crústaigh. Is ábhar ainmhí is mó a bhíonn aige dá chuid. Téann sé sa tóir orthu ag tumadh agus ag snámh faoin uisce, rud nach ndéanann mórán cineálacha eile lachan. Is éisc tuairim agus trí cheathrú dá n-itheann sé cé acu tá sé ar fhionnuisce na habhann agus na lochanna nó ar an tsáile ar an fharraige.

Tchítear iad ag snámh go minic agus a gcloigeann faoi bharr an uisce agus iad sa tóir ar éisc. Bíonn muineál fada air agus droim cothrom agus nuair a bhíonn sé san uisce is cuma lóma a bhíonn air.

Meastar go bhfuil a raon ag leathnú agus méadú ag teacht ar a líon ó bhí tús na haoise seo caite ann.

Bíonn roinnt ina gcónaí sa tír i dtólamh agus tagann cuairteoirí chugainn sa gheimhreadh.

Tagann cuid de na lachain a mhaireann ar shuíomhanna intíre chuig an chósta sa gheimhreadh.

Meastar go dtig leo mairstean go mbeidh siad naoi mbliana. Níl deacracht dá laghad acu gabháil ar eiteog agus bíonn cineál d'fhead ann agus iad ag eitilt. Tá an siúl go measartha maith acu fiú agus na cosa siar go maith ar a gcorp. In amanna eitlíonn siad ón cheantar ina mbíonn siad ag ithe chuig an fharraige le gabháil ar an aradh.

Bíonn cuircín biorach ar a chloigeann. Bíonn ceann an bhardail dorcha agus snas glas air. Is geal a bhíonn an muineál agus an cliabhrach rua, bíonn an t-íochtar bán agus an droim dubh. Ag an lacha bíonn an corp liath agus bíonn dath rua ar an chloigeann. Is focal Laidine an t-ainm géinis, *mergus*. D'úsáid Plinias agus scríbhneoirí eile Rómhánacha é nuair a bhí siad ag tagairt d'éan uisce do-aithinte. Is ionann *serrator* agus an focal Laidine ar shábhadóir.

Thunnag Yiarg a ghairmtear de sa Mhanainnis. Is *Hwyaden Frongoch*, lacha le brollach dearg atá sa Bhreatnais air, agus tugann muintir na hAlban *Siolta Dhearg, Sioltán Ruadh,* agus *Lach Fhiachailleach* air. Tá 'an Tumaire Rua' air abhus fosta.

Póraíonn siad ar lochanna móra agus aibhneacha móra san áit a mbíonn foscadh acu agus ar oileáin mhara agus inbhir.

Cuireann an bardal taispeántas ar fáil fiú nuair nach mbíonn éan eile ina thimpeall, agus déanann sé sin ó mhí Eanáir ar aghaidh. Is beag iarracht a dhéanann an lacha ar thaispeántas. Meastar go bhfuil a raon póraithe ag méadú. Feictear péirí ó bhíonn luath i mí Márta ann, ach bíonn mí Mheán an tSamhraidh ann sula mbíonn na huibheacha ar an tsaol nó ní bhíonn deifir orthu ag pórú. Déanann an lacha an nead a chur i bhfolach i bhfásra tiubh agus cineál de thollán tógtha ar an bhealach chuig an tsead. Cuirtear gais phlandaí agus cluimhreach mar líonáil.

Machaire Gathlán, Gaoth Dobhair, 9 Aibreán 2022 (an bardal)

Bíonn idir seacht agus duisín uibheacha sa nead. An chearc a bhíonn ar gor agus ligtear amach an t-éillín i ndiaidh míosa nó cúig seachtaine. Siocair go mbíonn clúmh sa nead coinnítear teas leis na huibheacha agus bíonn siad sábháilte má bhíonn an chearc as láthair tamall.

Bíonn na héanacha óga cosúil leis an éan bhaineann ach an bóna geal ar iarraidh, iad dorcha ar uachtar agus spota donnrua ag taobh na súile. Má chuirtear isteach ar na lachain óga seachas tumadh imíonn siad de sciurd ar bharr an uisce ar luas lasrach. Is í an lacha a thógann na gearrcaigh agus glacann sé tuairim agus dhá mhí sula mbíonn siad réidh leis an nead a fhágáil. Iompraíonn an lacha na lachain óga ar a droim in amanna.

Tumann siad le léim nó téann siad faoin uisce go formhothaíoch. Téann siad go doimhneacht a bhíonn idir dhá mhéadar agus ceithre mhéadar, agus féadann siad fanacht faoin uisce ar feadh leathbhomaite ar a mhéid.

Snámhann siad go híseal agus go minic bíonn an cloigeann faoin uisce nuair a bhíonn siad ag iascaireacht.

Cha maith le hiascairí slaite bradán iad, nó meastar go milleann siad stoc na mbláthán, agus in amanna gnítear iarracht iad a dhíothú. Mar sin féin agus géarleanúint ar siúl tá a líon ag méadú cibé is cúis de. Nuair a bhíonn siad ar fhionnuisce le linn shéasúr an phórtha itheann siad liús, eascann, róiste, bric agus bradán.

Tuairiscítear go bhfuil sé ar an lacha is gaiste ann. Tá taifead dó agus eitleán á leanstan aige agus bhain sé 160 ciliméadar san uair amach.

Bíonn fad idir 50 agus 61 cm san éan fásta, bíonn leithead na sciathán ó 70–85 cm, agus meánn sé idir 800 agus 1,350 g.

Cha raibh dúil ag daoine ina chuid feola mar gur éisc a bhíonn mar phríomhbhia aige agus d'fhág siad a mblas ar an fheoil.

An Siscín

Spinus spinus

Mín Doire Dhamh, Gaoth Dobhair, 22 Aibreán 2022 (an coileach)

Cuireann sé faoi i gcoillte buaircíneacha le linn an tséasúir phóraithe ach sa gheimhreadh bíonn sé ar fáil san fhearnóg agus i gcineálacha eile crann a fhásann cois uisce.

Tá tréith bhunús anatamaíochta sa ghob ag na glasáin agus roinnt leasuithe déanta ag brath ar an speiceas. De ghnáth braitheann na leasuithe ar an ghob ar an chineál pórtha a itheann an t-éan agus cá háit go díreach ar an phlanda a mbaintear iad. I gcás an tsiscín agus an bhuícín óir bíonn gob caol fada mar a bheadh pionsúirín acu agus úsáidtear é le piocadh as an spás cúng i gcloigeann an fheochadáin.

Den chuid is mó itheann sé pórtha crann, ach ní dóiche ná a mhalairt itheann siad neart feithidí a mhaireann sna crainn fosta.

Ag tús na fichiú haoise is mar chuairteoir geimhridh a bhíodh aithne ar an tsiscín ach ó shin i leith thosaigh siad ag pórú sa tír agus tá siad ar fáil anois i rith na bliana. Thiocfadh go bhfuil an scéal amhlaidh mar go bhfuil dlús curtha le plandáil chrann abhus.

Chan fhuil oiread eagla air roimh an duine agus ligeann siad dó teacht deas go leor dó.

Baineann tréith leis an tsiscín nach bhfuil le fáil i mórán speiceas. Tugtar allaibheathú ar an ghnás seo. Is é atá i gceist ná go frithshruthaíonn éan as aicme níos ísle ach den inscne chéanna, bia don mhuintir a bhíonn i gceannas ar bhaicle. Meastar go gcruthaíonn an t-iompar seo nasc láidir idir na baill de na healtaí. Taispeánann sé fosta go dtig go bhfuil córas céimlathach ag feidhmiú taobh istigh den ghrúpa.

Tagann an t-ainm eolaíoch ó fhocal Sean-Ghréigise, *spinus*, ainm ar éan, ach nach bhfuil fios, sa lá inniu, cad é an t-éan a bhí i gceist. Is ó fhocal canúnach de chuid na Gearmáinise, *zeischen*, an t-ainm Gaeilge agus Béarla agus tá taifead ar an Bhéarla ó bhí 1544 ann. *Corkan Airhey* atá sa Mhanainnis air. *Pila Gwyrdd* an t-ainm Breatnaise agus *Gealag Bhuidhe* atá air sa Ghàidhlig. Tugtar 'Píobaire' air sa Ghaeilge chomh maith agus féadann sinn glacadh leis gur tagairt atá ansin dá chuid ceoil.

Sa gheimhreadh gach aon chúpla bliain imíonn líon mór ó dheas. Cha dtuigtear i gceart cad chuige a dtarlaíonn seo. Thiocfadh gur cúrsaí aeráide is cionsiocair, seans gur an soláthar bia atá i gceist. Ar an dóigh sin tagann an mhuintir ó dheas slán. Míniú eile atá air ná go dtarlaíonn sé blianta a mbíonn na pórtha ag sprús Lochlannach fairsing agus dá bharr tagann fás mór ar a líon. Teoiric eile atá ann i dtaca leis an imirce ná go dtarlaíonn sé nuair a bhíonn síolta na fearnóige agus na beithe gann.

Bíonn an t-éan beag seo iontach aclaí nuair a bhíonn sé ag ithe, agus tchítear é crochta bun os cionn ag beathadáin éan mar a bheadh meantán ann. Déanann sé a chuid i measc na meantán ag na beathadáin.

Siocair nach bhfeictí na siscíní le linn dóibh bheith ag pórú chreidtí sa Ghearmáin go ndéantaí cosaint ar chloch dhraíochta sa nead, agus d'fhág an chloch go raibh siad dofheicthe.

Cha bhíonn suí fúthu, agus bíonn siad an-ghníomhach. San fhómhar agus sa gheimhreadh, go háirithe, tagann siad le chéile ina n-ealtaí beaga nó thiocfadh go mbeadh scaotha móra ann.

Tá sé furast idirdhealú a dhéanamh idir é agus na glasáin atá cosúil leis ach na dathanna ar a chluimhreach a aithint. Bíonn an t-íochtar geal le stríoca liatha agus bíonn an t-uachtar glasliath. Bíonn na heiteogaí dubh agus barra feiceálach buí orthu. Bíonn an ruball dubh agus na cleití imeallacha buí. Bíonn caipín dubh ar an choileach, bíonn paiste dubh faoin ghob agus an cliabhrach agus an aghaidh chomh maith leis na cluasa buí. I dtaca leis an éan óg agus an chearc cha bhíonn an caipín ar a gceann acu agus bíonn a gcuid cleití glasliath. Is dubh do na súile agus bíonn na cosa dúdhonn. Eitlíonn sé go gasta.

Síltear go dtoghann an chearc páirtnéir go minic as an chompal chéanna léi féin as siocair go mbíonn taithí ag na héanacha sa ghrúpa ar a chéile agus nach bhfuil a rogha ag brath go huile ar shláinte na gcleití.

Ligtear amach dhá éillín in aghaidh na bliana. Bíonn idir ceithre agus cúig ubh sa tsead. An chearc a bhíonn i mbun an ghoir a mhaireann suas le coicís. Glacann sé coicís eile sula mbíonn an cleitiú curtha i gcríoch. Maireann siad ar feadh dhá bhliain ar an mheán. Póraíonn siad nuair a bhíonn siad bliain d'aois.

Tá dúil ag daoine i nguth an éin agus ar an ábhar sin thógtaí i ngéibhinn é.

An Smaolach Ceoil

Turdus philomelos

Mín Doire Dhamh, Gaoth Dobhair, 3 Samhain 2017

Deir cuid de na daoine abhus, smólach.

Deirtear go mbíonn an smaolach ar fáil i ngach cineál áite, ach is é an taithí sa cheantar seo go mbíonn foscadh de dhíth; sceacha, nó toir, nó crainn.

Bhí dearcadh i dTír Chonaill san am a chuaigh thart go mbíodh amanna a mbíodh an smaolach ar iarraidh ar feadh tamaill, ach bhí fios ag na daoine nár chorraigh sé amach as an tír. Bhí meas ag na daoine ar an tsaothar a ghlac an smaolach ceoil ag déanamh na seide agus tuigeadh nach dtógfaí í san áit a thiocfadh fearthainn nó fliuchlach uirthi. Bhíodh sé ina nath deirtí 'go raibh sé chomh tirim le nead smaolaigh'. Tá fianaise ann go dtógtar nead ar an talamh ar uairibh nó go mbíonn sé an-ard i gcrainn, chomh hard le 12 mhéadar.

Ligtear amach suas le trí éillín sa bhliain agus beirtear suas le cúig ubh ghorm a bhíonn breac dubh sa nead. Bíonn an tsead de ghnáth i sceach nó tor agus déanamh cupa uirthi a mbíonn láib ar an taobh istigh agus cuirtear tús lena thógáil i mí Márta de ghnáth. Is í an chearc a bhíonn i mbun an ghoir agus maireann sé achar beag le cois na coicíse. Agus bíonn mórán an tréimhse chéanna ann go dtig cluimhreach ar na gearrcaigh.

Den chuid is mó is feithidí, cuiteogaí, agus seilidí ach go háirithe a itheann an t-éan. Buailtear an bhlaosc ar an tseilide ar chloch lena bhriseadh agus baintear feidhm as an fhocal, 'inneoin', ag cur síos ar an chloch sin. Bíonn na ruainní de na sliogáin le feiceáil thart ar bhun na cloiche dá bharr. Itear caora agus torthaí eile, go fiú úllaí, ach bíonn fáilte de ghnáth ag an gharraíodóir roimh an éan i ngeall ar a chumas inveirteabraigh dhíobhálacha a ithe. Cha bhíonn seilidí fairsing againn i ngeall ar an chréafóg a bheith aigéadach ach is eisceacht an machaire i ngeall ar an ghaineamh agus na hiarsmaí de na sliogáin mhara a bheith fríd an ghaineamh agus bíonn seilidí ann dá bharr, agus is cuairteoir geimhridh chuig an dumhaigh an smaolach ceoil mar sin. Le teacht ar chuiteogaí castar an ceann lena bhfeiceáil ar an talamh.

Amach ó mhall sa tsamhradh bíonn ceol an smaolaigh le cluinstean i rith na bliana.

Chreidtí i Sasana go gcaithfeadh an smaolach ceoil a chosa uaidh ag deich mbliana d'aois agus go bhfásfadh cosa úra faoi.

Is ionann *Philomelos* agus an Ghréigis ar fhiliméala. Tagann an t-ainm speicis ó bhean i miotaseolaíocht na Gréige a raibh Philomela uirthi. Baineadh amach a teanga, ach hathraíodh ina héan í. Tagann an t-ainm ó *philo* a chiallaíonn 'ag gráú' agus *melos* a chiallaíonn 'amhrán'. Focal Laidine *turdus* a chiallaíonn smaolach. *Treshlen* atá air sa Mhanainnis. *Bronfraith*, brollach breac an Bhreatnais atá air, agus *Smeòlach*, *Smeòrach Bhuidhe* agus *Smeòrach Choitcheann* atá air sa Ghàidhlig.

Bhí nath eile ag na daoine agus deirtí, 'chomh binn le smóilín'.

Meastar go bpóraíonn suas le 400,000 péire in aghaidh na bliana in Éirinn. Déanann cait ionsaí air chomh maith le héanacha creiche.

Ba é an t-éaneolaí Gearmánach Christian Ludwig Brehm (1787–1864) in 1831 a rinne cur síos den chéad uair ar an smaolach ceoil, ach tá an t-ainm ar fáil sa Bhéarla ó bhí 1667 ann.

Bíonn sé i gcuideachta an loin duibh go minic. Mar éan atá coitianta agus aird ag daoine air is beag atá sa bhéaloideas faoi. I dtaca lena dháileadh scríobhadh os cionn céad bliain ó shin go raibh sé ar fáil in iarthar Thír Chonaill fhad agus bhí roinnt crann ann. Ach de thairbhe go raibh an cósta thart ar an Chlochán Liath lom nocht cha raibh sé ar fáil ansin.

Má bhíonn drochgheimhreadh ann cuirtear isteach go mór ar a líon ach an t-earrach a bheith maith cuidíonn sé leis na huimhreacha ardú. Ar an mheán maireann rud beag le cois leath na n-éanacha a rugtar bliain ar bith. Agus dóibh siúd a mhaireann bíonn meánré saoil de thrí bliana acu ach tá taifid ann d'éanacha a mhair deich mbliana.

Tagann cuairteoirí chun na tíre seo sa gheimhreadh ach dealraíonn sé gur ó Albain agus tuaisceart Shasana a thig siad agus go mbíonn a n-aird dírithe ar Chontae Chill Mhantáin agus Contae Loch Garman. De ghnáth ní fheictear i scaotha iad ach d'fhéadfadh ealta le suas le scór éan ann a bheith le feiceáil i ndiaidh dóibh a theacht ar imirce.

Ag trácht ar imirce, thug imircí an t-éan leo chuig an Nua-Shéalainn agus chuig an Astráil. Char éirigh chomh maith leis san Astráil agus mar a d'éirigh sa Nua-Shéalainn, áit a mbíonn sé ar fáil ar an dá oileán mhóra agus cuid de na hoileáin mhara.

San am a chuaigh thart d'ití an smaolach. Inniu ceaptar i gceantar Valencia na Spáinne é ach aol a chur. Rinne an Comhphobal Eorpach iarracht deireadh a chur leis an ghnás seo ach theip air. Choinnítí i gcásanna é ar mhaithe lena gcuid ceoil san am atá caite.

An Smaolach Mór

Turdus viscivorus

Mín Doire Dhamh, Gaoth Dobhair, 9 Eanáir 2018

Bíonn an smaolach mór le fáil beagnach gach áit; ar thalamh curaíochta, i bpáirceanna, i gcoillte, agus i sceacha, agus meastar a líon a bheith ag méadú. Feictear go minic iad ag pocléimnigh ar an talamh agus bia á lorg acu. Bíonn siad láidir i mbun eitilte agus eitlíonn siad níos airde ná an lon dubh agus an smaolach ceoil.

Chan fhuil sé an fhad sin sa tír. Thosaigh siad ag teacht luath sa naoú haois déag. Ba í an bhliain 1808 an chéad bhliain ar dearnadh taifead ar an éan nuair a scaoileadh ceann i gContae Aontroma. Spréigh sé ar fud na tíre go gasta agus faoin bhliain 1859 bhí taifead air i ngach contae, agus ba iarthar na tíre an áit dheireannach a lonnaigh sé. Bhí teacht air i dTír Eoghain i 1820, agus deich mbliana níos moille bhí sé fá iarthar Thír Chonaill.

Cé go bhfuil an t-éan ar fáil go fairsing agus go smaoinítear air agus ar an lon dubh i gcuideachta go minic, murab ionann agus an lon dubh, is beag atá sa bhéaloideas faoin smaolach, agus an míniú air seo ná nach raibh sé sa tír roimh an naoú céad déag agus é daingnithe in intinn na ndaoine.

Itheann sé raon leathan inveirteabraigh, caora agus

An Screabán, Ard na gCeapairí, Gaoth Dobhair, 6 Bealtaine 2021

pórtha. Bíonn an-aird aige ar an toradh ag an drualus, agus is maith leis fosta síolta an iúir agus an chuilinn. Nuair a bhíonn sé i mbun a choda is minic a chrochann sé a cheann ar leataobh leis an talamh a fheiceáil agus bheir sé léim ar an bhia nuair a aimsíonn sé é.

Déanamh cupa a bhíonn ar an nead.

Is ansa leis an drualus i ndáiríre, ach é a bheith ar fáil. Is planda seadánach an drualus. Téann sé chun tairbhe don phór ag an drualus go n-eisfhearann an smaolach mór síol an drualusa ar chraobhacha crann, áit a phéacann siad. Le linn chruatan an gheimhridh déanann an smaolach mór cosaint fhíochmhar ar thor an drualusa nó ar an chrann cuilinn mar stóras bia dó féin in éadan na doininne.

Ba é Carl Linnaeus (1707–1778) a rinne cur síos den chéad uair i 1758 sa *Systema Naturae* ar an smaolach mór faoin ainm eolaíoch atá inniu air. Tugtar *turdus* sa Laidin ar 'smaolach', agus is ionann *viscivorus* agus 'iteoir drualusa' ó *viscum*, 'drualus' agus *vorare*, 'bheith ag alpadh'. Tugtar 'an Liatráisc' air fosta.

Tagann an t-ainm Béarla, *Mistle Thrush*, glan ón dúil atá ag an éan i gcaora an drualusa. Úsáideadh an t-ainm i Sasana den chéad uair i 1678 ag John Ray (1627–1705), duine de na bunéaneolaithe.

Tá fianaise ann gur athraigh an t-éan a raon i gcuid den cheantar ina lonnaíonn sé. I lár na hEorpa agus sa Ghearmáin bhíodh sé le fáil i gcoillte buaircíneacha anuas go dtí na fichidí den aois seo chuaigh thart. I dtrátha an ama sin leathnaigh a raon go grod. Ar an chéad rud, spréigh sé chuig talamh feirme, agus ina dhiaidh sin chuaigh sé isteach sna bruachbhailte, sna páirceanna agus sna garraithe iontu. Chan fhuil tuigbheáil ar an leathnú, ach is dóigh go gcuidíonn sé go mbíonn na plásóga glasa fairsing go maith sna bailte móra agus go mbíonn éagsúlacht fásra iontu.

Tagann scaotha le chéile i mí Mheán an tSamhraidh go mbíonn deireadh an fhómhair ann.

Tagann roinnt éanacha a phóraíonn i Sasana agus in Albain chugainn sa gheimhreadh. Is i mí na Samhna a thig na himircigh.

Ar an mheán maireann an smaolach mór ar feadh trí bliana.

An Spadalach

Anas clypeata

An Loch Úr, Dún Fionnachaidh, 10 Nollaig 2016

Bíonn sé fairsing sa gheimhreadh ar uiscí intíre go háirithe i lár na tíre, agus tchítear cois farraige é ach chan chomh minic céanna. Fuarthas lachain ar cuireadh fáinní orthu sa Danmhairg i gcontaetha Fhear Manach agus Aontroma agus thángthas ar cheann i mí mheán an Fhómhair 1939 sa Ghort, Contae na Gaillimhe, ar cuireadh fáinne air ag Loch Ilem, Oblast Novgorod in iarthar na Rúise i mí Iúil 1938.

De ghnáth faigheann sé a chuid bia ar an láib, agus seo an timpeallacht is maith leis, ag luascadh a ghoib mhóir ó thaobh go taobh agus ag criathrú orgánach atá san uisce. An gob ar leith atá aige a thugann a ainm i mBéarla, *Shoveler* dó. Ainm a bhfuil taifead air ó 1460. Is gob leathan réidh atá ann, agus mar chuid de tá lannógaí, struchtúir bheaga ar imeall an ghoib agus iad cosúil le cíora. Feidhmíonn siad mar a bheadh criathair ann, agus mar sin tá ar chumas an éin, planctón agus crústaigh a scimeáil ó bharr an uisce. Fágann an sainghob seo go mbíonn buntáiste ag an spadalach agus cha bhíonn orthu a bheith in iomaíocht le lachain eile den chuid is mó den bhliain. Bíonn an gob níos faide ná a cheann agus bíonn sé dhá uair níos leithne ag a bharr seachas ag a bhun. Tá claonadh ann sluastáil sa láib chomh maith.

Itheann sé plandaí agus lustan uisce fosta. De bharr go mbíonn cosa beaga faoi ní fhóireann sruthanna taoidmheara nó uisce a bhíonn tógtha dó agus bíonn sé ar oitreacha láibe, riasca agus aibhneacha nach bhfuil mór. Ní maith leis lochanna doimhne ná áiteacha a mbuaileann an siocán iad.

Gidh go bhfuil cuma ramhar air bíonn an lacha seo iontach aclaí i mbun eitilte. Tá sé furast go leor a scaoileadh mar sin féin. Tá tuairim ag lucht géim nach fiú déanamh amhlaidh mar go mbíonn blas an lábáin ar an fheoil, cibé cén dóigh ar éirigh leo teacht aníos leis an bharúil sin. Tagann trup mar a bheadh drumadóireacht ó na heiteogaí nuair a éiríonn siad suas san aer.

Tagann imircigh aneas chun na tíre ó mhí Dheireadh an Fhómhair. Ag tús na fichiú haoise tuairiscíodh go raibh a raon ag leathnú agus go raibh siad ag pórú ar na slabaí a tugadh chun míntíreachais ar Loch Suilí.

Rinne Carl Linnaeus (1707–1778) cur síos ar an spadalach sa *Systema Naturae* i 1758 faoin ainm eolaíoch atá in úsáid go fóill. Tagann an t-ainm eolaíoch ón Laidin, *anas*, 'lacha' agus *clypeata*, a chiallaíonn, 'ag iompair scéithe' ón fhocal *clypeata*, 'sciath'. *Thunnag y cleayst* a thugtar air sa Mhanainnis. Is *sleayst* an focal Manainnise ar shluasaid. Tá *Hwyaden Lydanbig*, a chiallaíonn lacha le gob leathan sa Bhreatain. In Albain tugtar *Gob Leathann Tuathach* air. Tugtar 'Slapaire' air againn féin chomh maith. I dtaca leis an ainm 'Spadalach', is aidiacht atá ann a chiallaíonn go bhfuil rud leathan ag a bharr agus go gcaolaíonn sé ag tarraingt ar an bhun.

Fanann an t-éan ar an uisce den chuid is mó nó is annamh a thagann sé isteach ar an talamh ag lorg bia.

Sula n-éiríonn siad amach ina bpéirí san earrach bíonn taispeántas acu i gcuideachta in amanna. Thiocfadh le cúpla scór acu cruinniú ina rafta. Bíonn idir lachain agus bardail sa rafta agus iad suite ó bhaithis go bonn agus gluaiseann siad deiseal go measartha gasta agus guth s'acu in úsáid. Ó am go chéile thiocfadh éanacha mar a bheadh piléar á scaoileadh amach as an rafta ach phillfeadh siad arís go tapa ar an chruinniú.

Póraíonn siad den chuid is mó ar thalamh féarach nach mbíonn i bhfad ó uisce. Beirtear na huibheacha fá dheireadh an Aibreáin nó luath i mí na Bealtaine. Taobh istigh de chúpla uair an chloig de na scallamáin a theacht chun an tsaoil, treoraíonn an lacha iad chun an uisce. De ghnáth, fanann siad deas don fhásra riascach. Bíonn sé suas le dhá mhí i ndiaidh a bhreithe sula mbíonn ar chumas an éin óig eitilt.

Póraíonn sé ar fud na tíre seo ach tá sé doiligh uimhir chruinn dá líon a chinntiú. Ar an iomlán meastar tuairim agus cúig mhilliún de na spadalaigh a bheith ann.

Níl sé tugtha don chuideachta mar a bhíonn lachain srúmála eile agus tá claonadh ann cruinniú i scaotha beaga. Den chuid is mó bíonn an lacha agus an bardal ciúin agus ní úsáidtear an guth ach go hannamh. Ar an mheán maireann siad suas le trí bliana agus i ndiaidh na chéad bhliana a thosaíonn siad a phórú.

An Spágaire Tonn

Tachybaptus ruficollis

Loch an Chairn Bhuí, Na Rosa, 23 Samhain 2018

Is éan beag le gob biorach an spágaire tonn. Tá sé furast an t-éan fásta a aithint sa tsamhradh. Bíonn sé dorcha ar uachtar agus dath ruadhonn ar a mhuineál, a phluca agus a chliathán. Bíonn dath buí ar an phíoblach. Glacann dath donnliath cáidheach áit an ruadhoinn ag éanacha nach mbíonn ag pórú agus ag éanacha óga. Scríobhadh sna 1950idí go raibh siad ag pórú thall agus abhus in iarthar Thír Chonaill sna háiteacha ina mbíonn sraitheanna coiscrí. Tá sin amhlaidh ar loch an Chairn Bhuí san áit a mbíonn neart cuiscrí agus coigeal na mban sí.

Is annamh a fheictear an t-éan ag eitilt, fiú nuair a chuirtear isteach air, ach tchítear é ag lapadáil trasna lochanna agus ar an fharraige. Tumann sé go hiontach minic ag lorg éisc nó feithidí uisce. Meastar go gcaitheann sé oiread ama faoin uisce agus a chaitheann sé ar a bharr. In áit imeacht ar eiteog is amhlaidh a thumann sé nuair a mheasann sé contúirt a bheith ann. I gcaochadh na súl bíonn sé faoi uisce agus gan le feiceáil ach an lorg, nach láidir dó, a d'fhág sé agus é ag tumadh.

Tiocfaidh sé aníos fríd fhásra go minic, rud a thugann foscadh dó agus deis aige an chontúirt a mheas. Tarraingíonn sé cleas eile chuige féin nuair a mheasann sé dainséar a bheith ann agus sin nach mbíonn os cionn uisce ach a chloigeann agus déanamh an pheireascóip air, shamhlófá.

Bíonn gob buí le barr dubh ar an éan óg, agus stríocacha dubha agus bána ar na pluca agus ar thaobh an mhuiníl. De réir mar a théann an t-éan óg anonn in aois, éiríonn an gob buí dorcha, agus fán am a mbíonn sé ina éan aibí bíonn an gob dubh. Bíonn na cosa siar go maith faoin chorp agus is mar sin is éifeachtaí iad san uisce nó sin an áit a chaitheann sé bunús a shaoil. Má éiríonn sé aníos as an uisce ar charraig ní mhoillíonn sé air de ghnáth agus bíonn cuma liopasta air. Is cosa scamallacha a bhíonn faoin lacha, faoin eala agus faoin ghé ach ag éan a bhíonn chóir a bheith i dtólamh san uisce ní mar sin atá ag an spágaire tonn ach go mbíonn liopógaí cothroma ar na ladhra agus fágann sin go mbíonn mar a bheadh cuma mhiotóige móire ar na cosa. Bíonn na cosa céanna iontach éifeachtach mar chéaslaí.

Meastar a raon póraithe in Éirinn a bheith ag laghdú agus is ábhar imní sin. Is dóigh nach bhfuil fine atá fairsing is mó atá i gcontúirt a dhíothaithe ná na foithigh. Ó bhí na 1970idí tá dhá speiceas eile de na foithigh nach ann dóibh a thuilleadh.

Bíonn sé furast a aithint sa gheimhreadh i ngeall ar a mhéid, a chluimhreach dhonnbhuí, a chaipín dorcha agus a dhroim fosta agus an chlúimhín púdair ar a chúl. Ba é an nádúraí Gearmánach Peadar Siomóin Pallas (1741–1811) a rinne cur síos i 1764 ar an éan seo.

Tagann an t-ainm géinis ón tSean-Ghréigis, *takus,* a chiallaíonn 'gasta' agus *bapto,* gur ionann é agus 'dul faoi uisce'. Tagann an dara cuid den ainm, *ruficollis,* ón Laidin. Ciallaíonn *rufus,* 'dearg' agus tagann *collis* ón

Loch an Chairn Bhuí, Na Rosa, 23 Samhain 2018

teanga chéanna agus ón fhocal, *collum*, a chiallaíonn 'muineál'. Ainm eile ar an éan ná an 'Lapairín Locha'. Is *Spàg-ri-tòn*, *Gòbhlan-Uisge* agus *Spàgaire-tuinne* a thugann muintir na hAlban ar an éan. Tugtar *Ean Kereen Beg* air ag muintir Oileáin Mhanann. *Gwyach Fach* atá air sa Bhreatnais. I mBéarla tugtar an *Little Grebe* air agus Thomas Pennant (1726–1798) a cheap i 1768, nó tá an t-ainm an *Dabchick* air agus cuntas ar an ainm sin ó 1843 i leith gidh go raibh sé á úsáid go logánta i bhfad roimhe sin. Tugtar *Little Grebe* air mar is é an ceann is lú de na foithigh é agus tá ciall ann féin leis an dara teideal i mBéarla, *Dabchick*, nó bíonn sé ag bobáil san uisce. Tá an tríú hainm ann, agus ceann an *Dive-dapper*, ar bhain Shakespeare feidhm as ina dhán, *Venus and Adonis*.

Déantar an nead ar phlandaí atá ar snámh san áit a mbíonn an fásra tiubh agus í nascaithe leis na plandaí ar eagla a himithe ar snámh. Fágann sin go mbíonn an tsead in inmhe éirí agus titim de réir mar a bhíonn leibhéal an uisce ag déanamh amhlaidh. Ar imeall aibhneacha nó lochanna fionnuisce a bhíonn an tsead. Bíonn siad iontach faiteach agus iad ag pórú. Féadann na scallamáin a bheith callánach i gceart. Bíonn cuid de na péirí a imíonn ón láthair pórraithe ar shuímh intíre le linn an gheimhridh. Meastar go dtéann cuid acu ar imirce as siocair oiread a mharaítear ag tithe solais san oíche. Ní fios cá mbíonn a dtriall.

Meastar nach bhfuil sé ag cuidiú leis na foithigh, atá ar an tsaol le dhá scór milliún bliain, agus a bhíonn ina gcónaí, go huile agus go hiomlán, ar mhurlaigh chósta, ar bhogaigh agus ar lochanna a mbíonn cuiscrí ar a mbruachanna, an tsíordhraenáil a bhíonn ar siúl ag an duine ar na suíomhanna sin. Má tharlaíonn aon damáiste dá sainghnáthóg, an duine á thruailliú mar shampla, bíonn scrios tubaisteach i gceist. Rinneadh an chéad taifead ar an éan sa Mheánaois.

An Spideog

Erithacus rubecula

Mín Doire Dhamh, Gaoth Dobhair, 6 Iúil 2019 (éan óg)

Bíonn an brollach dearg ar an chearc agus ar an choileach. Bíonn an scallamán breacdhonn go dtí an chéad fhómhar. Is dorcha do na súile agus ó thaobh coibhneasa tá siad níos mó ná cuid an duine. Buaileann an croí suas le míle uair in aghaidh an bhomaite. Mar sin ní falsa dá mheitibileacht ach é ag saothrú go dian daingean.

Is fairsing don spideog agus bíonn sé thart ar chónaí an duine go minic. Má bhíonn geimhreadh crua ann, is minic a thig sé isteach chun an tí. Cha raibh fáilte roimhe mar measadh gur scéal báis duine a leanfadh an chuairt. Mheas siad an toradh céanna a bheith ann ach é a theacht chun na fuinneoige agus toiseacht ag piocadh ar an ghloine.

Cha bhíonn scáth air roimh an duine agus ag éirí as sin tá gean ag an duine air. Cuidíonn sé leis i súile an duine go mbíonn sé dolba. De ghnáth maireann sé ina aonar agus déanann sé cosaint fhíochmhar ar a dhúiche féin. Ach má bhíonn cruatan ann is minic a tchítear iad ag lorg bia i gcuideachta go síothúil.

Itheann sé daoil, sneagáin agus ainmhithe beaga eile. A luaithe agus a thiompaítear an fód leis an spád beidh an spideog ar an láthair.

I dTír Chonaill chreidtí go raibh leigheas ag an éan ar chait bhrád (*scrofula*). Dheintí an leigheas ag cuimilt na spideoige ar an áit a raibh an chneá, trí huaire sula ndéanadh an duine a chuid ar maidin.

Rinne Carl Linnaeus (1707–1778) cur síos ar an spideog i 1758 san *Systema Naturae*. Tagann an *rubecula* mar dhíspeagadh ón fhocal Laidine *ruber* a chiallaíonn 'dearg'. Tagann an chéad chuid den ainm ón tSean-Ghréigis, ar éan anaithnid, ach meastar inniu gur an spideog a bhí i gceist. Is S*pittag Yiarg, Cleeau Yiarg* agus *Ushag Veg Ruy* atá air sa Mhanainnis. *Robin Goch* atá

air sa Bhreatnais, agus is ionann *goch* agus dearg. *Brù Dhearg* agus *Broinn Dearg* atá air sa Ghàidhlig. Tá an t-ainm Béarla, *Robin* ann ó bhí 1549 mar ainm éin. Ba iad na Normannaigh a thug an t-ainm go Sasana mar ainm baiste. I Ros Goill tugtar 'an Broinndearg' air, agus cluinim daoine ag tabhairt 'Spídeog' air.

An fheidhm atá le glór na spideoige ná coiligh a choinneáil ó cheantar a chéile.

Más amhlaidh go mbíodh sé ag tuar an bháis, bhí daoine go leor go raibh aird acu air mar go gcreidtí gur fhéach sé le deilg a bhaint as cloigeann Chríost nuair a cuireadh an chóróin spíne air. An gníomh sin a ba chiontaí le dearg a bheith ar a bhroinn. Tá cuntas ar bhean snáth daite a chur timpeall ar a cuid píseanna cumhra sa gharradh agus d'imeodh an snáth an uile lá ar chuir sí amach é. Cha raibh fios ag duine ar bith cá ndeachaigh sé ach fuarthas nead spideoige in aice láimhe fríd am agus an snáth fite go néata isteach inti.

Tá daoine ann agus itheann an spideog an bia a bhíonn acu dó óna láimh. Itheann sé a chuid den talamh agus déanfaidh sé a chuid ag beathadán éan. Thig leis an chearc trí éillín a chothú in aghaidh na bliana.

Bíonn sé i mbun tógáil nide ó bhíonn deireadh mhí Márta ann, ach mar a tharlaíonn le cuid mhór mhaith éanacha ní chloítear le clár righin ama i dtaca le sead a thógáil. Thig leis an spideog toiseacht ar an tógáil roimh dheireadh na bliana. Gidh go mbíonn sé furast an spideog a fheiceáil bíonn sé doiligh teacht ar an nead. Ceann de na suíomhanna is fearr léi dá nead ná ag ballaí a bhíonn clúdaithe le heidhneán. Cuireann an chearc tús leis an obair. Bíonn duilleogaí feoite mar dhúshraith, ansin leagtar caonach agus ina mhullach sin bíonn féar, cleití agus gruaig agus gnítear cupa éadomhain as na hábhair thógála.

A luaithe agus a bhíonn an nead tógtha cuireann an chearc tús le breith na n-uibheacha. As sin go ceann ceithre go sé lá mórán ag an am chéanna agus a tháinig an chéad ubh uaithi beirfidh sí ubh eile, ceann in aghaidh an lae. Is bánbhuí a bhíonn na huibheacha agus iad breac le spotaí agus stríoca donnrua.

Mórán ar aon dul le héanacha eile ceoil ní thosóidh an gor go mbeirtear na huibheacha uilig. Fágann sin go saolaítear na gearrcaigh mórán ag an am chéanna. Suíonn sí chomh híseal sin ar na huibheacha nach mbíonn an lí dhearg ar a brollach le feiceáil.

Chomh maith le muintir na hÉireann bhí baint ag an éan le miotais agus le béaloideas. Sa tseanchreideamh Lochlannach ba naofa an spideog ag dia na toirní, Túr, agus saolaíodh an t-éan i néal toirní.

Mín Doire Dhamh, Gaoth Dobhair,
19 Aibreán 2020

An Spioróg

Accipiter nisus

Mín Doire Dhamh, Gaoth Dobhair, 4 Lúnasa 2017 (éan óg)

Is í an spioróg an t-éan creiche is coitianta in Éirinn. Bíonn sé le fáil ar fud na tíre; i gcoillte agus i gcuibhrinn chomh maith leis na bailte móra. Tagann sé chuig gairdíní go minic ach ní fheictear é i ngeall ar chomh rúnda agus atá sé.

Le cúpla bliain anuas thóg an spioróg a sead sna crainn atá thart ar an teach abhus. Bíonn fios agam é a bheith ann nó chluininn a ghlór. Chuirtí ceist orm an mbíodh puisíní fán teach nó sin a shamhlaítí nuair a chluintí an scréachaíl ag na scallamáin.

Tá an-dúil ag an spioróg i ndlúthfholach crann. Mar sin gidh go gcluintear an t-éan chan fheictear é go mbíonn an gearrcach i méadaíocht agus réidh leis an nead a thréigint. Sin mar a tharla i 2017. Ar feadh cúpla lá bhí sé soiléir go raibh an t-éan ag déanamh réidh le himeacht nó bhí sé ag gabháil anois agus arís ó ghéag go géag ar bharr na gcrann ach cha raibh sé fada go leor in áit ar bith go bhféadfainn teacht air le ceamara. Bhí mé ag obair sa gharradh nuair a chonaic mé é ag tuirlingt ar an díon. D'imigh sé go grod. Ar an tseans go bpillfeadh sé chuaigh mé ar ais chun an tí leis an cheamara a fháil. Chuaigh mé i bhfolach faoi na crainn agus an lionsa ag gobadh amach rud beag.

I gcionn tamaill tháinig sé ar ais chun an dín agus d'éirigh liom grianghraf a ghlacadh.

Nuair a bhí sé ag fágáil tháinig sé isteach fríd na crainn agus bhuail eiteog dheas s'aige in éadan m'aghaidhe. Measaim nach raibh fios aige mé a bheith ann.

Ar feadh tamaill cha raibh mé cinnte an spioróg nó fabhcún gorm a chonaic mé agus a theagmhaigh liom ach go bhfuair mé amach nach mbeadh fabhcún gorm ag eitilt fríd chrainn agus fosta is súil dubh go huile a bhíonn ag an fhabhcún ghorm agus is rosc buí a bhí ag an spioróg.

Tugtar *Sparrowhawk* ar an éan i mBéarla agus tugann sin leide dúinn faoin bhia a chleachtann an t-éan. Itheann sé éanacha beaga den chuid is mó. Ar an ábhar sin cha bhíonn éanacha beaga thart fán teach le linn an tsamhraidh nó cha dtiocfadh siad slán má bhíonn nead ag an spioróg ann. Pilleann an méad a mhaireann dóibh tamall i ndiaidh don spioróg imeacht. Fanann sé go foighneach sna crainn leis na héanacha beaga nochtadh nó eitlíonn sé ag taobh na dtor.

Scríobh Pilip Ó Súilleabháin Béarra sa tseachtú haois déag i Laidin faoin úsáid a bhaineadh fir as seabhaic le haghaidh na seilge. Ag tagairt don spioróg, agus d'úsáid sé an focal *nisu*, scríobh sé gur eitil sé go híseal agus gur sciob sé éanacha den talamh.

Seo an t-éan creiche is fairsinge againn agus tá teacht air i ngach aon chontae go háirithe san áit a mbíonn crainn. Tugtar 'an Ruán Aille' air fosta. Tá *Speireag* air sa Ghàidhlig chomh maith le *Speir Sheobhag*. Scríobh údar amháin nach bhfuil aon bhaint ag *sparrow* leis an éan, ach gur an focal *speireag* curtha as a riocht atá i gceist sa chéad chuid den ainm Bhéarla. *Shirrag ny Sperriu* agus *Shawk Sperriu* a thugann muintir na Manainnise air. *Gwalch Glas* atá ag muintir na Breataine Bige air.

Tógann an chearc, den chuid is mó, an nead i gcrann agus bíonn suas le cúig ubh inti. Beirtear na huibheacha go luath i mí na Bealtaine agus maireann tréimhse an ghoir cúig seachtaine. Tarlaíonn an cleitiú beagnach mí ina dhiaidh sin.

Den chuid is mó is éanacha beaga a itheann an spioróg ach tógtar colmáin, lachain agus éanacha móra eile. Nuair a bhíonn sé i mbun seilge eitlíonn sé go gasta fad tor nó isteach agus amach fríd chrainn, réidh le greim a fháil go gasta ar an chreach. Bíonn teacht air sna bailte móra agus sna cathracha i ngeall ar na toir agus ar na crainn a bhíonn curtha ag bunadh na dtithe. Thig leis bia a scuabadh den talamh nó tuirlingt de phlimp ina mhullach. Má chastar éan creiche ort ag eitilt deas don talamh taobh le crainn nó sceacha níos dóichí ná a mhalairt gur spioróg atá ann. Beireann sé ar an chreach lena spiora. Má theipeann air an chreach a thabhairt leis is annamh a philleann sé le tabhairt faoi arís.

Is mó an chearc ná an coileach, suas le 25% níos mó, agus is ise a thógann an chreach mhór mar an colmán. Sin an difear is mó sa mhéid ag éan ar bith. Meastar an coileach a bheith níos lú go mbíonn sé níos aclaí ag seilg éanacha agus, ar ndóigh, is iad sin is mó a bhíonn mar aiste bia ag an spioróg. Tagann agus imíonn an spioróg go grod. Cha ndéanann sé moill. Meastar go bpóraíonn suas le 13,000 péire sa tír agus is i gcoillte a thógtar an tsead. Tá an tuairim ann nach n-imíonn sé bunús an ama níos mó ná 30 km ón áit inar rugadh é.

As siocair go n-itheann sé scallamáin rinne lucht géim géarleanúint air. I Sasana, mar shampla i 1966 tugadh cosaint dlí dó i ngeall ar an chiapadh.

Déanann an coileach an bia a sholáthar nuair a bhíonn an chearc ar gor. Nuair a bhíonn na gearrcaigh ag cleitiú bíonn an dá thuismitheoir ag seilg. Itheann na héanacha óga idir dhá agus trí éanacha beaga sa lá. Tagann an t-ainm géinis ón Laidin *accipter* a chiallaíonn seabhac, agus *nisus* a aistrítear mar spioróg. Tugtar '*musket*' ar an choileach i mBéarla agus tagann an t-ainm sin ón tseabhcóireacht agus deirtear gur tugadh ar an ghunna den ainm sin níos moille é. Na Normannaigh a thug an tseabhcóireacht go hÉirinn san aonú haois déag. Meastar go dtagann an t-ainm Gaeilge ó spior, rud a ghobann amach go géar.

Sna caogaidí agus sna seascaidí den fhichiú haois tharla titim an-mhór ar a líon as siocair go rabhthas ag baint úsáide as díchlóraidhéfheiniltríchlóireatan (DDT). D'fhág an DDT go raibh blaosc na huibhe lag tanaí agus briseadh iad róluath, agus char mhair na scalltáin.

Maítear gur acu de na héanacha uilig is fearr amharc na súl. Fuarthas spioróg in Éirinn i mí Eanáir ar cuireadh fáinne air an fómhar roimhe san Ísiltír.

Meastar an spioróg a bheith in Éirinn ó bhí an dara haois déag ann nó tá tagairt ag Geraldus Cambrensis (c. 1146– c. 1223) dó. Scríobh sé ach drochgheimhreadh a bheith ann go dtógadh an spioróg sciathán leathair agus go gcoinníodh sé lena chorp é i rith na hoíche ar mhaithe leis an teas, agus go scaoileadh sé leis ar maidin.

Thig an spioróg a aithint ón tseabhac seilge, má éiríonn leat fáil deas go leor dó, mar bíonn buí i súil na spioróige agus is dubh ar fad a bhíonn an tsúil ag an tseabhac seilge. Maireann siad suas le haon bhliain déag.

An Tiuf-Teaf

Phylloscopus collybita

An tArd Donn, Gaoth Dobhair, 10 Bealtaine 2017

Is sna coillte is mó a thigtear ar an éan seo nó ní chuireann sé faoi san fhiántacht. Nuair a thagann sé chugainn seachas gabhail díreach chuig na coillte cuireann cuid acu fúthu ar an raingléis san áit a mbíonn feithidí níos líonmhaire ag an am seachas i measc na gcrann.

Glactar leis gur iarracht tiuf-teaf ar aithris a dhéanamh ar ghuth an éin; onamataipé nó fuaimfhoclaíocht is dóigh. Bíonn a ghuth le cluinstean go minic. Tá taifead déanta ar éanacha a tháinig chugainn ón tSibéir agus ó na tíortha Lochlannacha.

Is cuairteoir samhraidh é agus ní beag a líon. Bíonn sé abhus ó mhí Aibreáin ann, ach go dtagann roinnt roimh chríoch mhí an Mhárta. Bíonn daoine ag maíomh go bhfuil sé ar an chuairteoir samhraidh is luaithe a thagann chugainn. Fanann sé linn go mí Mheán an Fhómhair. Tugann sé cuairt orainn mar éan imirce ar a thuras fómhair ag teacht ón tSibéir agus ó na tíortha Lochlannacha ach is fíorannamh a fheictear sa gheimhreadh é. Mar imirceach ní turas fada a thugann an tiuf-teaf ach fanann a mbunús taobh istigh den Eoraip. Fanann roinnt sa tír seo i rith an gheimhridh agus tigtear orthu san iardheisceart. Tá sé ráite go bhfuil sé ar an chuairteoir is moille a fhágann an tír san fhómhar. I dtaca leis a bheith ar an chuairteoir is luaithe a thagann chugainn dúradh liom riamh a bheith ag dúil leis an chlochrán i dtrátha na Féile Pádraig agus fiú go mbíonn an gabhlán gainimh chugainn go luath fosta, ach is é an tiuf-teaf an t-éan imirce a théann i mbun ceoil níos luaithe ná éan ar bith eile.

Is ionann culaith don chearc agus don choileach. Bíonn dath murtallach air ar uachtar agus é níos éadroime ar íochtar an choirp. Bíonn stríoca dorcha os cionn na súl agus fáinne caol bán thart orthu. Tchítear spéacalam éadrom, is dorcha a bhíonn na cosa de ghnáth agus creathann sé a ruball go minic. Mar chruthú nach dtéann siad ar thurais fhada bíonn na bunchleití ar bharr na heiteoige cruinn agus gairid, agus bíonn an chuid is mó de na cleití ar aon fhad.

Leis an nead a thógáil baintear feidhm as gais, caonach agus duilleogaí. Is í an chearc a bhíonn i mbun na tógála agus i measc dreasógaí nó sceacha eile a bhíonn an tsead.

Beirtear na huibheacha i mí na Bealtaine ach bíonn siad sa nead in amanna fá dheireadh an Aibreáin.

Itheann sé feithidí agus inveirteabraigh eile. Má bhíonn fearthainn throm san earrach nó aimsir fhuar ann d'fhéad nach mbeadh rath ar an tséasúr phóraithe. Thiocfadh má mhaireann an t-athrach aeráide go gcruthófaí deacracht don éan mar beidh na feithidí macasamhail leamhan agus peidhleacán ag póru níos luaithe, agus bheadh an soláthar is mó bolb ar fáil níos luaithe ná an uain a mbíonn an tiuf-teaf ag tógáil na ngearrcach sa tsead agus éileamh dá réir ar bhia lena gcothú.

Is í an chearc a bhíonn ar gor agus is í fosta a chruinníonn an chuid is mó den bhia leis na scalltáin a chothú.

Tagann an t-ainm eolaíoch ón Ghréigis, *phylloscopus* ó *phyllon* a chiallaíonn, duilleog agus *skopeol* a bhfuil an chiall 'ag amharc' nó 'ag feiceáil' leis. Tagann *collybita* ón fhocal *kollubistes* agus an chiall 'malairteoir airgid' leis. Tá sin amhlaidh ar an ábhar gur measadh guth an éin a bheith mar an trup a dhéanann boinn airgid nuair a bhuaileann siad le chéile. Tá an fhuaimfhoclaíocht i gceist leis an ainm Breatnaise, *Siff-saff*. *Drean Dressagh, Beeallerey* agus *Kiaulleyder Beg* na hainmneacha i nGaeilge Mhanann. Tugtar *Caifean* agus *Cailean Coille* in Albain air.

An zúeolaí Gearmánach Friedrich Boie (1789–1870) a rinne cur síos ar an ghéineas den chéad uair i 1826.

Déanann sé a chuid de shíor i rith an fhómhair le cinntiú go mbeidh sé láidir go leor don turas ó dheas. Ní heol dom aon tagairt a bheith don éan sa bhéaloideas i dTír Chonaill. Thig gur díobháil na gcrann, go háirithe na crainn leathanduilleogacha, an míniú ar an díth tagairtí dó. Tugtar 'an tÉinín Sailí' agus 'an Glasán Sailí' ar an éan in amanna.

Thig leo mairstean ar feadh seacht mbliana ar a mhéad. Nuair a bhíonn an tiuf-teaf ag ceol ar a chuaille ceoil is maith leis a bheith ar a laghad 5m os cionn an talaimh. I dtaca linn féin an raibh an cumas ag na daoine idirdhealú a dhéanamh, san am nach raibh teileascóp, déshúiligh agus ceamara ar fáil, idir éanacha beaga a bhí cosúil lena chéile? Is dóigh nach raibh agus mar sin is ainmneacha a tháinig chun cinn ó cuireadh suim san éaneolaíocht roinnt de na hainmneacha atá againn ar éanacha beaga. Samhlaítear go raibh a sá ina ngogán ag an phobal an dé a choinneáil iontu féin seachas a bheith ag féacháil le ceolairí beaga a scagadh. Chomh maith leis sin an mhuintir a rinne a scagadh, fiú más éanacha beaga a bhí le haithint, ba á scaoileadh a bhíodh siad anuas go raibh sé mall sa naoú haois déag.

An Traonach

Crex crex

**Toraigh,
19 Bealtaine 2018**

Anuas go dtí na 1950idí ar a laghad bhíothas ag scríobh go raibh an traonach fairsing sa tír mar chuairteoir samhraidh agus go mbíodh sé ar fáil sa ghort arbhair agus sa mhíodún, ach ina dhiaidh sin tugadh faoi deara go raibh a líon ag laghdú ach amháin sa chuid is faide siar in iarthar Chonnacht agus iarthuaisceart Thír Chonaill. I ndiaidh na gcaogaidí den aois seo chuaigh thart tháinig athrach mór ar an scéal san iarthar fiú. Síltear gur cuireadh tús leis an mheath ag tús na fichiú haoise. An míniú a tugadh ar an mheath ná gur toisíodh ar fhéar a bhaint le hinnill bhainte agus go rabhthas ag déanamh amhlaidh níos luaithe sa bhliain. Ag an am sin sna gabháltais bheaga agus ar na hoileáin mhara bhíothas go fóill ag baint feidhme as an speal agus bhí an féar á bhaint níos moille sa bhliain ná mar a dhéantaí ar an chuid is mó den tír mór.

Le linn an tséasúir phóraithe i 2018 rinneadh taifead ar 151 coileach ag glao sa tír, agus bhí os cionn dhá dtrian den líon sin i dTír Chonaill. Tháinig méadú go 162 ar an líon i 2019, ach thit sé chuig 146 i 2020, ach d'fhéadfadh go raibh níos mó i láthair mar gur chruthaigh COVID-19 deacrachtaí chomh fada agus a bhain sé leis an áireamh an bhliain áirithe sin.

Anois tá tionscnamh ar bun agus é mar aidhm aige stádas caomhnaithe an éin in Éirinn a bhisiú ach feabhas a chur ar an ghréasán de na Limistéir faoi Chosaint Speisialta agus an talamh feirme thart fá dtaobh díobh.

Ba é Carl Linnaeus (1707–1778) a rinne cur síos ar an éan i 1758 den chéad uair. Is ón tSean-Ghréigis a tháinig an t-ainm déthéarmach, *Crex crex,* agus is tagairt atá i *κρεξ* don ghuth athráiteach ghrágach atá ag an éan. Baineann sé le fine na rálóige ach murab ionann agus cuid den fhine ní phóraíonn sé in aice leis an bhogach agus leis an riasc ach tógtar an nead i bhféar tirim nó i bpáirceanna gráin.

Eean Raip atá air sa Mhanainnis. *Traon, Dronn* agus *Trèan ri Trèan* a thugann muintir na hAlban air. Is *Rygar-Rug*, truailliú, scríobhtar, ar *Rhegyn-Rug*, gearr [éan atá i gceist] an tseagail nó *Rhegen yr Ŷd*, gearr an arbhair. Tugtar 'Gearr Goirt' agus 'an Traona' air in Éirinn fosta.

Meastar Toraigh a bheith ar áit chomh maith in Éirinn agus atá ann leis an éan seo a fheiceáil. Siocair suíomh aduaidh an oileáin bíonn an féar agus an cál faiche níos moille ag teacht chun cinn agus, dá thairbhe sin, tchítear cloigeann agus gualainn s'acu os cionn na bplandaí. Ach, ar an láimh eile, léiríonn taighde go mbíonn tábhacht le fásra luath mar fhoscadh nuair a thagann an t-éan chun na tíre agus, ina dhiaidh sin, bíonn feidhm le fásra ard le go dtiocfaidh na héanacha óga slán.

Luath sa naoú haois déag scríobhadh go raibh ceantracha cósta a raibh curaíocht iontu agus a bhí gann ar chrainn ag fóirstean dóibh seachas áiteacha le coillte. I dToraigh i 1993 chualathas ocht gcoileach ag glao, bhí 34 le cluinstean i 2003, ach sa bhliain 2000 is fiche a haon ar dearnadh taifead orthu.

Caitheann siad an geimhreadh in oirdheisceart na hAfraice. Cuireann siad aistear 9,000 km díobh ag teacht chun na tíre. Is ábhar suime sin nó nuair a chuirtear isteach orthu chan fhuil ann ach go n-eitlíonn siad cúpla méadar ar shiúl.

Glacann an pobal páirt in iarrachtaí leis an líon den éan a mhéadú. Sa tuairisc ar an tionscnamh ar traonach i 2018 tá cuntas ar ghúm a cuireadh ar bun sa mheánscoil agus sa bhunscoil ar Thoraigh. Rinneadh cur i láthair agus ina dhiaidh baineadh feamnach agus cuireadh prátaí le gnáthóg traonach a chruthú. Chonacthas traonaigh ag lorg a gcoda san áit ar cuireadh na prátaí le linn an tsamhraidh agus baineadh na prátaí i mí Dheireadh an Fhómhair agus bhí na prátaí mar ábhar sa rang eacnamaíocht bhaile sa mheánscoil. Cruthaíodh geofhoirm a lig do na daltaí taifead a dhéanamh ar líne i rith an tsamhraidh de na héanacha a chonaic siad.

D'éirigh thar barr leis an ghúm agus ba iad daltaí scoltacha an oileáin a chuir tuairisc ar fáil faoi 15 den 16 éan a bhí ann an samhradh sin. Scríobh P. G. Kennedy i mí Mheán an Fhómhair i 1948 san iris ag na hÍosánaigh, *Studies,* go raibh cur amach le fada ag muintir na hÉireann ar an éan ó na tagairtí a rinne Giraldus Cambrensis agus, chomh maith leis sin, san alt chéanna tugann sé le fios go raibh scríbhneoirí Sasanacha sa tséú agus sa tseachtú haois déag, ag tagairt don éan a bheith gann i gcuid mhaith ceantar i Sasana, ach an t-éan a bheith fairsing ar fud na hÉireann. Rálóg ar mheánmhéid an traonach. Bíonn sé idir 26–30 cm ar fhad, leithead de 43–53 cm sna heiteogaí agus meánn an chearc 145 g agus bíonn an coileach rud beag le cois 160 g. Cuirtear na cleití mall i mí Lúnasa nó luath i mí Mheán an Fhómhair sula dtosaítear ar an turas imirce.

An Truideog

Sturnus vulgaris

Machaire Gathlán, Gaoth Dobhair, 7 Lúnasa 2017

Tá an t-éan seo ar fáil go fairsing agus tagann líon mór dóibh chun na tíre seo sa gheimhreadh. Bíonn cuma dhubh air ach má éiríonn leat teacht i ndeas dó bíonn ildaiteacht lonrach le sonrú ann, chomh maith le snas miotalach agus é ballach buí. Bíonn siad cuideachtúil agus iontach callánach. Eitlíonn siad go gasta agus cuidíonn na heiteogaí bioracha leo.

Is iomaí gnáthóg acu. Bíonn siad ar fhoirgnimh agus ar an mhachaire mara agus áiteacha go leor eile. Bíonn siad éifeachtach ag piocadh bia mar tá matáin láidre acu agus éiríonn leo a ngob a fhoscailt agus é dingthe sa chréafóg. Chomh maith leis sin thig leo feithidí a ithe agus iad ar eiteog.

Den chuid is mó itheann siad feithidí den talamh agus nuair a bhíonn caora, pórtha, agus torthaí ar fáil itear iad, agus glacann siad pracar fosta. Cuidíonn a gcumas bia a aimsiú go héifeachtach leo mairstean i gcuid mhór suíomh.

Thig leo gabháil ar an aradh i gcuideachta, ag fágáil a loirg agus ag tarraingt dímheas an duine orthu.

Bíonn daoine ag déanamh iontais de na healtaí móra a thig i gcionn a chéile ag amanna áirithe den bhliain. Thig le níos mó ná milliún a bheith i gcuideachta a chéile sa chlapsholas in Iútlainn na Danmhairge san earrach. Tugann muintir na háite 'an ghrian dhubh' ar an fheic seo. I Sasana tagann scaotha de chúig go leathchéad míle i gcionn a chéile roimh chlapsholas i ndúluachair an gheimhridh. Tugtar *murmuration* ar a leithéid sa Bhéarla agus níl aon sainfhocal againn ach go dtugtar 'ealta druideanna' air san fhoclóir.

Chreidtí i dTír Chonaill gur sa tsamhradh ba fhairsinge a bhíodh siad agus dá mbeadh geimhreadh maith ann go mbeadh siad le feiceáil le linn an tséasúir sin. Dá bhfeicfí iad fá dheireadh na bliana mheasadh daoine geimhreadh crua a bheith rompu.

Tagann *sturnus* ón fhocal Laidine ar 'truideog'. Ciallaíonn *vulgaris* go bhfuil sé líonmhar. *Drudwy* agus *Drudwen* atá air sa Bhreatnais. *Truitlag* agus *Trutlag* na hainmneacha sa Mhanainnis.

Tá *Druid, Druideag* agus *Truideag* air sa Ghàidhlig. Seanfhocal Béarla amach agus amach a théann siar go dtí an t-aonú haois déag, *Starling*.

Tá fianaise ann gur 'Druid' a bhíodh ar an éan seo sula dtáinig 'Druideog' nó fiú 'Troideog' chun tosaigh in iarthar Thír Chonaill. Tá taifead ar fáil ó bhí 1641 ann de logainm i ndeisceart na Rosann áit a bhfuil *Drumleaghtydd* cláraithe agus an léamh a dhéantar air na Droim Loch Druid. Tá baile fearainn agus cnoc den ainm sin ann. 'An Druid' a thugtar go ginearálta ar an éan seo.

Tá cumas láidir éagsúil casta guthaíochta ag an truideog. Tá ar a chumas aithris a dhéanamh ar thrup a chluineann sé thart fá dtaobh de, ina measc guth an duine, agus gléas rabhaidh cairr. Tá staidéar á dhéanamh orthu san am i láthair féachaint an gcuideoidh an druideog tuigbheáil a fháil ar an dóigh ar tháinig guth an duine chun cinn.

Mheas na Conallaigh nach raibh aon chomhartha doininne ba mheasa ná iad a fheiceáil ar na plásógaí thart ar na tithe.

Thig leo scrios as cuimse a dhéanamh ar an toradh ar an tor spíonóige agus crann torthaí a chur ó mhaith fosta.

Seans gur chúlaigh a líon ó tharla oiread feithidnimhe á chur ar fhásra ar na mallaibh.

Tá cuid de na héanacha is líonmhaire agus cuid de na héanacha is gainne taobh istigh d'fhine na druideoige. Bíonn an chuma chéanna ar an chuid is mó den 140 ball den fhine.

A luaithe agus a fhágann na héanacha óga a dtuismitheoirí cruinníonn siad in ealtaí dá gcomhaoisigh nó tá siad tugtha don chuideachta. Ní thig ealta anuas ar thalamh chuig scaoth atá cheana féin ann muna mbíonn na héanacha ar an talamh i mbun a gcoda.

An Uiseog

Alauda arvensis

Machaire Gathlán, Gaoth Dobhair, 18 Márta 2020

Bíonn an uiseog linn i rith na bliana agus é ar fáil go fairsing ach go bhfuil titim ag teacht ar a líon. Tagann roinnt mhaith cuairteoirí chugainn ó na tíortha ó thuaidh san fhómhar agus fanann siad go mí na bhFaoilleach nó mí an Mhárta. Ó thús ba ar na steipeanna a bhíodh an uiseog ach tá sé ar fáil go fairsing in áiteacha gan fhoscadh feasta, a bhuíochas sin don ghlanadh a rinneadh ar fhoraoiseacha agus mar a tháinig teicnící úra feirme chun tosaigh sa naoú haois déag.

Bíonn an corp ramhar agus bíonn cosa fada faoi. Bíonn an t-éan den chuid is mó donn stríocach ar uachtar agus an t-íochtar bán ach ab é a chuid ceoil cha dtabharfaí suntas dó. Is gnách leo ceol agus iad ar eiteog ach bíonn siad ina bhun fosta ar chuaille nó ar an talamh fiú. Is minic agus é ag ceol nach bhfeictear é nó téann sé go glinntí an aeir. Tuirlingeoidh sé de réir a chéile go mbeidh sé ar an talamh arís. Chan díreach anuas a thig sé. Más ar an talamh atá sé tá sé deacair fiú má chluineann tú a ghlór é a fheiceáil i ngeall ar an dath donn a bhíonn ar a chulaith.

Déanann an chearc an nead i log ar an talamh agus líonann sí le ribí gruaige agus féar é. Is maith leis fairsingeacht agus bíonn sé níos líonmhaire ar thalamh maith seachas ar an screabán.

Chreidtí, cé nach raibh aon fhianaise ag na daoine, nár chaith an uiseog an geimhreadh thart ar iarthuaisceart Thír Chonaill agus measadh nuair a thosaigh an t-éan a cheol san earrach gur comhartha a bhí ann gur amhlaidh gur phill sé.

Chreidtí fosta gur lig an uiseog amach dhá éillín sa bhliain.

Itheann an t-éan pracar ar bith a chastar air; cuileogaí, péisteogaí, achan chineál pórtha, cuiteogaí agus itheann sé grán chomh maith. Baineann tábhacht le feithidí sa tsamhradh. Thig sé ar an bhia agus é ag siúl thart. De ghnáth cha bhíonn ann ach go bpiocann sé den talamh é ach thig leis plandaí beaga úra a bhaint den talamh má bhíonn an pór fós ar an phlanda, síolta gráin mar shampla. Tá ar a chumas a ghob a úsáid mar a bheadh gléas tochailte ann le teacht ar an phór gráin. San fhómhar is mó a bhíonn éileamh aige ar shíolta, mar a thuigfí.

Bhíodh na daoine den bharúil nach comhartha maith a bhí ann an t-éan a chluinstean i ndiaidh an chlapsholais ach chuirtí fáilte roimh an cheol luath ar maidin mar gur chreid siad go dtiocfadh lá maith.

An Chruit, Na Rosa, 4 Meitheamh 2020

Ina raon san áit a mbíonn geimhreadh crua ann rachaidh sé ar imirce agus ní chuireann turas trasna na farraige isteach air.

Is é *alauda* an t-ainm Laidine ar uiseog. Mheas Gaius Pliní (23–79 A.D.), fealsúnaí Rómhánach, gur focal atá ann a tháinig ó theanga Cheilteach. Tagann *arvensis* ón Laidin fosta agus ciallaíonn sé go bhfuil baint aige le páirc. Úsáidtear *Ehedydd* sa Bhreatnais, agus ciallaíonn sé eitleoir. Tugtar *Uiseag* agus *Fuiseag* air in Albain, agus *fuiseagach* ar áit a mbíonn tréan uiseogaí ann. Is *Ushag Happagh* agus *Ushag Tappee* atá sa Mhanainnis agus deirtear *T' ee cha bing as yn ushag*, 'ceolann sí chomh binn leis an uiseog'. Tá sé le tabhairt faoi deara go mbíonn an focal *Uiseag* sa Ghàidhlig agus *Ushag* sa Mhanainnis agus cineálacha éanacha beaga i gceist. Tagann an t-ainm Béarla *Skylark* ón Ghearmáinis *Himmellerch* ar bhain Conrad von Gesner (1516–1565) feidhm as i 1555. Is 'an Fhuiseog' a bhíonn mar ainm coitianta ar an éan.

Baineann an coileach feidhm as a ghuth mar chuid bhunúsach den pháirt a ghlacann sé le cearc a mhealladh agus chomh maith leis sin tá tábhacht leis nuair a bhíonn a dhúiche á chosaint aige. Éiríonn sé go hingearach sa spéir, in éadan na gaoithe i dtólamh. Nuair a bhaineann sé barr na heitilte amach fanann sé ar foluain, ar feadh cúpla bomaite in amanna. Fiú agus é ar foluain agus é as amharc thig a chuid cheoil, a bhíonn binn, ard, a chluinstean. Den chuid is mó maireann an eitilt cheoil idir bomaite agus cúig bhomaite ach féadann sé a bheith ina bhun ar feadh deich mbomaite. Chomh maith le bheith ag canadh san aer bíonn sé ina bhun ar thalamh agus ar chuaille, agus más ceachtar den dá shuíomh atá i gceist bíonn a phort níos ciúine agus níos giorra seachas cuid an aeir.

Bíonn péire i gcuideachta ó bhliain go bliain ach iad a theacht slán tar éis an gheimhridh. Glacann sé folcadh go minic, cé acu in uisce nó i ndusta. Thig go súnn an deannach an farrasbar ola ag an éan agus go gcuidíonn sin leis an chluimhreach.

D'ití an uiseag chomh mall leis na blianta tosaigh den fhichiú haois. Sa gheimhreadh is mó a mharaítí iad mar measadh go raibh meáchan curtha suas acu fán am sin.

Éanacha luaite i logainmneacha

Colmán
> *Binn na gColmán* (Oileán Gabhla, Gaoth Dobhair)
> *Scoilt na gColmán* (Inis Bó Finne, Cloich Chionnaola)
> *Uaigh na gColmán* (An Reannaigh agus Na Tuartha, Árainn Mhór)

Corr
> *Oitir na gCorr* (Rann na Feirste, Na Rosa)

Creabhar
> *Leac na gCreabhar* (Inis Míl, Na Rosa)

Crotach
> *An Chreag Chrotach* (An Ghlaisigh, Gaoth Dobhair)

Cuach
> *Ard na Cuaiche* (Rann na Feirste, Na Rosa)
> *Cloch na Cuaiche* (Dobhar, Gaoth Dobhair)

Deorán
> *Gob na nDeorán* (Gabhla, Gaoth Dobhair)
> *Loch na nDeorán* (Rann na Feirste, Na Rosa)
> *Tobar na nDeorán* (An Chruit, Na Rosa)
> Is 'giúrann' atá i gceist le 'deorán' sna logainmneacha seo.

Dreoilín
> *Oileán an Dreoilín* (Seascann an Róin, Na Rosa)

Druid
> *Droim Loch Druid* (Na Rosa)

Druideog
> *Ard na Druideoige* (Gabhla, Gaoth Dobhair)
> *Binn na nDruideog* (Páirc na gCaorach, Árainn Mhór)

Duibhéan
Carn na nDuibhéan (Toraigh)

Scoilt an Duibhéin (Mín an Chladaigh, Gaoth Dobhair)

Duibhéanach
Creag an Duibhéanaigh (Inis Bó Finne, Cloich Chionnaola)

Eala
Oileán Eala (Gaoth Dobhair)

Éan
Binn an Éin (Gabhla)

Carraig an Éin (Dún Lúiche, Gaoth Dobhair)

Inis Éan (An Machaire, Na Rosa)

Rinn na nÉan (Inis Caorach, scríobhtar go dtugtar Rinn na nÉan ar oileán beag atá ceangailte le hInis Caorach, agus nach dtig gabháil ann ach amháin le linn lag trá. Ainmníodh é as na héanacha ar fad a dhéanann a gcuid neadracha ann.)

Scléip an Éin (An Chruit Íochtarach, Na Rosa)

Éanach
Bá Thráigh Éanach (An Dumhaigh, Na Rosa)

Carraig Éanach (An Chruit Íochtarach, Na Rosa)

Faoileán
Carn na bhFaoileán (Inis Oirthir, Gaoth Dobhair)

Loch na bhFaoileán (Cnoc Fola, Gaoth Dobhair)

Oileán na bhFaoileán (amach ón Chruit)

Tor na bhFaoileán (Toraigh)

Faoileann
Rinn na bhFaoileann (An Carn Buí, Na Rosa)

Faoileog

Ailt na bhFaoileog (Gabhla, Gaoth Dobhair)

Ard Chnoc na bhFaoileog (Rann na Feirste, Na Rosa)

> Tógadh an chéad choláiste i Rann na Feirste i 1926 ar Ard Chnoc na bhFaoileog. Tháinig oíche gaoithe móire agus fágadh foirgneamh na coláiste ar an taobh thall den deán i nGaoth Dobhair.

Binn na bhFaoileog (Baile an tSratha, Árainn Mhór)

Binn Scailp na Faoileoige (Gabhla, Gaoth Dobhair)

Inis na bhFaoileog (Inis Mhic an Doirn)

Loch na bhFaoileog (An Ghlaic, Cluain Dá Chorcach)

Loch na bhFaoileog (Cnoc an Stolaire, Gaoth Dobhair)

Loch na bhFaoileog (Machaire Chlochair, Gaoth Dobhair)

Loch na bhFaoileog (Rann na Feirste, Na Rosa)

Loch na bhFaoileog (An Bhráid, Na Rosa)

Loch na bhFaoileog (Mullach Dubh Theas, Na Rosa)

Oileán na bhFaoileog (Rann na Feirste, Na Rosa)

Oileán na bhFaoileog (Inis Fraoigh, Na Rosa)

Slodán na bhFaoileog (Inis Sionnaigh, Gaoth Dobhair)

Staca na bhFaoileog (An Reannaigh agus Na Tuartha, Árainn Mhór)

Stacán na bhFaoileog (Athphort, Árainn Mhór)

Tor na bhFaoileog (Inis Oirthir, Gaoth Dobhair)

Fiach

Ailt an Fhéich (An Uillinn, Árainn Mhór agus Alltán, Cloich Chionnaola)

Binn an Fhéich (An Ardaidh Bheag, Cloich Chionnaola)

Droichead Bhinn an Fhéich (Doire Chonaire, Cloich Chionnaola)

Feadóg

Ard na bhFeadóg (Dún Lúiche, Gaoth Dobhair)

Seascann na bhFeadóg (Rann na Feirste, Na Rosa)

Feannóg

Ard na bhFeannóg (Rann na Feirste, Na Rosa)

> Tógadh an dara coláiste i Rann na Feirste ar Ard na bhFeannóg, agus sin an áit a bhfuil sí go dtí an lá inniu.

Cloch na Feannóige (Toraigh)

Droichead Doire na Feannóige (An Coimín, An Dúchoraidh, Na Rosa)

Scath na Feannóige (Cnoc Fola, Gaoth Dobhair)

Gé

Nead na Gé (Leac Eidhneach, Na Rosa)

Giúróg

Loch na nGiúróg (An Chlochbhuaile, Na Rosa)

Iolar

Clúid an Iolair (Baile an tSratha, Árainn Mhór)

Cnoc an Iolair (Baile an tSratha, Árainn Mhór)

Cró na nIolar (Srath Caonach, Gaoth Dobhair)

Lag an Iolair (Muine Dubh, Gaoth Dobhair)

Loch an Iolair (Cnocach Mór, Na Rosa)

Loch an Iolair (Cró na Sealg, Na Rosa)

Loch an Iolair (Doire na nAspal, Leitir Mhic an Bhaird)

Mín an Iolair (Gaoth Dobhair)

> Mall go maith, 1829 a rinneadh an chéad taifead ar ainm an bhaile fearainn seo i nGaoth Dobhair. Deirtear go raibh iolar ann fadó.

Staca an Iolair (Uaigh) agus (An Reannaigh agus na Tuartha, Árainn Mhór)

Lacha
Loch Lacha (An Ardaidh Bheag, Cloich Chionnaola)

Droim na Lachan (Srath Caonach, Gaoth Dobhair)

Loch na Lachan (Beifleacht, An Dúchoraidh, Na Rosa)

Oileán na Lachan (Inis Mhic an Doirn, Na Rosa)

Préacháin
Binn an Phréacháin (Na Rosa)

Réabhóg
Binn Scairt na Réabhóige (Gabhla)

Carraig na Réabhóige (Toraigh)

Scos na Réabhóige (Gabhla, Gaoth Dobhair)

Roilleach
Stacán Roilleach (An Leadhb Gharbh, Árainn Mhór)

Saotharcán
Loch an tSaotharcáin (An Leithmhín, Na Rosa)

Seabhac
Binn an tSeabhaic (Gabhla, Gaoth Dobhair agus Rann na Feirste, Na Rosa)

Eas an tSeabhaic (Rann na Feirste, Na Rosa)

Screag an tSeabhaic (Árainn Mhór, Na Rosa)

Smaolach
Ard an Smaolaigh (Cnoc an Stollaire, Gaoth Dobhair)

Traonach
Carn Traonach (Caoldroim Uachtarach, Cloich Chionnaola, ardán 425m)

Learga an Traonaigh (Corrán Binne, Dún Fionnachaidh)

Treathlach
Tor na dTreathlach (Toraigh)

Uiseog
Baile na hUiseoige (An Tor, Gaoth Dobhair)

Seanfhocail a bhaineann le héanacha

Aithnítear an t-éan óna eitilt.

Cha dtig leis an ghobadán an dá thrá a fhreastal.

Dálta na circe fraoigh agus an fraoch.

De réir cleite agus cleite a chlúmhaítear gé.

Éan na maidine a gheobhas an phéisteog.

Gach mar a oiltear agus an naoscán san abar.

Is beag de mhaith an té nach dtig leis a nead féin a dhéanamh.

Is fearr dreolán i do dhorn ná corr ar cairde.

Is garbh mí na gcuach.

Is geal leis an fhéach dubh a gearrcach féin.

Is leor don dreolán a nead.

Ná bí i d'éan chorr i measc na ndaoine.

Ní eitleoidh éan ar sciathán amháin.

Ní troimide an loch an lacha.

Sciorrann éan as gach ealta.

Síleann an t-éan dubh gur é féin an t-éan is báine.

Sparáil na circe fraoigh ar an fhraoich.

Tá mé i m'éan bhocht scoite anseo.

Téann gach éan lena alt féin.

Focail agus nathanna a bhaineann le héanacha

Agaill – Nead ag iolar

Agallach – An fhuaim a dhéanann préachán

Ainliú – Ag faoileáil, ar foluain

Bundún – Ruball agus tóin an éin

Cadhan – I gcuid de na ceantair nuair a d'fheictí an cadhan iontu mheastaí gur an drochaimsir a chuir chun na háiteacha iad.

Cearc Fhraoigh – Chonálfadh sé na cearca fraoigh. i. fuacht millteanach a bheith ann

Cleite – Is ionann thóg nó thug sé na cleiteacha leis agus gabháil ar eiteog.

Coileach – Eala fhireann

Colmán – Cóiriú an cholmáin, leaba a chóiriú go gasta gan stró.

Cráin – Eala bhaineann

Crotach – Mheastaí go raibh dhá chineál crotaigh ann. An crotach mara ar creideadh go mbíodh sé ar na cladaigh i dtólamh, agus scread a thugtaí ar a ghuth; chomh maith leis an an chrotach talaimh a bhíodh isteach faoin tír.

Cuach – Is ionann garbh-shíon na gcuach agus drochaimsir. Tugtar Gairbhín na gCuach ar an choicís dheireanach de mhí an Aibreáin nó an chéad choicís de mhí na Bealtaine. Má bhíonn gála ann ag an tráth seo tugtar Stoirm na Cuaiche air. Bheirtear Stoirm na Cuaiche ar ghála i lár mhí Aibreáin. Tugtar Cuach Gheimhridh ar chuairteoir a thig go hannamh. Deirtear faoi dhuine a bhíonn ag cur phrátaí mall sa bhliain go mbíonn siad ag cibeáil prátaí cuaiche. Bhíodh cluiche ag Samhain a dtugtaí Scuabadh na Cuaiche air. Tugtar 'Éan Cuaiche' agus 'Giolla na Cuaiche' ar an réabhóg.

Éan – Is ionann éan gan chomhairle agus duine ceanndána. Ciallaíonn éan scoite duine gan cara. Deirtear 'Tháinig scaipeadh na mionéan/scaipeadh na n-éan fionn orthu' nuair a imítear i ngach treo.

Fáir – Tugtar fáir ar an áit a phóraíonn gainneáin. Carraig aonair a bhíonn ann de ghnáth.

Fiach Dubh – Chomh dubh le cleite an fhéich, a deirtear.

Feadalach – Guth na faoileoige

Gandal – Eala fhireann

Géanach – An fhuaim a dhéanann moll éanacha agus iad ag ceol i gcuideachta go háirithe ag bodhránacht an lae.

Gliobach – Scaoth éanacha fiána nó scaoth faoileogaí. Tugtar *Cleehy* i mBéarla air.

Gloinig – Blonag in éanacha

Lacha Fhiáin – Chreidtí go mbíodh an fuacht agus an t-anás leis an lacha fhiáin.

Lon Dubh – Chreidtí go leanadh an mí-ádh lon dubh leocach.

Luíochán – Nuair a bhíonn na faoileogaí ina ngrúpa ar an uisce.

Meannán Aeir nó **Meannán Aerach** – An coileach ag an naoscach.

Muirín – Speiceas

Neadairecaht – An saothar a bhaineann le nead a thógáil.

Oiris – Áit a bhfuil taithí air. Éan ag pilleadh ar áit a raibh nead roimhe aici ann.

Preabadaí – Léim bheag. Bíonn an rúcach ag preabadaí.

Righneán – Scannán buíocánach

Scallachán – Scallamán

Scolamán – Éan óg sa nead nach mbíonn cleiteacha air.

Scréachán Reilige – Duine nach binn a ghuth ag canadh; duine a luíonn go mbíonn mall sa lá ann agus a bhíonn ina shuí go mbíonn sé isteach go maith san oíche.

Scrathach – Nuair a chailltear na cleiteacha bíonn na héanacha ag gabháil ar scrathach.

Smolachán – Éan óg sa nead a mbíonn cleiteacha air ach gan chumas eitilte ann.

Soipeachán – An t-ábhar a chruinníonn éan agus sead á tógáil.

Sopachán *féach* Soipeachán

Speancaireacht – Ag dreapadh ar na beanna agus uibheacha á gcruinniú.

Spincíocht *féach* Speancaireacht

Spochán – Prócar

Sreangán – Líne fhada de fhaoileogaí ar an uisce.

Stangadh – Ag ainliú, ar foluain

Súil – Súil an ghainneáin nó siúl an tseabhaic. Amharc na súl a bheith go maith ag duine.

Ruball – Ag leanstan. Bheadh aimsir chrua sa ruball ar na géacha fiána.

Tonóg – Lacha

Treibh – Speiceas

Leabharliosta

(1911) *Encyclopedia Britannica*. Cambridge: Cambridge University Press.

(1985) *An Bíobla Naofa*. Maigh Nuad: An Sagart.

Ághas, P. (1922) *Eólas ar Nadúir*. Dublin: EDCO.

Cabot, D. (1995) *Irish Birds*. Londain: HarperCollins Publishers.

Carroll, P. (2016) *Na Laethe a Bhí*. Gaoth Dobhair: foilsithe go príobháideach.

Crane, C. P. (1938) *Memories of a Resident Magistrate 1880-1920*. Dún Éideann: T. & A. Constable.

Dineen, P. S. (1927) *Foclóir Gaedhilge agus Béarla*. Baile Átha Cliath: Comhlucht Oideachais na hÉireann.

Fox, A. W. (1924) *Haunts of the Eagle*. Londain: Metheun.

Gesner, C. (1555) *Historiae Animalium*.

Hughes, A. J., eag. agus aist. (2018) *Rí Thoraí: Ó Chathair go Creig – Patsaí Dan Mag Ruaidhrí*. Béal Feirste: Clólann Bheann Mhadagain.

Kennedy, P. G. (1948). 'Birds of the Countryside: Part XX.: Rails'. *Studies: An Irish Quarterly Review*, 37(147), 292–299.

Kennedy, P. G. (1961) *A List of the Birds of Ireland*. Baile Átha Cliath: Oifig an tSoláthair.

Kennedy, P. G.; Ruttledge, R. F. & Scroope, C. F. (1954) *The Birds of Ireland*, Dún Éideann: Oliver and Boyd.

Leigh, R. (1684) *A Chorographic Account of the Southern Part of the County of Wexford*.

Linneaus, C. (1758) *Systema Natura*. Eagrán 10.

Lucas, L. (1986) *Cnuasach Focal as Ros Goill*, Baile Átha Cliath: Royal Irish Academy.

Mac Gille Mhàrtainn, M. (1698) *A Late Voyage to St Kilda*.

Mac Giollarnáth, S. (1925) *Saoghal Éanacha*. Baile Átha Cliath: Comhlucht Oideachais na hÉireann.

Mag Uidhir, S. (1977) *Pádraig Mac a Liondain: dánta*. Baile Átha Cliath: An Clócomhar Tta.

Moriarty, C. (1967) *A Guide to Irish Birds*. Corcraigh: Mercier Press.

Ní Dhonnchadha, A. (1986) 'An Sguab 1922-26' in *Comhar* Iml. 45, Uimhir 5, Bealtaine 1986, 21-23. Baile Átha Cliath.

Ó Baoighill, Aindrias & Mac Giolla Chomhaill, Anraí (1993) *Cnuasach na Finne*. Baile Átha Cliath: Coiscéim.

Ó Ceallaigh, T. (1924) *An Sguab*, Uimhir 7, Feabhra 1924.

Ó Coilm. E. (1971) *Toraigh na dTonn*. Baile Átha Cliath: FNT.

Ó Dochartaigh, E. (2018) *Seanchas agus Nathanna Cainte Mhicí Whiting*. Doire: Guildhall Press.

Ó hEochaidh, S. (1969/1970) 'Seanchas Éanlaith Iar-Uladh', *Béaloideas* Iml. 37/38, 210-337. Baile Átha Cliath.

Ó Longáin, M. Óg. (1766–1831) Corpus RIA.
Ar líne: http://corpas.ria.ie/index.php?fsg_function=12&fsg_years=1600-1926&fsg_ow=c%C3%A9irseach&fsg_pos=All&fsg_pp=Both&fsg_class=W&fsg_word=c%C3%A9irseach&fsg_id=2530#l1691

Ó Súilleabháin, A. (1936) *Cinn Lae*. Londain: Cumann na Scríbheann nGaedhilge.

Pennant, T. (1812) *British Zoology*. Londain: Benjamin White.

Traynor, M. (1953) *The English Dialect of Donegal*. Baile Átha Cliath: Royal Irish Academy.

Uí Bheirn, Ú. M. (1989) *Cnuasach Focal as Teileann*. Baile Átha Cliath: Royal Irish Academy.

Ussher, R. J. & Warren, R. (1990) *The Birds of Ireland*. Londain: Gurney and Jackson.

Williams, W. J. (1929) 'Fifty years rambling notes on Irish birds' in *Irish Naturalists' Journal*, Iml. 2, Uimhir 8, Márta 1929, 155-158. Baile Átha Cliath.